中国工程院院士
是国家设立的工程科学技术方面的最高学术称号，为终身荣誉。

中国工程院院士传记

蒋亦元传

农机巨擘

石岩 孙伟 著

科学出版社
人民出版社

内 容 简 介

本书记述了中国工程院院士、我国著名农业工程专家蒋亦元丰富精彩的人生经历。蒋亦元院士致力于多种农业机械的创新研究，倡导理论密切结合实际，在收获、耕作、清选、畜牧等多方面取得丰硕成果。他学贯中西，言传身教，培养了大批优秀的农业工程高级人才。他的科教人生亦是中国农业工程学科发展历程的缩影。

本书内容翔实，图文并茂，适合大众读者，特别是大中学生、研究生和科技工作者阅读，对广大农业工程从业者和爱好者具有较高的参考价值与借鉴意义。

图书在版编目(CIP)数据

农机巨擘：蒋亦元传 / 石岩，孙伟著．—北京：科学出版社，2021.7
（中国工程院院士传记）

ISBN 978-7-03-069136-1

Ⅰ．①农… Ⅱ．①石… ②孙… Ⅲ．①蒋亦元–传记 Ⅳ．①K826.16

中国版本图书馆 CIP 数据核字（2021）第109894号

责任编辑：张 莉 / 责任校对：贾伟娟
责任印制：师艳茹 / 封面设计：有道文化

科学出版社 出版
北京东黄城根北街 16 号
邮政编码：100717
http://www.sciencep.com

中国科学院印刷厂 印刷

科学出版社发行 各地新华书店经销
*
2021年7月第 一 版 开本：720 × 1000 1/16
2021年7月第一次印刷 印张：29 1/2 插页：6
字数：380 000

定价：118.00 元

（如有印装质量问题，我社负责调换）

蒋亦元　中国工程院院士

1956年留苏前与妻子罗佩珍合影，
兼为结婚照

20世纪90年代初的全家福（从左至右：儿子蒋达、儿媳温晓惠、女儿蒋翼、夫人罗佩珍、孙子蒋赫为、蒋亦元、外孙女王卓、女婿王明重）

蒋亦元与苏联列宁格勒农学院教授
讨论问题

留苏期间的蒋亦元在位于普希金市的
列宁格勒农学院校本部主楼前

蒋亦元在试验台前

蒋亦元在自己研制的样机前

蒋亦元（中）与伙伴们在田间试验时留影

20 世纪 70 年代，东北农学院老校长刘达从北京归来，看望老教师及年轻骨干，与大家在教学楼前合影，前排从左至右依次为蒋亦元、潘季遥、刘达、许振英、滕顺卿、王金陵、余友泰等

经“4GQT-1800”型水稻割前脱粒收获机样机在霜前、初霜期收获后的水稻青绿秸秆，因有根系继续向上供应水分和养料，不会很快干黄

蒋亦元（左三）与试验人员在“4ZTL-2000”型割前摘脱稻（麦）联收机前

蒋亦元发明的“割前脱粒水稻收获机器系统”获国家技术发明奖二等奖

蒋亦元（中）与学生赵匀（左）、应义斌（右）的合影，3 人先后于 1995 年、2007 年、2008 年荣获国家技术发明奖二等奖，这是农业装备领域的最高奖，当时仅此 3 人获奖

在“相似理论和模型试验”课上，蒋亦元（右）培养研究生张瑞红（左）
用英语做报告时的留影

蒋亦元（左二）参加东北农学院农工
系首届博士研究生论文答辩会

1996 年春，时任农业部教育司司长
王红谊（右四）视察东北农业大学，
蒋亦元（右三）做介绍

2009 年，蒋亦元（右三）参加陈秉聪
院士塑像揭幕仪式期间与朱明（左一）、
赵匀（左二）、罗锡文（右一）、佟金
（右二）等合影

蒋亦元（右四）参加黑龙江省农垦科学
研究院钵苗摆栽机鉴定会

2009 年 1 月 19 日，时任黑龙江省委书记吉炳轩走访慰问蒋亦元

时任黑龙江省副省长申立国（左一）在东北农业大学党委书记刘世常、校长李庆章陪同下听取蒋亦元（左二）割前脱粒联收机研究进展的汇报并作指导

1980 年，蒋亦元（左）与于维汉（右）同被评为黑龙江省特等劳动模范

蒋亦元（左）与袁隆平合影

2011 年 1 月，蒋亦元（右）参加黑龙江省农村工作会议，与同获黑龙江省农业科技功勋奖的何万云（左）、佟明耀（中）合影

1994 年 3 月，蒋亦元（右二）与曾德超（右三）、罗锡文（右四）共同参加全国农机学术会议期间合影

蒋亦元在院士书画展
自己的诗作前

蒋亦元在东北农业大学 60 周年
校庆晚会上用中英文演唱北京奥
运会主题曲《我和你》，并用俄
语演唱《祝酒歌》

2006 年 11 月，蒋亦元回母
州市觅渡桥小学，与前来看
己的小学少先队员合影留

1993 年夏，蒋亦元（二排右一）
为外孙女王卓（二排左一）举办
钢琴汇报演出，请到众多小琴友
来家参与，共同合影留念

2006 年，蒋亦元到儿子蒋达所
在的哈尔滨哈飞汽车工业集团有
限公司参观，在其所参与的中巴
合作研发的安博威支线飞机装配
车间留影纪念

1977 年 8 月，蒋亦元全家
在太阳岛游玩留影

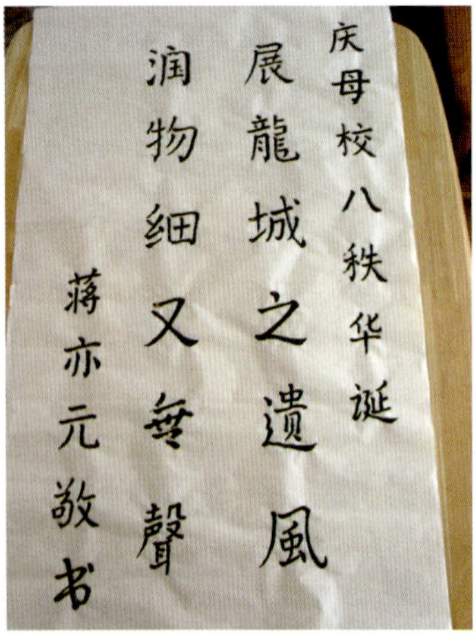

蒋亦元为庆祝母校常州市第
一中学八十华诞亲书“展龙
城之遗风，润物细又无声”

1999 年，蒋亦元在内蒙古草原

蒋亦元（右）与曾德超合影

蒋亦元与汪懋华同游哈尔滨冰雪大世界

蒋亦元（左二）与罗锡文（左一）在田间

蒋亦元（左）与国际农业工程协会（CIGR）前主席比尔·斯塔特（Bill Stout）合影

蒋亦元与美国工程院院士诺曼·斯科特（Norman Scott）合影

2003 年 10 月 21 日，蒋亦元（右二）参加中国农业机械学会成立 40 周年庆祝大会时，与中国农业机械学会奠基人王万钧总工（右一）、冯炳元（左二）等农机专家亲切交谈

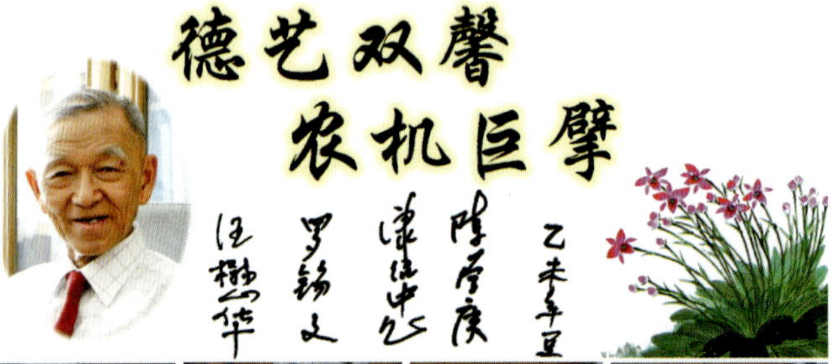

汪懋华、罗锡文、康绍忠与陈学庚（从左到右）院士
为蒋亦元题词“德艺双馨，农机巨擘”

2007 年中国农业工程学会学术年会上，蒋亦元（右六）与美国农业工程学会会长和众多弟子合影

2015 年中国农业工程学会学术年会期间，与会领导专家参观蒋亦元院士办公室后留影，从左至右依次为：东北农业大学校长包军、康绍忠院士、汪懋华院士、蒋亦元院士、罗锡文院士、陈学庚院士、应义斌教授

2018 年，蒋亦元院士从教 68 周年暨 90 岁华诞留影（前排右五为蒋亦元，前排左一为东北农业大学党委书记孙登林，前排右一为东北农业大学校长包军，最后排右二为东北农业大学工程学院党委书记王锡胜，第三排左二为东北农业大学工程学院院长陈海涛）

20 世纪 80 年代，蒋亦元赴重庆参加全国农业系统博士点、博士生导师评审会期间，与众多博士生导师共同留影，蒋亦元（最后一排右四）、吴相淦（第一排左五）、曾德超（第一排左六）、余友泰（第一排右四）、汪懋华（第二排右一）

中国工程院院士传记系列丛书

总　序

20 世纪是中华民族千载难逢的伟大时代。千百万先烈前贤用鲜血和生命争得了百年巨变、民族复兴，推翻了帝制，击败了外侮，建立了新中国，独立于世界，赢得了尊严，不再受辱。改革开放，经济腾飞，科教兴国，生产力大发展，告别了饥寒，实现了小康。工业化雷鸣电掣，现代化指日可待。巨潮洪流，不容阻抑。

忆百年前之清末，从慈禧太后到满朝文武开始感到科学技术的重要，办“洋务”，派留学，改教育。但时机瞬逝，清廷被辛亥革命推翻。五四运动，民情激昂，吁求“德、赛”升堂，民主治国，科教兴邦。接踵而来的，是 14 年抗日战争和 3 年解放战争。恃科学救国的青年学子，负笈留学或寒窗苦读，多数未遇机会，辜负了碧血丹心。

1928 年 6 月 9 日，蔡元培主持建立了中国近代第一个国立综合科研机构——中央研究院，设理化实业研究所、地质研究所、社会科学研究所和观象台 4 个研究机构，标志着国家建制科研机构的诞生。20 年后，1948 年 3 月 26 日遴选出 81 位院士（理工 53 位，人文 28 位），几乎都是 20 世纪初留学海外、卓有成就的科学家。

中国科技事业的大发展是在新中国成立以后。1949 年 11 月 1 日成立了中国科学院，郭沫若任院长。1950—1960 年有 2500 多名留学海外的科学家、工程师回到祖国，成为大规模发展中国科技事业的第一批领导骨干。国家按计划向苏联、东欧各国派遣1.8万名各类科技人员留学，全都按期回国，成为建立科研和现代工业的骨干力量。高等学校从新中国成立初期的200所增加到600多所，年招生增至28万人。到21世纪初，高等学校有2263所，年招生600多万人，科技人力总资源量超过5000万人，具有大学本科以上学历的科技人才达1600万人，已接近最发达国家水平。

新中国成立60多年来，从一穷二白成长为科技大国。年产钢铁从1949年的15万吨增加到2011年的粗钢6.8亿吨、钢材8.8亿吨，几乎是8个最发达国家（G8）总年产量的两倍，20世纪50年代钢铁超英赶美的梦想终于成真。水泥年产20亿吨，超过全世界其他国家总产量。中国已是粮、棉、肉、蛋、水产、化肥等世界第一生产大国，保障了13亿人口的食品和穿衣安全。制造业、土木、水利、电力、交通、运输、电子通信、超级计算机等领域正迅速逼近世界前沿。“两弹一星”、高峡平湖、南水北调、高公高铁、航空航天等伟大工程的成功实施，无可争议地表明了中国科技事业的进步。

党的十一届三中全会以后，改革开放，全国工作转向以经济建设为中心。加速实现工业化是当务之急。大规模社会性基础设施建设、大科学工程、国防工程等是工业化社会的命脉，是数十年、上百年才能完成的任务。中国科学院张光斗、王大珩、师昌绪、张维、侯祥麟、罗沛霖等学部委员（院士）认为，为了顺利完成中华民族这项历史性任务，必须提高工程科学的地位，加速培养更多的工程科技人才。中国科学院原设的技术科学部已不能满足工程科学发展的时代需要。他们于1992年致书党中央、国务院，建议建立“中国工程科学技术院”，选举那些在工程科学中做出重大创造性成就和贡献，热爱祖国，学风正派的科学家和工程师为院士，授予终身荣誉，赋予科研和建设任务，指导学科发展，培养人才，对国家重大工程科学问题提出咨询建议。中央接受了他们的建议，于1993年决定建立中国工程院，聘请30名中国科学院院士和遴选66

名院士共96名为中国工程院首批院士。1994年6月3日，召开了中国工程院成立大会，选举朱光亚院士为首任院长。中国工程院成立后，全体院士紧密团结全国工程科技界共同奋斗，在各条战线上都发挥了重要作用，做出了新的贡献。

中国的现代科技事业起步比欧美落后了200年，虽然在20世纪有了巨大进步，但与发达国家相比，还有较大差距。祖国的工业化、现代化建设，任重道远，还需要数代人的持续奋斗才能完成。况且，世界在进步，科学无止境，社会无终态。欲把中国建设成科技强国，屹立于世界，必须接续培养造就数代以千万计的优秀科学家和工程师，服膺接力，担当使命，开拓创新，更立新功。

中国工程院决定组织出版《中国工程院院士传记》丛书，以记录他们对祖国和社会的丰功伟绩，传承他们治学为人的高尚品德、开拓创新的科学精神。他们是科技战线的功臣、民族振兴的脊梁。我们相信，这套传记的出版，能为史书增添新章，成为史乘中宝贵的科学财富，俾后人传承前贤筚路蓝缕的创业勇气、魄力和为国家、人民舍身奋斗的奉献精神。这就是中国前进的路。

宋健

自　序

能够启动这本传记的撰写工作，得益于中国科学技术协会发起的“中国老科学家学术成长资料采集工程”和中国工程院组织的“中国工程院院士传记”系列图书出版计划。

2013 年初夏的一天，曾在我 80 岁时为我撰写过传记的东北农业大学校党委宣传部石岩同志带着工作小组来到我的家中，开门见山地说明了来意，并向我展示了已经充分策划完成的工作流程。在粗略地浏览了他们提供的相关材料后，我的第一个念头就是婉拒。在我看来，下大气力推进这样的工程，必然会有力推动现代科学技术的发展，然而回望自己的一生，真心觉得贡献不惊、不足备采。但工作小组坚持认为，学科门类特点使然，不能相互比附，农业机械和工程学科在我国的发展历史尚浅，且我可算是新中国农机事业发展的参与者和见证者，应该接受此邀。于是，经过考虑后，我决定协助他们做好这项工作，用毕生留存的资料和体悟，助力国家充实这段发展历程。

我平时倒是注意资料积累，但缺乏整理分类。趁这次机会，工作人员对我的资料来了一次“大搜索”。他们把我尘封多年的自学笔记、佳作阅读笔记、设计草图、论文、著作、照片、证件、图纸、聘书、信件等悉数收集，甚至连我在科研工作高峰时期二十余年的日记也难“幸免”，并对我的这些材料进行了高标准的扫描备份。

石岩同志一向工作认真高效，我们彼此非常了解，结下了深厚的忘年情谊，每每说到兴奋之处，我们一起情绪激越，谈及感伤时，又共同泪落。即便如此，她仍要在采访前对拟了解的问题写出详细的提纲，事后又及时整理成文字材料返给我审阅。她的专业毕竟不是技术专家，有些不当之处，我们也能很好地协商解决。她的办公室置满了我的学术成长资料，几成洋洋大观。再加上以她为代表的工作小组成员总是要把工作做到极致，因此常常忙得夜以继日。

随着这项工作的不断深入，我越发觉得如果仅在传记中叙述一些个人经历并非我的本意，我更想把这些年来在教学和科研历程中的经验与体会分享给读者。于是开始尝试加入很多专业方面的素材，包括一些结构图、数据图、试验照片、计算公式等，这使得文科专业出身的石岩压力倍增。到后来，石岩的身体出现问题，需要长时间住院治疗。但是传记工作拖不得，思来想去，决定由我的秘书孙伟接手剩下的工作。孙伟在我身边工作了十余年，平时经常为我画图、打字、整理课题材料，他对我的科研经历和想法自然是最熟悉不过的，也成为为我完成后续工作的最佳人选。他不但工作细致，而且逻辑思维能力很强，不仅能够将我的科研经历尽量表达得浅显易懂，还对全书的结构提出了自己的很多改进建议。后来，中国工程院工作人员来看望我，并报请学校领导同意，让孙伟推掉其他工作，专心为我整理传记。得益于各方的支持，孙伟得以全身心投入传记的后续工作中。

我自认为不是一个科学领军人物，没有主持过咨询项目，是个“不称职”的院士。这本传记也就只能将多年从事的教书育人、科学研究中一些实际发生的成功与失败、经验与教训、心得与遗憾，如实地奉献给读者。

我所培养的研究生数量并不多，包括虽不是我亲自指导但由我特意邀请来听我授课的研究生在内，有几位在国内外学术界已经取得了重要成果。例如，赵匀教授发明了新型高速前插旋转式插秧机、国际首创的后插旋转式插秧机和宽窄行插秧机，应义斌教授发明了水果品质在线同步检测与智能化分级技术装备，他们分别在2007年和2008年获得国家技术发明奖二等奖。我们师生三人是国家科学技术奖励工作办公室农业装备领域唯有的三个发明奖二等奖，也是迄今的最高奖。又如，张瑞红以其发现加速发酵的细菌，创造出厌氧分级干式发酵系统，利用多种废物产生沼气用于发电，获得美国国家环保成就奖；潘忠礼以其新红外加热干燥技术等成就，获得美国青年科学家总统奖；孙秀芝以其在基于生物质的聚合物与合成物领域的卓越成就，出版了该方面的首部专著，并被美国农业部委任为生物质产品与生物质能源创新性研究项目制定组组长。

学生们能取得这些成就，主要是他们自己的努力与智慧的结果，但学生们常常会谈及我的培养方式对他们的影响之大，这让我深感骄傲与自豪。回想起来，我在培养研究生方面的确有自己的一套方式。我培养学生的特点是：主要传授科学研究的方法论及创新性思维，专业课的具体内容讲得很少，交由他们完全自学解决。我会运用孙子兵法、老子的辩证思维、古诗词的创作、对音乐艺术的欣赏，结合农业机械机型的演变过程来讲授创造性思维的方法，并且结合大量实例进行比照。我侧重于去探索发明者灵感的出现过程，锻炼学生们的预见能力和创新能力。关于这些内容，在本书中皆有叙述。

我一生投放于科研上的精力较多，除了平台式（键式）逐稿器、水田筑埂机、亚麻子清选机械及整个车间机械化、农用风机特性等的研究外，最主要的有三项：一是世界公认难题“割前摘脱联收机”的研制；二是否定了应用与教授了数十年的相似理论中的一个理论；三是高寒地区“乳牛散放饲养机械化”的探索。在本书中，用了较大篇幅描写这些科研经历。为了便于读者阅读和理解，本书还列出了许多公式和图表，以下是关于这三项研究的简要介绍，感兴趣的读者可以阅读本书中的相关内容。

（一）“割前脱粒”：一种崭新的收获工艺与技术装备

“文化大革命”期间我校迁到农垦系统的香兰农场，我在此从事了两年的水田劳动。当时黑龙江省农垦总局已有大量的进口与国产的传统型联合收获机，但普遍存在收获水稻损失太大的问题。时任黑龙江省农垦总局科技处处长王裕民对我说，他们已经做过多种改进，均无效果，希望我能换个思路，搞个新的收获工艺试试。我喜欢探索新东西，便欣然接受了这个挑战，没想到这一下就搞了近40年。

我在苏联时曾经收集过“割前摘脱”方面的资料，但都尚未成功，对此还是较为了解的。“割前脱粒”是一种新的收获工艺，它将传统“先割后脱”的收获方式颠倒了过来。其优点较多：首先，秸秆不进入机器，减少了分离谷粒的损失，节省了脱粒的功率消耗；其次，脱粒后的稻草可以不割，无须粉碎而直接犁耕还田，而且不堵犁；最后，站立的稻草能保持秸秆水分不易流失，是制备青贮饲料的好原料。“割前脱粒”也因为一些难以攻克的难点而成为世界著名的难题。其难点主要包括：喂入口处易堵塞、收获倒伏或前倾的水稻时谷粒损失大、割前脱粒的同时收获稻草很困难等。

第一代样机研究耗时3年许。当时我给机器起了个代号——TPC（threshing prior to cutting）。采用带式弓齿脱粒装置加三角形喂入带及仿形拨禾轮，解决了国际水稻研究所的相关装置存在的飞溅损失大和喂入困难的问题，创制了单向运输的齿形搂草、双向往中央搂集稻草成条铺的机构，实现了在割前脱粒的同时又能收获稻草的目标。这一代样机是在香兰农场简陋的修配厂内完成的，受到农民的欢迎和同行专家们的好评，仅一个公社就要订购39台。但其缺点是不能收倒伏水稻，作业速度慢。

第二代样机研究耗时3年许。为了能收获倒伏水稻，创造了单体仿形扶禾器，并加装了稻草切割搂集机构和传统的清选装置，脱粒器不变。在试验台上做了大量的部件试验，证明可行。田间试验结果却显示，虽然扶禾器是成功的，但因喂入口落粒、掉穗损失过大而失败。

第三代样机研究耗时 8 年许，即“4GQT-1800”型水稻割前脱粒收获工艺及机器系统。不得已而采用了气流吸运系统，以解决落粒损失大的问题。研制出凹弧形的动凹板，创造性地解决了国内外多数人未解决的喂入口堵塞难题。创制了不用人工操纵的单体仿形扶禾器，从而能收获严重倒伏的水稻，这是割前脱粒的普遍性难题。至于不能同时收获稻草的问题，则采用了逆向思维进行解决：干脆摆脱它，用新创的履带自走底盘，在其上挂割晒机，收割站立的稻草，放铺整齐。为了弥补多了一台机器的不足，在底盘上架设平板台面，供装运粮袋运出田间。采用履带结构，下陷深度大大小于轮式拖车的深度。此项技术获国内外专家的好评，1995 年获国家技术发明奖二等奖。成果转让给黑龙江依兰收获机厂小批量试制、多点试验，反响良好。在黑龙江省农垦总局建三江管理局辖下的 14 个农场的要求下，局科委致信我校恳请来年生产 50 台以应水稻发展之需。但是，如果批量生产这种全新结构的联合收获机，必须具备制造零部件的工艺装备，否则无法保证制造质量。最终因投资太大、市场难以预测而却步。这是我国原创性、功能较多的农机产品所面临的通病。

第四代样机研究耗时十余年，即“4ZTL-2000”型割前摘脱稻（麦）联合收获机。此前，英国发明的三角形板齿摘脱滚筒能快速作业、结构简单，但因不能同时收获稻草而未能推广，为国外许多用户所惋惜。我发挥其优点并克服其缺点，用气流吸运换取空间，以便能安置稻草的切割、搂集装置，实现了脱、割操作的同时进行。但是采用气流以后，分离箱体积庞大，无法再采用传统的清选机构。逼得我另辟蹊径，创制了立式筒筛清选、升运和无限循环复脱的多功能机构。经过生产现场两年实地考察，佳木斯联合收获机厂决定以 800 万元购买此机的专利技术。但该收获机的缺点是只能适应亩产千斤的水稻，收获倒伏和超高产水稻时适应性较差，仍需继续探索。

经历多年搞原创性的项目，虽然取得过一时的所谓“辉煌”，但由于机器对多种水稻生长状态的适应性不够高，仍然未能形成生产力，唯望后人能够再接再厉，争取早日实现产业化。

（二）相似理论中 π 关系式合成理论的改进与彻底否定（历时13年）

由相似理论可知，如果有 n 个物理量影响着某项性能指标，就可按由这些物理量构成的 $n-k$ 个无量纲的相似准则 π 作为变量进行试验，各个 π 分别包含着 n 个中的若干个不同的物理量。包含性能指标的物理量者为 π_1，它与包含其他物理量之 π 项间构成 π 关系式。通过试验建立起的其数量关系的方程式，称为 π 方程。这样就可使试验的次数大为减少。k 是用以表达 n 个物理量的量纲中相互独立的量纲数目，通常 $k=3$。

对于如何组织试验，墨菲（G.Murphy）提出，可由组分方程相乘，构成一个能表达各相似准则间相互关系的 π 方程式后，再将所有物理量代入 π 方程式中的各个 π 中，就获得了反映各个物理量之间关系的经验公式，这才是本定理的终极目标。墨菲称，组分方程必须具有相同型式。但当我对球体在液体中的沉降速度进行试验建立组分方程时，发现误差很大。如果以拟合系数为最高值作为选型的原则建立方程时，则预测精度可以显著提高。为了确认改进后方法的可靠性，我将试验结果与物理学上公认的理论公式所求得的结果进行比较，发现误差仍然很大。经过反复探究，我才发现在原理论微分方程中，某一项数值套用了错误的参数，而忽略了实际的试验条件，从而导致误差较大。微分方程经过改正后，试验值与理论值相当接近，达到极高的预测精度。

此研究成果发表前，我特意请本行业内外研究、应用相似理论的专家、学者在立论、方程的正确性、试验方法的科学性等方面进行了严格的审查，均获得很高的评价。大家普遍认为，此项研究成果自此可使数十年来被寄予很高期望但预测精度始终不高的墨菲定理得以顺利推广了。

后来，我的学生郑先哲在其博士后期间做了一个有关“滚筒式牧草干燥机参数特性”的项目。该项目变量非常多，我认为可以借助该实例来验证改进后的墨菲定理的可行性。在实际试验时却发现，一旦自变量的数值偏差稍大，通过经验公式所得的预测值竟会偏离到难以理解的程度。

经过深刻思考，我才猛然意识到，当自变量的数值位于求π方程所用的数值区域以外时，在不同的两个组分方程中作为不变π项的数值就不再相等，而合成组分方程的条件是必须要求二者相等。由此可见，墨菲本人在建立此理论时也没有想到，在运用经验公式时竟会打破自己原先制定的前提条件。而在之前我发表的相关论文中，验证经验公式所选用的数值与建立时所用的数值差别并不是很大，并且一般不会对由π方程转换到经验公式产生怀疑。故可得出结论：墨菲相似准则的函数理论中不但“组分方程必须具有相同型式”是错误的，而且仅用相互垂直的立体面上的两根曲线构成的曲面，不可能在数量上准确表达各自变量与因变量之间的关系。

令我深深感到遗憾的是，本以为改进了前一个错误就可以顺利推广此方法了，结果最后才发现连它所依赖的根基都是错的。由此可见，认识“真理”是多么的困难，它被层层包裹着，没有剥开到最后，是看不到真谛的。正如，没有纠正前一个错误，也就发现不了最终的错误。通过这项研究，我最大的体会是，搞科研一定要认真。同时，我亦极力提倡原始创新，因为事物是不断变化着的，不会只停留在一个水平上。

（三）我国高寒地区先进饲养方式的创举：乳牛散放饲养、饲料制备车间和喂饲车间的机械化探索

在“大跃进”期间，中央号召“破除迷信”“敢想敢干”“追赶西方”。学校党委提出要搞世界最先进的养牛机械化技术，我响应号召，开始了“奶牛饲养机械化联动线”的研制。

万事开头难。这是我国高寒地区奶牛散放饲养生产机械化的最初尝试，是第一次真刀真枪地搞规模如此之大、投入财力和人力如此之多、任务如此之重的探索性研究。同时，这一光荣而艰巨的任务也开启了我规模较大的科研人生的第一次征程。1959 年初冬，我带领农机系 1960 届、1961 届混合班 10 余名学生（有刘振声、武俊生、王桂云、王树槐、孙继华等）和工人、技术干部一起，投身这一任务。为了显著提高劳动生产率，我们试图改变传统的舍养方式为先进的散放饲养，并努力研发出为这种饲养方式服务的“奶牛喂饲精料与挤奶同时进行并使二者相连的联动线”。也就是说，不再采用将牛拴在牛栏上的舍养方式，而是把原有的手工劳动改用简单的机器作业进行取代。散放饲养方式是基于与传统的舍养方式完全相反的观点，利用奶牛生理上的本能，培养它挤奶和采食精料同时进行的习惯。

设计构思之前，我与工人一起参与各个饲养环节的劳动，体验其难处。我还经常请教牛场场长黄昆仑畜牧师，共同制订方案。例如，三面有墙的牛棚，在寒冬腊月抵御不了严寒，我们就商量预案：引导奶牛进入原有的牛舍御寒，或在南面加设简易的、活动的挡风墙。我负责工艺流程的制定，饲料车间与挤奶车间全部机械的选型，构思草图，各个机器、部件的结构和运动参数的设计、计算，分别与牛场场长黄昆仑、全体学生商讨，最后指导学生绘制设计制造图。学生们深入车间参加制造和装配，我指导项目实施的全过程。与此同时，我还要与香坊农场负责基建的王技师共同研究生产工厂各个车间的尺寸、门窗和输奶管系统的布局等的设计。

全体人员日夜奋战，每天都工作到午夜甚至凌晨 3 点，到食堂吃碗面片汤，休息一两个小时后接着再干。那时粮食是限量配给的，学生们在忍饥挨饿的状态下进行图纸的绘制和设备的制造安装。在这个过程中，我还要抓住机会对工作内容具有教学意义的部分进行现场讲解教学。

在如此艰苦的条件下，饲料车间与连体的挤奶车间最终成功完成了装配。试运行时，大家一起见证了这项工程成果：急于要吃精料又欲及早解除奶胀之苦的奶牛，都拥挤着进入挤奶间，20头奶牛自动分为4组，每组5头，头尾相接静静地等待着；挤奶工将带有装满精料的饲料斗的活动插门插入奶牛的头尾之间，奶牛采食的同时，挤奶工依次给左右两排共10头牛挤奶；各头牛的奶杯中的奶都被吸入输奶玻璃管集中到牛奶冷却室。看到这一切终于如愿以偿实现，在场的牛场场长黄昆仑和师生们无不感到兴奋。

这仅是一项初步的科研成果，并未经专家评论和科研机构组织鉴定，之所以我要把它置于重要科研成果之列，依据有三。第一，虽然它是“大跃进”期间（1958～1960年）的产物，但它排除了当时风行的虚报浮夸风，是力行实事求是的成果。我此前1958年在苏联进修时，曾迷信一些报刊的不实报道，盲目照搬国内的“经验”，试种了几亩“高产田”，结果“血本无归”，是惨痛的教训。所以这次接受党交给的任务后，虽任务繁重、时间紧迫，但我依旧坚持摒弃盲从的心态，秉持“不唯书、不唯上、但求实”的原则完成了任务。第二，此项技术不仅在当时是先进的，就是在现代，仍有进一步研究的价值，可作为开展相关研究的参考。第三，与传统的舍养相比，这套设备功能较齐全、结构较复杂。受当时国家经济极度困难的限制，本可以不断完善，却因人畜挨饿、牛群消失不幸中断，令人惋惜之至。

回望一生经历，我由衷地体会到，搞创新性研究，既要做好经过多年奋斗而未获最终成果的思想准备，又要做好牺牲个人利益的思想准备，正如王选院士的名言：从科研成果到形成产品、产业，要冒九死一生的风险。浙江屠炳录师傅发明的首代割前摘脱样机很有希望，国家科学技术委员会在“文化大革命”时期对工人阶级非常重视，投入了30万元，结果却因堵塞难题无法解决而作罢，其本人不得已卖掉了房产。天同公司的热心企业家胡建良甚至曾对我说：

“这一次如再不成，我就跳楼！”可见搞创新研究的压力有多大。至于我自己的牺牲，则主要有二。一是，与我同行的爱妻罗佩珍，她业务能力很强，退休后参与我的项目的研究，工作热情很高。无论是研究、设计绘图和资料整理还是对课题组成员的生活安排，都得到合作单位和组内的一致好评。她对科研工作的贡献极大，但拒绝褒奖和论文的署名。就在准备课题鉴定答辩会时，她因过度劳累突发心肌梗死而离开了人世。二是，我患萎缩性胃炎多年，日益严重，医生早就提醒我，再不切除，必癌变无疑，但我一直因为设计或田间试验紧张而拖延了下来。在爱妻逝世的两年后，终遭罹患胃癌的厄运。幸而后期经过耗时三个年头的化疗后未曾复发。

最后，关于怎样做好创新性的科学研究，我再赘言几句，并以此继续与后生共勉：“勤于思践，勇于胜利；虚实兼筹，贵在奇正；慎于抉择，韧于成败。”①

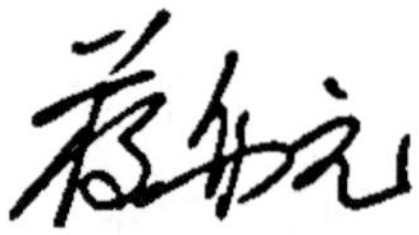

① 蒋亦元生前将“勤于思践、敢于胜利、贵在奇正、重于专律、锲而不舍、韧于成败”的院士精神根据自身体会重新总结为“勤于思践，勇于胜利；虚实兼筹，贵在奇正；慎于抉择，韧于成败。”——作者注

目　录

第一章

觅渡少年

一、家世

常州是一座具有3200多年悠久历史的名城古邑，古称“龙城”，亦曾有延陵、晋陵、尝州、武进、中吴等称，隋文帝开皇九年（589年）始称常州，它位于江苏省南部，地处美丽富饶的长江三角洲中心地带，北携长江，南衔太湖，与上海、南京等距相望，素有“三吴重镇、八邑名都”之称。

自古以来，常州之地人文荟萃，常州之民多璀璨之星，在波澜起伏的历史长河中，名家辈出，享有“天下名士有部落，东南无与常匹俦”之誉。常州还是近代中国民族工商业的发祥地之一，以经济发达、工商比翼而著称。这里亦商亦儒的古朴民风，成就了常州人踏踏实实、潜心于学的气质与姿态。

常州人聪明能干，透着一股灵气和才气。春秋时期著名的政治家、外交家季札，负责《永乐大典》总体编纂都总裁的陈济，清代语言文学家段玉裁和思想家龚自珍，《官场现形记》的作者李宝嘉，再加上“常州三杰”瞿秋白、张太雷、恽代英，“七君子”中的李公朴、史良等一批政治精英和革命家，其家乡都是常州。从这里走出的实业家盛宣怀、刘国钧，语言学家赵元任，数学家华罗庚，医学家吴阶平，书画大师刘海粟亦闻名遐迩。中国科学院院士和中国工程院院士是国家设立的科学技术与工程科学技术方面的最高学术称号，代表着我国科学技术队伍的最高水平和荣誉，迄今，在当选的两院院士中，常州籍院士达60余名，位列全国前茅。

生于斯、长于斯的中国工程院院士蒋亦元就是“龙城骄子”之一，他把农业机械研究作为毕生的事业，冲破了国际公认难题的束缚，发明了国际首创的“割前脱粒水稻收获机器系统”。这一贡献，在解决落粒损失大、对作物状态适应性差和不能收获严重倒伏水稻的问题上取得了革命性与阶段性进展。

无独有偶，1928年正是戊辰龙年，蒋亦元就出生在这一年11

月 17 日。素有“鱼米之乡”之称的江苏常州，便是他世代先祖繁衍生息的地方。蒋亦元出身既非名门望族，又非书香门第，其祖辈世代从事农商，由于始终勤俭持家、经营有方，家道日盛。蒋亦元的祖父蒋寿衡本是农民，由于非常勤劳节俭，善于经营，后成为地主，济寒赈贫，乐善好施。父亲蒋济民受过平民的普通教育，继承家产，学即经商，亦仅投资一些企业或商店而已，规模都不大。由于他对待农户比较有善心，在土地改革及“文化大革命”中均未受到大的冲击。

父亲蒋济民对儿女没有过高的期望，如要求儿女当个学者或专家似乎要求过高，只求孩子能好好读书，诚实做人。他教育孩子最常用的话就是：“好好读书，否则回乡种田去！”母亲吴静婉是一位普通家庭妇女，一生生活简朴，没有读过多少书，始终操持家务。受到常州城源远流长的地方文脉和读书风气熏陶，加上外公的言传身教，母亲成为一位可敬的贤妻良母。这个家庭，思想开明而不守旧、作风民主而不压抑，给孩子们的成长创造了宽松、良好的环境。

外公吴仲甫是清末年间的秀才，后来成为当地有名的教书先生。在蒋亦元的记忆中，外公虽不苟言笑，却在潜移默化中教给他许多为人处世之道，如做学问要严谨，待人要真诚等。和善慈祥的外婆更是一位好心肠的长辈，无论什么时候，亲友邻居有求于己，她都会立即放下手中的活计，鼎力相助。

1948 年 10 月，蒋亦元与家人合影，前排从左至右依次为：母亲吴静婉、父亲蒋济民，后排从左至右依次为：蒋亦元、弟弟蒋鼎元

父亲蒋济民和母亲吴静婉先后育有 9 个子女，按年龄大小排序分别是：元元、亦元、鼎元、科元、常元……“元”字为辈分，“元、亦、鼎、科、常”等字是排行次序。

蒋亦元儿时与长辈和兄弟姐妹合影

二排右二：外公吴仲甫，左二：外婆，右一：蒋亦元，左一：弟弟蒋鼎元，
三排右起依次为：父亲蒋济民、姨丈（抱子）、舅舅、舅妈、姨妈、母亲吴静婉

二、逃难

1937年7月7日，卢沟桥一声炮响，日本发动了全面侵华战争，蒋亦元一家宁静的生活随之被打破。在万般无奈的形势下，全家人舍弃了在常州的四进房屋，开始了到处逃亡的生活。

为了不引起注意，蒋亦元一家分几路逃难，他跟父亲和母亲一连数月躲在船上，不敢在一个地方固定下来。而祖父、祖母、姑母、表弟躲避在远离武进县（今武进区）一个叫作茅山的地方，家人离散。在社会急剧动荡的岁月里，日本侵略者肆无忌惮地实行“三光”政策，中国人民家破人亡，陷入水深火热之中。战争、逃亡、疾病和相对落后的医疗水平，致使蒋亦元兄弟姐妹九人最终活下来的只有他和弟弟两个人。携家流亡的人群、横尸遍野的街巷、断壁残垣的景象，强烈地撞击着少年蒋亦元幼小的心灵。

可贵的是，虽然条件艰苦、环境恶劣，并且常常要根据战时的情况随时变换求学地点，蒋亦元却始终没有中断读书。无论辗转到哪里，他的家人都会寻机让他在逃难地就学。为此，蒋亦元先后就读于武进县觅渡桥小学、嘉泽镇小学、厚余镇小学和常州市织机坊小学。6 年的小学时光，蒋亦元竟有 4 次转学的经历。他永远忘不了随时从耳畔划过的枪炮声，忘不了日军飞机呼啸而过的场景，更忘不了背着简单行李躲避于船上生活的逃难岁月……虽然少年时的蒋亦元还不能完全懂得这些苦楚的缘由，但师长们的教诲和亲身的经历使他深深体悟到祖国正遭受着凌辱的现实，慢慢懂得了要通过努力学习改变家国面貌的道理。

1937 年逃难期间，9 岁的蒋亦元曾在老家——武进县嘉泽镇富墅村，也即祖父的发家之地度过很长一段时间。2011 年，蒋亦元应江苏常发集团之邀，合作建立了院士工作站。工作之余，在常发集团陆伟部长等人的陪同下，便访故乡，想要到记忆中的嘉泽镇富墅村去看一看。时隔 74 载，当地已经发生了翻天覆地的变化，陪同人员根据手机导航几经辗转后，终于到达目的地附近。在广阔的田野里，只见有一位农民正在浇水，向他表明来意后，他热情地放下农活为蒋亦元一行人引路。攀谈中得知，这位农民名叫蒋金伟，非常巧合的是，他竟然是当年蒋亦元家佃户的儿子。原来，蒋亦元和蒋金伟的父亲年少时是非常要好的朋友，经常在一起玩耍，如今他们两人恰巧相逢在一起，真是莫大的缘分。蒋亦元与他边走边谈，不知不觉就到达了富墅村。这里面貌已经大不相同，谷仓变成了高楼，仅有晒场、池塘依旧如故。据称，这里的房屋和池塘很快将被夷为平地，用于建设国际苗木展览中心。眼前的景象不禁勾起蒋亦元儿时的回忆，他遂即兴作诗一首，表达自己对往事的无尽怀念。

富 墅 行

别梦依稀咒逝川，七十余载塘依然。
独坐木盆掌作桨，稚子不谙深浅险。

敢字当头慎尤贵，满载菱角被指点。
惊叹沧桑之神速，相映何足惜残年。

蒋亦元2011年回老家嘉泽镇富墅村，见到74年前曾坐在木盆里采过菱角的池塘今犹在，兴奋不已

富墅村房屋新貌

蒋亦元与蒋金伟（中）携手合影

在蒋亦元老家的不远处有一条小河，名为庙沿河。沿河展现的，是“小桥流水人家”，一派典型的江南风情。蒋亦元的年少时光大部分都是在这里度过的。河上有座已有700余年历史的小桥——觅渡桥，蒋亦元曾经就读过的觅渡桥小学也由此得名。觅，意为寻觅、探索；渡，意为到达、超越，因此，“觅渡”自然就是寻觅驶向彼岸的渡口，包含着不断追求、寻觅真理的意蕴。从读小学起，蒋亦元就受到了这种志向的驱动，更显示出志趣广泛、思敏好学、追求上进的特质。

在觅渡桥小学上学时，给蒋亦元留下印象最深的是一位叫周远清的老师，他体态微胖，喜着长袍，讲课时喜欢来回踱步。一次课堂上，周老师在黑板上写下了“缄口结舌”这个成语。时值日本侵华，他教导学生不要多说话，免得引来祸害，身为学生，要读好书、救国家，“读、读、读，书中自有黄金屋”。这个“缄”字，蒋亦元就是在那时学会的，每当蒋亦元看到“缄”字时，总会忍不住想起周老师。

蒋亦元在觅渡桥小学浮雕前（浮雕中左二为蒋亦元）

少年的蒋亦元兴趣广泛，遇到感兴趣的事情总想去体验一下。有一次，蒋亦元看见大人们用胡琴演奏，觉得声音清扬悦耳，但又不好意思向家长要钱买，就加以观察，发现这种胡琴是由四根弦和两根马尾弦组成的，便决定与弟弟和表弟一起自制。他们买了一块蛇皮和竹筒，在家中搜罗出各种材料，就动手制作起来。应该说，制作乐器是比较复杂的一门技术活，最终他们不仅做成了胡琴（京胡），还掌握了演奏西皮和二黄两种曲调的要领，三兄弟自娱自乐起来。正如爱因斯坦 5 岁时就对罗盘产生兴趣，最终成为物理学大师；达尔文自幼便对身边的小动物爱不释手，最终遨游在生物科学的海洋，并创立了“进化论”学说一样；蒋亦元广泛的兴趣爱好奠定了其理想的基础，影响了他的一生。

记忆中的年少时光虽已远去，却成为蒋亦元心中一片历久弥新的绿洲。“觅渡”，成为其矢志不渝的动力源泉，始终激励着他不断求索。

三、复考

蒋亦元身材不高，体态瘦小，行走时膝部略有弯曲，重心带点儿起伏，给人一种他似乎要奔跑的感觉。他略高的颧骨、宽阔的前额和厚厚的嘴唇遗传了蒋家一脉的淳朴模样。浓密而宽直的眉毛下那双深邃和执着的眼睛，仿佛常常处于思考状态。他说话时喜欢与人视线相遇，体现出热情、自信而乐观的特点。然而，在长辈们的眼中，这只生命力旺盛的“小龙”长得并不帅气，还非常贪玩、调皮。

中学时代是塑造人格的重要阶段，那时因贪玩而引发的一段插曲让蒋亦元铭心不忘。1940 年 8 月，蒋亦元小学毕业考入当地最好的中学——常州市正衡中学（今常州市第一中学）。然而，入学后不久，他由于贪玩开始慢慢沉迷于一种类似于篮球玩法的小皮球。整个初一学年里，他只要有时间就跑出去玩小皮球，渐渐地连作业都不能及时完成。到了期末，班主任夏老师通知他去办公室取成绩单，他自以为考试成绩还不错，当看到自己的课业中有两门主要功课用红色的笔迹标示着不及格时，犹如被敲了当头一棒，这意味着他将面临留级。

蒋亦元痛悔莫及，回家后，倍感沮丧的他将这件伤及自尊的事情战战兢兢地告诉了正在切菜做饭的母亲。令他意外的是，母亲听到后并没有发怒，甚至都没有批评责备他，依旧很平静地继续切菜，并耐心地帮他分析了可能留级的原因。最后，母亲鼓励他说："你就是贪玩，没有及时完成作业，以后每天把作业做好，就一定可以改变现在的状况。"蒋亦元听后，心想："这不难，我必然能做到。"

母亲与孩子们的合影（右二为蒋亦元）

但蒋亦元不甘心留级，于是就央求父亲给自己转到了当地一所相对普通的群英中学继续读初二。从那以后，敢于正视挫折与失败的蒋亦元不甘人后，不再贪玩。他调整好作息时间，刻苦自励，勤奋学习，终于在初中毕业后，再次考回初一时就读过的常州市正衡中学高中部。

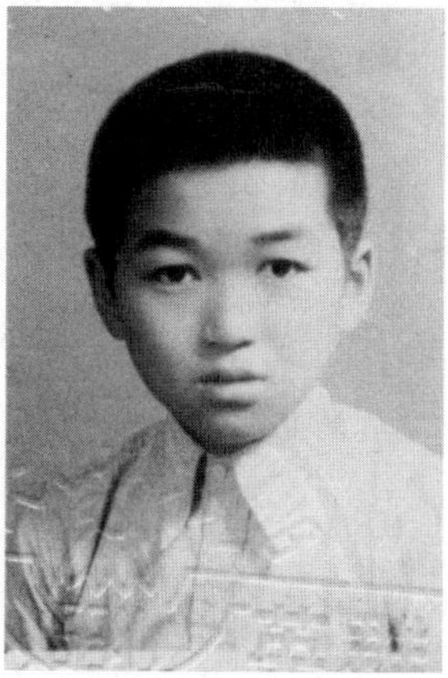

1941 年 7 月，群英中学（初中）证件照

1943 年 7 月，常州市正衡中学（高中）证件照

回首这段经历时蒋亦元感到，他的母亲尽管没有读过太多书，但是非常慈爱，性格尤其温和，这对自己的精神成长产生了很大的影响。蒋亦元每每遇到困难能不慌不乱而泰然面对的品性，多半是通过母亲的言传身教渐渐培养起来的。特别是蒋亦元骨子里透出一种“不抛弃、不放弃”的可贵品质，这对他日后的奋斗与成功产生了深远的影响。

读高中时，老师常常要求学生背诵中、英文课文。很多天资聪慧的同学，常常在念若干遍后，就能应对老师的检查，而蒋亦元却不厌其烦，总是反复念数十遍。他渐渐发现，孤立地先背每个单字，之后再背正文并非良法，宜反其道而行之。于是，他开始变换思路，先将文章意思弄明白，并分析其结构，前后上下关系清晰后，对文章就已接近半熟。采用这种方法尤其便于记住整篇文章，背诵效率极高，生字也就拼得快了。这种背诵方法是蒋亦元自己摸索所得，心里自然特别高兴。那时，教英文的陈梅丞老师向来以严格要求闻名，他经常留一些英文写作的课业，且批改严格。自认为不具有英语学习天赋的蒋亦元，通过自己悟出的方法进行学习后，成绩提高很快，后来的一次英语作文竟拿到了 90 分的高分，这对于蒋亦元来说是莫大的鼓励。蒋亦元由此体会到，提高学习效率是有方法的，是值得琢磨的问题。

蒋亦元自幼乐观活泼，喜欢运动，尤其酷爱打乒乓球。他所就读的中学一向重视体育锻炼和文娱活动，这为他提供了良好的发展空间。在一次校级乒乓球比赛中，他凭借出色的发挥竟闯入了决赛。决赛时的对手是学校里出名的乒乓健将——来自上海的“大个子”。比赛一开始，“大个子”根本就没把蒋亦元放在眼里，第一局打得漫不经心。而身材瘦小的小蒋亦元却始终稳扎稳打，有节奏地挥拍，有耐心地接防，因而轻松拿下首盘，开了个好头儿。第二局里，“大个子”显然提高了警惕，但是由于心急气躁，赢得非常吃力，最后在决胜局的较量中失误连连，输掉了整场比赛。体育老师在学校黑板报的布告栏里对这个赛事进行了宣传，还以水浒一百单八将中的“矮脚虎”为名给蒋亦元起了一个绰号，以示鼓励。

这次比赛胜利对蒋亦元的一生都产生了重大的影响——面对“强敌”和“困难”，要有耐心与之“周旋”，不能轻易认输，在“周旋”中可能会出现转机。这次胜利也给了蒋亦元一定的启发，要有一定的运动爱好，这对日后培养一生的运动习惯、保持健康大有裨益。

1996 年，已近古稀之年的蒋亦元应邀回到阔别半个多世纪的母校现常州市第一中学，参加 1946 届校友毕业 50 周年同学聚会。聚会中，他应张校长之邀在周一的全校例会上，就当前学生虽然学习刻苦、成绩优良，但是经不起挫折、需要提高情商的问题做了一个报告。报告中，他情真意切，现身说法，在简要介绍自己的学术和教育经历同时，深情回忆了在本校遇到挫折的经历：初一时意外地遭遇留级的厄运，但不服输，痛下决心转入他校，然后痛改前非，认真、积极学习，两年后又考入了母校的高一。蒋亦元以此真诚地告诫在校生，要不断提高自己的心理素质，不要脱离现实，不应一味地攀比分数，而应注重培养心理承受能力，承担重任，为国家多做贡献。蒋亦元从失败到成功的这段经历，经常被学校作为典型案例讲给学生们听，以鼓励他们勇敢应对挫折。

迄今，昔日的常州市正衡中学已先后走出了 8 位国内外知名的两院院士，其中包括参与“神舟六号”飞船设计制造的航空专家庄逢辰、成功主持设计研制我国第一架超音速喷气式战斗机的陆孝彭、全国“五一劳动奖章”获得者陶宝祺等。今天的校园里，巍然矗立着校方专门为这 8 位杰出校友铸塑的青铜雕像，这不仅是名校常州市正衡中学的最好见证，更是对后生学子的巨大鞭策和激励。

蒋亦元在常州市第一中学自己的铜像前留影

恰如曾经担任过常州市第一中学校长的任欣伟先生所言：

考量一所学校的办学理念与成效，不仅要看它在办学过程中培养了什么样的学生，还要看他培养出来的学生对什么样的人表示敬重，这对我们当今的青年学生来讲，有一种很好的潜移默化的引导作用。因此我们尤其应该在孩子们中间推崇自己学校成长起来的大科学家，邀请他们回校参加活动。他们不仅是国家的宝贵财富，更是母校的一座座金矿，他们成长的足迹就是我们现在学子所要追寻的、总结的、学习的，对后生有着巨大的鞭策和鼓励作用。因此在常州一中八十年校庆的时候，我们不仅按照 1 : 1.2 的比例为 8 位院士制作了铜像，还有幸请到蒋亦元院士在升旗仪式上讲话，他发言时就像一个爷爷跟后辈讲话那样和蔼、亲切和坦诚，学生们特别愿意接受，事业的成就、做人的品格等，这些使孩子们受到了全方位的教育。

走在曾经就读过的百年老校，一切恍如昨日。蒋亦元站在自己的铜像前，深有感触地回忆说：

正衡中学是我最感亲切的母校，我的青少年时代多半时间都是在这里跌宕起伏地度过的。百余年来，正衡培养了一批又一批不仅有优秀的文化素质，更有着良好的身体素质和意志品质的优秀学子。她也同样给了我最好的教育，对我的成长起到了极其重要的作用。许多著名科学家在少年甚至童年就显现出他们的天赋，然而，我认为自己远不是天才，我之所以能够在数十载的科研工作中，始终不断地深入研究同一课题并取得一些成绩，靠的就是“不抛弃、不放弃”的信念，而这根源就应该追溯到当年在中学求学的挫折经历。

第二章 金陵英才

一、南国之雄

19 世纪中叶，“西学东渐”之风日盛。“欧风美雨”中，西方教育传入中国。当时，美国基督教会派到中国来的传教士甚多，他们一边传教布道，一边创办学校，先后在中国设立了 13 所高等学府。这些教会大学“往往适乎中国人民争民主、求富强的心愿，并不是始终如一把重心放在传教上，而是越来越多地只是以现代科学文化来全面地教育中国学生，实行‘通才’教育”。

1888 年创立的金陵大学（以下简称金大），是美国教会在华开办最早的大学之一，是孙中山与许多教育界、政界名流如蔡元培等共议后决定创建的，在颁布的命令上有孙中山的亲笔签名。与众多教会大学相比，金大以经费较多、师资雄厚而被誉为“钟山之英”“南国之雄”。其校歌“大江滔滔东入海，我居江东；石城虎踞山蟠龙，我当其中。三院嵯峨，艺术之宫，文理与林农。思如潮，气如虹，永为南国雄”被一代代金大人传唱，久盛不衰。

“诚、真、勤、仁”是金大的校训，在这一校训的策勉之下，金大师生在一次次曲折艰难的境遇面前，克服重重困难，尽力维持教学正常进行，同时更使各科系仍有发展，学生人数年年增加。一路走来，如其校歌、校训所言，金大以诚为本，以仁为怀，勤勉执着，为真求是，培养出了许多优秀学子，如著名教育家、民主革命活动家陶行知，著名文史学家、国学大师程千帆，中国电影教育事业的开创者、“中国电视之父”孙明经，中国配位化学的倡导者和奠基人戴安邦，禅学大师南怀瑾，历史学家王绳祖，中国妇女联合会主席、国务委员彭珮云等。

蒋亦元每每谈起金大都会格外激动，更常常忆起与母校的不解情缘。

1946 年 9 月，在十四年抗战中几易其址的金大终于在原址南京复校开学。也在是年，蒋亦元高中毕业。考哪所大学？读什么专业？班上的很多同学大多在父母的安排下早早做好了准备，可是蒋亦元却迟迟拿不定主意，并且父母对此也不加干预，任由他自己做主，而不到18岁的他一时间也踌躇不定。直到有一天，他读到了《中国之命运》一文，透过这篇文章，蒋亦元认为关于未来中国物质建设的"实业计划"具有可行性，理工科专业具有发展前景，于是他定下了自己的志愿。后来，他回忆说：

> 想起动荡、忧患的童年，我感到要使国家走向富强，非建立强大工业不可。另外自己从小学到高中，一直比较擅长数学和物理两门功课，因而决定要学电机工程。

蒋亦元先后报考过三所大学，这可能与他实事求是、既不好高骛远又不甘自弃的性格有关。第一次报考的是大同大学电机系，当时心有不甘，想考更好一点的大学。后报考上海交通大学，当时为的是摸摸底，看看自己的差距到底有多大。是时，在金大读电化教育专业的表兄吴攸祥刚从内地回来，他告诉蒋亦元，金大已迁回南京，招生即将结束。蒋亦元闻讯后，当机立断，拿起报考材料马上直奔火车站。那时已经没有正式的车次，只有运输国民党散兵游勇的平板车，蒋亦元顾不上是否安全，立即买票就出发了。由于平板车没有车厢，加上自己穿的是短裤，火车行走时扬起大风，他又不敢与士兵们接触，只得靠在一边等待到达目的地。到了南京下关后，他赶紧乘坐公共汽车赶到金大，眼前一派令人欣喜又珍惜的景象：青砖、筒瓦、大屋顶、高大的松柏与绿茵茵的草地。这些蒋亦元在常州从未见到过的景象，使他内心涌起了必须考上金大的冲动。他欣喜若狂地跑到北大楼报名处报上了名，接待者对他说："你是最后一位，今天报名结束。"

为了考上金大，蒋亦元制订了周密的复习计划，做足了准备，并一一付诸实施。投考金大时，由于考点设在南京市，因此须在考试的前一天和第一天在南京住宿。蒋亦元在南京并无亲友可投，只得与外地来的考生一起，住在距离金大有相当一段路程的中央大学大礼堂。中央大学给家庭困难的学生提供了一些大席子，铺在礼堂楼梯转弯处的水泥地上，可供几个学生一起睡在上面。蒋亦元患有神经衰弱的顽疾，周围陌生嘈杂的环境使他根本无法安然入睡。翌日，就昏昏沉沉赴考，但他凭借顽强的意志和扎实的基本功，硬是在这样艰苦的条件下考出了较为满意的成绩。不久后，捷报传来，蒋亦元如愿以偿，考取了金大电机工程学系，辅学数学系。

1947年爆发的“五二〇”运动，是中国学生的一次标志性运动，它以学生为主力，从南京突破，南北呼应，历时近一个月。金大学生同其他学校的进步学生一样，以爱国为己任，激情澎湃，掀起了“反饥饿、反内战、反迫害”的革命风暴。

在金大就读时的蒋亦元

那时，蒋亦元对中国共产党并无太多认识，因为他们都在“地下”活动，出面组织学生运动的都是民主同盟的成员，他们学识丰富、有文采，讲话的号召力特别强，在学生中颇有威信，深受欢迎。“天下兴亡，匹夫有责”，作为一名大一新生，出于青年人的正义感，蒋亦元凭借爱国热情和对国民党腐败的痛恨，义无反顾地投身于这场学生运动。他和众多同学一起来到南京国民党政府所在地，一些同学用沥青在行政院两侧的红柱子上写下“朱门酒肉臭，路有冻死骨”等文字，蒋亦元拿着照相机，拍摄到很多珍贵照片，这些照片不仅从一个侧面反映出国民党政府的镇压行径，也记录了金大学生的英勇无畏之举，更表现出青年蒋亦元的爱国之心。

“五二〇”运动后，金大学生的政治觉悟越发提高，进步学生气势日盛，从此，金大学生运动在中国共产党的指导和推动下更加蓬勃地开展起来。而后，蒋亦元又和同学一起参与了抗议“沈崇事件”、抗议美军暴行的示威游行。这些经历大大激发和提高了蒋亦元的思想觉悟，只有中国共产党才是真正从中国人民的根本利益和强烈要求出发的，才是最值得信赖和支持的先锋组织。不久后，经许宗正、张宝诚两位同学介绍，蒋亦元加入了中国新民主主义青年团。

然而，重新回到校园的蒋亦元，却平添了几分愁绪，毕竟当时的自己正处于学习大学基础课程的时期，耽搁了一个多月的学习时间，令他倍感惋惜。按计划，到了数学课讲授很重要的微分方程的时段，但是却被砍掉了。这使蒋亦元内心很不是滋味，在他看来，学校理应给学生补课。后来，他在工作中自学，才得以把这一部分完成。

复课后的蒋亦元，倍加珍惜时间，埋头苦读。无论是上课还是节假日，无论是在宿舍还是在图书馆，他都毫不懈怠，不是温习功课，就是阅读参考书。那时图书馆的座位并不多，需要“抢”位子，所以蒋亦元总是早早前去，且往往一坐就是一整天。这不仅锻炼了蒋亦元在艰苦的条件下，在恶劣的环境里勤学不辍的意志品质，也从另一个角度印证了金大勤勉的学风。这段经历培养了他无论在什么环境下总是能静下心来的习惯，更使其对诸葛亮所言“夫学须静也，才须学也”感受深刻、受益良多。

二、改学农机

进入金大后，蒋亦元最开始攻读的是电机工程学系。在第一学年，学习充实而有序。他渐渐留意到，在农学院农艺学系的农业工程学组（1937 年前称为农具组）里，有很多由美国生产的、设计先进的农业机械供学生观摩、学习和实践，而且他还听说有美国教授亲自授课，这些都使蒋亦元对农机专业渐渐地产生了浓厚兴趣。

蒋亦元小时候曾有过在乡下生活的经历，那里大都种植水稻，农民在水田里插秧，烈日下弯腰收割，十分辛苦。“一粒米，十滴汗”，他对当时中国农村的贫穷与落后和广大农民的疾苦，有着切身的体会和感受。相比他所见到的美国农业机械，他深感中国农业机械发展十分落后。

就在那一夜，蒋亦元失眠了。一个强烈的想法不停地撞击着他的内心：只有农业机械化才是农业的出路，自己从小就对农业有着强烈的挚爱之情，为什么不献身于祖国的农业机械事业呢？

翌日清晨，蒋亦元早早地来到教务处办公室门外，等到教务长戴邦彦一上班，就向他提出了转入农业工程学系（时称农业工程学组）的申请。

教务长严肃地问道：“转系？你知道跨学院转系是要重新入学考试的吗？！”蒋亦元意志坚决地答道：“不知道，但是，我愿意参加这个考试！”

“那么，考试前你需要先放弃原有的学籍资格，这个你也知道吗？”还没等蒋亦元回答，教务长又补充说：“年轻人，不要冲动，跨院转系不是小事，给你一周时间，先回去考虑一下再来申请吧！”

长辈们得知此事后，都感到有些担忧，纷纷劝他要自己掂量好，因为如果不能通过考试，就相当于失学。但蒋亦元并没有动摇，他觉得自己的这个念头并不是一时冲动的突发奇想，而是经过了一番深思熟虑后的慎重决定，况且经过一年来基础课程的学习，他对自己还是很有信心的。果不其然，不久后，他通过了重新入学考试，如愿以偿地从电机工程学系跨院转到了农业工程学系。

1948 年大学暑假归乡时于家中园子留影

每一个从金大走出的学子在回忆起母校的时候，都会津津乐道于她优秀的师资队伍、高质量的教学水平、较为充裕的经费、壮丽华美的建筑等，对于蒋亦元来说，这里更是他成长的摇篮。崭新的大学生活，使蒋亦元整天处于兴奋之中。在经过了许多反复和波折后，金大已渐渐化为他生命中最刻骨铭心的情结。用蒋亦元自己的话讲：

> 金陵大学所给予我最宝贵的东西就是她教会了我如何做人，如何做学问！同时，它又教会我机械工程和相关的农业基础知识，使我有较宽的事业和兴趣，对自己未来将二者结合、从事农机研究有很大的意义！

回眸大学时光，蒋亦元尤其怀念陈裕光校长。学者型的陈裕光校长幼年时得传统文化之熏陶，青少年时负笈西行，曾留学美国哥伦比亚大学，早在1922年就已获得化学博士学位，是中国有机化学的奠基人之一。由于陈裕光校长曾接受“欧风美雨”的洗礼，亲身感受到中西文化的碰撞与融合，所以他不仅拥有先进的治学理念，而且具有宽广的视野和气度，常常出台一些开明举措。例如，陈裕光校长会定期邀请当时社会上的一些知名人士到校给师生们做报告，像孙中山长子孙科、抗日名将张治中、著名经济学家马寅初等都曾在金大做过精彩演讲，这些活动大大丰富了蒋亦元和其他学友们的社会阅历，也增强了他们明辨是非的能力。陈裕光校长既严肃又慈祥可亲，具有儒家风度。他在关键时刻，总能做出稳健而坚定的决策。例如在南京解放前夕，学校讨论是否要采取临时应急措施时，他力排众议，决定以不变应万变，动员学生留校安心上课，迎接解放。

陈裕光校长对教师也是求贤若渴，自1941年起，金大参照教育部在公立大学每一学科遴选一位资历深、名望重、学问大的教授由部长亲自聘任的“部聘教授”制，拨出专项巨资，设置“讲座教授”

席位，这一举措称得上是陈裕光校长给在校学生最丰厚的赠予。总之，在蒋亦元的心中，陈裕光校长的地位很高，是金大的一张名片，带给了他精神层面上的极大收获。

金大带给蒋亦元的，还有另一种受益终身的馈赠，那就是对其课业基本功的培养。蒋亦元认为，大学期间最锻炼自己英语能力的课业，就是每个期末有些课程结束之时要上交的学期报告（term paper），这样的报告并不硬性规定用英文成篇，但他要求自己尽可能使用英文，并用打字机打印出来。

金大农业工程学系成立大会

前排左四：陈裕光校长，左一：系主任吴相淦，左三：农学院院长孙文郁，后排左二：美籍林查理·里格斯（Charles Riggs）教授

蒋亦元曾评价道：

> 对于学习农业工程来说，我认为金大农工系在兼顾工程与农业两个学科知识的培育方面、所能达到的境界，是至今其他国内学校所不及的。

的确，从金大农业工程学系走出的青年无疑是相当幸运的，因为各专业课教师都会严格而系统地按照工程师应具备的素养来培养每个学生。例如，对绘图铅笔的削法，铅芯部分露出多长、铅笔的笔尖该削到何种程度都有着明确的要求；又如，在工程制图中，虚线、实线、点画线等画法的区分，各自间隔宽窄的具体数值都要求学生娴熟掌握；甚至连每个阿拉伯数字都有书写汉字一样的笔画、笔顺要求，单单一个“8”字都是需要分 3 笔写成的……那时候，学校里有一位名叫曹守恭的老师，他的制图课是出了名的严格，仅这一门课程，每次都要分成零部件绘图、装配图绘图、制图基本知识三个部分进行测验打分。在曹老师授课的班级里，从来没有一个学生可以拿到一等的 5 分满分，知难而进的蒋亦元曾经拿过的二等的 4 分，竟是曹老师给出的最高分。在老师的严格要求下，蒋亦元还养成了一个受用终生的好习惯，就是身旁总是喜欢放着带有夹子的垫板，上面夹着纸，谈问题时画个草图，记些要点，直观而严谨。因此，蒋亦元徒手画图的能力很强，常用寥寥几笔便可使构思跃然纸上，这种功底令学生们极为钦佩。

另外，金大还非常注重培养学生的自学和动手能力。上化学实验课时，老师通常只列出一个提纲，简要说明大概的实验步骤，然后给出实验所需药品，其余内容自然都是由学生自己去思考、摸索并独立完成。关于动手能力的培养，有一件事让蒋亦元至今记忆犹新。蒋亦元当年在上植物学课的时候，需要亲自在实验室的显微镜下边看细胞断面边将细胞壁、细胞膜、维管束等内容勾画出来。这样的学习方式让他记忆深刻，受用终生。

作为从金大走出的学子，一生中，蒋亦元在以金大为荣的同时，也通过自己对社会的贡献，偶以回报金大的培养。或许这正是他和母校之间永远难以割舍的浓浓情结吧！

三、师从林查理

金大在挑选教师时，所设的门槛较高，建校以来，知名教授层出不穷。他们紧密结合中国经济发展需要，培养了1949年前中国最多的农业高级专业人才。这些教授虽个性相异，国籍不同，但有一个共同的特点，即基本上是某个领域内享有盛誉的专家，其中一些甚至在国际学术界也具有重要影响，成为金大的招牌。蒋亦元的恩师林查理先生就是其中一位。

1916年，林查理风华正茂之时来到金大，直到1951年才回到美国。他与金大师生一起经历过入不敷出的困窘、抗战后方的煎熬，以及通货膨胀的折磨。他利用外籍的身份，在抗日战争初期保护了南京大屠杀中的中国难民（关于其救援难民的壮举，请参见本书附录）。可以说，林查理在中国农业工程，尤其是农业机械化事业初创时期所做出的开创性贡献，是值得载入我国农业工程发展史册的。

林查理教授（1892—1953）

林查理教授1892年出生于土耳其的一个教士门第，他的祖父母和父母都是传教士。在美国俄亥俄州，林查理度过了大部分青少年时期，并在俄亥俄州立大学获得农学学士学位。1916年8月31日他与夫人格蕾丝·里格斯（Grace Riggs）结婚，翌日即离美来华。到中国后，他们在南京的语言学校度过了第一年。林查理在就职金大之前，一直在距离福州市100多英里①的邵武工作。在邵武市郊，他建立了一个试验示范农场，从事提高稻麦产量、设计耕犁、开发水力等方面的工作。不仅如此，在邵武的住房也是他亲自设计、亲自动手建造的，所使用的都是被战争破坏了的房屋旧材料。林查理夫妇在此一直居住至1930年。在此期间，林夫人和当地的妇女一同工作，并建立了一个妇女刺绣家庭作坊，夫妇俩还拥有一个婴儿浴

① 1英里=1609.344米。

室和保健诊所。

林查理亲自在福建邵武建立的实验农场及住房

1932 年，林查理偕夫人一起来到南京工作，他就职于金大农学院，开设了有关农业机械结构与设计、水力学、农田排灌学等农业工程学课程。在当时，即使放眼世界范围，作为一门学科来说，农业工程学也仅处于发展的初级阶段，在中国自然尚无专门的学科。林查理也仅仅是作为尝试，初步开设了一些相关课程，而没有开展系统的农业工程教学。

到了 1944 年，时任联合国粮食及农业组织筹委会副主席和中国农林部驻美代表的邹秉文先生与美国万国农具公司达成一项具有深远影响的赞助协议。一是，在中国选派 20 名优秀学生赴美，进行农业工程专业的系统学习；二是，派遣 4 位美国顶级的农业工程领域专家到中国进行研究、示范和培训，其中两位专家麦考林（Howard F.McColly）和亨森（Edwin L.Hanson）分别于 1947 年和 1948 年在当时的中央大学和金大建立农业工程学系并任教，以此帮助中国搞农业工程建设。因此，中国的农业工程教育事业是在新中国成立的前夕才起步的，诚如蒋亦元所言，在中国，甚至在全世界，农业工程学科都是很年轻的。幸有这段历史渊源，不仅成就了中国农业工程学科的初创与发展，更结下了蒋亦元同恩师林查理教授难解的师生缘。

金大农业工程学系成立后，师资匮缺，林查理着重肩负起为该校农业工程专业首届本科生授课的任务，主要包括高等农业机械、农场工艺学、农具修配、农机结构、农业机械设计、水力学、灌溉排水工程等多门课程。亨森教授的是“农场建筑”（farm building）课程，他与林查理采用同样的教育方式，即密切结合实际。在课堂教学之外，他还指导学生进行铺设水泥地面、改造实验室等工作。亨森教授在给不学英语的专科班授课时，还邀请蒋亦元为其做翻译工作，这为其提供了很好的锻炼机会。

吴相淦与蒋亦元为金大农学院农业工程学系挂牌

当时，金大农科从康奈尔大学引进教学、科研、推广三合一制度，简称“三一制”，强调从中国实际出发，开展教学科研工作，并落实到推广应用。林查理将“三一制”进一步发挥，不仅要求学生学好书本知识，还要从事一些农业机械制造与农工业建筑活动，体验生产实践，参与科技推广，甚至还要常常走出校门参与社会实践活动，也就是要“边学、边用、边研究”。

农业机械的设计必然带有经验设计的性质，它靠不断实验修改的方法求得完善，因此通常缺乏应有的系统理论。但关心世界科技前沿的林查理不仅将美国的农业机械带到中国，研究如何改进它们从而适应中国的应用环境，还在教学中尽量利用多年的研究实践经验和其他工程学科的知识与方法，尝试着把它们应用到农机设计中来。林查理自力更生的能力很强，他靠几十年的积累所建的简陋实验室（里面包括车床、铣床和锻工的烘炉，以及电气设备），包括农业工程馆的设计、建筑，所需要的广泛工程知识，都是他自学而来的。林查理最常看的书，是很厚的英文工程手册。

蒋亦元认为，林查理亦有不足之处，他授课时没有讲稿，并且几乎没有板书。仅凭记忆，口述设计制作的原理，没有计算，也没有教材，仅有的参考资料是“美国农业工程之父”戴维森（Davidson）编的《农业机械学》，以及林查理与吴相淦老师合著的中文版《农业机械学》，但也并未被采用。而且，这些书的内容也仅是简要介绍机器的用途和构造，没有任何理论。然而，这也不能苛求于他。因为美国所追求的，是凭实践得出的先进的产品，而不是理论。而如果从理论出发搞新产品，速度会太慢。农业机械种类繁多，结构复杂，发展淘汰迅速，因而，西方大学很少有讲授农机理论的课程，普遍认为把工程基础打好即可，专业知识可以到工作岗位再行解决。

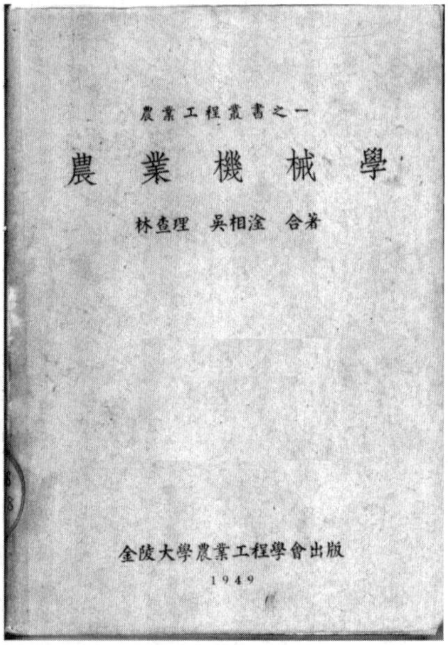

林查理和吴相淦为纪念金大农业工程学系正式成立合著的教材《农业机械学》

林查理不仅能讲授设计原理，而且能把机器制造出来，把房子盖起来。他在中国工作的36年中，从事过农业工程领域多方面的工作，包括铁辕畜力步犁、脱谷机、多种田间作业机械和加工机械设备的设计（多半是局部改造），以适应中国国情，并进行试验示范。他甚至还从事过单缸柴油座机的设计制造工作。林查理是这样躬亲示范的，同时也是这样要求学生的，既使学生获得了实践机会，又有助于专业的建设。

为了满足教学和实习的需要，林查理组织学生参加了他自力更生设计并建筑的农业工程馆。该馆设计为 30 米 ×60 米的两层楼，由蒋亦元和史伯鸿测量地皮，采用水泥空心砖砌成，屋顶为瓦楞形镀锌铁皮。利用暑期，在林查理的亲自指导下，刚听他讲授完水力学课程的 5 名学生，成功地设计、制造并安装了全楼的供水系统。整个供水系统“五脏”俱全，由设在房屋顶层的储水箱、设在楼外蓄水塘内的过滤器与抽水泵，以及铺设到各个实验室的水管所组成。其中，过滤器是用废汽油桶改装设计的，其内分层铺放着卵石、粗砂、细沙木炭等物料，达到了良好的过滤效果。恩师这种善于把一般的工程科学理论与知识灵活运用到农业机械与农业建筑等方面的能力，赢得了蒋亦元的敬佩。

蒋亦元（右）与史伯鸿（左）在测试水泵的排量及其性能（林查理拍摄）

在蒋亦元等 5 名同学作为首届毕业生的全体师生合影上，背景就是这座由师生们通力合作共同建成的农业工程馆，虽然建筑外表看起来很简陋，却是他们引以为荣的作品。

1950 年 6 月，金大农业工程学系欢送首届毕业同学留影

前排左一：吴春江，左三：史伯鸿；二排左一到左五依次为：管荣发老师、张道元教授、吴相淦教授、林查理夫妇，左八到左十依次为：赵人鹤、沈美容、蒋亦元

在蒋亦元大学二年级的时候，金大经过多年酝酿和筹备，举办了隆重的农业工程学系成立大会。其间，学校组织了农业机械展览，并邀请了校内外知名专家及其他院系的师生参观。展品当中，既有美国捐赠的先进农业机械，又有林查理根据中国实际生产需要改进的一些农业机械。蒋亦元完成了一个关于“犁”的各个部件组成的演示，直观而清晰，受到众人好评。这次展览举办得非常成功，所有展品几乎都是由农业工程学系的学生们动手筹备布置的，它不仅加深了全校师生对该专业的认识，更显示出该系学生们较强的协作能力及动手能力。

林查理倡导的这种将专业课课堂从教室延伸到车间乃至田间的做法，使学生和社会息息相关，教学与生产密切结合，科技与经济相互促进，培养出来的学生具有务实创新的精神和勤奋、奉献的作风。也正是在恩师倡导的“边学、边做、边研究”的学习方式下，蒋亦元在校期间就逐步养成了“动手、动脑、服务社会”的理念，这为他毕业后用其所学报效国家和社会打下了坚实的基础。

林查理丰富的实践经验、渊博的工程知识和白手起家的创业精神，特别是他的敬业精神深深地影响了蒋亦元而后的学术作风。在当时中国非常落后、物质条件十分匮乏的条件下，别校有个别教职员在外面兼官兼差，奔走钻营，而林查理教授始终如一地埋头于农业机械的研究、设计、制造、试验和改进，那时的他不是在上课，就是在由他白手起家建起来的加工车间操劳着。每天就是住家与加工车间之间两点一线来回奔走，过着单调、重复的生活。

为此，蒋亦元常常发出由衷的感慨：

> 我到东北农学院后曾经创新构思、设计计算、试制试验十余种农业机械，每当我面临百思不得其解、走投无路、筋疲力尽的时候，他的形象就会呈现在我面前，鼓舞着我前进。另一点对我影响很大的就是，我从心底里不愿搞虚悬的和重复人家的东西。榜样的力量是无穷的。可以说，恩师林查理给予我的训练，是我踏上社会开展科研教学工作的基石。

在南京农业大学[①]建校110周年期间，蒋亦元受邀参会并做报告，他在报告中真切地感叹道：

> 我感谢金陵大学勤奋、朴实、诚信、友爱的校风，更感激对我一生影响最大的林查理教授，他是当之无愧的、中国农业工程教育事业的开拓者之一。

---

① 1951年，私立金陵大学农学院与私立金陵女子文理学院合并为公立金陵大学，私立金陵大学农学院更名为金陵大学农学院。1952年，以金陵大学农学院和南京大学农学院为主体，以及浙江大学农学院部分系科，合并成立南京农学院。1984年，南京农学院更名为南京农业大学。

四、五人小组

金大同学之间感情诚笃，凝聚力强。毕业以后，同学之间仍互相联系，并且经常与母校沟通消息。对金大1950届农业工程学系的毕业生来说，从当年告别校园至今，其间横亘着的不仅是数十个春夏秋冬的光景，更有那岁月嬗递和社会变迁都无法冲淡与侵蚀的青春记忆。

在蒋亦元的大学时光里，尤为难忘的莫过于自己和纯粹“志趣相投”者们一起组成的学生团体开展活动的同窗经历。那时候，他和几个有着共同志向和兴趣的挚友赵人鹤、吴春江、史伯鸿、沈美容等组成了以“发展共同爱好”为目的的农业工程学系系会。他们志同道合，课内课外通力协作，向着同一目标前进。

为了使新同学对农业工程专业的内容与国民经济的意义有所了解，以蒋亦元为首的农业工程学系系会5人，集体邀请3位美国专家到校，做世界最先进的美国农机化现状的报告。报告会由蒋亦元主持，戴维森教授做主题报告，并播放影片。遇到专业名词时，就由蒋亦元做中文解释。

1948年秋邀请美国顶级的3位农业工程专家到迎新会上做报告，会后师生合影
一排左二：沈美容；二排左三：吴相淦，左四：林查理，左六：麦考林，左八：戴维森；二排右一：靳自重，右二：张子汶；末排左六：蒋亦元，左七：史伯鸿，左八：赵人鹤，左九：吴春江

34 年后，蒋亦元到密歇根州立大学访学，在该校执教多年至退休的麦考林教授闻讯后特意参加了蒋亦元的科研报告会，并设午宴招待，共同回忆了有趣的往事。最后，麦考林教授将 1947～1948 年在华帮助两校建立农业工程学系、中央农科院的农机系、在农村推广农机化知识的总结报告赠送给了蒋亦元。后来，2004 年在北京召开的世界农业工程大会上，蒋亦元又将这份极为珍贵的材料复印件赠送给两个全国学会，即中国农业机械学会和中国农业工程学会。

由于农业工程是个非常陌生而年轻的学科，农业工程学系系会 5 人小组还非定期出版手抄壁报，介绍什么是农业工程、它的功能、对国民经济的意义、与校内各个学科之间的联系等知识，同时刊载系会研究心得，介绍农机动态新闻，记载科系学生活动。

“志于道，据于德，依于仁，游于艺。”对孔子这条教人如何做人的古训，金大人有其独到的理解和诠释，诚如校刊载文所言，金大提倡“德智体美四种生活”，即“学业要研究，身体要锻炼，感情要丰富，兴趣要浓厚。总而言之，理智生活要与情意生活并行，学术生活要与实际生活并行，工作生活要与游戏生活并行，个人生活要与群众生活并行”。因此，这个小组的系会活动不仅仅局限在办壁报上，几个同学还时常在一起切磋学问，参与实践。例如，他们常常相约一起去实习工厂练习开拖拉机，也会去车间里实习车床操作等。这既丰富了课余生活，促进了各自学业进步和专业兴趣的培养，而且通过这些活动对彼此间的协同合作有了更深的体会，增进了人与人之间的理解和亲近感。实践当中难免会遇到这样那样的危险，例如一不小心车床迸出的铁屑就会飞进眼睛，开拖拉机时由于转弯过急而差一点剐伤人，等等。每到此时，同学间的互相帮助及悉心关怀都会体现得淋漓尽致。

1949 年春“五人小组”赴金大武庄农场代耕后返校途中留影
从左至右依次为：吴春江、蒋亦元、赵人鹤、沈美容、史伯鸿

如同老师所期望的那样，时隔 40 多年，在改革开放后全国第一次最大规模的农机学会会议上，这些昔日学子都作为各自工作单位的优秀代表聚首在首都北京。久别重逢，分外亲切。会后闲暇，这些年过花甲的同窗相邀来到风光旖旎的颐和园昆明湖畔，一边欣赏夏日美景，一边娓娓叙说旧日同窗往事，融融浓情溢于言表，甚至完全忘却了盛夏的炎热。他们共进午餐时，更是谈天说地，时而忆起 40 多年前的学生时代，时而交流近年的工作和生活，时而谈及社会热点及感受……宴后，蒋亦元与师友们一一合影。他深情赋诗，赠予同学留念，并相约他时再聚。

蒋亦元（右三）同金大师生合影

同窗聚首感怀

鬓霜桃李聚京华，把酒湖畔沧桑话。
广霖劝肴①子骝影②，殿前诀别饭大锅③。
今日齐当中流柱④，政通人和⑤耀神州。
溯源吾师金陵风⑥，毋忘告慰故林翁⑦。

五、学生助教

得益于名师的谆谆教诲，一群志趣相投的同学之间的切磋交流，再加上自己的勤奋刻苦，蒋亦元在大学里打下了扎实的课业基础，更取得了较好的成绩。金大为奖励德、智、体、美全面发展的优秀学生，以学生日常品行、学习、生活等方面的实际表现为评定依据，曾设立各种类型和额度的奖学金、贷金多达20余种。品学兼优的蒋亦元自然成为屡获殊荣的佼佼者，这对青年时代的他是一种莫大的激励和鼓舞，更让他一时间成为闪耀金陵的农机新星。

蒋亦元与老师和同学合影

前排中间为林查理，右一为吴相淦老师；后排右二为蒋亦元

① 广霖劝肴，指同学袁广霖倡议同学共进午宴。
② 子骝影，指同学徐子骝为大家拍照留念。
③ 诀别饭大锅，意指当时国家处于改革开放伊始，实行"承包到户，告别大锅饭"的政策。
④ 齐当中流柱，意指当时聚首京城的这些农机界学人大都是各自工作领域的中流砥柱。
⑤ 此句说明当时的中国政通人和，一派生机。
⑥ 此句暗指这些学人今日之成就应该追溯到当年金大老师的培养。
⑦ 故林翁，即指已故的恩师林查理。

由于家境尚好，因此蒋亦元获得的奖学金并未用于支付学杂费，而通常用于购买些学习用具和资料，以此作为纪念。望子成龙的蒋父每每得知儿子以优异的成绩和品行获得奖学金的时候，都会给儿子额外的嘉奖。大学二年级，蒋亦元第一次获得以美国某个人命名的奖学金，得知这一消息后，父亲喜出望外，同意了儿子买一架照相机的请求。蒋亦元珍藏的老照片中，就有很多是用这架珍贵的照相机拍摄的。在后来的大学生活中，蒋亦元还先后得到父亲奖励的英文打字机、计算尺等学习用品。这些奖品，不仅饱含着浓浓的父爱，更是蒋亦元不断前行的巨大动力。

勤奋好学的蒋亦元并不是“两耳不闻窗外事，一心只读圣贤书”，那时候的他还十分关心家乡的农业发展。因为恩师常常教诲他们要努力将掌握的知识学以致用，所以已经走上农业机械工程研究之路的他，就曾撰写相关文章投寄到《常州日报》等，试图帮助农民从繁重的体力劳动中解放出来。哪怕自己能够贡献的只是绵薄之力，也是他毕生的追求。

大学时代，出类拔萃的蒋亦元努力全面提高自己的能力，在这个过程中，他获得的不仅有物质上的奖励，还有许多来自师长的垂青和赏识。

时任农业工程学系主任的吴相淦老师特别喜爱蒋亦元，常常给他很多施展才华的机会和平台。吴相淦是湖南常德人，1915 年生，是著名农业机械专家。他于 1937 年毕业于金大农学院，1947 年获美国艾奥瓦大学农业工程学硕士学位。中华人民共和国成立后，他历任南京农学院教授、农业机械化系主任，镇江农机学院、江苏工学院、南京农业大学教授，中国农业机械学会顾问，中国能源研究会名誉理事，中国农业工程学会第二届常务理事等职，是中国民主同盟盟员。前述邀请美国专家做报告时，就是吴相淦老师授意由蒋亦元主持会议，使他得到锻炼。在蒋亦元还是一名大四学生的时候，吴相淦老师就将一年级的“农业工程概论”课程交给他讲授。被任命为学生助教的蒋亦元十分珍惜这一锻炼能力、施展才华的机会，他抓紧一切时间，参阅多方面资料，写出授课大纲，不仅出色地完成了教学任务，受到好评，更积累了一定的授课经验，可谓受益匪浅。当蒋亦元将半年时间内因代课而获得的补助金全部交给母亲的那一刻，母亲高兴地连声说：“好孩子，有出息了，长大了……”也正是从那时起，蒋亦元已在心底暗暗下定决心，争取有朝一日成为一名真正的优秀教师。

六、就业选择

在人生的征途中，处处布满了十字路口，展望未来，蒋亦元又一次面临选择。1950 年，充实而美好的大学生活即将结束，蒋亦元在大学期间出色的表现得到了吴相淦的赏识，吴相淦在毕业前跟蒋亦元表示，希望他能够留校任教。

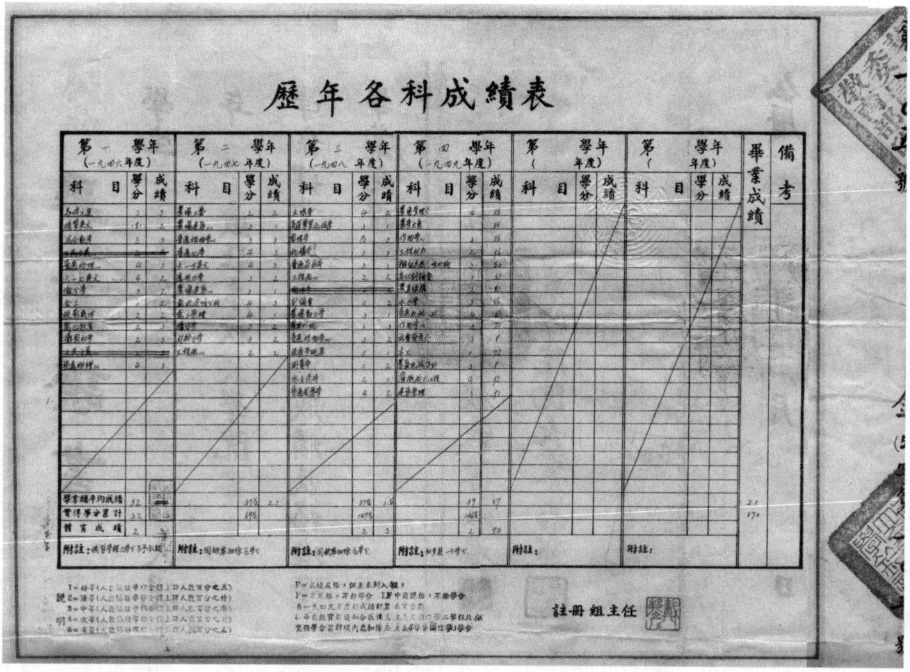
歷年各科成績表

註冊組主任

蒋亦元的历年各科成绩表

毕业总成绩：按百分制为 87.5 分，按 5 级分制为 2.1 等，最高为 1 等

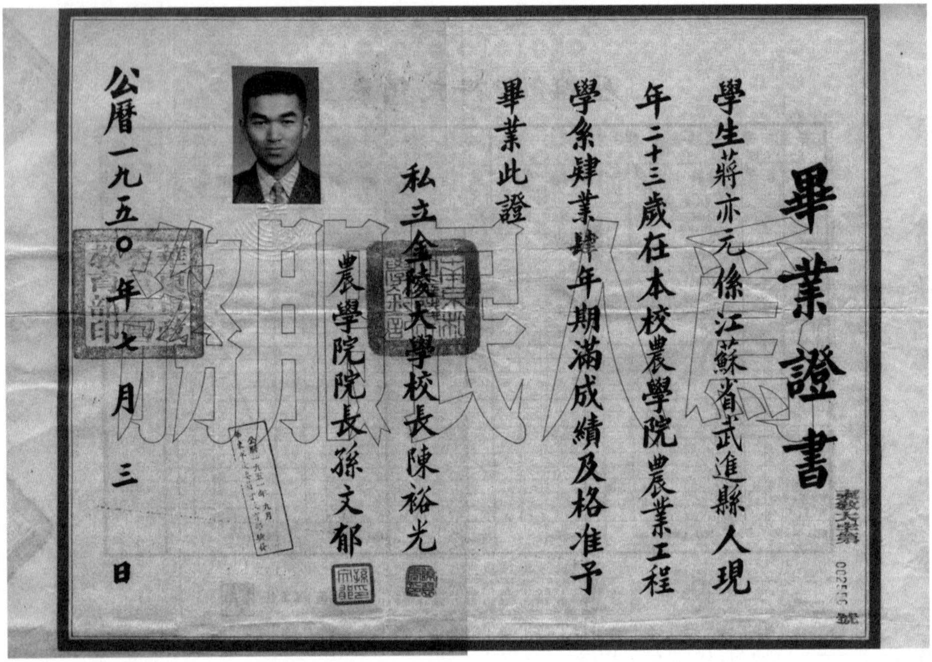

畢業證書

學生蔣亦元係江蘇省武進縣人現年二十三歲在本校農學院農業工程學系肄業肆年期滿成績及格准予畢業此證

私立金陵大學校長陳裕光

農學院院長孫文郁

公曆一九五〇年七月三日

蒋亦元的大学毕业证书

1949年南京解放后，东北人民政府农业部副部长张克威到江南招聘建设人才时，在中央大学的礼堂里为全市毕业班的学生做了一次就业形势报告。殊不知，前去听取报告的蒋亦元就在那天对毕业后的去向做出了新的抉择。

“大东北土地肥沃，地广人稀，是眼下中国最适合农业机械化的地区，也是新兴工业的摇篮。那里有漫山遍野的大豆、高粱，一米来深的黑土层，萝卜、土豆皆大个儿，玉米拔节噼啪响……”张克威副部长所描述的生机勃勃的景象，深深地吸引了蒋亦元。

蒋亦元当机立断，决定要到东北闯一闯。得知这一消息后，家人纷纷劝阻他慎重考虑。双目失明的爷爷苦口婆心地叫着孙子的乳名劝道：“阿荣啊，咱们老蒋家就剩下你和弟弟两根苗苗了。况且，你知不知道，在咱江南人眼里，大东北那是充军发配的地方，你放着南京名校不留，跑到那荒无人烟的地方，简直是不知好歹，自讨苦吃啊！”

面对大家对自己所做选择的不解，蒋亦元没有动摇，与浓厚的兴趣相比，面临的艰苦是不足以道的。他坚信："好男儿志在四方，我不能选择那最好的，应是那最好的来选择我。"于是，他婉言谢绝了吴相淦的邀请，说服了周围的亲朋好友，义无反顾地选择了广袤无垠的黑土地，志愿要求到条件艰苦的东北去当一名农机专业教师。

1950 年 7 月，蒋亦元（中）与史伯鸿（左）、赵人鹤（右）即将离开家乡和母校分赴各自工作岗位，一同乘火车出发前在南京火车站上车口合影留念

儿子要远行，最忙碌的是母亲，知道路途遥远辛苦，她操心自己的儿子在车上吃什么、用什么，到了以后穿什么、戴什么，样样都想备齐带够，把行李箱塞得满满当当的。蒋亦元启程那天，母亲早早送儿子来到火车站。候车的时候，天气一直阴沉沉的，母子二人静静地并肩坐着……心中都有千言万语，却又都深藏在心底。儿行千里母担忧，这一别，日后不知何时才能再相见。

当汽笛声响起，火车渐渐远离月台，家乡的天空突然开始放晴。后来母亲在 1950 年中秋节给蒋亦元的信中写下了这样的一段文字：

我儿阿荣：

那天你上车前，天是阴的，而火车开了，天儿就放晴了。娘真心希望你今后的前程能像离家时的天气一样，从此尽是阳光……

蒋亦元带着家人的祝福与期望，带着青春的憧憬与梦想，带着改变祖国农业机械落后面貌的决心与壮志，义无反顾地奔向了遥远的祖国北疆！

第三章

扎根东农

一、初绽芬芳

当新中国的历史翻开崭新的一页，蒋亦元的人生之路也展开了新的里程。

1950 年的秋天，蒋亦元与史伯鸿一路同行，乘坐北上的火车，来到沈阳农学院报到。一个月后，该院迁至哈尔滨市，与哈尔滨农学院合并为东北农学院。蒋亦元也随沈阳农学院农业工程系的师生一同来到这座素有“东方小巴黎”美誉的北方名城，与哈尔滨农学院的农机专科合并，组成东北农学院农机系。由于合并工作进行顺利、人员情绪稳定，因此学院的教学活动全面迅速展开。此时，意气昂扬的蒋亦元开始努力在这片广袤的龙江沃土上初播芬芳。

1956 年，蒋亦元到东北农学院任教之初标准照

秋日的北方虽已是寒气逼人，但湛蓝的天空在朝阳的照射下显得格外高远。第一次感受到北方之秋的蒋亦元，望着比想象中还要辽阔的大地，吮吸着那夹着潮湿的空气扑面吹来的凉风，兴奋至极，一种想要大干一番的抱负和激情不时在心底升腾着，撞击着。

当时，知名农机专家、系主任余友泰教授讲授“农业机械学”课程，刚刚走上工作岗位的蒋亦元作为余友泰的农机系助教，干起了自己的本行，参与这门课程的教学工作。然而，由于农业机械学科在新中国成立之前尚属初建，故东北农学院同国内其他许多高校一样，相关课程都没有教科书，仅有一本名为“农业机械学”的参考书。这本书是 1948 年金大农业工程学系成立时，由林查理教授与吴相淦教授合编的“献礼书”，受当时编写条件、成书基础等各方面因素制约，这本书仅是对一些对田间作业机械的结构、用途等的描述，同西方的其他农机教材一样，基本没有理论阐释。

一次偶然的机会，蒋亦元在外文书店见到一本由苏联列多希聂夫（М. Н. Летошнев）教授编撰的《农业机械学》，这是一本厚达856页的巨著，对主要田间作业机械的理论都有较为详细的论述。蒋亦元喜出望外，他没有学过俄文，就逐字逐句翻字典，再加专业知识的辅助与猜想，艰难地啃了起来。

余友泰对此极为赞赏，于是特意从校外请来一位年过古稀的俄罗斯侨民哥尔巴金科（Горбадинко）先生帮助阅读。这位侨民不仅精通英、法、俄三种语言，还拥有机械、工程、农业等领域广泛的知识，能在阅读原著的同时直接用打字机敲出英文稿，速度极快。于是，以余友泰为主、蒋亦元为辅，他们很快将这本书译为中文，后又由余友泰选编成农业机械学讲义，解除了农机教学中教材短缺的燃眉之急。

为了贯彻当时全面学习苏联的方针，学校组织教师集中一个月脱产突击学习俄语语法，效果显著，大多数教师借助词典就能阅读专业书，有效地提高了教学质量。蒋亦元更是如饥似渴地认真学习列多希聂夫的教科书。那时候，很多学生的年龄都与蒋亦元相仿，有一部分学生甚至比他还大，所以起初同学们都很亲切地称他为“小蒋老师”。

当时，蒋亦元只是一个普通的助教，更多时候都只是给学生上答疑课，可他却时刻以一名真正授课教师的标准严格要求自己，表现出了较强的业务能力。他十分重视学生提出的每一个问题，善于透过学生的问题，抓住学生产生疑惑的根源，给予透彻释疑，因此学生们对蒋亦元的总结答疑课听得极为认真。在一次答疑课上，蒋亦元听到学生们普遍反映学习“犁的起落结构”这一部分内容时比较吃力，他认真分析后意识到仅仅解答疑问是不能让同学们透彻理解这一难点的，于是就利用业余时间自己动手做了一个这种犁的结构模型。此后再教授这部分内容时，学生们一边看着“实物”模型，一边听着他的细致分析与讲解，豁然开朗。

就这样工作一段时间后，余友泰主任关心地对他说："小蒋，你应该独立讲授一门课程，不然就会耽误升任讲师的时间。"然而出乎余友泰的意料，蒋亦元的反应却很平静，坦诚地和领导交换了自己的想法，他说："我觉得基础不足，就让我继续当一段时间的助教吧！"他似乎并没有为职称晋升一事分心，在他看来，学生们的提问，可以促使他全面透彻地掌握相关理论体系，这样的教学相长应该是另一种更大的收获。为了让学生听懂、听好每一节课，在备课时，他总是设身处地，自己先提出问题，然后做好回答。他还尽力扩充书本上的内容，使学生能掌握更多的知识。他的想法是，作为一名助教，可能工作要烦琐一些，工资待遇也要低一些，但是在给学生答疑的过程中，能有很多机会深入钻研相关课程。

二、任苏联专家助教

1952 年，东北农学院相继从苏联聘请数十位专家来校任教，开始了培养研究生的工作。在东北农业大学的校史中有这样的描述：

> 东北农业大学在建校初期，就将"创办新型的社会主义农业大学"定为明确的建设目标，然而时任校长的刘达清醒地意识到要实现这一目标，单靠老解放区办政治大学的经验不行，照旧中国高等学校办法也不行，在当时帝国主义对我国实行封锁的情况下，只有向社会主义国家苏联学办社会主义大学才是出路，因而甫经创立就确定了"向苏联学习"的方针。

1950 年起，学校招收大学本科毕业生开办俄文研究班。该班学员毕业后绝大部分留校从事教材及教学文件翻译工作，先后翻译了大量苏联高等农业院校各专业教学大纲及教材，由高等教育部出版，供全国农业高校选用，成为当时我国农业高校学习的典范。1953～1956 年，学校连续招收了 4 届研究生班共 124 名学员，分别为农学、畜牧、兽医、农机4个专业，学制两年或三年。到1957年年底，有3届68名研究生相继毕业，在校研究生56人。这些研究生几乎都是在苏联专家的直接指导下完成学业的，他们毕业后大多数被分配到全国各地高等农业院校担任教师。

苏联专家与东北农学院农业机械化系农业机械专门化教师、研究生合影
前排左起：蒋建鹏、蒋亦元、苏联专家克列沃谢耶夫（В. Кривошеев）、系主任余友泰、程万里、孙玉珩；中排左起：王成芝、奚传模、张崑、李飞雄、姚维祯、李伯珩；后排左起：杜锡禄、葛永久、齐玉升、张联玺、施德芝、胡树荣

第一位受聘于东北农学院的苏联专家是克列沃谢耶夫，他也是全国首位应邀来华的农业机械专家，不仅能力突出，而且为人热情、循循善诱。他来到学校后，主要负责培养大学师资、农业机械专业的研究生，以及兄弟院校的进修教师，同时兼任东北农学院全面学习苏联的总顾问。

学院经过慎重考虑和选择后，决定让蒋亦元担任这位专家的助教。作为助教的蒋亦元有三个具体任务：一是做好专家的课后答疑；

二是试做并布置专家带来的大作业，需要由蒋亦元先试做，再把布置作业所需的基础知识总结到一起合并写成讲稿；三是在研究班结业前，专家要求为每位研究生指定钻研一篇专题论文，要求自学，并写出心得、见解，蒋亦元被安排协助完成此项内容，并最终将全部论文汇集为“农业机械研究生专题探讨集”。

面对这样难得而又繁重的任务，蒋亦元紧紧抓住学习与实践的良机，尤其注重吃透专家带来的5卷本丛书“农业机械的理论、结构和生产”(*Теория Конструкция и Производство Сельскохозяйственных Машин*)，该丛书出版于1935年，是由苏联农业机械科学奠基人戈里亚契金（В. П. Горячкин）院士主编的。苏联早在帝俄时代，戈里亚契金就有一个观点，他认为国内的农机与机具是建立在经验和想象的基础上的，没有任何工程计算。在出国考察后，他更认为技术发达国家的农业机械设计普遍缺乏科学基础。于是，他就开始了农机理论方面的大量的探索和研究。他的研究成果丰富了农机与机构的通用理论，揭示了作业过程的实质，成为指导组织农机试验，并将其转变为科学认知、揭开机具与环境间的相互作用与检验理论的有力手段。他还研究设计制造了多种农机或部件的测试装置，他对铧式犁曲面、犁耕阻力、脱粒滚筒等众多工作部件的理论进行了开拓性探索。

在这套丛书中，戈里亚契金院士将农机具按对加工对象（如土壤、谷粒、牧草等）施加的工艺过程的特点分为4个大类31个子类。按此分类系统，推出了他个人以及多位弟子的研究成果，主要内容为力学，同时包含热力学、流体力学等方面的农机研究论文。这些著作中，研究成果多依据实际需要提出，从理论分析、试验验证、数据处理和结论等各方面来讲都很严谨，堪称高水平的参考书。

担任苏联专家的助教，使得蒋亦元有机会了解到农机专业发展的前沿情况。蒋亦元还参考了戈里亚契金院士1937～1949年先后编撰出版的7部论文全集，其主要内容包括4个方面：一是作业工艺过程的理论，包括土壤的耕耘，谷物的分离、分级、脱粒等；二是农业机械与农具的理论；三是农机具的基本计算方法；四是农机具的试验方法与试验数据的处理。面对从未见过的如此广阔而深邃的“知识海洋”，蒋亦元如获至宝，异常发愤图强。

尽管专家布置的“大作业”仅给出一个题目，蒋亦元却要围绕着“如何解题”，把全部过程自己先动手做出来，请专家审阅，在学生思考的过程中，及时发现问题并协助解决问题。一来二去，蒋亦元不仅开阔了自己的视野，更提高了学生的能力和素质，同时得到了苏联专家的称赞和认可。

“天下之大事必作于细，天下之难事必作于易。”直到 1954 年，蒋亦元才参与并顺利通过讲师职称的评定，开始独立讲授“农业机械学”“农业机械设计”两门课程。1956 年，干劲十足、表现出色的蒋亦元光荣地加入了中国共产党。几年里，蒋亦元出色的教学成绩和高度的敬业态度赢得了学生们的敬佩。

1994 年 2 月 5 日，东北农学院农机系 56 届校友重聚校园，邀请蒋亦元（第一排左二）、史伯鸿（第一排左三）、戴谟安（第一排右二）等共同合影留念

三、边研究边学习

早期的东北农学院，教师的主要任务是教学，尤其是基础课

教师，教学任务很重，少有人搞科研。蒋亦元就是少数在教学之余抢抓时间主动搞科研的教师之一，他在学校最早进行的科研项目是“圆环式排种装置性能研究”。

1956 年暑期，蒋亦元带领学生到黑龙江省九三农场实习。该农场大量引进了苏联的农机，如大豆播种机械、玉米播种机械等。这些机器与我国当时的作物生长环境不尽适应，所播种子皆不均匀，一撮一撮的状态时而有之。蒋亦元见此情形，冥思改进之举。他回忆起自己曾经在苏联的杂志上看到过一种圆环式播种装置，是列宁格勒农学院一位副教授所搞的初步研究，受此启发，他旋即提出了一种内槽轮圆环式排种装置。他参考了前人的方案，结合中国的农业播种情况，改造之后制作了出来。为了试验它的性能，蒋亦元又带领 4 个能干的大学生亲手为此部件建设了一个试验台，用以模拟排种器在田间作业时的状态。在试验台的输送带上面抹上黄油，输送带移动而机器不动，种子掉落在输送带的黄油上之后就被粘住了，据此就可以测试种子排放的均匀度。该试验装置做得较为完善，得到了在校苏联农机专家的高度评价。

“安于现状就等于止步不前”。在边教学边搞科研的日子里，蒋亦元时刻告诫自己要在做好本职工作的同时，全面提高自身的素质和能力，抓紧一切可以利用的时间和机会充实自己。蒋亦元习惯于以“半天”为单位，将平日的学习划分成若干个段落，然后制订细致的计划表，并付诸实施。他越是不断充实自己，越是发现自己知识体系的缺口。

蒋亦元在大学期间所就读的农业工程专业，侧重于农科类知识的教学，因此他认为，与工科类学生相比，自己工程方面的知识还不够。于是，他自费购买了一些专业教材，抄写了相关院系学生的课程表，按己所需和在校生一起去听数学、力学等基础课程。文豪高尔基将用功读书比喻为“就像饥饿的人扑在面包上一样”，此时的蒋亦元也正是这样如饥似渴地吮吸着多方面的知识营养，每一天都在不停地学习中度过。

学问勤中得，与蒋亦元一样，当时住同一教工寝室的夏定海、王达志等也都惜时如金地努力学习，充实自己。蒋亦元饶有兴趣地回忆说：

> 那时候我们几个人把全部的业余时间都用在学习上了，除了给学生上课之外，办公室几乎成了白天工作活动的唯一地点，寝室也只是发挥了其睡觉的功能。从每天清晨天刚擦黑出来，一直到夜晚才回去睡觉。日复一日地这样早出晚归，所以在寝室竟从未开过电灯。直到有一天学校搞爱国卫生运动，给各单位放假一天，要求师生员工彻底打扫宿舍卫生时，我们才第一次看清它的“真面目”。天啊，灰尘厚达两毫米，脏乱程度堪称狼藉……

透过这一段看似好笑的故事，蒋亦元和他的同事们当年奋发读书，立志学有所成、报效祖国的精神风采就可见一斑了。

从 1950 年入校任教到 1957 年赴苏进修前，蒋亦元始终边工作边自学，基础与专业知识的补充都是在业余时间通过自学完成的，每天几乎都学到午夜，这也养成了他珍惜时间、独立思考的习惯。工作上，蒋亦元除了先后担任工程制图、农业机械学、农业机械设计、农业机械测试学等课程的教学以外，还曾兼任系主任的教学秘书。由于假期时他需要带设计专业的学生到工厂进行生产实习，在有的年份还需要带领另一班学生到农场进行农机操作实习，所以几乎无暇回老家省亲，而同是来自南方的同事，假期已经能回老家几次了。蒋亦元对此也并无怨言，他认为这是很好的锻炼机会，便也乐在其中。

直至蒋亦元阔别家乡常州整整 11 年后，他才第一次带着夫人和 5 岁的女儿回老家省亲。然而，家中已物是人非，辛劳一辈子的祖父和母亲已相继过世，父亲体衰。蒋亦元深感愧疚和不孝，唯有默默咽下这份痛楚，化为继续前行的力量。

1961 年 8 月，蒋亦元带领妻子儿女回老家常州看望家人合影留念，前排从左至右依次为蒋亦元的继母、妹妹、父亲、女儿、姑母；后排从左至右依次为蒋亦元的表弟、妻子、蒋亦元、弟弟

四、试做农机毕业设计

1954 年秋，蒋亦元接到了一个新任务——与教研室的其他成员共同开展学校首届农机专业毕业设计的指导工作。指导小组成员被分成犁设计小组、播种机设计小组和收割机设计小组，分别进行准备。随即，在苏联专家克列沃谢耶夫的指导下，蒋亦元作为播种机设计小组的重要成员积极投身其中。

蒋亦元认为，试做这一毕业设计，最重要的就是要深入了解设置这一教学环节的意义，掌握毕业设计的主要内容，在解决困难的过程中摸索出一套特有的行之有效的工作方法，以求有预见性地指导学生。在得到同组成员的普遍认同后，蒋亦元带领大家共同确定了一个虽复杂却典型的题目“机引窄行播种机的设计”，并规定了试做的分量。例如，在设计图方面，计划完成全机的机动图、全机总图、排种装置设计图、开沟器设计图、传动装置设计图及上述各部分设计的计算。据此，指导小组共同拟定了毕业设计的试做步骤。

第一步是搜集有关资料，包括播种机设计方面的参考书、杂志、论文、苏联学生类似的毕业设计说明书等。因为阅读资料较为吃力，蒋亦元和小组成员就分工阅读后再交流心得。他们同时收集了生产中的资料，如播种机的设计制造图纸、播种机在使用中优缺点的反映、国营农场管理局关于播种作业中某些问题的总结等，这样小组就对试做的条件摸清了底。

第二步是就试做题目及内容进行再次讨论，确定能否按预定的一个月期限完成。这就需要选择播种机工作部分的类型及基本数据，并且提出几套可能的方案进行比较。蒋亦元深深地认识到这一点是试做的关键，如果选择不当，就会使设计因不切合实际而失去指导意义。因此，他带领小组成员对所选参照样机的主要工作部分提出各种方案，并对其进行评价，最后将大家所拟采用的方案数据等资料进行汇总，提请苏联专家审查。在这次审查中，小组成员得到了很多启示，比如大家体会到在考虑开沟器等工作部分的类型时，在首先要满足农业技术要求以提高作物产量的同时，还要发挥设计的创造性。哪怕是不大的改进，即使当时对这一新方案的可行性还没有十分把握，也应该尽可能采用它，因为采用一项前所未有的方案，会更有效地锻炼大家进行独立思考的能力。苏联专家也告诫小组成员，毕业设计不等同于科学研究，新方案并非经试验证实以后就能运用，假如条件许可，做个模型也是可以的，这样就打消了蒋亦元在这方面的顾虑。通过专家对这些具体问题的答疑，蒋亦元进一步提升了对毕业设计作用和工作原则的认识。

第三步是具体设计工作。当时组内的孙玉珩和裴克两位同志因有其他工作任务，所以蒋亦元就率先开始设计工作——机动图的设计，也即全机的总体规划。它牵涉的范围非常广，难度很大，蒋亦元探索着、实践着，直至将部件的布局和尺寸制定全部完成。此时，另外两位成员才结束各自任务回归小组与他继续并肩工作，开始开沟器排种装置和传动装置的设计。他们尽可能利用已有条件，开展工作性能的考察，如对内槽轮和外槽轮排种装置播种大豆、小麦、粟等不同作物的比较，对圆盘开沟器在土沟内行进时进行器前土丘的状态等。虽然这些观察带有局限性，但对蒋亦元等开展工作大有启发。

为了改进性能，提高农作物产量，设计小组采用了新型的排种装置和开沟器的全新配置方法，因而在研究过程中不可避免地产生了一些非原则性的缺点。但是蒋亦元依旧感到不满足，想改得十全十美，结果浪费了许多时间。后来，专家指出了这种想法的片面性：

> 一个设计若能正确地解决性能上的根本问题，提高了效率或者工作质量，这就是好的，要想在一次改进中就获得十全十美的结果是不现实的，工作技术问题在经过周密的设计后，对它的最后鉴定则有待于实地试验，在生产的不断验证和改进中才能日臻完善。

这些话让蒋亦元明白了，要始终以实事求是的态度对待科学，也使大家初步掌握了指导学生进行正确设计的精神与方法。

在蒋亦元的带领下，小组逐渐摸到了一些工作规律，并按照详尽的进度计划逐项推进。最后，小组整理了图纸和各种记录，请专家审查。专家对试做的内容特别满意，并指出教师们关于学生毕业设计指导的准备非常有预见性，切合实际，值得肯定。得到专家认可的蒋亦元之后也不禁感叹：

> 这样的试做着实锻炼了自己独立工作的能力，不仅提高了思想水平，更在试做中掌握了农机设计的步骤和方法，学会了怎样获得原始资料、评判现有机器的特性，明确了应该怎样综合地考虑问题。可以肯定，通过试做毕业设计，并把它和科学研究结合起来，逐步开展教研室的科学研究工作，以期提高教师的业务水平是完全有效的，也是必要的。

蒋亦元在研讨会上发言

1955年年底，《高等教育通讯》第18期刊登了由蒋亦元执笔完成的题为“试做农业机械毕业设计的初步体会”的文章，他在文中概述了自己参与此项工作的四点感悟：

> 一是关于试做题目和分量的选择。毕业设计的题目有很多类型，分量也有差异。为了能够较全面地掌握这一工作，那么选择综合性的、有代表性的题目来试做就有普遍的指导意义。但是最合适的是从生产实际中去选择题目。假如条件许可，把毕业设计的试做和教研室的科学研究相结合，使得毕业设计、科学研究和生产实习三者结合进行，工作将更有成效。并且，试做过程中，一定要有侧重，不必拘泥毕业设计的完整性，因为每个学生在设计时对同一个问题会从不同角度去研究，那么就会提出不同的解决方法，请指导老师评定。所以指导者要具有预见性，在试做中不能单单满足于它的完成和问题的一种解决方法，而应该进一步追索可能有的各种解法，并且比较它们的优缺点，那么可以说在试做中寻找问题和解决问题是同样必要的。

二是关于试做题目的组织协调。毕业设计是全面学习苏联，进一步改革教学方法的重要环节之一，这项工作是生疏的。同时试做毕业设计工作量又很大，假如选择比较集中的时间，由二至三人共同试做一题，周密地组织这一工作，那么就可能在担负一定教学工作量的同时来完成它，并且通过集体可以提高试做的质量。但毕业设计本身是高度系统性的工作，所以组织及计划工作极为重要。明确分工，由一个同志负主要责任，掌握总体的问题及进度，原则性问题共同来讨论，这样不但能使工作协调，又可达到共同提高的目的。

三是如何使计算和制图并进。在设计的各个阶段，首先按数据进行初步计算；画过草图即可进行制图和设计说明的写作。这两项工作配合进行，可以及时地发现问题，不致在后来画图时才发现计算的根本错误。假如把全机的设计计算全部做完了再画所有设计图，则计算稿可能漏失，当时的设计理由和假设的依据可能因时间过久而遗忘。

四是要及时地记录。在试做中，对每个问题常常走了几次弯路才能解决，同时一个题目有时由几位同志集体完成，要达到互相交流和大家掌握的目的，那么每位同志都应该对工作过程中采用各种数据的理由、各种假定、走过的弯路、各种参考书及资料加以记录和整理。这对于指导学生或编写毕业设计指导书都是有用的材料。

岁月不居，虽然距离蒋亦元首次试做农业机械毕业设计的经历已经过去了60余个春秋，但在这个过程中总结出的体会和心得，直到今天看来仍不过时，依然具有指导意义。

五、留学之前

20世纪50年代中期，正是中国百业待兴的创业良期，举国上下掀起了轰轰烈烈的全面建设热潮。党中央决定有计划地成批向苏联、东欧各社会主义国家派遣留学人员，以适应中国长期经济建设的需要，并很快与有关国家签订了协议。按计划，东北农学院将选拔两名青年骨干教师，派往苏联列宁格勒农学院进行为期两年的访学。

列宁格勒农学院即今圣彼得堡国立农业大学前身，始建于 1797 年 4 月 30 日。在上百年的历史中，这所学校始终是俄罗斯最大最古老、融科研与教学为一体的高等农业院校之一，始终保持着俄罗斯农业教育的领头羊地位，与我国的农业大学有着密切的合作。

1957 年 4 月，蒋亦元在东北农学院（王兆校址）的飞机大楼前

按照“业务精通，政治可靠，作风优良，身心健康”的标准，东北农学院面向全体教师展开了慎重的考核与选拔。很快，学校就将目光锁定在两位年轻有为的青年骨干身上：一位是农学系的张履鸿，另一位是农业工程学系的蒋亦元。这两位青年教师都是从金大走出的校友，当他们都还只是一个普通讲师的时候，就已在各自领域取得了较为突出的业绩。

东北农业大学校史中对此有这样的记载：

农学系张履鸿主持完成的“黑龙江省农作物害虫区系调查”，是对该省农业害虫区系首次的系统研究，这项研究成果被讨论我国害虫区系分布的重要著作所引用。

农机系蒋亦元、孙玉珩讲师完成“圆环式排种装置性能研究”工作，研制成功圆环式排种器和排种装置试验台，前者对我国当时广泛应用的外槽轮排种器有很大改进，后者作为（20

世纪）50 年代我国高等院校的第一台（试验台），曾被兄弟院校参考引用。

本应于 1956 年被派出国的蒋亦元，此前与罗佩珍举行了结婚典礼，后因重新审查而暂停计划，何时派出待定。在此期间，他与张履鸿不再承担教学任务，而将主要精力都放在语言学习上。学校为他们专门聘请了一位俄语教师，从口语、词汇、作文等多方面进行培训，这为其后来的进修学习奠定了坚实基础。蒋亦元一直珍藏着当时学习俄语时的大量识记卡片及 60 余篇独立完成的俄文习作。

为了充分利用可贵的时机，婚后不几天，蒋亦元就赴黑龙江省主要水稻产区——查哈阳农场考察水稻收获机械化的现状和问题。途中需要越过嫩江，不巧桥梁被大水冲坏，不得不在江边有大炕的旅店等待了几天。在这几天时间里，蒋亦元除了读书外，还了解了当地的农村实情。在农场里，他很快就跟技术人员相互熟悉了。技术人员得知他是大学里的老师后，向他请教悬挂式农机如犁耕阻力应当如何测定的问题，没有想到，他却被这个问题给难住了。悬挂犁的结构包含两个下拉杆和一个中央推杆，它们虽可单独测出拉力或推力，但各杆均有变化中的倾角。在当时落后的条件下，这么多的变量，即使能测出，也非常困难，并且结果也难保准确。这件事对蒋亦元触动很大，他心想，自以为学了很多农机知识，怎么到现场一下子就被问倒了呢？为此蒋亦元告诫自己：“学无止境，理论与实际要密切结合，要学的还多着呐！”

那时候，毛泽东同志对青年人提出要做到“身体好，学习好，工作好”的“三好”号召。蒋亦元心想，只有在国内就把身体搞好，才能在出国后更加高效地进行学习，以便学成回国后，能够精力充沛地报效祖国。因此，除了语言学习外，为更好地适应新环境，蒋亦元还经常进行体育锻炼，以提高身体素质。蒋亦元被选拔出国进修为人们所称羡，他为出国进修全身心进行准备和锻炼的事，又成了同事们称道的佳话。

第四章

访学苏联

一、师从列多希聂夫

1957年9月，经过一系列的准备，蒋亦元出国进修终于可以成行。当时他的妻子罗佩珍已经身怀六甲，教学、政治活动和生育重担，都由她一个人挑着。临行前，蒋亦元心里满是酸楚，幸而多仰仗老同学沈美容的热情照料，他也就满怀豪情和美好憧憬，登上了远赴苏联的列车。

长达七昼夜的长途火车旅行中，蒋亦元与张履鸿二人结伴同行，对所经历的景象充满了新鲜感：从满洲里出国境时，每个车厢都被液压升起，变换轮距；当到达贝加尔湖时，列车几乎就行走在湖边上……

列宁格勒农学院的本部设在距离列市60千米的普希金城内，在校时，蒋亦元与张履鸿同居一室，虽专业不同，但同属农科，又是老校友，两人共同语言较多，经常交流心得，相得益彰。到校不久后，他们二位就到列宁格勒涅瓦河畔，瞻仰了“十月革命一声炮响送来了马克思主义”的“阿芙罗拉号”巡洋舰。

留苏期间与张履鸿（右）在列宁格勒涅瓦河畔的“阿芙罗拉号”军舰前

在列宁格勒农学院进修时，选择哪位科学家作为导师，可以由本人提出申请，再争取接收方同意。一直以来，蒋亦元在国内教学时所使用的参考书及教材几乎都是由戈里亚契金以及列多希聂夫两位院士为主所编写的，并且列多希聂夫正是戈里亚契金的学生，在其指导下从事农机研究多年。

戈氏的许多论文写得都很简洁，叙述多跳跃式，缺乏推导过程，很多理论业内人士都难以读懂。而当时身为苏联农机理论权威、荣誉院士的列多希聂夫教授，却能结合自己的数理特长，将戈氏的许多理论成果进行深入的解析。列多希聂夫还编著了高等学校教科书《农业机械学》，该书的物理概念非常清晰，层次分明，虽然文中有的句子很长，但语法规范，阅读起来并不费力。该书中除吸收了许多学者和他自己的论著对农业机械主要工作部件的理论阐述外，还对戈氏论著中深奥难懂的理论做了透彻的解读。另外，列多希聂夫院士在秸秆分离装置、平面筛、圆筒筛、窝眼筒、拔麻机等工作部件的理论创建，以及概率论、数理统计方法在筛分理论上的运用等方面，均有公认的创造性成就。基于这些原因，蒋亦元决定选择列多希聂夫作为自己的导师，并幸运地被他接收。

蒋亦元的苏联导师列多希聂夫

蒋亦元是列多希聂夫院士招收的第一个外国留学生，他能够在学科发展的早期就进入大有作为的农机学科前沿领域，并师从列多希聂夫站在较高的起点上，这是一种难得的机遇。

那时候，列宁格勒农学院对留学人员的学习和研究有一些具体的规定，比如不允许进修教师独立做试验，也没有写论文的任务等，这让年轻好学的蒋亦元深感遗憾。即便如此，这些限制规定并没有阻止他求知和探索的欲望，反而更给他一种无形的动力。临出国前，东北农学院刘德本院长嘱咐他要着重学习苏联的科学研究方法。他深知祖国的期望和自己所肩负的使命，以惊人的毅力和顽强的拼搏精神，努力克服各种困难，废寝忘食地开始了工作和学习生活。蒋亦元一边夯实基础知识，一边努力了解导师所带其他学生的研究课题，并寻找一切机会帮助老师和有试验任务的学生做试验，进而提高自己。与此同时，蒋亦元还自己做了一个关于“收获机械”研究的计划，随时将自己在研究过程中的心得体会向导师汇报。

列多希聂夫院士被他勤奋好学的精神所打动，对这位远道而来的学生给予了最悉心的指导。他告诉蒋亦元：“要特别努力锻炼自己分析的逻辑性和思维的严密性，搞研究之初要首先拿一张纸、一支笔进行理论上的分析，之后再去做试验。”这一点培养了蒋亦元在科研工作中总想分析计算一下的习惯，即使有时条件不具备，他也要认真做好近似计算。在后来半个世纪的科研工作中，蒋亦元积累了大量的构思草图和概算草稿，避免了许多错误的发生。

二、遍访各大农机研究院所

1957 年 11 月 17 日，冬季的莫斯科一个看似平常的日子里，兴奋和欢愉让每一个留苏学子的内心始终激荡着融融春意。这一天，毛泽东主席在莫斯科大学接见了中国留学生，他以革命家的雄伟气概和诗人的澎湃激情，对风华正茂的留苏学子们说：“世界是你们的，也是我们的，但是归根结底是你们的。你们青年人朝气蓬勃，正在兴旺时期，好像早晨八九点钟的太阳。希望寄托在你们身上。”刚刚赴苏访学的蒋亦元虽未能亲临现场去感受那振奋人心的时刻，但毛主席这段语重心长的话语却强烈地震撼了他的心。两年的留学时间似乎不短，但对蒋亦元来说，又显得太短了。平日里，他除了听课和参与试验之外，还充分利用休息时间和节假日，到图书馆借阅书刊、收集资料、摘记笔录，并反复自修温习。他总想多学一些，学得更好一些。

仅仅局限在学校的学习让蒋亦元感到很不过瘾，于是他又在列多希聂夫的帮助和推介下，到当地科研院所实地考察。

蒋亦元拟定了两个地区作为自己的考察地：一是莫斯科，这里集中了全苏联的农机科研机构与院校；二是苏联南方罗斯托夫地区，这里集中了农机产品的研究、开发、制造、试验等机构。蒋亦元又拟定了计划访问的单位名单，请导师修改补充并为其开具主要单位的介绍信。在介绍信的单位名称后，还加了一句“及有关单位”。这封“通用”的介绍信，可以使蒋亦元更加灵活地选择拜访单位。实践证明，有了导师的介绍信，蒋亦元在全苏访问时几乎通行无阻，而且各单位都对他热情接待、有求必应。

在莫斯科，蒋亦元主要访问了全苏农业机械化科学研究所（ВИМ）、农业机械制造研究所（ВИСХОМ）等单位。为了方便出行，蒋亦元在前后约半年时间里，不止一次住在莫斯科农业机械化电气化学院（МИМЭСХ）。在该校，蒋亦元结识了不少中国留学生，如汪懋华、汪裕安、顾乾安、高行方、肖劲、杨存葆和蒋亦元的学生顾永康等，他们彼此之间相互帮助，相处甚洽。在此期间，他还旁听了耕耘机械理论研究权威谢里科夫斯基（В. А. Желиговский）院士的课。在后面有关犁体曲面的研究中，蒋亦元就运用了该院士的有关论述。

全苏农业机械化科学研究所主要从事机械化作业的工艺选择与创新研究，如分段收获与一次性收获的对比、各自所适应的条件和地区，以及所需机具的雏形等。后来，又研究了三段式收获法。待研究成功后，提供给制造的研究单位参考并开发为产品。

全苏农业机械化科学研究所的实验室设置非常齐全，包括耕耘机械实验室、播种机械实验室、谷物收获机械实验室、玉米青贮收获机实验室、马铃薯收获机实验室、青菜（草）作物收获机实验室、块根作物收获机实验室、麻类作物收获机实验室、分离出种子的机械实验室、牧草收获机实验室、谷粒清选机实验室、特种机械实验室（病虫害防治）、悬挂机构研究室、农产品干燥机实验室、温室（保护地）机械化实验室、畜牧机械实验室、装–卸装置实验室、人工降雨机实验室、测试设备实验室、农业物料物理机械特性测定实验室。蒋亦元将其中的三个实验室，即耕耘机械实验室、谷物收获机械实验室和测试设备实验室确定为自己学习与考察的重点。其中，蒋亦元重点深入访问了谷物收获机械实验室，该研究室主任普斯忒金（Проф. М. А. Пустыгин）教授是该院的科学技术博士。蒋亦元认真阅读了该所的研究历史，并与普斯忒金讨论了研究成果和未来的发展趋向。

蒋亦元还对普斯忒金的博士论文《脱粒装置的理论和技术计算》进行了深入的学习、研究和评述。普斯忒金在论文中对戈略契金提出的脱粒公式 $75N = I\omega\dfrac{\mathrm{d}\omega}{\mathrm{d}t} = \dfrac{m'v^2}{1-f}$ 的重要缺点进行了修正。原公式仅反映了 m' 与 v 的作用，而将脱粒中的揉搓、挤压等受条件限制而难以表达的因素所消耗的功率，只笼统地用一个 f 概括。f 取值为 0.2～0.8，上、下限相差达 4 倍之巨，使用者很难正确选择。普斯忒金按功率消耗的特性，参考戈里亚契金的犁耕阻力公式：$75N = f\mathrm{G} + k\mathrm{ab} + \xi ab\upsilon^2$，将脱粒功耗进行分解改为 3 项，即 $N = N_0 + N_{nm} + N_{y\partial}$。

滚筒轴扭矩由平衡电动机定子的反作用力矩通过薄膜传感器进行测定和显示。在所得总功率 N 的表达式中，N_0 是在无喂入量的前提下，滚筒旋转带动周围空气旋转以及承摩擦所消耗的功率，即无用功率，由平衡电机测出：$75N_0 = A\omega + B\omega^3$。$N_{nm}$ 是谷物在滚筒与凹板之间的间隙内揉搓脱粒所消耗的功率，也就是全部有用功率。$N_{y\partial}$ 为打击谷物和传递给谷物以速度所需的功率。由前述可知，总功耗与凹板功耗之差就是 N_0 与 $N_{y\partial}$ 之和。纹杆打击茎秆，使其获得速度，遇到凹板上横杆的阻击，速度又会减慢。就这样，茎秆速度不断起伏，经实测，滚筒上速度值是其出口速度值的 3.7～4.5 倍。普氏利用了戈氏关于物料获得速度的能耗概念 $m'\upsilon^2$，按上述倍数乘以系数 ξ，即得：$75N_{y\partial} = \xi m'\upsilon^2$；$\xi = 0.3$（适于纹杆滚筒）。

普斯忒金设计的试验台能测出支承凹板的两个点、3 个方向的力，即可测出 N_{nm}。下图中所示的 3 个力，均用薄膜和缸筒内的甘油传递到液体压力表进行显示。凹板包角 α 范围内，脱粒滚筒通过谷物层传递给凹板单位长度的径向力 q，其在对称中线 OC 上的分力经积分后，即可获得在 OC 上的合力 Q。当均布在凹板上的径向力为已知时，即可由此求得 Q。则在凹板上经茎秆揉搓的综合摩擦系数，即为 N_{nm} 式中的 $f = P/Q$。如由图中实测值为例：P=6.7 千克，Q=8.9 千克，$f = P/Q = 0.752$，由 P 与 Q 的合力即可求得凹板的力矩和功率 N_{nm}。上述公式中的参数很多，限于篇幅，在此不做细致描述，仅做概略性介绍。

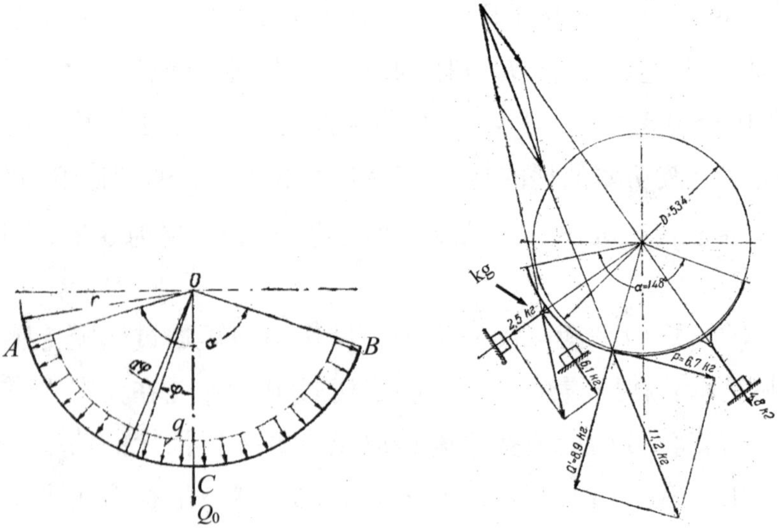

普斯忒金设计的试验方案

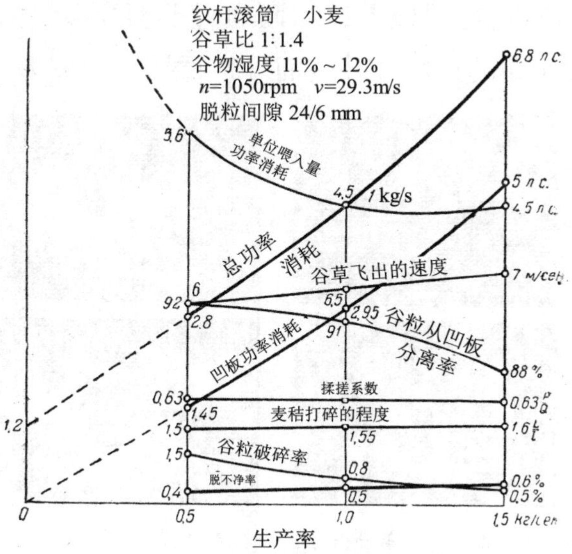

试验数据

功率测试装置分别于 1936 年在全苏农业机械化科学研究所和 1937 年在萨拉托夫州的有关单位进行了结构参数、运动参数、作物的物理和机械特性参数的全部试验，包括生产率、滚筒转速、凹板间隙、凹板包角等对各项功率消耗、脱粒质量等的影响规律。仅以生产率为例，普斯忒金测定了横向、静态压缩量与所加力之间的关系，测定了每个谷粒静态、动态拉断所需的连接力，并且还做了大量的、周全的田间试验，搜集了大量的实测数据，为理论分析打下了基础。

经过对论文的认真学习和向普斯忒金教授请教，在其热情指点下，蒋亦元对《脱粒装置的理论和计算技术》的理论和实际意义有了更深的体会，经过之后较长时间的揣摩后，蒋亦元认为该论文最显著的特点之一，就是凹板功耗 N_{nm} 与滚筒轴功耗 N 的同时测定。这是普斯忒金的首创，其优点在于：①二者之差就是空转功耗 N_0，这是真正脱粒状态下的 N_0，而无谷物喂入时的空转功耗是普遍的做法，是不准确的；②脱粒的有效功耗 N_{nm} 由支承凹板的支反力来测定，设计方案简单明了，测得数据准确可靠。由于谷物脱粒时的所有复杂过程都反映在凹板上，因而通过凹板所受的径向和切向力，就可推断谷层压缩的程度，并进而分析揉搓与摩擦力。

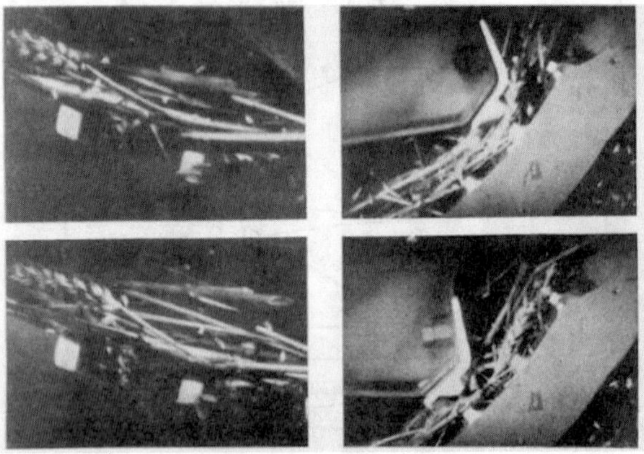

高速运动下谷层变薄

另外，《脱粒装置的理论和技术计算》一开始就测定了谷层加压力与变形量之间的指数关系，并在各项功耗的分析中多次引用此概念。蒋亦元在学习中曾产生这样的疑问：谷层在滚筒线速度高达约 30 米 / 秒的作用下，表层的茎秆早就被纹杆一层层地带出脱粒间隙，后继者不断补充，在瞬间时段内的谷层应该远不如静止状态下的那么厚了。关于这一点疑问，蒋亦元在指导大学生谷物收获实习的现场，从脱粒滚筒出口间隙的窥视孔处已经了解到过。脱粒的机理不能局限于压缩、摩擦等的作用，而是多方向的撞击、挤压，这些现象是随机的，很难找出规律并量化。然而，在当时尚无合适的手段观察脱粒过程中物料高速运动的情况。根据 1977 年的报道，早在 1955 年，舒尔策（Schulze）通过高速摄影获得谷穗的运动速度接近 10 米 / 秒。意大利米兰大学的加斯帕雷托（E.Gasparetto）等用 3000 帧 / 秒的拍摄速度，发现谷粒等的来回撞击加速度高达 3500 米 / 秒 ^{2}，惯性力接近谷粒的连接力。

蒋亦元同时了解到，普斯忒金教授虽然做了大量的试验和细致的分析，并且取得了大量的研究成果，但他所作的假设与实际情形相距较远，理论太过复杂，故其理论和著作很少被引用。蒋亦元从苏联的基层农机所了解到，大家普遍认为该成果实际操作起来难度太大，从理论上来理解功耗的具体来源难度很大，无法真正应用。蒋亦元深刻地体会到，农业机械的加工对象是生物体、有机体，规律性较差，影响因素较多，在没有掌握作业的实际情况前，很难做出切实的理论分析。以普斯忒金教授的成果为例，其难以应用的重要原因就是忽略了谷层因其高速运动而变薄的实际情况。

蒋亦元还访问了罗斯托夫联合收获机厂、北高加索农业机械试验鉴定站等处，这些研究机构中不乏全苏久负盛名的科研机构。这一经历让蒋亦元收获颇丰，不仅大大开阔了眼界，更让他对当时国际农业机械化发展趋势和水平有了深入的了解。特别是他所搜集的丰富而珍贵的研究资料，甚至考察时记录的宝贵数据、积累的许多笔记，都为其日后的科研教学带来诸多收益。

回忆起遍访苏联各个科研院所的宝贵经历，蒋亦元突出的一个感受就是当时苏联对中国留学生与中国学者毫无保留、倾囊相助的态度。蒋亦元曾在回忆散记中写道：

> 我所获得的这么多数据资料，都是他们（苏联）无私奉献的。记得有一次我看到他们已经制造出来的农业机械试验测试仪器的整套图纸，特别兴奋。但是觉得对方不会同意让我复制，却又非常想留存作为参考，于是便试探性地问问，结果他们没有犹豫，直接跟我说，当然可以，你们甚至可以照此样图生产制造。我当时想，我的学校不能生产机器，便想到可以将其发到中国农业机械化科学研究院来制造。后来，研究院真就依我的提议，将整套图纸寄到北京。可见，当时苏联对我们国家的援助真正是无私的。

三、抱着怀疑的态度学习先进技术

苏联崇尚权威，一般很少有质疑权威的评论。蒋亦元访学期间，一方面，尊重权威，虚心学习；另一方面，不盲从，辨明真理。他认为只有这样，才能学习得深入。在苏期间的不同阶段，蒋亦元曾经对若干问题提出过质疑，并且曾经想把对这些问题探讨的结果写成论文发表出来，以求得更多学者的审核。但考虑到自己访苏的主要任务是学习新技术，不能耗时过多于此故而作罢。现就本次成传之机，将传主蒋亦元认为较为主要的相关分析和讨论整理出来，与业内外学者探讨。

早在国内教学时，蒋亦元就发现，在导师所编写的教材中，键式逐秸器理论公式中似乎多了一项“哥氏加速度”，以致结论出现偏差。到苏联留学后，在和导师第二次见面时，蒋亦元就向导师请教了该问题。导师听罢，不仅毫无不悦之情，反而认同蒋亦元的质疑和改进意见，并称在即将出版的新教材中已经对该问题予以订正，这对蒋亦元敢于质疑的精神给予了莫大的鼓励。

另外，蒋亦元对戈里亚契金院士与舒契金（Щучкин）教授等关于铧式犁犁体曲面理论的质疑历程尤为值得一提。

20 世纪 80 年代以前，铧式犁是使用最普遍的基本耕耘工具，它可以完成起土、翻土、松土、恢复更新土壤等，亦是有效的灭草工具之一。随着保护性耕作法的推广，它逐步让出了主角地位。但在全球范围内，它仍有一定的市场，并在不断地完善当中，有些保护性耕作地区也开始在间断性使用。我国近年从国外进口的大中型铧式犁达 500 台之巨，其中，黑龙江省就约有 200 台。

20 世纪初，戈里亚契金院士就开始采用演绎法研究犁体曲面，并有不少的后继者按以下的思路进行探索：首先，要能阐明垡片在犁体曲面上走过时所产生的变形是怎么样的，之后再寻找出合适的、数学上能够解读清楚的那种曲面。1937 年，谢里科夫斯基院士认为：“至今我们尚未获得犁体曲面的几何参数与土壤的物理特性之间的相互关系究竟如何的概念。为此，应从被加工物料如秸秆、土壤、籽粒等的物理机械特性的研究开始……但在进行中又不知道哪些特性和在它的何种条件下进行研究。原因在于这些工艺技术过程的实质尚未被掌握。”但在此后，这种研究方式一直没有取得实质性进展。

到了 20 世纪 40 年代，苏联关于犁体曲面的研究开始转向另一种方法——归纳法。这是农业机械历史上规模空前、意义深远的归纳法研究的实例，值得引起重视。

研究对象是机引、熟地型犁体，其犁体曲面为扭柱形曲面，均是由直线构成线（或称元线）沿着双曲线导线，按照始终与犁沟底平面保持平行并且由下往上移动时与犁沟的沟壁形成的夹角 θ（即元线角）随着构成线的升高而不断变化的规律形成的。直线构成线与沟壁间的夹角 θ，随着高度的不同而具有特定的变化规律。具体而言，将构成线高度 Z 作为横坐标，按照 25 毫米的级差分为 14 级，θ 角先由 $\theta_0=42°$ 开始，按线性规律下降为 $\theta_{min}=40°$ 之后，在 $\theta_{min}=40°\sim\theta_{max}=47°$ 之间，按下述抛物线规律变化：

$$6.2X^2-100Y-X^2Y=0 \text{ 或 } Y=6.2X^2/(X^2+100)$$

式中，X，Y 分别为动点的横、纵坐标，分别代表构成线的高度和其与沟壁间的夹角 θ 的换算值，单位均为厘米。根据各自两端的极限值，可换算出各区间的高度和对应的角度值。

有一个让蒋亦元困惑的问题是，在犁体曲面的几何参数中，构成线与沟壁的夹角 θ 随其距沟底的高度而变化的规律有何来历？为什么要从 θ_0 开始后，立即减小为 θ_{min}，而且仅相差 1°～2°，仅 1°～2° 的变化就那么重要吗？在此之后，θ 就不断增大，其目的当然是使土壤垡片在通过时能够受到纵向与横向两个维度的变形而向沟边侧移、粉碎、翻转，但是，这种增大的规律为何是抛物线而非其他？我国和苏联的教材中对此仅介绍了现象，而未详细说明理由，蒋亦元对此的疑问一直萦绕于心。他猜想，可能是某位智者掌握了犁耕过程的实质，并以理论手段做出了如此完美的设计。其完美之处就在于，按此规律设计的犁，无论在苏联还是在中国的广大地区，都是适用的。

直到访学苏联后，蒋亦元才在以下两部专著中找到一些阐述：一部是霍罗希罗夫所著的《犁体》（А. Д. Хорошилов，Корпусы Плугов，МАШГИЗ，1949），另一部是舒契金所著的《铧式犁与浅耕犁》（Проф. Н. В. Щучкин，Лемешные Плуги и Лущильники，МАШГИЗ，1952）。如舒契金教授在《铧式犁与浅耕犁》中所言："$\theta_{max}-\theta_0=2°\sim7°$（熟地型）确定了犁体的翻垡性能，此值越大，翻垡性能越强……至于为何在距沟底高 50～100 厘米处设置一个 θ_{min}，则是为了防止与翻转的垡片下部发生刮擦；并且要求所考察点处的犁体曲面的切平面与垡片之间的夹角 $i\leqslant\pi/2$。"原来，在 20 世纪 40 年代，全苏农业机械化科学研究所在舒契金教授和霍罗希罗夫（А. Д. Хорошилов）的领导与组织下，搜集了国内外 139 种不同的犁体，并选择使用效果较好、犁体曲面由直线构成线构成的、20 台熟地型犁体和 10 台翻垡性能突出的犁体，对其水平断面进行了测量，并将构成线与沟壁间的夹角 θ 随离地高度 Z 变化的统计规律绘制了出来。下面两图中的横坐标均为构成线的高度，按照前述 25 毫米的级差分为 14 个等级，各级的纵坐标为 θ 角，以小圆圈表示出现的频次。经验曲线就是对各个高度 θ 值的平均值进行拟合而形成的。

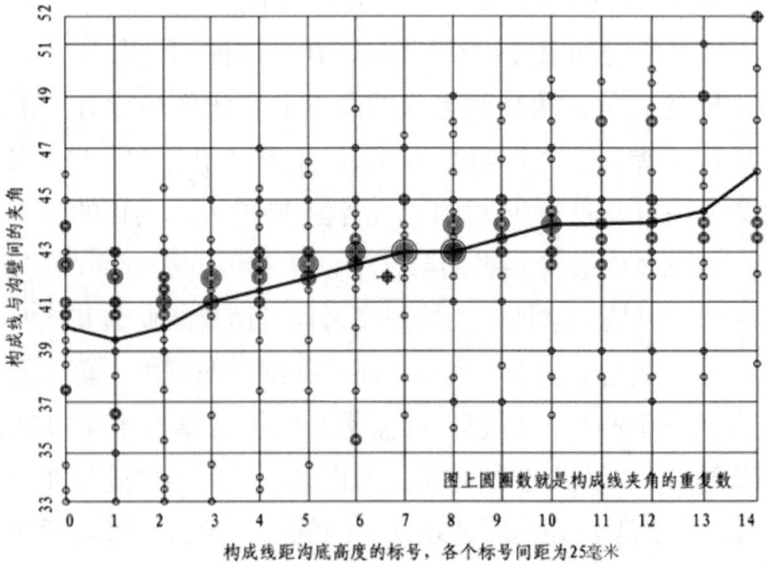

20 台熟地型犁体的元线角随离地高度的变化规律

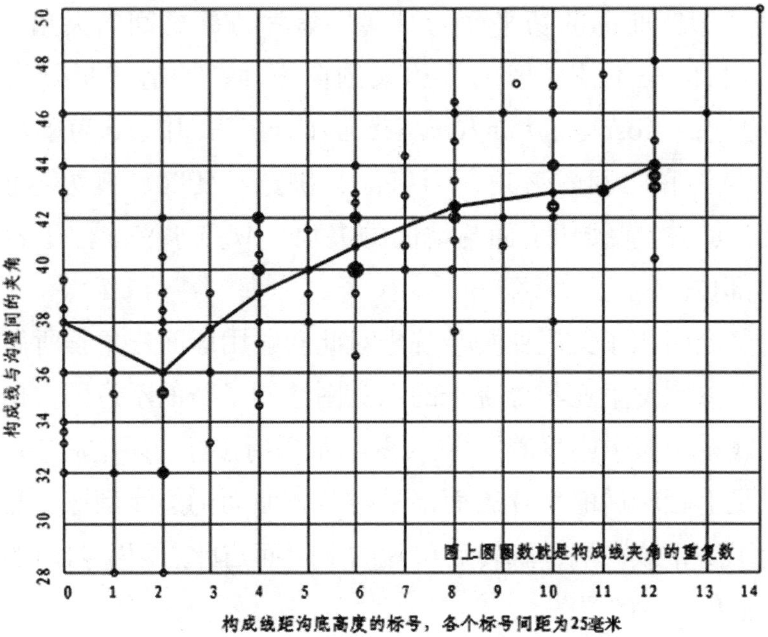

10 台翻垡性能较好的犁体的元线角随离地高度的变化规律

得到这两张图后，蒋亦元欣喜若狂，他这才知道 $\theta_0 \to \theta_{\min} \to \theta_{\max}$ 的变化规律竟来源于苏联及其他国家的广大工人、农民和科技工作者的实践经验，而非出自某位智者的理论推导。诚然，舒契金教授以此经验数据回归成前述的 θ 先依直线规律减小再以抛物线规律增大的理论公式功不可没，但真正的核心和最可贵之处，则是那两条由实践而来的经验曲线。这下，蒋亦元终于“知其然”了，但他心中最想追究的是其“所以然”。$\Delta\theta=\theta_0-\theta_{\min}=1°\sim2°$，如此微量之差，为什么竟会影响到作业的成败呢？毕竟，这是分别对 20 台和 10 台不同类型的犁体进行测绘综合后所得到的规律，是不能以“偶然性”来解释的。蒋亦元认为，关于该问题的探索研究，可以提高学生对科学方法论的认识，了解那些广大的“无名英雄”们发现仅 1°～2° 之差竟能解决大问题的过程，具有重要的科学意义，他们的实践和智慧，是很值得后继者学习的。

戈里亚契金院士早年就开始了对犁体曲面的研究，其中一项结论就是：犁体曲面的切平面与翻转后垡片背面之间的夹角 i 应满足 $i\leqslant\pi/2$，目的是不使犁壁的沟边线刮擦垡片，不造成犁壁边缘的磨损；并且有：$\cos i=\sin\delta\sin\gamma\cos\theta-\cos\delta\cos\gamma$ 。式中，δ 为垡片翻扣后的背面与沟底之间的夹角，当耕深、耕宽不变时，其为定值；γ 为通过 M 点的构成线切平面与地面的夹角，M 点水平线位于容易发生刮擦的部位。

舒契金引用了戈里亚契金院士对此问题用球面三角学所做的理论分析，并参照戈里亚契金院士的示意图绘制了新的示意图。他在《铧式犁与浅耕犁》中还写道："在犁壁与犁铧衔接处，距沟底 50～100 毫米处，是上翻转后的垡片表面最易被犁体曲面沟边线刮擦（滞留）之处。为了防止该弊端，翻转后垡片的上表面与此点犁壁曲面的切平面之间的夹角 $i\leqslant90°$。"

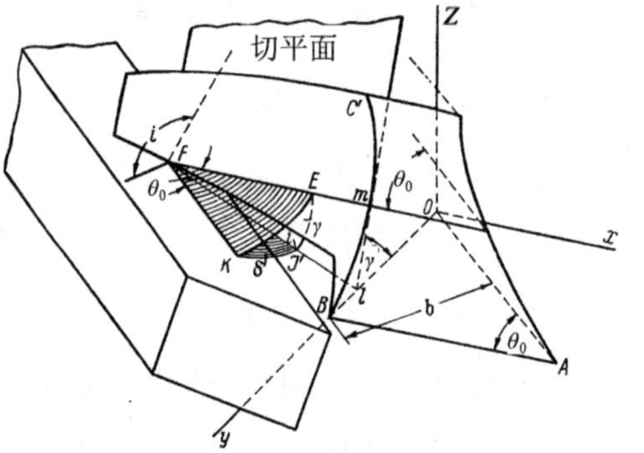

列多希聂夫院士按戈里亚契金院士原图所绘制的图清楚显示了垡片表面与曲面的切平面之间的夹角 i 的定义和球面三角的形成

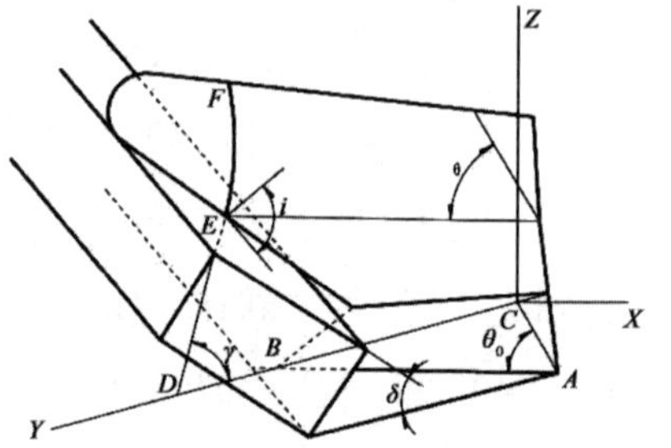

舒契金教授按戈里亚契金院士的理论所绘的示意图

关于这种解释，蒋亦元尚存在不少质疑之处。垡片由水平状态翻转的过程中，必须先以 d 点为中心旋转一个角度，即 $90°-\tan^{-1}\left(\dfrac{a}{b}\right)$，垡片断面的对角线达到垂直状态。之后，再以 C 点为中心继续翻转，直到其依靠到上一个垡片的底（背）面为止。分析可知，翻转后的垡片背面，即原来垡片的底面与犁壁的沟边线产生一段不小的间隙，就不会有如戈氏所言“刮擦”的可能。即使有，亦微不足道。这可由以下两点进一步说明：①耕作对象是熟地，土壤具有团粒结构，残根茎叶联系着土壤的颗粒，故垡片在翻转后依然能基本保持矩形断面，而不会像沙壤土那样形状松散；②即使有刮擦，也仅发生在垡片表面的松土处，不致引起太大的阻力和磨损。从所附照片可见，犁壁的犁胸和犁翼的表面磨损远大于翼边线的磨损。

戈里亚契金院士和列多希聂夫院士在他们各自的著作中绘制分析示意图时，均在垡片的接地棱角与犁铧尾端绘制了一段耕深的距离。舒契金在其著作中绘制示意图时，将垡片翻转后着地的棱线画得往右移动了一个耕深的距离，几乎靠近犁铧的左端（虚线所示），这就严重偏离了实际情况。当然，这可能是作者为了强调“刮擦”之弊故意而为之，但容易把读者引入歧途。

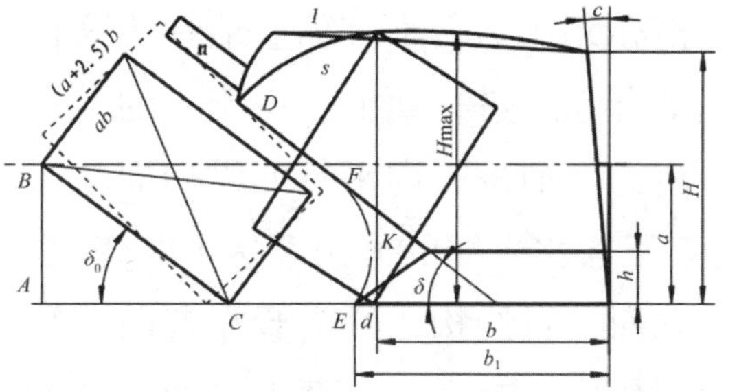

土壤垡片翻转正确的图示

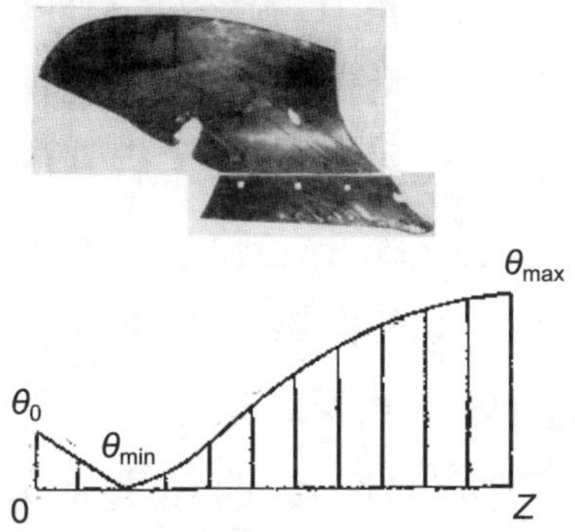

在沙壤土犁耕作业犁铧和犁壁磨损的情况（上）；直线构成线与沟壁的夹角 θ 随高度而变化的曲线（下）

另外，犁铧部分的 θ 值的减小究竟能否减少犁壁的沟边部分产生“刮擦”？在图示位置，i 在犁壁的中上部，而 θ_{min} 在犁铧的尾部，在高度上两者相距甚远，甚至完全无关。因此，舒契金教授把戈里亚契金院士的球面三角理论结论生搬硬套于此，也就过于牵强。关于戈里亚契金院士提出的公式是否真的能减轻“刮擦”的问题，蒋亦元以实际生产中的数据代入该式后，得到的答案是否定的。δ 取 1.27，γ 选 45° 和 60° 两档，两个参数均在常规范围内。当 $\theta=37°\sim42°$ 时，$i\approx90°$，此时免不了“刮擦”，仅消除了“戗土”；只有当 $\theta\approx33°$，使 $i\approx75°\sim88°$ 才开始有些不致“戗土”的苗头；只有 $i\ll\pi/2$ 才可能避免刮擦，而此时的 θ 太小了，已远不能满足熟地型犁体曲面碎土、翻土等的要求。为了检验舒契金教授所谓在 θ_{min} 处的 i 能否≪90°，蒋亦元还验算了当 $\gamma=30°$ 时（此值可由画出曲导线在离地 50 厘米处的切线求得）的 i 值。结果却显示，当 $\theta=33°\sim47°$ 时，$i=101.65°\sim105.33°$，这大大超出了要求值。由此可见，通过理论研究所提出的求 i 值的公式，并未经实际数据验证过，该理论公式也未见到被采用过。

那么，经验公式中 $\Delta\theta=\theta_0-\theta_{min}=1°\sim2°$，其量如此之微，其作用究竟是什么？包括舒契金在内的行业人士一般都认为，它使得垡片向犁铧的尾端移动。而这种论断仅表明了其现象，未触及其实质——移动的目的究竟是什么？蒋亦元认为，不宜孤立地看待这种变化，而需把它与其后 θ 的变化结合起来进行研究。由于 θ 的变化规律是先缩小之后紧接着增大，使得与前进方向平行的纵切面与曲面的交线的曲率（由曲线各点的切线与水平线的夹角表达）的变化，在曲导线的两段产生了差异。一方面，直线构成线沿紧靠着曲导线上升移动时，以曲导线为支点改变角度，其左、右两端点的运动方向相反：在 $\theta_{min}\rightarrow\theta_{max}$ 范围内，靠近沟壁端为后移，而另一端（沟边端）为前移。因此，沟壁端的夹角要小于沟边端的夹角，使垡片的沟壁端上升得较快，沟边端较慢，这就使垡片自然产生了翻转的倾向。另一方面，在 $\theta_0\rightarrow\theta_{min}$ 范围内，θ 由大变小，两端的夹角变化倾向正好相反。其最终效果是，沟边端的夹角先为小值，沟边端的垡片容易上升，使垡片的棱角 d 较快地越过犁铧尾端，及早着地。从而垡片在后续的翻转过程中，不致向沟侧横移，否则上升阻力增大，沟边端的夹角曲线形成一个凹坑，使得该部分的垡片上升速度放慢。这种联合作用，更强化了垡片走过曲面时的翻转能力。蒋亦元通过这些分析后认为，防止垡片侧移、增强垡片的翻转功能才是$\theta_0 \to \theta_{min}$的真正目的。另外，《铧式犁与浅耕犁》中提到，“翻垡性能较好的犁体曲面，θ角随高度变化的统计规律图中，$\Delta\theta=\theta_0-\theta_{min}$高达2°，普通犁壁的值为1°”。舒契金认为，$\Delta\theta$应为1°～5°，以增强翻垡功能。这更加证实了蒋亦元上述分析的正确性。

通过这个案例，蒋亦元由衷地体会到作为后继者应当主动去分析和推测那些实践探索者们如何在没有理论、仅有从不断的试凑（try and cut）的失败中获得灵感直至成功的过程，从而增强自己的创新能力。而这个过程中，归纳推理是成功的根本。前述两位院士用演绎推理的方法，耗时20年左右，竟一无所获。只有从实践中抽引规律，再加以演绎推理的数学表达，才能形成完整的理论，这就是科学研究的方法论。2005年，当蒋亦元再次访问俄罗斯的研究所时，发现在科学研究所名称里加了“方法论”（Методологический）一词，即Научно-Методологический Исследовательский Институт。蒋亦元特意向该研究所的院士请教为什么要这么做，得到的答复是：随着科技的发展，研究的方法论日显重要。

蒋亦元在进行了分析后，对上述质疑的主要内容简略地向导师列多希聂夫说明了自己的想法。导师思考片刻后，回答道：

> 你这些修正的意见颇有新意，至今尚未有人如此质疑过。其中有一点现在就可以回应你：舒契金教授在他画的图中，确实不应该把翻转后的垡片与犁体沟边线之间的距离移动达一个耕深之巨，这会误导读者高估“刮擦”的严重性，垡片与犁壁沟边线之间，理论上是有间隙的。你是首位以数字显示i与θ之间关系并得出“要真避免刮擦而θ值又过小”结论的人。初步看来，“刮擦”问题即使有也并不会严重。今天先谈这些，其他问题待我思考后，隔日再谈。

第二次会面时，导师说：

> 您对犁体曲面$\theta_0 \rightarrow \theta_{min}$起因的研究颇有深度，原有的解释确实没有涉及本质。将它与$\theta_{min} \rightarrow \theta_{max}$联系起来，在$\theta_{min}$处产生突变，犁体左右两端的土壤上升能力的差异，更强化了垡片翻转功能，翻转性能更好的犁θ_{min}更高也可作为佐证。你的论述确实令人信服，至今我提不出反驳的理由。

最后，列多希聂夫对蒋亦元认真钻研前人的研究成果，找出其不足、加以改进的独立思考精神给予热情的鼓励。

勤奋好学的蒋亦元在导师的指导之下，理论素养和专业能力提高很快，这也越发得到列多希聂夫的赞赏。有一天，导师对他说："你对知识的学习真贪婪，简直像一个 Губка（海绵体），这种精神很是可贵！"1958 年年初，在列多希聂夫教授七十大寿时，学校为这位杰出的院士举办了隆重的庆典活动，多位知名的院士如谢里科夫斯基等到场祝寿。蒋亦元由学校指定，代表导师的所有学生献上生日祝词。分配给蒋亦元的发言时间仅有 10 分钟，他便匆匆拟出俄语祝词稿，请教研组的秘书帮忙润色一下就走上了主席台。蒋亦元在发言中向来宾介绍了恩师的学术成就和所编著的教科书，在中国产生的巨大影响，以及感谢对自己的热情帮助和指导，并表达了美好的祝福。列多希聂夫院士热情地赠送给蒋亦元一张他的半身像照片，在签名时，他问蒋亦元："是否写你的名字？"蒋亦元略做思考后，回答道："还是赠送给我们东北农学院的教研组吧！"可惜在"文化大革命"中，蒋亦元被"抄家"，一切有关美国、苏联的照片都被毁掉了。

不幸的是，在蒋亦元访学尚未结束时，恩师列多希聂夫院士就因突发脑出血去世。蒋亦元悲痛至极，作为导师的弟子，他被安排为恩师守灵。葬礼之后，蒋亦元将所有的悲伤、惋惜和怀念之情都深深地埋藏在心底，并将其化作巨大的动力，投入学习研究当中，以期用自己出色的成绩来告慰仙逝的恩师。失去导师是痛苦的，但恩师的理念和精神却使他受益不尽。

导师 70 岁生日庆典时蒋亦元（左一）作为其全体学生的代表致贺词

四、冒进的试验

1958 年 5 月，中国共产党第八次全国代表大会第二次会议正式通过“鼓足干劲，力争上游，多快好省地建设社会主义”的总路线，提出在政治上“中国现在就可以进入共产主义”，在工农业生产上主要产品的产量将成倍甚至几十倍地增长。中国大地上随即刮起“左”倾冒进风，这股强劲的冒进风越过乌拉尔山，也刮到了在苏联列宁格勒农学院进修学习的中国留学生中间。

这些在苏联留学的学子，毕竟是经过党的层层选拔、忠于党的事业、对党的号召坚信不疑的优秀青年，在国内“一日千里”的形势鼓舞下，又怎能不群情激昂？很快，在留学生党支部的带领下，经过大会讨论，决定由蒋亦元负责所有农机工作，同 20 多名中国留学生学友一道，放弃夏日休假的机会，参照国内的经验，试种几亩冬小麦品种，争取也能在苏联大地上放出高产“卫星”。

由于这项工作需要大量的机械作业，况且在参与该项试验的人中，蒋亦元是唯一搞农机的进修教师，于是他也自然成为这场“壮举”的主力军。一天，蒋亦元同支部书记一道，拿着《人民日报》

和《中国建设》（俄文版）上登载的“我国河南省长葛县亩产近万斤的经验介绍”有关文章，找到了学校负责留学生工作的苏方副校长说明开展试验的想法，请求学校在土地、机械、种子、肥料等方面给予支持。苏方副校长听到这一消息，对中国能有如此之高的产量深表怀疑，毕竟当时列宁格勒地区的冬小麦产量亩产不过四五百斤，然而看到热情高涨的学生，他仍然答应了他们的申请，并表示愿意始终支持他们的试验，更祝愿其取得满意的成果。

试验田在普希金市，学子们发挥自己的专业特长投身其中。为了保证试验效果，蒋亦元与农业领域的研究生共同制订了1958年8月14～31日要开展工作的计划表，包括高产小麦深松心土、混施厩肥、表土耕翻、耙碎、整平作业等过程。具体包括20个步骤：①“ПКБ-56-2”灌木犁耕翻表土耕作层，耕深20厘米；②连接在灌木犁后方的畜力七齿中耕机深松心土20厘米；③将厩肥撒入心土层，人工拌匀；④重复上述工序，将表土耕翻覆盖在心土层上；⑤实现不乱土层的深松心土层的耕作法；⑥重型圆盘耙耙碎表土，第一遍；⑦表土撒施腐殖质10吨；⑧重型圆盘耙将腐殖质耙翻、搅拌，共两遍；⑨悬挂三铧犁耕翻，深20厘米；⑩表土施腐殖质7.5吨；⑪重复第7道工序；⑫重复第8道工序；⑬重复第9道工序；⑭重复第7道工序两遍，深达12～14厘米；⑮中型圆盘耙连接钉齿耙，作业7遍；⑯表土加施钾盐、磷肥；⑰中

“ПКБ-56-2”灌木犁连接着手扶畜力七齿中耕机，深松心土达20厘米

型圆盘耙耙地 3 遍；⑱中型圆盘耙连接横置木棍平整地表，3 遍；⑲人力敲碎土块，允许的最大块如栗子；⑳人工撒播小麦，播量 500 斤 / 亩。

根据河南省长葛县的经验，要求把熟土层以下的心土深松 20 多厘米，然后拌入有机肥，再将熟土覆盖其上，即所谓“不乱土层的深耕，使新土熟化”的耕作法。为了满足中国耕作法的需要，蒋亦元专门改装了耕作设备，制作了牵引灌木犁和心土深松机联合机。他选用了苏联的牵引式单体灌木犁，后面联结一台单行畜力中耕机，其部件是经过他改造的凿型松土铲，以加大松土深度。

1958 年 8 月，蒋亦元（右）在列宁格勒农学院普希金市校区教学农场种高产试验田

那位苏方副校长经常到现场来问长问短，全面了解试验进展，当他看到蒋亦元驾驶自己改装的耕作设备，并使机组走得笔直时，不禁竖起大拇指连连称赞蒋亦元掌握农机理论的高水平以及娴熟的拖拉机驾驶技术。

蒋亦元在试验中驾驶拖拉机

几个月下来，为了这一试验，大家投入了大量的人力和物力。为了播种均匀，种子几乎全部是留学生们一粒粒手工摆放的。然而好事多磨，在出苗后的生育期，试验田就遭遇了严重干旱。为此，他们在学校的鼎力支持下，动用了喷灌机灌溉。为了防止拖拉机将土壤压实，他们曾更换过多种不同型号的履带拖拉机，仅田面的机械作业就进行了 13 次之多。为了增产，施用的厩肥就有 10 卡车，整整 40 吨……

然而，这场声势浩大的试验最后的成效却惨不忍睹。因为播种过密、土地过肥，小麦自然出现了徒长现象，加之通风不良、光照不足，难免出现倒伏，最终收获量仅相当于播种量。至此，留学生的心血、校方的投入全部付诸东流。

在苏联那次冬小麦高产试验失败后，蒋亦元进行了深刻的反思。因为他是同学中对此投入精力最多的人之一，这次失败对他的刺激非常大。他在日记中留下了这样的话：

> 我们怎么会做出如此荒唐的事？我们到苏联的目的原本是学习他们的先进技术，而这些行动却表明自认为中国的粮食生产技术已经超越了苏联，同时也是对导师的某种亵渎。怎么不

想想在一夜之间就超越了，可能吗？！我们不能强调国内“刮共产风”的客观因素的作用，因为我们是农业各科的研究生，而我是进修教师，理应比他们更有经验，对国内如此离谱的高产指标竟会坚信不疑（有的或半信半疑）。这只能说明自己的科学精神、科学态度之不足，在科学认知上还较幼稚，经不起一时的鼓动或诱惑。

每每提及这次难忘的试验，都难免让蒋亦元感慨不已：

那次由于政治上迷信、思想上僵化而失败的试验，今天回想起来虽着实可笑，却让我从中得出许多深刻的教益：一是我永远难以忘记当时苏联学校的领导和导师们对中国留学生积极投身生产实践的尊重和支持。他们虽心存怀疑，然而不仅没有干涉阻挠，事后也没有因为试验失败而计较或讽刺学生。他们对中国人民的友好情谊以及高度的教养，让我铭心不忘。二是吃一堑长一智。任何时候，我们都不要盲目地相信报刊上所载的就是正确的，凡事应经过自己独立思考，辨别真伪。在科学上应该“不唯书，不唯上”，要有比较、鉴别与反复。要尊重权威，却不可迷信权威，对前人的理论要敢于怀疑。三是认识真理会有一个过程，会有反复，有时甚至要经多次反复。只有不断加强科学方法论的学习，并在实践中按此原则加强磨砺，才能真正提升科学研究的水平与能力！

五、业余生活

在访学苏联的日子里，蒋亦元的学习紧张而忙碌，但在生活上却有些不适。首先，伙食上就需要慢慢习惯，一日三顿西餐，吃惯了大米、青菜的他却要学会与面包、黄油为伴。另外，位于北半球高纬度地区的列宁格勒市日照不足，导致蒋亦元水土不服，患上了一种名为“对口疮”的疾病，发高烧甚至起不了床。为此，身在异乡的蒋亦元也难免有苦闷孤独和思念亲朋的低沉情绪。每当这时，他就想到自己肩负的使命，迅速调整好精神状态，安排好生活，以保持旺盛的学习热情。

蒋亦元（前排左三）在罗斯托夫农业机械化学院宿舍楼下应苏联大学生友好之邀合影留念

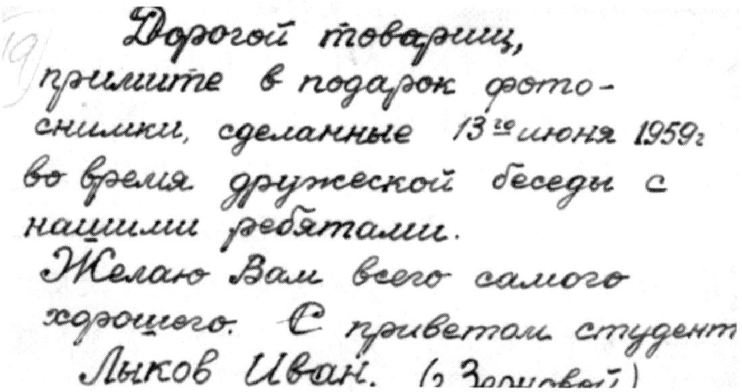

Дорогой товарищ,
примите в подарок фото-
снимки, сделанные 13-го июня 1959г
во время дружеской беседы с
нашими ребятами.
Желаю Вам всего самого
хорошего. С приветом студент
Лыков Иван.

名为伊万雷考夫的大学生拍下照片并在照片后面写下赠语："亲爱的同志，请接受这张照片的礼物，这是 1959 年 6 月 13 日我们友好交谈时拍摄的，祝愿您万事如意，请接受我们大学生的敬礼。——伊万雷考夫"

为了缓解种种生活上的不适，蒋亦元除了有规律地进行体育锻炼外，还找到了一种特别的放松方式。他从一位中国留学生处借来了一本包含许多中俄经典曲目的歌本，按照谱子慢慢地哼出旋律，再一首首填词唱出。从《敖包相会》《在那遥远的地方》，到《三套车》《莫斯科郊外的晚上》，他将埋藏于内心的情感通过歌曲尽情地表达着、抒发着……

那时候，在广袤的苏联国土上有游之不尽的景点，有许多诱人的景致。无论是大片的原始森林还是宁静和谐的农家生活，无论满是名胜遗迹的古堡还是以建筑艺术闻名的城市，都让世界各地的人们为之向往。对于留苏学生来说，那时是有许多旅游良机的，不仅旅费极其便宜，而且他们有寒暑假，还有来自各地的苏联同学的盛情相邀。蒋亦元当时所居住的列宁格勒农学院周围就有很多名胜古迹。远的姑且不说，就连与自己住所近在咫尺的冬宫，竟也从未被蒋亦元列入参观计划中。整整两年时间，他的绝大部分时间都用于学习、研究和考察了。

常人看来如此单调的留苏时光，却使蒋亦元感到无比充实。他树立起特有的“苦乐观”和“幸福观”。每当掌握一个新的知识点，他就会忘记一切疲劳和寒冷；每当搜集到一份新的资料，他就会忘记枯燥无味的观察记录以及无数个不眠不休的日日夜夜；每当成功地完成一项试验，他就会感到长久的幸福。

回首这段青春岁月，蒋亦元的心情总是难以平静。正是经过这段时光的锤炼，他的翅膀无疑变得更加坚硬了，展露出作为一名科学家的最初亮色。

蒋亦元与同行的张履鸿即将结束为期两年的苏联访学，继续留在苏联访学的东北农学院教师顾永康、马国林等前来送站

第五章

服务农垦

一、乳牛散放饲养机械化探索研究

1958～1960 年“大跃进”期间，出于尽快改变我国经济文化“一穷二白”的落后面貌的宏愿，中央号召要“赶超英国”。1959 年 9 月，学成归国的蒋亦元刚好赶上摆脱自卑、激励民族敢于追赶西方的“三面红旗的‘大跃进’”。东北农学院学校党委提出要搞世界最先进的养猪、养鸡、养牛机械化技术联动线，广大师生热烈响应号召。经过选拔，这三条机械化技术联动线分别由刘启文、姚维珍、蒋亦元三人负责。蒋亦元早在苏联留学时，就了解到国际上先进养牛方式的有关动态，他一直也想寻机实践这个具有历史意义的巨大工程。此次学校领导提出让他搞世界先进水平的养牛机械化装备，真是正中下怀。当时社会上虽盛行浮夸风，但蒋亦元等还是严格按照科学研究应有的认真态度，把它当作一项重大的科研任务对待。此前在苏联种高产田的过程中得到的惨痛教训，他也一直记忆犹新，于是，他抱着敢想敢干、谦虚谨慎的态度，不受不良风气的干扰，积极投入这一潮流中。

1959 年初冬开始，蒋亦元带领着由农机系 1960 届、1961 届 10 余名学生，和工人、技术干部一道，全力以赴地投身这一任务。作为我国高寒地区奶牛散放饲养机械化的最初尝试，这一光荣而艰巨的任务也开启了蒋亦元科研人生的第一次征程。

当时在乳业较为发达的国家，饲养方式主要有舍养法和散养法两种。蒋亦元所使用的实验农场是教学、科研、生产三结合的基地，在当时全部采用舍养法。实验农场总计有奶牛 570 头，其中成牛 230 头，其余为育成牛和犊牛。成牛舍作为整条生产线的主要建筑，是按照苏联的标准设计建成的。舍内的牛栏呈对尾式配置，共两列，每列可容纳 60 头乳牛。在两列喂饲槽前有喂饲用的吊车道，一切干湿饲料均由吊车斗运送，再经人工分配。在牛栏后面有粪沟，饲养员在牛舍中间的通道上定时地清除粪便，装到车斗中，经中间通道运出舍外。在牛舍一端设有容积为 250 平方米的青贮塔，冬季从塔内取用玉米秆等制作的青贮饲料。饲料车间有存贮量达三四天的精饲料库，库内饲料由多汁饲料和精料调制组成。各精料与酒糟按比例调制，并加热水进行搅拌。块根类原料，如甜菜、胡萝卜块根等，经人工搅动清洗后，铲入切片机成为碎片。以上饲料均由人力装入吊车后运到牛舍去，再由人工装入每头牛的料槽内进行饲喂。

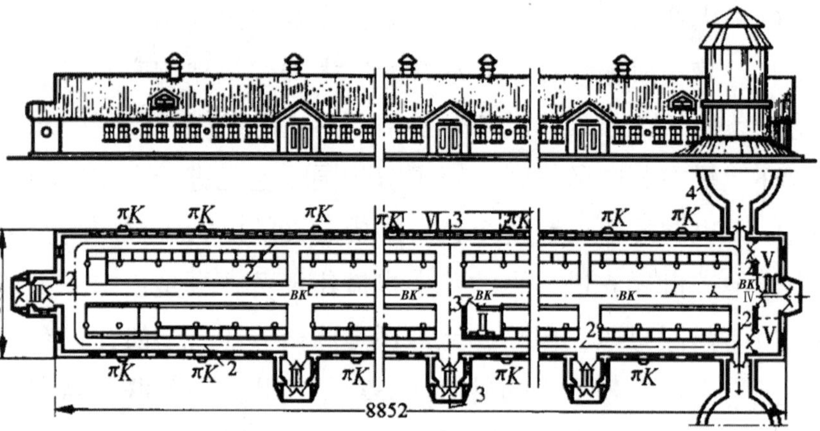

乳牛舍养法的成牛舍正视图和顶视图

Ⅰ.牛栏；Ⅱ.集奶台；Ⅲ.入口外室；Ⅳ.入口内室；Ⅴ.饲料工具室；Ⅵ.增建电器挤奶机所用的机器间；1.吊车道（运褥草和粪使用）；2.吊车道（运饲料用）；3.运输通道；4.青贮塔；πK.进气道；BK.出气道

该实验农场在1960年所采用的成牛饲料成分和数量如下表所示（表中的精料由豆面、高粱麸子、玉米粉等按比例组成）。由该表可见，饲料组成成分极为丰富，其中又以多汁饲料为主。无论什么季节，每天都需要给每头牛输送65～75千克的饲料，这是很繁重的劳动。

成牛饲料成分和数量表

饲料种类	每头牛全年用量/吨	每头牛每天用量/千克
精料	1.5	4～5
干草	1.4	冬季：5～6，夏季：2
青贮（玉米）	6.5	10～6月初：25
块根	3.5	10～5月初：15
甜菜渣子	5.5	11～5月初：25
酒糟	2.4	6
青割苜蓿	5.0	6～9月：50

在饲料车间里，由于机械少，直接工人数达 7 人。其中，精料调制（含豆浆调制）工 4 人，块根洗切工 3 人（短途、室外运输的 4 人不计）。在成牛舍内，每人负担 60 头牛的喂饲护理工作。精料、块根、酒糟、甜菜块根切片或渣子等，分别用吊车运到牛舍，以便按下列次序实现分样上料的需要：精料—甜菜渣子—切片的块根—青贮—干草。精料和块根的数量由每头牛的产奶量和生理状况进行定量，可由饲养员灵活掌握，增加了操作的复杂性。喂饲与挤奶同时进行，由自动饮水机喂水。

清除粪便也是一项繁重的劳动。每头牛平均排粪 30 千克 / 天，全年约排粪 10 吨（尿由排尿沟排出，不计）。废旧垫草的集运，每天不少于 15 吊车。另外，还需要一名工人在挤奶时进行粪便的清理工作。

由前述可见，当采用舍养法时，奶牛必须由人工服侍，才能获得高产优质牛奶。其结果必然是设备多而复杂，投资多，工程亦大，劳动生产率无法显著提高。

相对而言，较少采用的散养法则是基于相反的观点，利用乳牛的生理本能培养其挤奶和采食精料同时进行的习惯。精料是奶牛饥饿时最大的诱惑，挤奶是解除其乳房发胀和不适感的手段。当此二者形成条件反射后，奶牛就会在特定时间主动争相进入挤奶车间享受“福利”。从某种意义上来说，奶牛处于自己照顾自己的境地，达到了真正的牲畜“自身”的“自动化”。这种饲养方式就从根本上决定了其所需人工较少、设备较简的特点。

通常观点会对此种饲养方式抱有怀疑，即北方的寒冬是否会影响牛奶的产量与质量？事实上，一些国家已经做过相关试验。如 20 世纪五六十年代，苏联吉尔吉斯共和国在 −22℃以下，加拿大在 −45℃～−29℃以下，采用此方式均未受太大的影响。另外，散养方式下，奶牛始终处于宽松而不受拘束的状态，行动更加自由，产奶时间更为灵活。饲养方式的选择不能孤立地偏重产量或质量，还得考虑成本，应二者兼顾，以获得最高的综合效益。蒋亦元由此认识到，对处于祖国最北端的东北农学院牛场而言，尝试散放饲养方式，验证其可行性，具有重大意义。

散放饲养机械化的目的，是取代过去人工带着机器走到每头牛前挤奶、人工送去饲料的旧方式。为显著提高劳动生产率，蒋亦元努力研发出为这种散放饲养方式服务的“奶牛喂饲精料与挤奶同时进行并使二者相连的联动线”。虽说这是蒋亦元第一次真刀实枪地搞规模如此之大、投入财力人力如此之多、任务如此之重的探索性研究，但他是成竹在胸的。一方面，有国外经验作为参考；另一方面，有香坊农场较高的饲养水平和丰富的饲养经验作为后盾。但终究这是一场技术革命，需要抛弃原有的大型牛舍，按照新的饲料制备、喂料、挤奶的饲养工艺流程，建设饲料车间与挤奶车间联体的建筑综合体。原有的机械设备，有的需要改造，有的则需要重新设计制作。一系列不确定性因素困扰着蒋亦元：用管道输送牛奶，安全性如何？清洗是否方便？奶牛是否会因为不习惯此种工艺流程而得病？新的设备因设计不当而报废怎么办？国外的经验不适合中国怎么办？这就迫使蒋亦元必须认真做好每一阶段的工作，绝不能大意疏忽。

蒋亦元负责的是工艺流程、饲料车间与挤奶车间全部机械的选型、构思草图，以及各个机器、部件的结构和运动参数的设计计算。在蒋亦元的设计中，牛舍内铺设较厚的垫草，三面有墙，一面敞开。牛棚和运动场的除粪工序大为简化，只需半年或数月清除一次，机器铲运也很方便。供奶牛自由行动的牛棚南面是敞开的，冬季难以抵御东北的严寒。蒋亦元就与牛场场长黄昆仑商量，引导奶牛进入原有的牛舍御寒，或在南面加设简易的活动挡风墙。为了确定生产过程中各工序的具体要求，蒋亦元长期深入地考察了牛场，并参与了饲养劳动，如机器挤奶、人工输奶、精料的配比、块根的洗切等。他不断总结，分析了原有饲养方式的不足之处，并参考分析了大量资料，包括用俄、英、德、中四种语言写成的资料共计12余件。他还根据农场工人、技术专家、黄昆仑场长的参考意见，最终制定出具有可行性的饲料制备车间和新型的串联式挤奶车间构思图纸与各参数值，并付诸实施。学生们深入车间参加制造和装配，蒋亦元全程参与，并进行指导和检查。与此同时，蒋亦元还与香坊农场负责基建的王技师一道，共同研究饲料车间与挤奶车间连体的生产工厂建设，包括总体和各个车间尺寸、门窗和输奶管系统的布局等布置图。

要想实现散放饲养，挤奶车间和饲料车间的机械化是重中之重，蒋亦元决定以此着手开始进行研究设计。他首先分析确定了饲料加工机械化的要求，主要包括：①精饲料的配比及搅拌；②块根饲料的洗涤及切条；③精饲料的蒸煮，尤其是如何在冬季和深秋消除冰霜并加温到适口程度；④在各环节实现单机机械化的基础上，依靠升运装置将其连接成联动线，这就涉及设立中间贮存设备的问题。

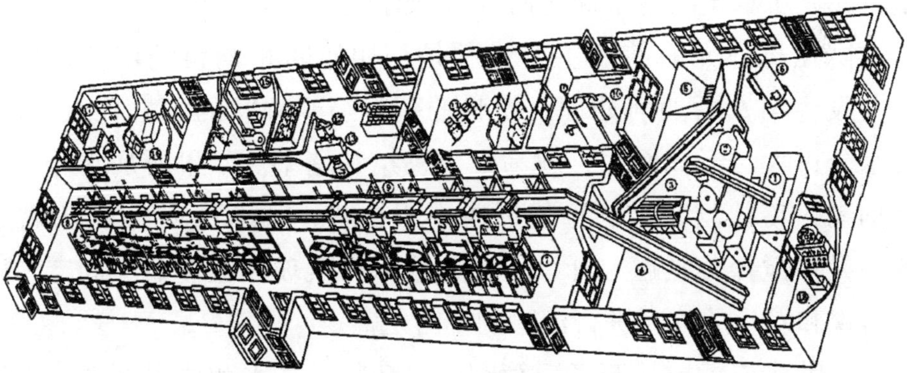

创建完工的散放饲养综合体的轴测略图

粗饲料的喂饲可以在运动场和牛棚内，由奶牛自由采食解决。余下的工作只是精饲料调制和块根洗涤与切碎的机械化了。在饲料车间机器设备简图中，精料各成分按比例装入饲料箱的精料格（1）中，饲料箱的酒糟格（3）盛装半稀状的酒糟。饲料箱下有推运方向相反的两段螺旋推运器（2），把上述两种饲料向中部推运。经中段叶片的排出和升运器（6）的运输后，进入卧式蒸煮搅拌罐（13）内连续搅拌，同时适度喷水。调制完成的精料落入制就精料贮存斗（15），经螺旋推运器（16）推到一端，落到进入挤奶车间去的制就饲料输送带（24）上。

精料和酒糟的共同特点是成隙性很大，易产生起蓬现象。国外有上排式与刮底式两种方案，这两种方案构造过于复杂，不能减少工人数，仅能减轻劳动强度，适用于不间断连续生产的食品加工厂。由于每次挤奶时喂食精料不多，在两班之间有空闲，此时可由人工称量，按比例将精料装入饲料箱中，以简化设备。

通常搅拌与蒸煮分别在两个罐内进行，蒸煮时间可调，蒸得较熟，但由于是非连续作业，因而效率较低。可连续作业的蒸煮罐有立式与卧式之分，立式蒸煮罐的饲料层较厚，不易蒸透，搅拌器阻力大；卧式蒸煮罐则可避免这些缺点，它是饲料调制流水作业高度机械化的主要环节，也是国外尚在研究的课题，对大型牧场，特别是蒋亦元所承担的这个课题而言，具有较大意义。

摆在蒋亦元面前的主要难题是，如何防止饲料的堵塞，以及万一发生堵塞后如何处理。粉状的精料与半稀状的酒糟拌在一起，若水分过大，形成面团，就易发生黏结和堵塞。如果所加水分适度且均匀，粉状饲料与酒糟仅形成小团粒状，就不致发生黏结现象。蒋亦元在搅拌蒸煮罐上开设了窗口，以有机玻璃板覆盖并固定，以备监视和发生故障时进行清除的不时之需。

在卧式连续搅拌蒸煮罐简图中，精料、盐水和块根饲料一同进入叶轮式控制门（2），使得喂入量均匀，又能防止蒸汽大量逸出蒸煮罐。在管轴上装有带倾斜搅拌叶片（3）的搅拌器，可在推运的同时进行搅拌。管上有 36 个 $\Phi 5$ 毫米的蒸汽孔，分 4 行排列，行内孔距 l=20 毫米，蒸汽由管轴一端经孔眼进入罐内，叶片搅拌器与螺旋式搅拌器相比，既可增大搅拌作用，又可降低推运速度，并且改变叶片的疏密度和倾斜角，又可调节蒸煮时间。一般而言，蒸煮时间

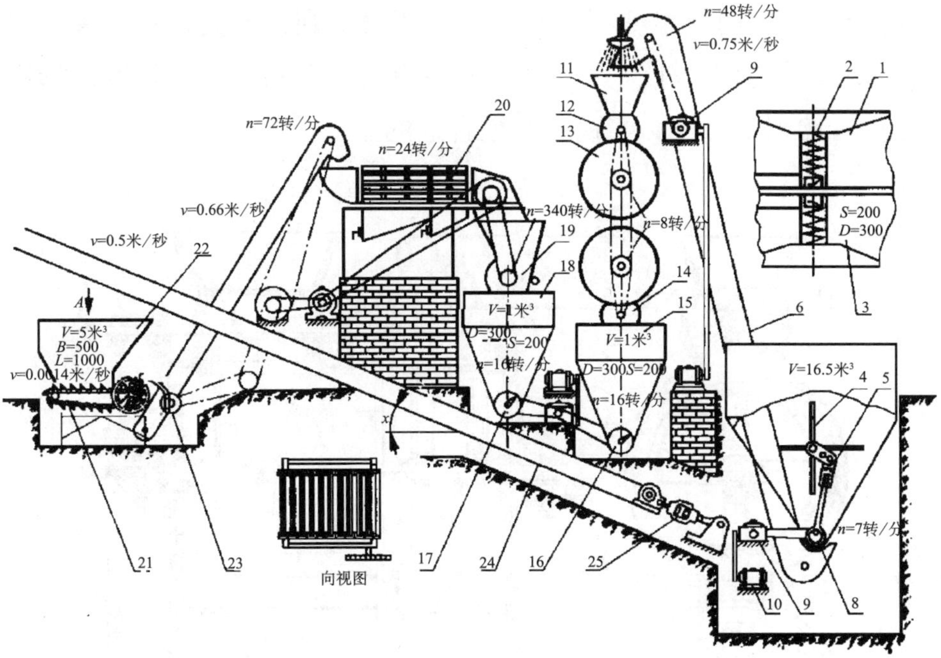

饲料车间机器设备简图

1. 饲料箱（精料格）；2. 螺旋推运器；3. 饲料箱（酒糟格）；4. 杆式搅动器；5. 搅动器连杆；6. 升运器；7. 盐水喷头；8. 螺旋推运器轴上的偏心盘；9. 减速器；10. 电动机（2.8千瓦）；11. 下料斗；12. 叶轮式控制门（入口）；13. 蒸煮搅拌罐；14. 叶轮式控制门（出口）；15. 制就精料贮存斗；16、17. 螺旋推运器；18. 制就块根饲料贮存斗；19. 块根切碎机；20. 块根洗涤机；21. 块根贮存箱链板式活底；22. 块根贮存箱；23. 链板式活底的驱动偏心盘；24. 制就饲料输送带；25. 输送带张力调节装置

达到 t=8 分钟已经足够，蒋亦元在实际试验测定中发现，t=5～6 分钟即可满足要求，说明上述假设及计算基本上符合实际情况。

在管轴上焊有螺帽，与叶片焊在一起的长螺杆以倾角 $\beta=40°$ 拧入螺帽，并以固定螺帽拧紧。

固定的送气管与转动的搅拌管轴头连接处有胶皮垫衬，既可保证不漏气，又能使搅拌管转动自如。

饲料的容重 γ=550 千克 / 米^3，饲料消耗量 Q=10 千克 / 分钟，考虑日后发展，取值为 20 千克 / 分钟，取罐的充满系数 α=0.5，经计算得到蒸煮罐的容积 v=0.58 米^3，由此求得搅拌蒸煮罐的长度为 4 米。

由于管轴过长不便加工，为了节省空间，蒋亦元将其分上下两段进行叠放。饲料温度不足时，对牲畜很不利，尤其是在冬季，块根温度很低甚至冰冻，为了保证足够的蒸熟度和搅拌均匀度，选用转速 $n=10$ 转 / 分钟，实践表明是合适的。

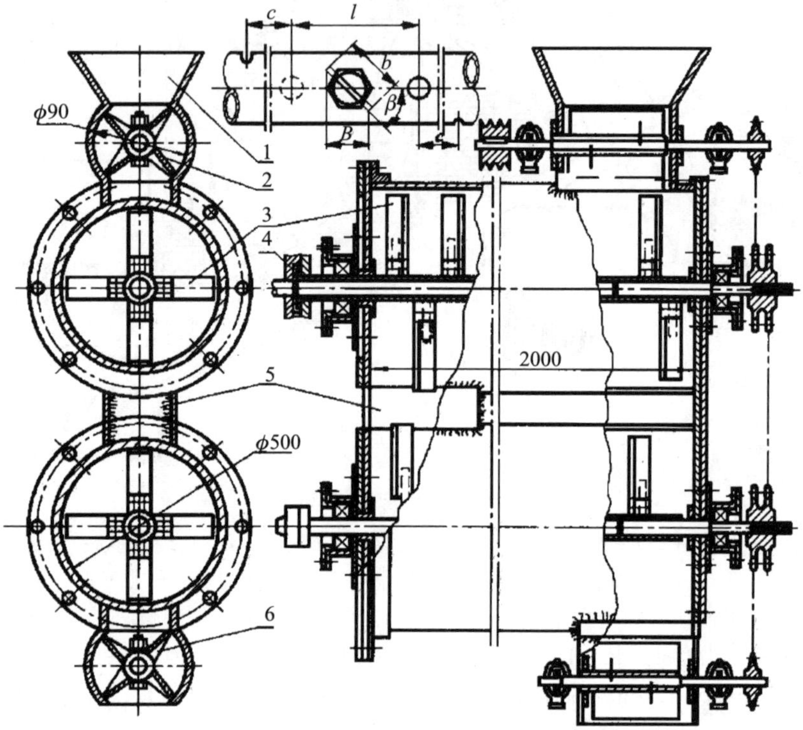

卧式连续搅拌蒸煮罐简图

1. 料斗；2、6. 叶轮式控制门；3. 搅拌叶片；4. 汽管接头；5. 蒸煮罐通道

块根饲料主要包括饲用甜菜、胡萝卜等，其中，饲用甜菜是猪、鸡、奶牛在秋、冬、春三季的多汁饲料，可以切碎或打浆，生喂或熟喂，易被消化，具有较高的营养价值。在饲料车间机器设备简图中，通过人工将块根装入块根贮存箱（22），块根由此经链板式活底（21）送入升运器，进入筒式块根洗涤机（20），再进入锥形块根切碎机（19），被切成碎块后，落入贮存斗中待用。贮存斗中，输出螺旋推运器的出口与饲料箱侧帮对接。喂饲前，精料箱升运器和块根饲料的螺旋推运器（16）和（17）同时启动，二者同时进入搅拌蒸煮罐。

本题设计的一个特色，就是要求洗涤、切碎后的物料能不间断地送到制就饲料输送带（24）上，以保证饲料的连续供应。而由于块根大小不一、形状各异，它们在输送过程中可能会被卡住，如果造成输送的断档，就会使得每头牛的精料和块根的比例很不一致，影响牛奶的产量。为此，在始端设立了块根储存箱（22），在末端设立了制就块根饲料贮存斗（18）、制就精料贮存斗（15），并且在饲料箱内设有摆杆搅动器等，从而起到调节均匀度的作用。

精饲料在隔壁的饲料车间制就后，由输送带自动升运入挤奶车间，在挤奶工的头顶上方输送。在饲料输送与分配机构图中，输送带的上方设有斜置的刮料板（6），能将输送带上移动的精饲料刮落至一分为二的饲料斗内。在自动分配装置电路图中，斗满后，由斗内的微动开关（3）依靠大小电磁铁（1）和（2）控制该刮料板升起，而下一个会自动下落，为下一对牛输送饲料。

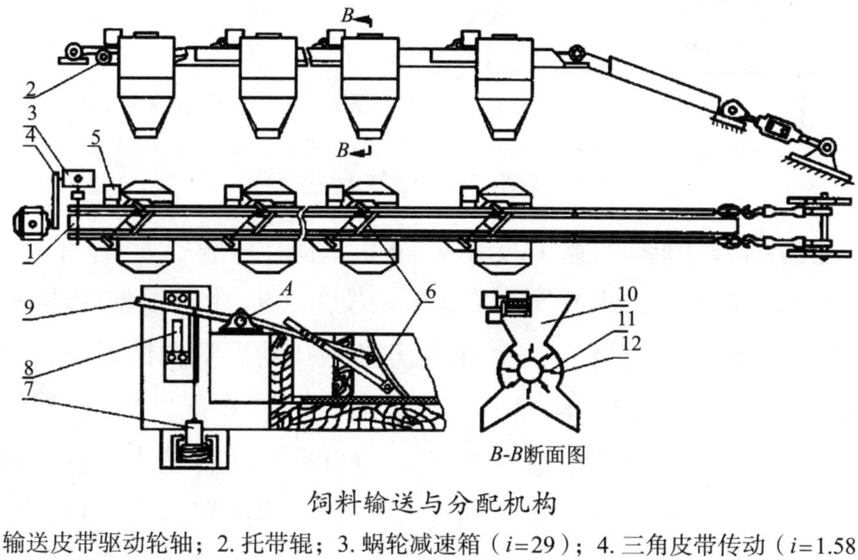

饲料输送与分配机构

1. 输送皮带驱动轮轴；2. 托带辊；3. 蜗轮减速箱（i=29）；4. 三角皮带传动（i=1.58）；5. 电气自动控制装置；6. 刮料板；7. 大磁铁；8. 卡铁；9. 刮板杠杆；10. 分配箱；11. 计量器叶轮；12. 胶带

为了能够按奶牛个体大小调节喂料量，在分叉管内预设了计量叶轮，可根据奶牛个体需要，按照设计的值进行喂料。

蒋亦元所采用的实验牛场已经具有两座容积达 250 米^{3}的青贮塔，可以直接用车运输到饲料车间，通过制就块根饲料箱贮存斗及其螺旋推运器，经带式升运器进入精料斗，方式与前述相同。喂饲时间被安排在两次挤奶之间。

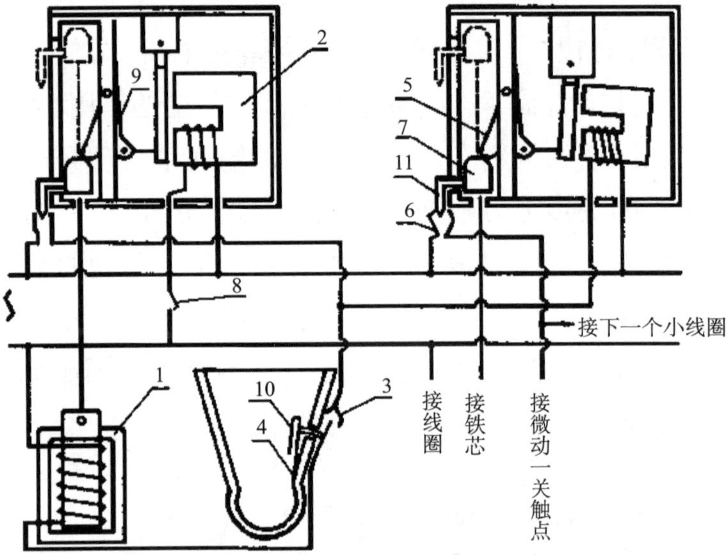

自动分配装置电路图（由李盘教授设计指导制作）

1. 大磁铁；2. 小磁铁；3. 微动开关；4、9. 弹簧片；5. 卡子；6. 触点；7. 刮板杠杆；8. 启动开关；10. 压力感受器；11. 切片

地沟约长 30 米，宽 1.35 米，深 0.7 米，两侧各有 10 个牛栏，按奶牛体形较大值，取栏宽为 0.9 米，长为 2.95 米。根据前述分析，该方案最核心的环节是，奶牛在乳房胀感和精饲料的诱惑下，会自动挤在挤奶车间门口，满足其需求。蒋亦元在车间的结构设计上，将牛栏进行串联式配置，使奶牛成群地自动排成行进出牛栏，鱼贯而入，以提高效率。在串联式乳牛生产线牛栏配置图中，地沟的中部有过桥（18），在前后两头牛之间插入带饲槽的活动插门（2），把挤奶车间分为两段，分别由两个挤奶工在地沟内操作。上方设有精饲料箱，奶牛一边采食精饲料，挤奶工一边用自动挤奶机进行作业。这两个工序完成后，拉开活动门，奶牛自动走出挤奶间。精饲料加

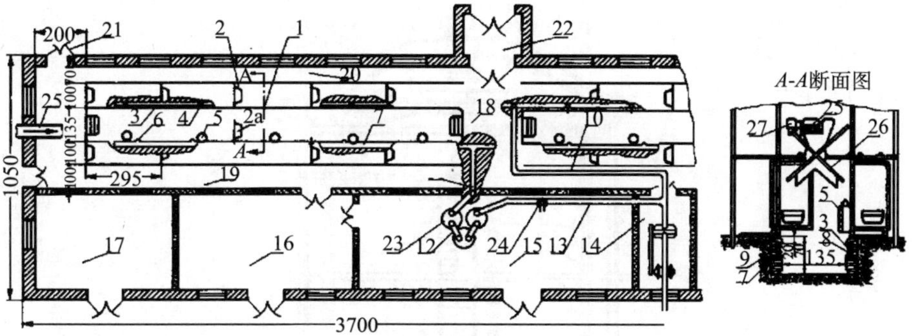

蒋亦元创建的串联式乳牛生产线牛栏配置图

（仅示以奶牛入口为对称中心线的左侧一半）

1. 牛栏；2. 带饲槽的活动插门；2a. 插门抽出位置；3、10、13. 抽气管；4. 抽气管开关；5. 计量桶；6. 输奶管开关；7. 输奶管；8. 热水管；9. 冷水管；11. 输奶总管；12. 奶桶接管；14. 抽气机室；15. 牛奶处理室；16. 奶桶贮存室；17. 锅炉房；18. 过桥；19、20. 走廊；21. 牛出口；22. 牛入口；23. 集奶桶；24. 集奶控制开关；25. 饲料输送皮带；26. 饲料分配斗；27. 刮板自动控制装置

工车间与自动化挤奶车间连成一体的设计，使精饲料直接进入挤奶车间，免除了运输工序。

在地沟一侧的栅栏上，各牛栏的中部装备苏联“3-TДA”型三节拍挤奶器（脉动器）。为了满足饲养研究工作的需要，装设计量桶（5），准确记录每次的产奶量。将原有没有刻度的计量筒换成由铝质薄板制成的筒体，以使其不易损坏，并加装带有刻度的有机玻璃片。此计量筒与原有的脉动器和奶罐盖子，以及一个可拆卸的活底，共同构成一个密封的奶罐。计量筒体也可用玻璃制作，读数方便，也很整洁，但不便清洗，而且必须有防护网。结果证明，采用铝质薄板制成的筒体是可行的，并未发生牛奶腐蚀现象。

蒋亦元从原厂舍养时的挤奶器设备上取用了挤奶杯和集奶器，放长了连接脉动器的橡皮管，从而可按需使左右两个牛栏合用一套挤奶器。

在挤奶车间的一旁，设有抽气机和抽气管通达地沟的一侧，其

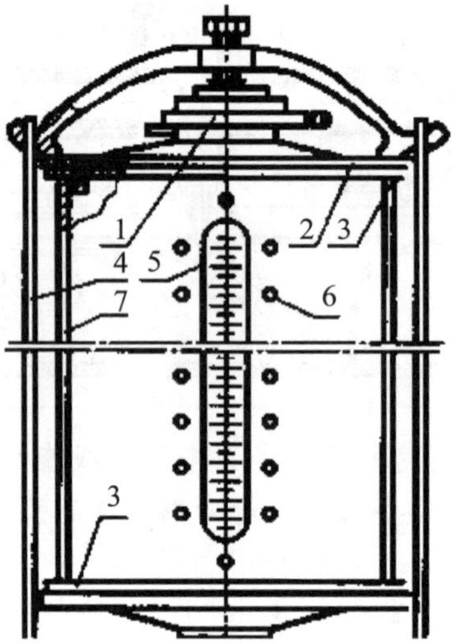

经过改造的计量筒

1. 输奶管接头；2. 密封圈；3 罐筒的上下两个密封圈；4. 固定顶盖与罐筒底座的拉筋；5. 有刻度的有机玻璃板；6. 铆钉；7. 薄板制的计量筒体

支管分别与 10 个挤奶器相连。传统上，较繁重的工序是牛奶的运输，100 斤装的奶筒由人工搬运，每次挤出的奶须倾入小桶称重和记录再倒入大桶，不仅费时费工，而且测量不准确，也不卫生。

为此，蒋亦元自行设计了自动输奶系统。由机器房引出的抽气管，在通过牛奶处理室的部分接出一个分支，牛奶抽放器或集奶筒由输奶管与各计量筒的活底相接，底部设有开关。工作时，此管经常处于半真空状态。当计量筒内记录奶量以后，即可打开底部开关，牛奶沿着管道被吸走。经过牛奶抽放器，通过冷却器，流入奶筒储藏室。

输奶管应便于日常清洗、消毒和定期拆洗，其衔接处应有较好的密封性和坚固性。蒋亦元经过试验后发现，有两种方式均可采用，其一是采用金属管（如紫铜），其二是采用有机玻璃管。

采用金属管（如紫铜）时，可在每次挤奶后，将输奶管端部的塞子打开，将头部缠以鬃刷的长条钢丝插入管内，把管壁积奶清除，并用水冲走。将挤奶杯浸入温水内，并将温水吸入输奶系统进行冲

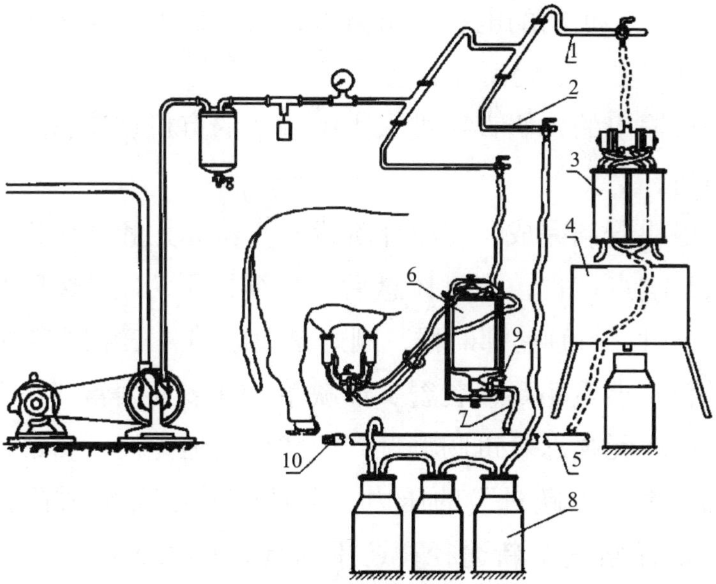

抽、输奶系统

1. 通往牛奶抽放器的抽气支管；2. 通往集奶桶的抽气支管；
3. 牛奶抽放器；4. 牛奶冷却器；5. 输奶管；6. 牛奶计量筒；
7. 泄奶管；8. 自动集奶桶；9. 奶桶底部开关；10. 输奶管端部塞子

洗。在哈尔滨市，冬季可采用每周清洗一次的频率，夏季可采用两三天清洗一次的频率，拆卸输奶系统的各部分，进行彻底清洗。

另一途径是采用有机玻璃管和金属的三通接头，玻璃管清洁卫生，奶的流动一目了然。在各衔接部分用橡皮管套结之，既便于拆装又安全。为了防止损伤管壁，可用比管径稍大些的海绵沿管子行走，将管壁上的积奶聚集到管的另一端，在该处取出海绵。

牛奶抽放器是抽气系统的另一装置。它借助半真空的抽气作用，将牛奶抽到其中的一侧，同时另一侧不断地将抽集的牛奶释放出来，在该筒的上方就是实施左右轮流抽放的装置。蒋亦元参考苏联同类机型的特点，指导学生进行设计试制。在哈尔滨气温较高的季节，牛奶需立即冷却，在冬秋季节只需直接浸入冷水即可。

为此，除了牛奶抽放器外，尚备以 3 个自动集奶筒。它们的桶盖由抽气管串联连接，依次装满各筒后，在最后一筒的盖子上设置的电触点接通，车间的电铃发出信号，由挤奶工关闭牛奶处理室前的开关，进行更换集奶筒等后续处理。

挤奶机输出的牛奶直接进入集中输送的有机玻璃管，并进入牛奶冷却车间。

为了尽快赶制完成，在设计阶段时，蒋亦元和学生们每天干到凌晨3点，吃点夜宵，稍事休息后，继续再干，用“废寝忘食”来形容毫不为过。特别是那时候，刚好是我国的“三年困难时期”，国家供应的粮食严重不足，餐餐少油缺菜，许多人因营养不良患上了水肿。但蒋亦元强忍着饥肠辘辘，依然乐观地专注于自己的科研项目。虽然受到“大跃进”的压力，但他依然本着努力搞科研的精神，认真地探索这个新途径，还不时地鼓励大家咬紧牙关，渡过难关。

经过试验证明，这条自动化奶牛生产线性能基本良好，它不仅大大提高了劳动生产率，还降低了工人的劳动强度，就全程机械化中挤奶这一工序而言，所用人工不到原来的15%，为我国北方试验散放饲养新技术提供了物质基础。

当看到块根饲料和精饲料由输送带进入挤奶车间后自动进入喂料斗内，当看到奶牛自动鱼贯而入、安静而舒心地享受着美食和缓解乳房的胀感，当看到挤出的牛奶从有机玻璃管流过时，蒋亦元和黄昆仑对这一工程能在如此短的时间内基本完成感到激动万分。

当时恰逢苏联畜牧业专家受召回国，他们在途经哈尔滨顺道来访时，对蒋亦元的这一成果极为称赞，对黄昆仑场长表达了自己的惊叹：“我们也曾想过搞这样一套设备，但尚未动手，而今你们却先搞出来了，且效果很不错，技术很先进！真诚地祝贺你们的成功！”时任东北农学院党委副书记滕顺卿同志对蒋亦元的才能颇为赏识，毫不夸大地赞许道：“像这样有魄力、有才能又肯干的青年人，一个几乎可以顶十个！”

获得这样的高度评价，不仅因为蒋亦元能在短时间内将散放饲养模式创制成功，还因为蒋亦元所创制的散放饲养模式与舍养模式相比，能够大大节省劳动力。通过简单的计算比较，即可得出这个结论。因工种较多、组织复杂，进行全年和全过程的准确比较很困难，所以暂按挤奶和喂饲同步进行的这一个工序对 120 头成年牛的耗时进行计算。以挤奶车间的 1/2，即 1 个挤奶工管理 10 头牛为单元来计算挤奶所需时间。在挤奶前，先将活动饲料门拉开，使各个饲料斗对准上方的饲料分叉口，开始启动饲料输送带，将 20 个饲料斗装满。等待各奶牛就位后（每个牛栏均安置一台挤奶器），挤奶工用温水冲洗并按摩奶牛的奶头，再装套上吸奶杯，这个工序一般用时 2～3 分钟，机器挤奶（同时喂精料）耗时因季节因牛而异，最多约 10 分钟。以每个挤奶工管理左右两侧之一的 5 头牛为一单元计算，仅 1 人就可负责全场 60 头牛的挤奶任务。而原先采用舍养时，一个挤奶工带着机器挤奶，仅可以负担 10 头牛的挤奶任务。所以，散放饲养的全程机械化挤奶与舍养人工带机挤奶比较，可提高效率 6 倍之多。当然，与此同时，挤奶机须增加 1 倍，由 10 台增加为 20 台。另外，还需考虑当每天挤奶 2～3 遍时，前后两遍之间尚余多少时间供挤奶工做其他工作，如输奶管、饲料输送带和挤奶站位等的清理（虽然这项工作并非每天都要做）。以每天挤奶 2 次或 3 次计，则每天纯挤奶时间分别有 10 个小时或 15 个小时的时间间隔，应付上述清理工作绰绰有余。根据黄昆仑场长的估算，若将其他各个工序，如运奶、舍内除粪、饲料制作、运输和喂饲等全部计算在内，由机械化所带来的劳动生产率可提高 9 倍之多，这是非常可观的数字。也正因如此，蒋亦元所设计制造的自动化奶牛生产线被称为我国高寒地区先进饲养方式的创举。该方案当时在国内是首次被提出，在国际上亦属首创。

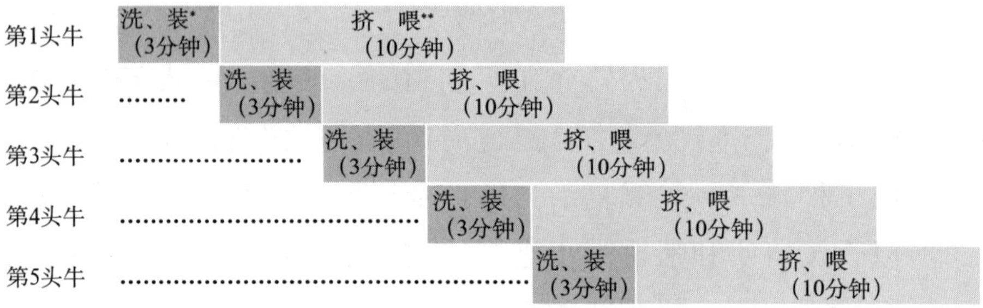

挤奶、喂精料工序图

*洗、装：洗奶头、装奶杯；**挤、喂：挤奶、喂饲料

在“大跃进”时期，蒋亦元等毫不犹疑地响应党的号召：战略上要赶上西方，就得鼓足干劲，力争上游；而在战术上又要认真、严格，力求成果真正能在生产中运用。正因为如此，这套设备的基本部分得以迅速完成并试验可行。

然而十分可惜的是，这条生产线建成后不久，就面临困难时期的严酷形势，粮食奇缺，农场饲料不足，牛群大量减少，致使生产线和大批配套的机械设备被迫“下马”，而未能在使用中进一步完善和发挥效益。“奶牛没了，为什么不将设备、房舍保存起来？待日后形势好转就可继续完善啊！而这条生产线在没有征求大家的意见的情况下，就全被毁掉了。”为此，蒋亦元一直耿耿于怀，十分痛心。

耄耋之年的蒋亦元在认真回忆、整理往事的细节时，尚在追寻着过去条件那么艰苦、任务那么紧急，忍饥挨饿、废寝忘食地干的劲头究竟来自何方？答案只有一个，那就是一个信念在支撑着他们：“要赶快改变帝国主义对我国的长期侵略和数百年的封建残余的腐败所形成的我国极度的贫穷落后的面貌，要使得国家尽早富强起来！”

一旦中央发出鼓足干劲、力争上游、破除迷信、敢想敢干等的号召，这些有志青年学子和教师们，就会奋不顾身地积极行动起来。学子们在“干中学”，又在“学中干”的场景，经常会不断地涌现在蒋亦元的脑海里。

后来获悉，毛主席号召一定要把“两弹一星”搞起来。就在这个时候，我国的功臣们从无到有，打下了良好的基础，才能在较短时间内实现中国第一枚国产导弹于1960年发射成功，中国自行研制的第一颗原子弹于1964年爆炸成功……

蒋亦元认为，他所领导的团队也是本着这样的信念，把工作尽可能做扎实，绝不浮夸，否则就是糟蹋青春和青年学子们的积极性。

透过这一“不凡佳作”所展现出来的，恰恰是他身上的才华和韧劲儿。正如法国哲学家蒙田所说，“万物都有他们自己的季节”。也正是这个时候，刚刚迈入而立之年的蒋亦元迎来了属于自己的“大好时节”。从此，他在农业工程机械研究方面开始崭露头角，稳步前进，向着一个个新的高峰攀登而去。

二、小麦断穗脱粒机研究

1963年7月，东北农学院为友谊农场五分场二队设计并修建日产120吨的谷物干燥塔，由蒋亦元负责烘前、烘后的谷物清选机械化，“小麦断穗脱粒机”的研究项目由此展开。此项工作作为东北农垦总局组织研究的谷物烘干作业站的一部分，得到友谊农场多方面的协助。

当时，黑龙江省用联合收获机收获小麦时普遍出现断穗头比例过大的现象，其含量一般在4%～10%，较多时可达16%～20%，甚至在个别情况下高达27%～32%。凡是难脱的品种，若收获过晚过干、喂入量过大时，均会出现较多的断穗。通过加大筛子的通过能力，可以减轻搅龙和脱粒滚筒的负荷，提高机器的生产率，但粮食中的断穗因而也就增多了。

进行清粮时，普遍采用带式扬场机，不仅用工量大，而且很难把断穗、短茎秸等夹杂物一次清除，必须反复两三遍。扬场时从谷堆上扫下的断穗中尚有很多谷粒，需人工筛除后再行脱粒。在实际生产中，曾试验过“OB-10”型清粮机，由于原设计中并未考虑到谷物中含有大量断穗头的情形，结果表明筛子易被断穗堵塞而无法长时间作业。

由于断穗与小麦的带秸脱粒相比有较多的差异，用无孔凹板的“KT-3.0”型联收机脱粒时质量较差，脱净率仅 64.9%。此外，小麦利用烘干塔干燥之前，需将断穗头、短茎秸等大杂物清除掉，否则就会引起烘干室内谷物的堵塞。因此，无论晒场上还是人工烘干的作业中，均迫切要求小麦断穗的分离和脱粒机械化。

摆在蒋亦元面前的任务有两个：①按地区特点改进“OB-10”型清粮机，以便分离出断穗头等夹杂物，并使清选质量达到食用粮的标准；②研究断穗脱粒机，并探讨其工作部件的合理结构型式和主要技术参数。

为了给“OB-10”型清粮机的改进工作提供依据，蒋亦元对联合收割机收获小麦的组成成分及其尺寸分布特征进行了调查分析。结果发现，谷粒占 90.30%～93.50%，单粒麦头（指包裹着颖壳的麦粒）占 2.16%～3.35%，断穗占 1.56%～2.67%，短茎秸占 0.95%～1.23%，草籽、颖糠及其他占 2.13%～2.45%。可见，含杂率较高，以断穗和单粒麦头的含量为最高，而它们是清粮作业中主要的清除对象。据此，蒋亦元对“OB-10”型清粮机进行了改进。

原机器共有 6 个筛子，分别为甲筛、乙筛、丙 1 筛、丙 2 筛、丁 1 筛、丁 2 筛。蒋亦元首先从甲筛开始入手，按原机说明书推荐的圆孔筛进行试验后发现，机器工作不久后，断穗头就插入筛孔而堵塞，大大降低了筛过能力，引起谷粒的损失。蒋亦元认为，这是因为没有清理筛孔的结构所导致的，所以他采用了新制的鱼鳞筛。试验表明，当鱼鳞片之间的垂直间隙为 10～12 毫米、筛面倾角为 1°～2°、风扇的入口调节到接近最大风量并在保证全部谷粒通过的前提下，能把长茎秸、颖壳等轻杂物和一小部分较大的断穗分离出来，而且不会产生堵塞。

通过进一步的观察发现，在甲筛下的滑板上，一部分麦粒、断穗和短茎秸在倾斜气流的作用下做时上时下的移动，近乎处于悬浮状态。这说明三者的漂浮系数比较接近、相互交叉，仅依靠以漂浮系数为分离特征的气流鱼鳞筛，就不可能达到完全分离，还必须依靠下一步筛选。

进而，蒋亦元对筛子的配置方案进行了改进。原机器有两种配置方案：当大杂物较少时，丙 1 筛、丙 2 筛作为减荷筛，也就是说，只用甲筛、乙筛分离大杂物（方案Ⅰ）；当大杂物较多时，丙 1 筛、丙 2 筛也作为清除大杂物用（方案Ⅱ）。蒋亦元根据之前所获得的尺寸分布进行分析后发现，大部分夹杂物的尺寸是大于谷粒的。当乙筛采用 4.0 毫米长方筛孔时，全部谷粒可筛过，把大部分断穗和一小部分单粒穗头清除出去，但余下的部分及全部短茎秸还得依靠丙筛。为此，蒋亦元选用方案Ⅰ做了试验，并按原机建议，取丙 1 筛、丙 2 筛为 3.0 毫米长方筛孔。

经过试验，取得了较好的清洁率结果，但断穗和短茎秸的含量仍较高。为了进一步清除，以免堵塞干燥塔，蒋亦元又探索了新方案，将丙筛改为圆孔筛。因为短茎秸的长度大大超过孔的直径，所以减少了茎秸筛落的可能。蒋亦元对比了直径为 6 毫米和 5 毫米两种尺寸的适应性，结果发现，以直径为 5 毫米的断穗含量较低，故在此方案下试验了喂入量对清选质量的影响。

结果发现，当喂入量从 6.52 吨 / 小时增至近于设计值的 9.48 吨 / 小时时，清洁率在 99% 左右，可以达到食用粮的标准。当喂入量低于 6～7 吨 / 小时时，清洁率非但没有提高反而有所下降，经多次试验均有此现象。蒋亦元分析后认为，这是由于丙筛上谷层过薄、较小的单粒穗头和短茎秸有较多的筛落机会所致，而且随着喂入量的减少，断穗和短茎秸的含量均有增大的趋势。蒋亦元由此意识到，通常所认为的只要减少喂入量就可提高清洁率的概念，并不是绝对的。

另外，谷粒损失率随着喂入量增加而增大。在丙筛采用较大的直径为 6.0 毫米及 3.0 毫米长方筛孔时，损失较小。但从全部试验看，谷粒损失率都是很低的。

总之，“OB-10”型清粮机经过蒋亦元改进之后，可在保证食用粮清洁率的标准下，以原设计生产率作业。如果想取得更高的作业质量，也可以 7 吨 / 小时的喂入量作业。

清选后，仍有一小部分单粒穗头（占 0.4%～0.6%），其宽度小于最大麦粒宽度，这种穗头约占其总数的一半。虽然其上的颖壳较轻，不致严重影响清洁率，但有碍谷物的外观。虽然通过长度特征可以将其全部分离出来，但就需要采用生产率很低的窝眼筒作业，这并不合适。如果通过表面的摩擦特征分离，则较复杂。因此如何以最简单的方法把小的单粒穗头分离出来，是进一步提高清选质量的问题之一。进一步地，蒋亦元开始了断穗脱粒机的研究。

由于麦穗上部和根部的籽粒千粒重比中部的低，而且与穗子的连接强度也较大，故大部分断穗是属于麦穗上部和根部的，从而要求断穗脱粒机应具有较强的脱粒性能，并要防止籽粒损伤。于是，蒋亦元试图用两种不同的原理做脱粒试验：①强烈的打击和搓擦，脱粒过程较短，据此原理设计了滚筒式断穗脱粒机；②较缓和但逐步加剧的搓擦与一部分打击，脱粒过程长且多次作用，据此原理设计了锥形滚筒式断穗脱粒机。

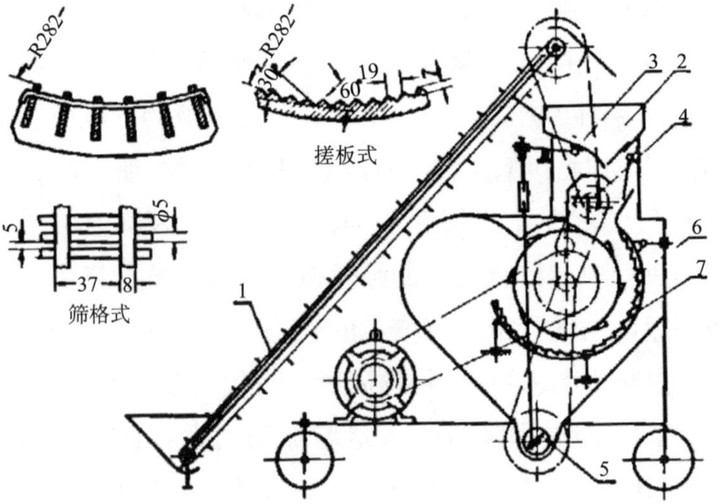

滚筒式断穗脱粒机

1. 升运器；2. 喂入斗；3. 敲击锤；4. 喂入轮；5. 搅龙；6. 纹杆滚筒；7. 搓板式凹板

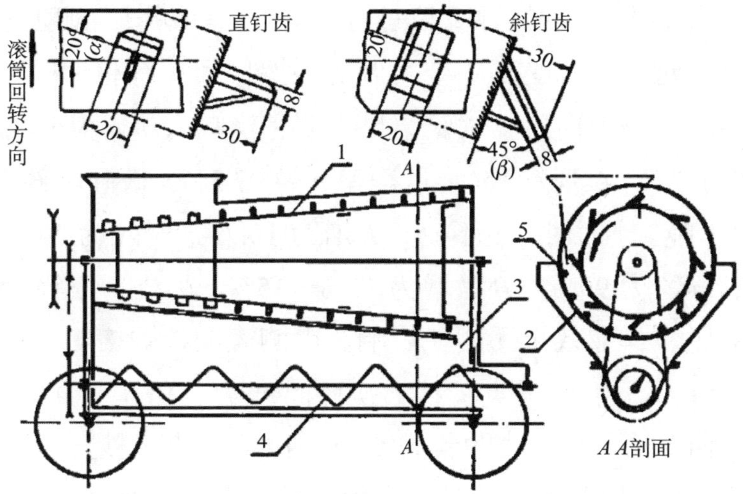

锥形滚筒式断穗脱粒机

1. 锥形滚筒；2. 凹板；3. 排出口；4. 搅龙；5. 直径为 5 毫米的圆钢

根据第一种原理，蒋亦元选用了拉杆式滚筒、搓板式与筋格式相结合的凹板。凹板由 5 块组成，插在两侧的支板凹槽里，以便更换，可以通过前、中、后三处位置进行脱粒间隙调节。断穗由刮板升运器送入喂入斗，经喂入轮进入脱粒间隙，脱出物由搅龙排出机外。喂入斗底的背面有三个敲击锤，敲击斗底，使断穗不断振动，防止起蓬。喂入斗与喂入轮具有“蓄洪节流”的作用，达到基本均匀的喂入，有助于提高生产率和脱粒质量。

蒋亦元所采用的是顺向或逆向搓板式凹板，包角为 205°。对脱粒过程前段的打击作用的理论分析表明，断穗受速度为 v 的纹杆打击后所得到的速度为

$$R = \frac{v\sin\alpha(1+\varepsilon)}{\cos\varphi}$$

式中，α 为纹杆面与滚筒切线间夹角，φ 为摩擦角，ε 为恢复系数。而断穗再打到搓板后所得到的速度为

$$R_1 = \frac{\varepsilon v\sin\alpha}{\cos\varphi}$$

计算结果表明 R_1 很小，且当凹板工作坡面近似平行于纹杆面时，就

有助于增加打击次数。对脱粒过程后段的搓擦作用的理论分析表明，在顺搓时，断穗受到一个力偶的搓擦作用，有利于提高脱粒效能。逆搓时，合力向后。试验结果表明，当喂入量 q 为 3 吨 / 小时，脱粒速度 v 为 27.6 米 / 秒时，脱净率 p 为 97.3%，破碎率 B 为 3.7%；而 q 为 4.1 吨 / 小时时，p 不变，B 增为 10.7%。当 v 为 24.2 米 / 秒，逆搓时，p 约为 99%，B 激增为 12%～15%。另外，滚筒为开式或闭式，对脱粒作业效果无明显影响。电测表明，顺搓时有用功率比耗 Ne 为 4.67 马力[①]/ 千克 · 秒。逆搓时增大一倍，为 9.0 马力 / 千克 · 秒，而普通带秸小麦脱粒为 5～6 马力 / 千克 · 秒。

根据第二种原理，蒋亦元采用了锥形钉齿滚筒。谷物从滚筒的小端向大端运动时，脱粒作用逐步增强。凹板分上、下两部分，下半部分有带孔式与无孔式两种，前者可使已脱谷粒及时分离出去，减少损伤，大部分脱出物从凹板大端的缺口排出，全部由搅龙运出。

通过分析，蒋亦元选用锥角为 10°，谷物的轴向运动速度为

$$u = v\cos^2\alpha\left(\tan\alpha - \tan\varphi\right)$$

式中，α 为钉齿的偏角。结果表明，u 的实测值与理论值颇为相近。通过试验可知，作业速度以 v =25 米 / 秒（大端）、15 米 / 秒（小端）为宜，若减低作业速度，将导致脱不净率明显升高。凹板以无孔式较为适宜，带孔式将使脱不净率大增，而破碎率下降很小。滚筒长度由 1.2 米减为 0.9 米时，脱不净率仅增加了 0.3%，而破碎率未变。实测功率比耗 Ne =8.20 马力 / 千克 · 秒，此值比滚筒式或普通带秸脱小麦时约大一倍。

蒋亦元所设计的滚筒式和锥形滚筒式断穗脱粒机均在一些农场得到推广使用，获得了满意的脱粒质量，生产率满足要求，理论分析结果也在生产使用中得到了验证。据统计，每季可脱小麦断穗 200～300 吨，效率高，结构简单，可用旧件进行改造，受到群众的

① 1 英制马力 =745.699 872 瓦。

普遍欢迎。所得到的理论分析结果及实测数据，对研究复脱器及其他脱粒装置均有参考意义。

三、亚麻种子清选机械研究

20 世纪 50 年代中期，气流在农业、牧业和副业机械上的运用已经日渐广泛。以农业机械中的应用为例，可以借助农业材料的空气动力学特性进行分离，如粮食清选，甚至土壤与土豆的分离（这是未能成功的实例）等；也有科研人员利用气流来运输谷物、茎秆、糠粕、棉花和粉状物等。用气流作为清选和运输的手段的优势是，设备构造简单，使用维修简便，气流在转向方面有较大的优越性等。但是，国内外关于产生气流的风机，以及与农业使用的特殊要求相结合的研究都很少。

在应用气流技术时，如果直接照搬工业上已有的方法和资料，则效果较差，存在气流速度不均匀等问题，不能完全满足农业机械的需要。此外，气流工作的通病是效率低、功耗大。作为农机工作者，蒋亦元感到自己有使命去解决这些存在的已知问题，而且任务迫切。

农业上用到的风扇或称风机，种类很多，应用场合也各不相同。气流传动属于流体传动的一种，它不像传统机械那样看得见摸得着，从原理上也不太容易掌握。当时，为了教学需要，也为了应用和验证，蒋亦元决定必须要设计一个试验台，来验证和展示理论上的一些问题。

蒋亦元在去苏联留学以前，国内农机院校还没有风机试验台。他在苏联留学的过程中，掌握了这种试验台的设计原理和操作技术，回国后就做了一个类似的试验台，并进行了一些基本原理和相似理论的验证。例如，风机的流量、风机的压头和风机的功率消耗与转速之间的关系，风机叶轮的叶片形状对风机特性的影响等。这些规律都较为基本而且重要，仅靠理论是无法建立起正确概念的。后来，国内一些院校才陆续开展了相关试验。

20 世纪 60 年代初，为解决海伦亚麻种子仓库存在多年的实际生产难题，黑龙江省农业厅特别成立课题组，并将“亚麻种子清选机械研究”这一课题交由蒋亦元负责。

亚麻是一种重要的经济作物，黑龙江省作为中国最大的亚麻生产基地，堪称亚麻的故乡。亚麻种子中通常有三种杂质，其一是亚麻荠（即无法进行繁育的公亚麻子），其二是发霉的亚麻子，其三是草籽。原有的手工筛选方式分离种子和杂质，不仅效率低下，而且分离效果不明显。如果能研制出一种可以代替手工操作的高效亚麻种子清选机械，必将解决海伦亚麻种子仓库的燃眉之急。

蒋亦元研究后发现，亚麻荠、草籽与亚麻种子在外形特征上比较容易区分。因此，他先从长度、宽度、厚度、漂浮性能等常规要素出发，通过制定出优质种子的标准，再根据它们的个体差异确定逐层筛选的手段，然后分别通过筛子、气流等途径，成功解决了清除杂质的问题。

但是，研制亚麻种子清选机械的难点，并不在分离出亚麻荠、草籽这两种杂质上，而在于通过何种方式将因沾泥后发霉的种子清除出去。发霉的种子与优质种子在长度、宽度、厚度、漂浮性能等方面所差无几，很显然，常规方式对解决这一难题已无能为力。

思来想去，蒋亦元发现，与正常种子相比，发霉种子的表面会变得相对粗糙。于是，他决定利用这一特点，根据种子在摩擦力方面的差别，采取加装绒布传送带的方式实现发霉种子的分离。

蒋亦元首先利用导师列多希聂夫院士曾经创建的公式进行初步计算，得到清除发霉种子的绒布传送带的长度，然后制作出样机进行具体试验。然而，试验结果显示，用公式推导计算出的绒布传送带长度与实际所需的绒布传送带长度相差甚远，这令蒋亦元感到非常困惑。

又经过多次反复的试验和对比，蒋亦元终于找出了症结所在。原来，导师所推导出的公式中忽略了种子形状的影响，而亚麻种子是扁平形的，在沿绒布传送带下滑的过程中，也存在滚动，因此使得计算误差明显增大。同时，这种滚动是很难通过理论来描述其运动规律的，所以蒋亦元反复进行试验，通过所得到的绒布长度对理论值进行修正，最终成功制造出“NMF-2-75”型亚麻种子清选机械。

粗分离筛筛孔/毫米	喂入量/（千克/小时）	清选后的组成成分/%						好种子损失率/%			
		好种子（净度）	霉种子	亚麻荠	不成熟种子	草籽	土粒及其他	气流中	粗分离筛	细分离筛	总值
□ 1.75	234	90.50	2.80	3.20	1.00	0.57	1.93	1.67	0.41	0.68	2.76
	362	91.20	2.50	3.30	0.80	0.33	1.90	0.68	0.22	0.48	1.38
	715	89.80	2.90	3.20	1.60	0.40	2.10	0.46	0.17	1.02	1.65
□ 1.75 加均布隔板	776	91.30	1.40	3.30	1.30	0.40	2.30	0.34	0.026	0.62	0.98
$\phi 3.2$	387	90.50	2.60	3.00	1.30	0.35	2.25	0.50	0.41	0.73	1.64
原始材料		87.77	3.02	3.34	1.68	0.57	3.62				

注：①试验时前后吸气道的活门均调整在不变的位置；②每个试验进行了三次重复，表中所列数据为其平均值。

蒋亦元设计的亚麻种子清选机筛选和气流部分试验结果

蒋亦元研制的亚麻种子清选机械，与苏联的同类机器相比，分离质量和生产效率均具有显著优势，同时，也比美国的亚麻种子清选机结构简约得多。

有了这种亚麻种子清选机械，海伦亚麻种子仓库专门成立了整个清选生产车间，在蒋亦元指导下，制造安装了由 9 台绒布摩擦分离机组成的联动生产线，不仅大大解放了劳动力，改善了工人的劳动条件，降低了生产成本，还将劳动生产率提高了整整 16 倍。

提到这段科研经历时，蒋亦元由衷地感慨道：

能取得一个项目的成功自然可喜，然而透过亚麻种子清选那一课题的实践，让我有了更重要的收获，那就是它使我深刻地意识到，农业机械的科研工作绝不能单纯依赖或迷信权威的理论，而应该躬亲试验。在对已有实物的研究对象进行理论分析以前，首先应到现场对作业的现象进行详细和反复的观察，建立一个物理概念。然后再对其进行理论分析，找出最重要的因素，使目标集中，进而通过试验验证，找出规律。否则，会滑入脱离实际的泥潭。前人的理论可以作为参考和辅助，但需要后人不断加以完善，毕竟“纸上得来终觉浅，绝知此事要躬行”，实践才是检验真理的唯一标准。

四、逐稿器基本参数间规律研究

谷物联合收获机上的逐稿器对脱出物的喂入量、湿度、组成成分等的变异程度甚为敏感。如果喂入过多，湿度增大，就会分离不净，损失即会增加。与其他工作部件相比，逐稿器具有较低的通过能力，限制了机器生产力的发挥，被视为收获机上性能最薄弱的环节。

20 世纪 60 年代初，蒋亦元发现，此前的逐稿器尺寸常常是参考个别已有机器参数选定的，有一定的盲目性。而用理论公式计算时，由于脱出物运动复杂、形状多变、设计参数不易正确选定，计算结果往往也不可靠。

为了获得合理的逐稿器长度选择依据，蒋亦元先后统计分析了苏联、美国、英国、德国、法国、捷克等 11 个国家生产的 90 种品牌和型号的谷物联合收获机的技术特性，其中键式逐稿器 60 种，平台式逐稿器 30 种。选择这些机器的原则是，它们必须具备以下共同特点：一是收获谷类作物用，二是具有纹杆式滚筒，三是使用筛子气流清选机构，四是在生产中已经验证其工作质量是较好的。

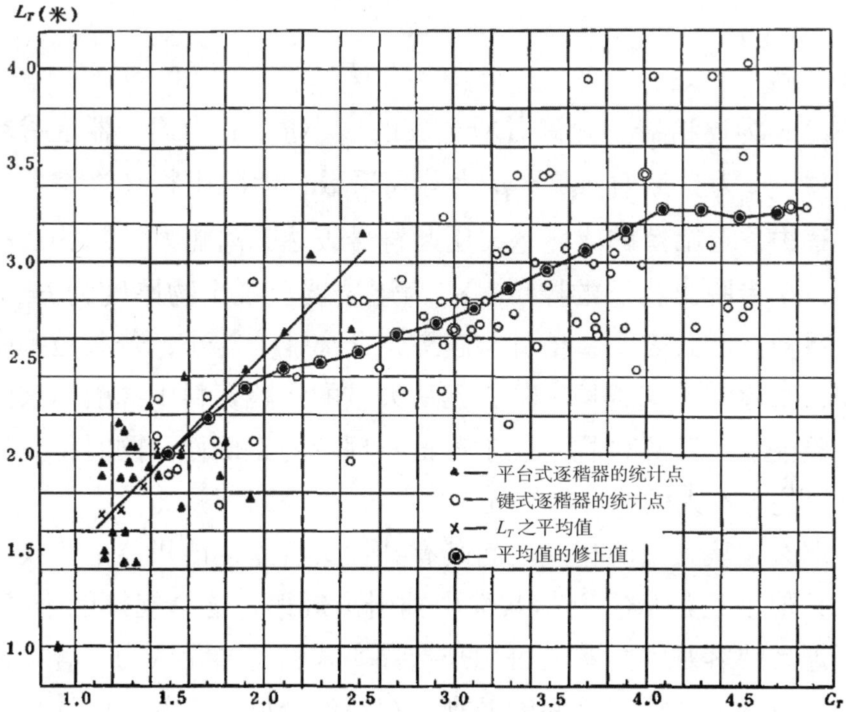

逐秸器长度与机器收缩比之间的关系

蒋亦元通过对大量的实践资料进行分析后，最终抽引出逐秸器长度 L_t 的共性规律。定义机器的收缩度 $C_t=B/B_t$，即收割台的工作幅与逐秸器的宽度的比值。对于键式逐秸器，L_t 与 C_t 之间近似地呈线性变化的关系，其经验公式为

$$L_t=1.435+0.45C_t$$

其中 L_t 以米计。

对于平台式逐秸器，L_t 与 C_t 之间的关系更接近于线性规律，其公式为

$$L_t=0.46+1.036C_t$$

其中 L_t 也以米计。

蒋亦元认为，这一规律可以从苏联农机专家瓦西林科（И. Ф. Василенко）院士的理论研究中得到证明。原有结论是，谷粒到达逐秸器尾端的剩余量

$$y_c = ae^{-\mu L_T}$$

$$\mu/\mu_1 = H_1/H$$

式中，y_c为逐稿器上允许谷粒损失的最小量，a为逐稿器上谷粒的喂入量，e为自然对数底，μ为分离系数，即脱出物在逐稿器上单位位移中谷粒筛落的或然率，用此符号表达分离能力，L_T为逐稿器长度，H为脱出物层的厚度，μ_1为逐稿器上脱出物厚度为H_1时的分离系数。此式表明，秸秆层越厚，分离能力越小，若谷粒剩余量不变，则逐稿器应越长。蒋亦元从大量的实践资料中抽引出来的规律，验证了瓦西林科院士关于逐稿器理论的正确性，同时得到了瓦西林科院士本人的认可与好评。

那么，从大量的相互之间既有共性又有差别的机器上所找出的关系，似乎只是从它们的共性中抽引出规律，这个规律能否真实、全面地反映客观实际？能否用来指导实践？蒋亦元认为，答案是肯定的。虽然入选机器之间的差别是存在的，如工作部件的局部结构或使用条件可能不同，但是它们之间的共性却是最主要的。从大量的实际材料中取其共性、抽引规律、指导生产，往往可以得到较好的结果，这种例子是屡见不鲜的。

诚然，蒋亦元探索的两个公式仅具有方向性的规律，并非准确的数量之间的规律，因此在根据已知条件和设计要求选定B和B_t的值之后，按此二式可概算L_t，在此基础上，再根据使用条件和局部结构的特点进一步修正。

1961年年末，东风联合收割机设计负责人兼沈阳农机具厂设计科科长朱兴亚在进行产品设计和改进的过程中，因受到蒋亦元关于逐稿器基本参数间规律的启迪和帮助，专门致信表示感谢：

> “东风”的逐稿器加长的理论是取之于您的那一篇论文，在具体设计中，所列各公式及附图均得到应用，尤其是表中所列各类型号联合收割机逐稿器的参数对我们帮助极大，使我们少走了不少弯路。我认为这是理论与实际结合的研究方法，非常

具有应用价值，在工厂企业里，我们能够得到这些数据是非常宝贵和难得的，且“东风”的具体尺寸与它很近似，我们对这篇文章感到特别受用！

五、平台式逐秸器理论的创立和验证

蒋亦元关于逐秸器的研究主要有两项成果，一项如前文所述，是键式逐秸器与平台式逐秸器长度经验公式的建立及其理论基础的研究；另一项是平台式逐秸器理论的创立和验证。

20 世纪 50 年代末，全国范围内兴起了农业机具的大规模选、改、创运动。几年间，黑龙江省不断引用改进国外农业机具，如耕耘、播种设备等，在不同程度上满足了农业生产的技术要求。

1960～1961 年，蒋亦元和青年教师温锦涛带领学生到佳木斯联合收获机厂进行毕业设计实习。当时，该厂正在对德国克拉斯（CLAAS）谷物联合收获机进行改进，蒋亦元在厂方的邀请下，肩负起协助该厂进行技术改进和理论分析的艰巨任务。为此，蒋亦元系统地进行了平台式逐秸器的理论分析，并对逐秸器与平面筛往复运动引起的振动平衡问题进行了分析。

谷物联合收获机在我国谷物收获机械化中占有重要地位。然而，就几种国外引进的联合收获机来看，普遍都存在不少的问题，如谷粒的分离损失较大、质量较大、构造复杂、故障频发、防陷能力较差等，不符合我国精打细收的作业要求。这些机型中，只有联邦德国牵引式克拉斯谷物联合收获机机型体积较小，在小麦和水稻的收获试验中损失相对较少，构造相对简单，故障也较少，故适合我国作业面积较小的地区。尽管它也不能全面地满足我国的农业生产要求，却可以作为改进的基础。通过调查分析发现，该机的分离机构适应性不高，当喂入量稍有增加或谷物状况稍有恶化时，分离不净的损失即会增加。为使联合收获机进一步适应我国的农业生产特点，蒋亦元改进设计的核心部分就是该收获机的分离机构——平台式逐稿器。

此前，国内外对平台式逐稿器的研究尚少。平台式逐稿器在中小型直流联合收获机上被普遍使用，它结构简单、轻巧，并具有相当的分离能力，这种分离机构的特点引起了蒋亦元的格外重视。

蒋亦元以其导师建立的键式逐稿器的理论为基础，同时结合当时苏联阿夫季耶夫（H. E. Авдеев）根据高速摄影所发展的新理论，展开了平台式逐稿器的理论研究。

那时，国内学术界只有由两个曲拐轴驱动的键式逐稿器的相关理论，由蒋亦元的苏联导师列多希聂夫创建。

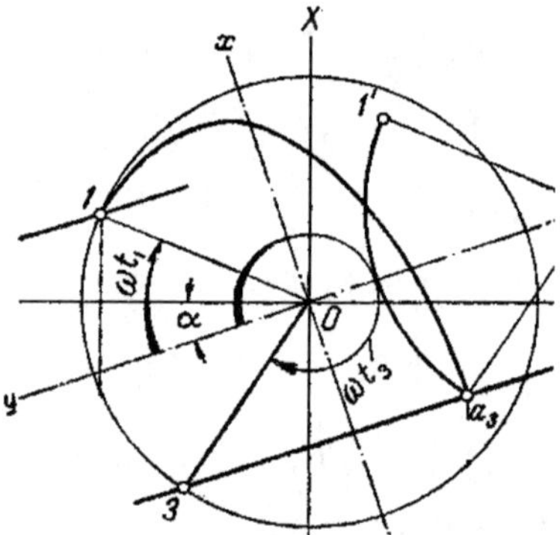

键式逐稿器上稿秆物料开始被抛起与着落的过程

键式逐稿器键面各质点做的是圆周运动，物料在键面上扬起和着落时的曲柄转角分别用 ωt_1 和 ωt_3 表达。该理论认为，选定各参数时应以使谷粒有利于窜出物料层为原则。因此，物料下落时最好与键面上升时迎面相撞，以获得最大的冲量。故 ωt_1 与 ωt_3 分别应在第一和第三象限，并研究出可由 ωt_1 求得 ωt_3 的基本方程

$$\omega t_3 - \omega t_1 = \cot \omega t_1 + \sqrt{\cot^2 \omega t_1 + 2 - 2\frac{\sin \omega t_3}{\sin \omega t_1}}$$

1960 年，苏联工程师阿夫季耶夫利用高速摄影拍摄了物料在键式逐稿器上运动的过程后发现，物料被抛离后所获得的自由落体运

动时间越长、物料越松散，谷粒分离效果越好。他将物料分为 3 层，在共 4 个邻接平面上，分别取与通过键面的起始点 1 的同一垂线的交点作为各层的起始点记录其轨迹。每过 15° 记录各点的坐标，即可获得各层相应点在一个循环内的轨迹。下图分别是曲拐轴在 195 转 / 分与 215 转 / 分时所记录的物料轨迹。

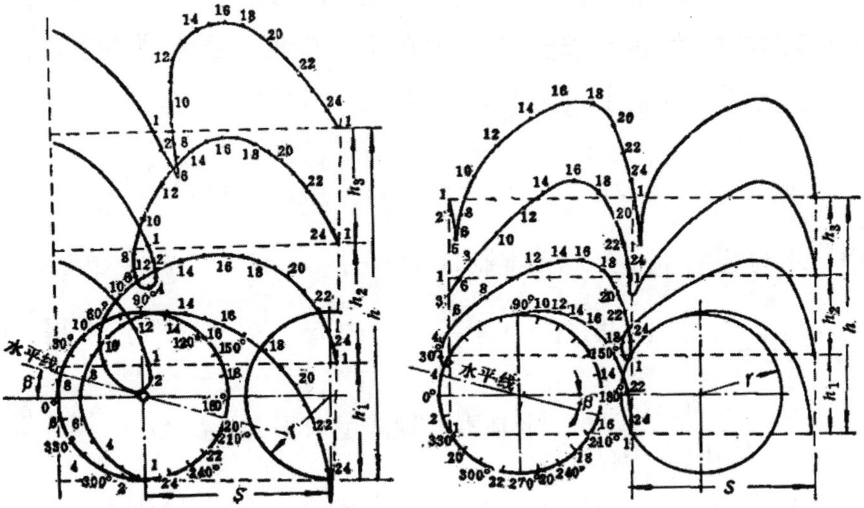

(a) (b)

秸秆在键式逐秸器上的运动（a. n=195 转 / 分；b. n=215 转 / 分）

通过分析各层同号点在曲拐轴每转 30° 时所处高度随时间的变化曲线可知，转速高时，秸秆物料因有弹性，被更加压实，分离性能越差。自此以后，许多机型的转速均由 215 转 / 分降为 195 转 / 分。

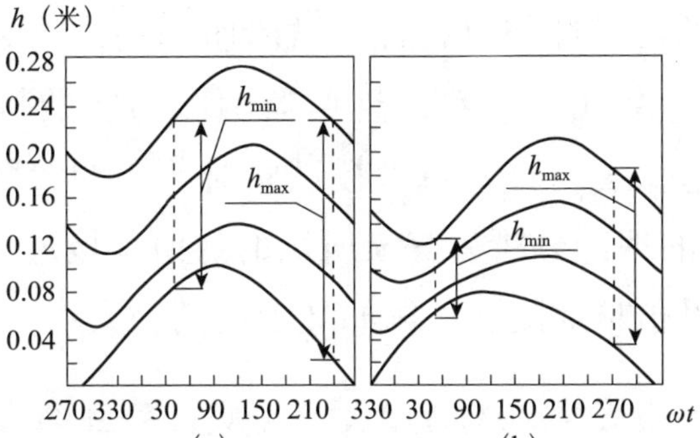

(a) (b)

秸层的压缩变形随转速的变化（a. n=195 转 / 分；b. n=215 转 / 分）

蒋亦元在导师键式逐秸器理论的基础上，开始研究平台式逐秸器。两种逐秸器的共同点是，均由筛面扬起秸秆等物料，使其在空中运动后着落于筛面，形成物料层之间的冲击。不同点是，键式逐秸器表面各点做圆周运动，平台式逐秸器则做近似于直线的往复运动。

假设平台式筛面上物料在扬起和着落时分别对应曲拐轴的转角为 ωt_1 和 ωt_3，蒋亦元以物料被抛在空中的时间最长为准则，创建了平台式逐秸器上物料运动的基本方程

$$\omega t_3-\omega t_1=\frac{-\sqrt{A^2-4}}{2}+\sqrt{\frac{A^2}{4}+1-A\cos\omega t_3}$$

式中，A 为逐秸器的工作体制，取决于 α、β、r、k 等参数，$A=\frac{2}{\cos\omega t_1}$；$k$ 为加速度比，$k=\frac{\omega^2 r}{g}$。由 α、β、r、k 可求得 ωt_1，$\cos\omega t_1=\frac{-\cos\alpha}{k\sin(\beta-\alpha)}$。由基本方程式可求得 ωt_3 及 $\Delta t=\frac{\omega t_3-\omega t_1}{\omega}$。

蒋亦元在 1964 年发表《平台式逐秸筛的理论分析》一文后不久，就设计了试验台准备进行试验研究。可惜的是，尚未开始制作，“文化大革命”就开始了。东北农学院下迁农场投入劳动，试验工作不得已而停止。

那时，浙江农学院尚未下迁，该校许乃章教授主持、领导学生设计制作了试验台，对蒋亦元的理论探索进行了系统试验，以求考查该基本方程的科学性与可行性。试验所用的作物为刚收割与脱粒的水稻，其湿度为 50% 左右，逐秸器两侧透明的机壁上画有刻度以观测秸秆的起伏度。许乃章教授试验时所用的参数如 α、β、r 与《平台式逐秸筛的理论分析》一文所用的数值很接近，试验结果与该文的结论相对照亦非常接近。例如文中提到：

①分离损失率随 k 的增大而递减，并且约当 $k<2.2$ 时递减速率较大，自 $k>2.2$ 以后递减速率较缓，当 $k=3.1$ 左右后损失

率又有上升的趋势。适当的 k 值为 2.2～3.25。当 $k<3.1$ 之前的 Δt 变化规律与本试验测得的秸秆动态松散度的规律颇相一致。因此，平台式逐秸器与键式逐秸器一样亦可用获得较大的 Δt 来选取 k 值，为此如按理论曲线 k 亦应大于 2.2。② $\Delta t-k$ 变化曲线的走向与松散度（$-\gamma$）$-k$ 的曲线颇为一致。V_{cp} 的理论曲线与试验曲线走向亦颇为一致。损失率曲线与（$-\gamma$）曲线也是吻合的，所以 Δt 可以看作理论分析中的主要指标。从试验结果可知，k 在损失率由大变小的转折区段是 2.2～2.53，而从理论曲线看，当 k 值在上述范围内也正是 Δt 值由激增到开始变平缓的转变阶段。

由此可见，蒋亦元的理论结果与许乃章的试验结果是相当吻合的，验证了蒋亦元所创建的平台式逐秸器理论的正确性。

蒋亦元对许乃章教授所做的工作始终心怀感谢和敬意，他说：

许教授在当时社会动荡的条件下，安心以科学的态度，认真而细致地进行试验与分析，客观地得出结论，并替代我完成了原拟自己完成的任务，使我对他充满敬意。同时，一项研究，如果能由他人完成试验并验证结果，要比理论创建者本人自理更有价值、更具客观性，所以我更对许教授心怀感激！

后来，由蒋亦元执笔，将所做研究加工整理，发表了题为“平台式逐秸器的理论研究”的论文，相关内容被写入全国统编教材中。

六、为全国农垦工程师讲授美国新农机

1978 年 4 月，在国家农垦总局举办的国外农机技术学习班上，蒋亦元受邀撰写了“JD-1450”型半悬挂八铧犁的培训教材，并对到场人员进行了培训。

蒋亦元在国家农垦总局国外新农机技术学习班上
讲授“JD-1450”型半悬挂八铧犁

当时，“JD-1450”型半悬挂八铧犁与国内使用的犁有显著的不同。我国相关人员在赴美接受培训的过程中对其中的新结构、新技术产生了许多疑问，请美国约翰·迪尔（John Deere）公司的设计人员讲解也没有弄明白。蒋亦元受国家农垦总局领队何崇安工程师之嘱，就以下问题从原理上进行了讲解。

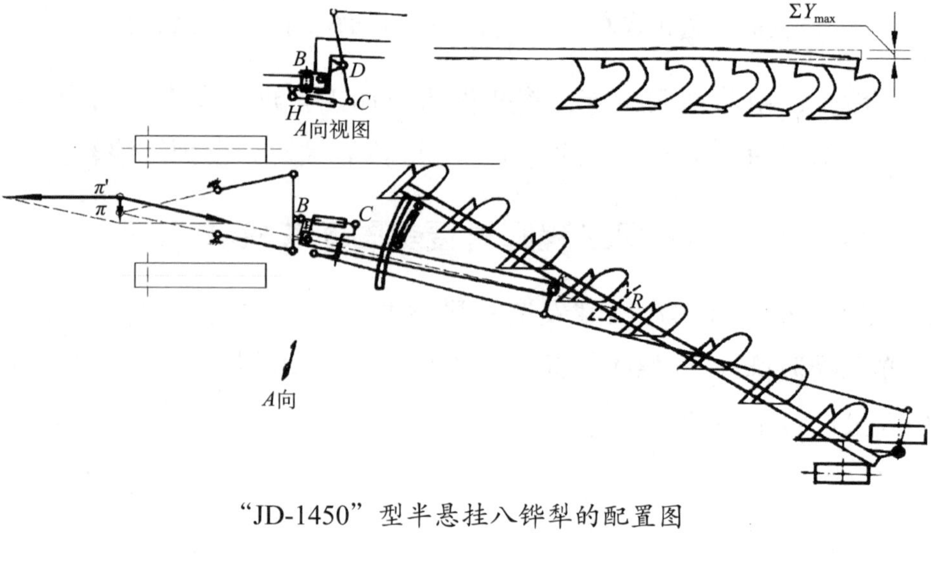

“JD-1450”型半悬挂八铧犁的配置图

第一，挂结点在犁上明显偏右，形成偏牵引。根据我国犁耕的经验，牵引线总是与行走方向一致，是沿着正前方的。偏牵引会带来行走不正、漏耕或重耕，以及阻力、磨损增加等问题。

第二，挂结点在拖拉机上明显偏左，形成偏挂。这是否会使拖拉机行走不正、经常有向左转的趋势？

以上两点正如国产“东方红”拖拉机牵引五铧犁作业实测所表明的：若偏左 180 毫米，犁的牵引力将增加 30%；如果在拖拉机向右偏挂，则右侧履带阻力大，打滑率增高，右侧履带及左操向机构磨损大。拖拉机的扭摆，会导致行走速度及牵引功率下降。

第三，在作业中，犁是否会因斜拉而使它按牵引线方向逐渐走出沟外，耕幅变窄？

第四，在运输过程中，尾轮偏左，其阻力是否会使整个犁反时针旋转？

第五，在自由状态时，为何犁梁后部向下弯曲？各犁体的耕深不就不一致了吗？

蒋亦元认真分析了这些问题后发现，问题的根源均来自对犁偏牵引时能否平衡以及如何平衡抱有怀疑。于是，蒋亦元从犁偏牵引的平衡问题开始讲起，进一步地，又讲解了犁的强度设计问题。

在讲到犁偏牵引的平衡问题时，蒋亦元认为要理解这些问题，必须用力学分析来解释。犁在作业时所遇到的阻力主要来自土壤对犁体曲面、铧刃和犁胫等的作用力。由于犁体曲面是一个斜置的扭曲面，在曲面各单元的小面积上，土壤作用力的大小和方向是各不相同的，它们构成一空间的非汇交力系。蒋亦元用图解的方式讲解了合力与合力偶的概念，进而引出在宽幅犁上挂结的新方法。

为了犁耕作业稳定，在挂结时要遵循一个基本原则，就是犁的挂结点必须在拖拉机的牵引中心与犁的阻力中心的连线上，也就是这三点必须构成一直线，此线被称为牵引线。在过去犁的挂结中，此牵引线总是与前进方向平行。在宽幅犁上也是遵循了这一原则，不同点仅在于此牵引线不平行于机组行进方向，而是偏斜了一个角度，大致上与各个犁体主阻力的合力方向接近。

拖拉机用三点悬挂装置当作牵引架时，其牵引中心是横杆的瞬时中心。挂接点向左偏移颇巨，达 380 毫米。蒋亦元总结了这种偏牵引挂结方法的特点。①大大减轻了犁床的侧压力，从而减少了犁耕阻力。②由于牵引力和主阻力接近于平衡，那么剩下的就是个主力偶了，它此时是最小值，要比以其他任何方向、在犁壁上的其他任何作用点去牵引时为小，那么犁在此时最易获得平衡。③由于犁的前部未设沟、地轮，作业中犁重的一部分和土壤在犁体上的垂直作用力的一部分均转移到拖拉机上，实现重量转移，改善了拖拉机的牵引性能。④由于牵引线通过悬挂机构横杆的瞬时中心，因而即使偏斜牵引也不致使横杆偏移，牵引中心，亦即瞬心，接近拖拉机的重心，所以牵引力不会对拖拉机产生一个回转力矩，就不会影响拖拉机的直线行驶，而仅仅在拖拉机的横向产生一个分力使之侧移。由于机重大，所以它对拖拉机作业不会有任何影响。

在如此的偏牵引的情况下，拖拉机悬挂架的牵引横杆始终处于自由状态。蒋亦元认为，它的位置并非如有的教课科书上所言：为了抵抗偏牵引的侧向力，此横杆由左右两交叉链子固定住。

既然有这些好处，为什么在以前的犁上不采用偏牵引呢？蒋亦元认为，那是由于当时拖拉机、犁的设计制造技术尚不先进。由于拖拉机功率小、机身宽、犁的阻力大，在东北土壤比阻较大时“东方红 -54”履带式拖拉机和“东方红 -75”履带式拖拉机常常只能四五个犁体作业，使得犁的耕幅与拖拉机的宽度比较接近，阻力中心与拖拉机中心在横向偏差不大，可以实现正牵引作业。如果想偏右斜线牵引，那么拖拉机只得走在已耕地上了，这显然是不可能的。随着发动机技术的进步，功率增大了，而拖拉机机身的横向尺寸并未增加多少。换言之，现今可以用一台机身较窄的拖拉机牵引一台耕幅大得多的犁，这才可能实现向右偏斜牵引以谋求上述的一系列好处。

而关于偏斜牵引早就有人提出来过，如美国学者克拉德（A. W. Clade）1944 年就曾提出：如果土壤是均匀的，犁就可以采用与阻力 R 相反的方向去牵引，并可获得抵抗侧压的力。

有人提出，在运输状态，犁只有尾轮着地，这个偏置的尾轮在滚动时遇到地面阻力会否使犁反时针回转呢？蒋亦元认为是不会的。因为尾轮的方向由悬挂横杆与犁的牵引梁之间的夹角经一系列杆件的联系所制约，从而保持平衡，使偏置的犁在运输状态仍以平行于拖拉机行进的方向前进。

对于在犁耕作业中为什么犁不会按偏斜的牵引线方向走出犁沟的问题，蒋亦元认为，首先，作业时拖拉机对犁的作用力是以牵引线方向作用的，亦即偏斜地牵引的，但是拖拉机并未以牵引线方向前进，而是以与犁体的正方向前进；其次，犁体曲面上所作用的主阻力及主力偶是在犁以平行于犁纵梁的方向行进时测出来的，而并非以主阻力的方向行进时测出来的。犁的牵引力与犁的主阻力作用在同一线上，数值相等方向相反，即处于平衡状态时，那么这个牵引力就属于由拖拉机与犁所构成的质点系内相平衡的两个内力，它们并不能改变这个质点系，也就是不能改变犁的行走方向，犁仍将按主阻力及主力偶以前述的方向和大小作用时的犁的行走方向来行走，也就是以纵犁梁的方向来行走。

当时大家听了蒋亦元的讲解后，很多人还是觉得不太懂。为了更加清晰地解释问题，蒋亦元还用日常生活中放风筝时存在的力学现象进行了说明。当风筝在匀速气流 W 作用下受到一个正面的作用力 N 时，它与风筝重力 G 合成一个合力 R，当风筝的拉线与 R 共线，手的拉力与 R 反向而相等时，风筝处于平衡，如果放风筝的人以匀速水平方向前进，风筝也将以水平方向前进，但并不因为手的拉力是 OA 方向就使风筝以 OA 方向做斜向下的运动。经过蒋亦元生动的讲解，大家便豁然开朗了。

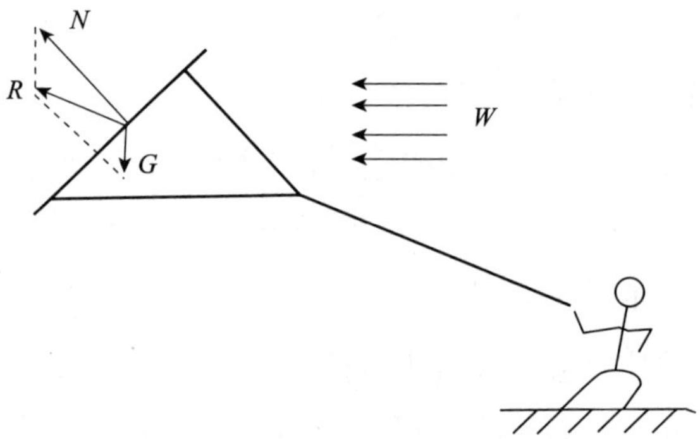

蒋亦元用放风筝的力学现象来解释犁的平衡问题

有了上面的基础，蒋亦元又开始讲解犁的强度设计问题。当时大家普遍感到疑惑的是，“JD-1450”型半悬挂八铧犁机身如此之长，工作幅如此之宽，又不加地、沟轮，而机架构件较少也较轻巧，那么它如何保证犁的强度和刚度呢？

针对该问题，蒋亦元从两个方面进行了讲解：第一，纵向斜梁在后部有个向下的挠度问题；第二，在横垂直面内力偶的平衡问题。并概括到，由于对犁耕作业中的力学问题的不断深入掌握，新的制造工艺和液压技术的应用以及材料科学的发展，使得犁的重量有大幅度的降低，犁的设计制造水平有了很大提高。如该犁（八铧犁）与牵引五铧犁相比，其作业性能增大了 130%，而机重增加了 53%。

最后，蒋亦元对该场培训做了总结。他认为，该新型犁之所以能获得如此大的技术进步，首先是创造性思维的结果：第一，敢于摆脱正前向牵引的传统而采用斜线牵引。犁在拖拉机牵引横梁上的挂接点是偏的，牵引点是虚的，牵引横梁是可以自由摆动的。第二，敢于在如此宽幅的半悬挂犁上革除其前部的沟轮与地轮，以牵引管梁来代替，而且删去了由众多的纵梁与横支架构成的平面结构，使得机器大为简化。第三，敢于在作业时允许犁梁有相当的弹性变形，又不使作业质量恶化，即反向预变形。

这些创造性改进，有赖于创造者对犁体实际受力情况的深入掌握。虽然所涉及的犁的力学原理和材料力学原理大部分人员在大学时都学过，但是立即就能理解的却比较少。蒋亦元认为，研究该案例，对于激励青年读者培养创新性思维是有帮助的。

成功和荣誉对于年轻的蒋亦元来说，是一种肯定和激励，他十分珍惜。但他也深知，再辉煌的成绩也只属于过去。为警惕自满，他把大红花挂在墙上，在其四周贴了“勤、韧、敢、律、真”五个字以律己：勤，即凡事要以勤为本；韧，即搞科研要有坚韧不拔的精神；敢，即要敢于胜利；律，即要遵循客观规律；真，即对事要真实、对人要真诚。他还在两侧贴上“福兮祸所伏，祸兮福所倚”，以不断激励自己向着新的彼岸奋勇驶去。正是在这种辩证唯物论的荣誉观的驱动下，蒋亦元砥砺前行，连续 4 年（1962～1965 年）被评为哈尔滨市劳动模范。

蒋亦元连续荣获 1962 年、1963 年、1964 年和 1965 年哈尔滨市劳动模范

第六章 风雨前行

一、暴风骤雨

在阳光照耀下的东北农学院沃土上，直到“文化大革命”之前，蒋亦元的工作和生活几乎都是“一帆风顺”的。他在历次运动中不曾受过什么冲击，在政治上始终受到信任，在学术上一直受到重用，在全国农机系统中也是第一位提上副教授的青年教师。然而，历史上常有出其不意的闹剧上演。

1966 年 5 月，“文化大革命”风暴骤起，东北农学院的校园里也已硝烟弥漫。瞬时间，楼道、办公室、教室、食堂等，到处都贴满了“揪出农学院内反革命！”“横扫一切牛鬼蛇神！”之类的标语和大字报。

蒋亦元万万没有想到，连续 4 年被评为哈尔滨市劳动模范的自己一夜间竟也成了被批判的对象。给他罗织的“罪状”包括：其一，他“光抓业务，政治不先进”，是“白专道路”的典型。其二，他从苏联访学回国后，由于自己在农业机械科研和学术领域的成就，曾多次受苏联高等院校及科研单位一些老同学之邀请，为将要参加副博士论文答辩的他们撰写过评语。结果写有“反动学术权威蒋亦元，不投降就让你灭亡！”字样的标语，就被张贴出来。其三，由于撰写过一篇较有影响力的学术论文《谷物康拜因逐稭器长度的统计分析》，曾受到苏联农机专家瓦西林科院士的肯定与评价，计划转给苏联的专业学报发表，却被扣上了“里通外国”的罪名。

明枪暗箭就这样无情地向蒋亦元袭来。蒋亦元性格中刚毅的一面，在这样的时刻完全凸显出来，对于那些极为离谱的无稽之谈他完全不予理会，他坚信浊者自浊，清者自清。但是，他还是被半隔离审查了。

隔离了，不能离开办公室一步，只有无休无止的“反省”和“撰写检查”。可在蒋亦元心中，却始终抱有一种信念：世界总有光明日，错误的东西一定不会长久。即使被隔离了，也要坚持自己认定的道理，不为任何攻击诬陷所动摇，不空耗时间和生命，不荒废正业。于是他挖空心思想找点事干，想来想去，最后决定找些书籍来充实自己。可是，他公开地坐在那里学习是不可能的，只能偷偷地学习。日复一日，他不仅没有荒废学业，还收获颇丰：只要身旁没人看守，他便立即拿出业务书开始琢磨和设计构思今后的科研教学；捧着英文版和俄文版的《毛主席语录》学习外语，一条条细细地读着、咀嚼着、消化着……

尤为难能可贵的是，在那个极左思潮泛滥、是非颠倒的日子里，哪怕有再多的人借题发挥，蒋亦元也从不见风使舵、人云亦云，更不落井下石、添油加醋。当很多老同志被批斗得一塌糊涂的时候，他始终选择沉默以示愤懑。他认为，哪怕是历史上有问题的人，只要自己交代清楚，后来没有新的反动言论和行动，就不该揪住不放。因此，对于来自组织上的任何审查，他都以自己的原则应对着，始终有一说一，有二说二，实事求是。

在蒋亦元的教研组有位老先生，多年的共事经历使他坚信自己的判断，认为这位同事能够始终积极响应党的政策，并在教学工作中尽职尽责，就算历史上有一些问题，只要澄清了就可以，绝不应该受到粗暴的对待。于是，蒋亦元尽管受到压力，也坚持尊重事实，当被问及“为什么不去揭发”时，他义正词严地回答：“我没发现他有什么，我写不出来。”因此，“文化大革命”以后，这位同事及其子女始终对蒋亦元尊敬有加。

1958 年，社会上有了一个未见诸中央文件的说法：“农业大学在城里办不是见鬼吗？农业大学要统统搬到农村去。”那次，东北农学院幸免于难。“文化大革命”后，在“左”倾思潮肆虐之际，东北农学院虽有抵制之心，却已无法力挽狂澜，于 1968 年 10 月被迫下迁到黑龙江省汤原县香兰农场。

东北农学院下迁香兰农场校址

下放到香兰农场后，几万亩土地的生产任务成了学院沉重的包袱，全部教学、工作、学习再也无法正常进行，不仅“黑帮队”要被强迫劳动，连一般教职工和学生也都变成农工，除了要参加农业生产外，还要扒炕、抹墙、打柴应对生活。

到香兰农场后，蒋亦元偕家人住进昔日劳改就业人员住过的条件最差的一间草房。他本人自然也被分配去劳动改造，放羊、种水田、赶牛车、运砖等体力劳动都要跟着干，而唯一不能再做的就是自己钟爱的科学研究工作。尽管如此，他并没有表现出消极情绪。在他看来，这是一次在实践中锻炼自己的良机，能够在生产中更广泛地与劳动人民相结合、熟悉农业生产过程是件大好事。

下迁香兰农场期间与妻子和女儿合影

初到香兰，他的主要工作是放羊。一开始还好，可几个月后严冬即至，漫天刮着大烟炮儿①，刺骨的寒风实在让这个从小生长在常州的江南人始料未及，加之学校下迁匆忙，限一周内全部搬出，他身上只能穿着仅够在城市里御寒的棉衣、棉鞋。为了给放养的114只公羊寻找食物，他用二齿钩子刨开被厚雪覆盖着的空大豆荚供羊吃。有时饿狼就站在不远，他只能站在豆荚堆上与狼对峙，直到饿狼离去。面对如此的辛苦和危险，蒋亦元只视其为一种历练和体验。

漫长的严冬过去，春夏翩跹而至。蒋亦元在放羊的同时，不仅用心地感受着大自然的美好，还透过一些现象揣摩生活哲理。有一次，他将羊群赶至青山绿水旁时，忍不住停下脚步，唱起毛泽东主席1958年在得知江西省余江县消灭了血吸虫后激动不已而创作的《送瘟神》。

送瘟神

绿水青山枉自多，华佗无奈小虫何！
千村薜荔人遗矢，万户萧疏鬼唱歌。

① 风吹雪，在东北俗称“大烟炮儿”。

坐地日行八万里，巡天遥看一千河。

牛郎欲问瘟神事，一样悲欢逐逝波。

蒋亦元边唱边琢磨这诗词中的首句——“绿水青山枉自多”。此前在他的印象中，一直觉得山上长着树木，应该是绿的；而水面清清盈盈，反而应该是青的。然而眼前的景象却正与自己的想象相反，印证了毛主席诗词中描述景象的正确。蒋亦元不禁感叹道：“看来对待事物仅凭印象下结论是不可靠的，只有通过亲身验证得出的结果才是可信的。”

不仅如此，而后蒋亦元还不断给枯燥的放羊生活增添新的内容。由于留苏期间自己练过很多歌曲，所以每日放羊途中，面对青山绿水，他都不禁放声高唱，从《红莓花儿开》《莫斯科郊外的晚上》，唱到《沁园春·雪》《七律·长征》，他尽情地用歌声抒发内心的感受。歌声消除了他胸中的苦闷，融化了他心壁上的寒冰。

世人常言：“人生之道，四十不惑。”此时看似平心如贯日的蒋亦元其实并没有停止思索未来，经历过无数个不眠之夜，他已开始酝酿如何早日重拾自己的工作、学习和科研。这就是蒋亦元泰然处世、苦中求乐和勇于探索的人生态度。

二、研制悬挂式水田筑埂机

自下迁香兰农场后，蒋亦元完全失去了开展科研工作的条件。当时政治形势变幻莫测，在那个特殊年代，搞造反活动可以名利双收，而搞利国利民的业务工作却要冒政治风险，如果形势一旦变化，就可能会被重新扣上“白专”典型甚至反对“文化大革命”的帽子。当时要做科学研究，不但需要对科学研究工作的执着和热爱，更加需要甘冒政治风险的勇气。

身在农场，心系科研。此时，蒋亦元再也无法按捺住内心的焦急，1971 年后，当动乱局势稍趋稳定，他便开始搞起了新的课题

“水田筑埂机的研究”，成为东北农学院在“文化大革命”期间最早出来搞科研的教师之一。

水田筑埂是一项繁重而费工的劳动，当时香兰农场的水田长达千余米，地势呈坡状，不平坦，农场原有的仿苏“ZKG”型牵引式双面取土筑埂机已在使用中暴露出许多缺点：在埂子坡上侧，已经是较低的地面，取土筑埂后地面就更低了，给后续的平地作业增添了填土的工作量。随学校下乡的香坊农场刘老师傅，对种植水稻有着丰富的经验，他提出应当搞一种由埂子坡下侧单面取土的筑埂机。

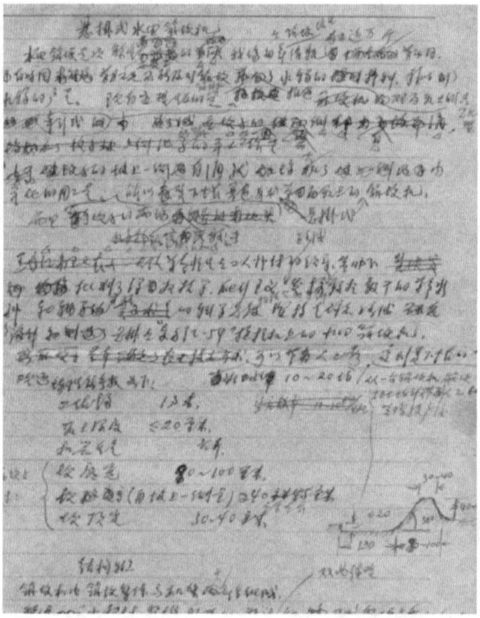

蒋亦元搞水田筑埂机时的数据测算手稿

军代表下令由蒋亦元完成此任务，只提供了3块4毫米的钢板作为原材料，并且要求限期完成。材料紧缺，又没有基本制造设备，完成这项工作面临着重重困难。然而看到农场的迫切需要，蒋亦元暗下决心：无论如何也要研制出一台适合本地自然情况的水田筑埂机，以解燃眉之急。

那时候设施的简陋、工作的艰苦、生活的单调是今天的科研人员难以想象的。人们甚至无法相信，摆在蒋亦元面前的竟只有那3块钢板。为了将试验开展起来，他历尽千辛万苦，试图一反传统，通过将原有的“双面”取土筑埂工艺改为“单面”取土来解决问题，并极为谨慎地使用有限的材料进行试验。经过反复演算后，很快他就用一块钢板试制出一个曲面，但是由于曲面参数不合要求、土壤沿曲面运移不畅，产生壅土而未能成功。

此时只剩下两块钢板，不能再用足尺做样机试验。于是，蒋亦元想到一个妙招，即用缩小 2/3 的模型先在模拟条件下试验，以期找出合适的曲面。模型缩小了，就可以用镀锌铁皮作曲面，从而可方便地制作不同曲率的扭曲面。但是如何缩小？这里就有相似理论的问题，即不仅要求几何相似，还有运动学相似的问题。

蒋亦元在对土壤运动情况进行重新考察后，摸索着做了几种按照与犁体曲面完全相反的扭曲规律形成的曲面，并获得了理想的模型，之后又按 3 倍放大做成原型。当时学校的设备遭到严重破坏，蒋亦元及其助手只得在田间固定两根平行的废铁轨安装模型曲面的框架，利用人力牵引在轨道上等速移动，测量所得埂子的断面尺寸。制作曲面时，只得用千斤顶对 4 米长的钢板施压、局部冷作变形。因为是扭曲面，各部分曲率不同，相互影响，只得不断地用样板检测，反复修正，最终模型所筑埂子的断面尺寸与样机所筑埂子的断面尺寸的 1/3 值进行比较，其差值仅在 10% 左右。

蒋亦元（右三）等在研制的悬挂式水田筑埂机前合影

功夫不负有心人，蒋亦元通过三轮样机的研制和改进，终于制成了较为理想的悬挂式水田筑埂机。为了使其能在不同土壤湿度下作业而不粘土，他又研究采用聚四氟乙烯塑料板的废品覆面，以降低其表面摩擦力。结果显示，筑埂机在任何条件下均不粘土，筑埂性能很好，且对聚四氟乙烯塑料板的磨损量极少，筑埂 144 千米的磨损量仅为 0.29 毫米。这台筑埂机既能筑水田横向挡水的小埂，又能筑进水沟与排水沟的大埂，不仅解决了犁壁粘土、阻力大、埂子易被水冲坏等实际问题，还具备了结构简单、体积小（长与宽均较“ZKG”型牵引式双面取土筑埂机小一半）、重量轻（采用薄壳结构，仅重 400 千克）、制造容易（成本降低一半左右）、使用保养方便（没有润滑点）等优点，定型后被省内许多农场和农村采用，受到普遍欢迎。

1975 年，它被列入一机部（原机械工业部）主要科技成果，1978 年还荣获黑龙江省科学大会奖。

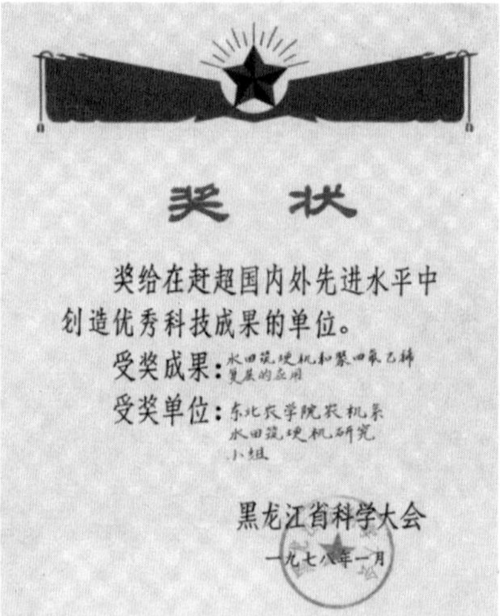
奖状

奖给在赶超国内外先进水平中创造优秀科技成果的单位。

受奖成果：水田筑埂机和聚四氟乙烯覆层的应用

受奖单位：东北农学院农机系水田筑埂机研究小组

黑龙江省科学大会

一九七八年一月

1978 年，蒋亦元带领助手完成的“水田筑埂机和聚四氟乙烯覆层的应用”荣获黑龙江省科学大会奖

然而，此时的蒋亦元却因长期忘我工作、劳累过度，加上在水田试验中受潮受凉，先后患上了脊椎和颈椎增生、副睾丸结核、痔疮等疾病，不得不一次次住进医院。此刻，从不抱怨的他陷入无尽的苦闷和忧伤之中：苦闷是因为他怕失去科学探索的机会，忧伤是因为他怕被剥夺实践的权利。为了安慰病榻上的丈夫，爱妻罗佩珍

领着女儿，带着自家产的一筐鸡蛋前往远在辽宁省的汤岗子疗养院，看望正在接受治疗的蒋亦元，还陪他游览著名的旅游胜地千山以排解心忧，这无疑给了他莫大的鼓舞和继续前行的力量。

“文化大革命”期间蒋亦元多种疾病并发，
夫人罗佩珍陪同其游千山时的留影

当时，疗养院的一位医生知道蒋亦元的来历后，邀请其为她正在读高中的亲戚教英语。这个孩子名叫王丹妮，蒋亦元发现她聪明、好学，英语进步很快。那时无学可上，她便自学了国学、古诗词和国画。王丹妮对尚年轻但已经是副教授的蒋亦元十分仰慕，临别前，她赠送给蒋亦元自赋的一首古诗词和一幅画以表谢意，并冀和之。

蒋亦元略感为难，想到从未正式写过古诗词，但又不能辜负了孩子的热情，于是“索句于枯肠”。他想到爱妻罗佩珍对自己的关心和照顾，又想到自己的处境，写下《水调歌头·千山》一词作为回赠。

水调歌头·千山

北国名秀山，邀珍我同览。
新妆楼阁丽榭，万绿丛中闪。
奇松紧伴险石，观止天公巧立。
龙泉品茗憩，尽赏翠嶂峦。
身犹还江南！
腰腿木，岂甘却，借杖踱。
凭栏“天上天”险，塞北风云迫。
心事浩茫起伏，戒郁忌焦躁，
百举从头索。
还我青春东山起，无愧娇山育！

“还我青春东山起，无愧娇山育！”是呀，一个立志把全部智慧和力量都奉献给社会和事业的人，又怎能停止他那求索的脚步？一个乐于探索、热衷科学研究的勇者，又怎会被眼前的困难所打倒？“百举从头索”，面对未来，他豪情不减，知难而进，勇往直前！

三、发现定理缺陷

这一次，令蒋亦元产生怀疑的是美国相似理论研究领域的学术权威墨菲的 π 关系式合成理论中“组成方程必须具有相同型式”的论断。自 1950 年墨菲提出组分方程后，在国际上已运用数十年而始终无人质疑。曾有人在犁铧的相似研究中发现误差大，也只是怀疑与土壤参数有关。

在香兰农场期间，蒋亦元于研发一机多用的聚四氟乙烯覆层水田筑埂机的实践过程中，成功地应用过相似理论。那时他还没有正式学过这一理论，仅仅是在摸索中应用却获得了理想模型，这着实激起蒋亦元向该领域资深专家斯里瓦斯特瓦（A.J.Srivastva）教授学习的浓厚欲望。后来蒋亦元赴美国密歇根州立大学访学，获得了与斯里瓦斯特瓦教授接触的机会。遗憾的是逢双数年，该校不开此课，无奈之下，蒋亦元只得自学，有问题时再去请教他。斯里瓦斯特瓦教授首先对蒋亦元筑埂机研究中应用相似理论表示赞赏，说："你已经把理论在生产实践中运用了，我还没有做到这一点呢！"但因为相似理论是半理论半经验的学问，所以他对蒋亦元提出的有些问题表示难以做出明确的解答。后来，蒋亦元还曾找到这位教授，向其求赠实验指导书，当时教授略显迟疑，蒋亦元为免侵权之嫌而作罢，只得向同学借阅。

蒋亦元在该校的实验教材中留意到一个名为"以球体沉降规律求得 π 关系式"的实验。球体在黏性液体中的沉降规律常用以说明流体力学中的一些基本问题，用有关沉降时间的理论计算和用 π 设计对其进行验证，是在国外不少院校中作为"相似理论与模型试验"课程的重要实验之一。蒋亦元在仔细研读后发现，通过这个实验的理论算得的结果与实测值之间有很大差异。到底是因为试验不严格还是定理本身有误？此时的蒋亦元陷入深深的思考当中。

蒋亦元随即请教了斯里瓦斯特瓦教授，对方答道："应该是因为经费所限，实验条件并未满足要求所致吧！"但蒋亦元深知这个理论的重要性，不甘心就此遵循前人的结论。为了找出产生误差的根源，他全身心投入验证工作中，努力找出其原因，前后历时一年有余。

密歇根州立大学在球体沉降实验中，采用的理论公式是球体在黏性液体中沉降运动的微分方程

$$M\frac{\mathrm{d}v}{\mathrm{d}t}+6\pi r\mu v=\frac{4}{3}\pi r^3\rho_s g-\frac{4}{3}\pi r^3\rho_f g$$

式中，$\frac{4}{3}\pi r^3\rho_s g$ 一项为球体重力，$\frac{4}{3}\pi r^3\rho_f g$ 表示球体浮力，$6\pi r\mu v$ 表示球体在液体中运动的阻力，M 为球体质量，r 为球体半径，v 为球体运动速度，ρ_f 为液体密度，ρ_s 为球体密度，μ 为液体动力黏度，g 为重力加速度。整理得

$$V+K_1V=g(1-\gamma) \text{ 或 } S+K_1S=g(1-\gamma)$$

式中，$K_1=6\pi r\mu/M$，$\gamma=\rho_f/\rho_s$，S 为球体的沉降距离。故微分方程的解为

$$S=C_1\exp(-K_1t)+C_2+\frac{g(1-\gamma)}{K_1}t$$

于是

$$\frac{\mathrm{d}S}{\mathrm{d}t}=-C_1K_1\exp(-K_1t)+\frac{g(1-\gamma)}{K_1}$$

当初始条件 $t=0,S=0$ 时，$C_2=-C_1$。当初始条件 $t=0,\frac{\mathrm{d}S}{\mathrm{d}t}=0$ 时，$C_1=\frac{g(1-\gamma)}{K_1^2}$。则有

$$S=\frac{g(1-\gamma)}{K_1^2}\left[\exp(-K_1t)-1+K_1t\right]$$

蒋亦元用实测值对以上理论公式的正确性进行了检验，因为理论公式中所含因素（变量）多达 7 个，采用相似理论求出 4 个相似准则，通过实验求出它们间的函数关系—— π 关系式，进而可求得经验公式。

实验分别在 $(\pi_{1/2})_{\bar{3},\bar{4}}$，$(\pi_{1/3})_{\bar{2},\bar{4}}$，$(\pi_{1/4})_{\bar{2},\bar{3}}$ 三种情况下进行，试验中各变量 d，ρ_f，ρ_s，μ，t，g，S 等均具有较宽的变化范围。如球体直径 d=0.0378～0.0678 米，共分 4 级；$\rho_s=950$~3734 千克 / 米^3 共分 5 级；μ=0.0183～0.0721N · s/m^2 共分 5 级等。由此构成不同组合，包含了多种工况。在试验中以沉降距离 S=1.0 米所需的时间 t 作为因变量。

蒋亦元发现，通过将上述的数据代入密歇根州立大学提出的理论公式求出的值 S_1 与实验测得值 $S_{实}$之间出现巨大的误差。

蒋亦元开始尝试对密歇根州立大学所采用的球体沉降理论公式进行纠正。他在多方寻找误差过大之原因的过程中发现，在球

体沉降理论公式中，球体运动阻力项是以层流运动作为假设的，而该实验条件下的球体运动是处于层流、紊流过渡区，且以紊流区为主。

由流体力学教材中阻力系数 C_D 与雷诺数 R_e 的关系可知，球体在流体中运动时，当 $R_e \leqslant 0.6$ 时，阻力系数为 $C_D = \dfrac{24}{R_e}$，阻力 $= C_D \rho_f F \dfrac{v^2}{2} = 24 \dfrac{\mu}{\rho_f v d} \rho_f \dfrac{\pi d^2}{4} \dfrac{v^2}{2} = 3\pi\mu d v$，此值与微分方程中的阻力一项相同，也就是说，阻力项是以 $R_e \leqslant 0.6$ 为前提的。据此，蒋亦元认为这显然是将球体运动假设为层流。而球体在流体中运动时，$R_e > 1000$ 为紊流，$1 < R_e < 1000$ 为层流、紊流过渡区，本实验所用的 $v_{平均} = 0.256$～1.16 米 / 秒，当 d 和 μ 在所列范围内变化时，$R_e = 126$～$4048 \gg 0.6$。

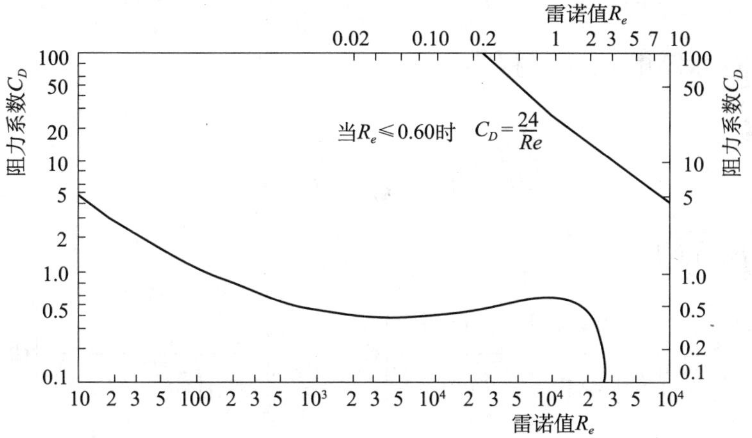

球体阻力系数 C_D 与雷诺值 R_e 的实验曲线

所以在此情况下，蒋亦元认为阻力采用 $3\pi\mu d v$ 是不恰当的，宜将阻力项列为 C_D 的函数，即 $\dfrac{C_D}{2}\rho_f F v^2$，这样就有了普遍意义。于是，他将球体在黏性液体中沉降的微分方程改为

$$M\frac{\mathrm{d}v}{\mathrm{d}t} + \frac{C_D}{2}\rho_f F v^2 = \frac{4}{3}\pi r^3 g\left(\rho_s - \rho_f\right)$$

$$\frac{\mathrm{d}v}{\mathrm{d}t}+kv^2=g(1-\gamma)$$

式中，$k=\frac{3C_D\gamma}{4d}$。或

$$\frac{\mathrm{d}^2S}{\mathrm{d}t^2}+k\left(\frac{\mathrm{d}S}{\mathrm{d}t}\right)^2=g(1-\gamma)$$

令 $\frac{\mathrm{d}S}{\mathrm{d}t}=z$，则 $\frac{\mathrm{d}z}{\mathrm{d}t}=\frac{\mathrm{d}^2S}{\mathrm{d}t^2}$，代入上式，得 $\frac{\mathrm{d}z}{\mathrm{d}t}=A-kz^2$，式中，$A=g(1-\gamma)$，则 $\int\frac{dz}{A-kz^2}=t+C_1$，而 $\int\frac{dz}{A-kz^2}=\frac{1}{2\sqrt{Ak}}\ln\frac{\sqrt{A}+\sqrt{k}z}{\sqrt{A}-\sqrt{k}z}+C_2$，两式相等后整理得

$$\frac{\mathrm{d}S}{\mathrm{d}t}=\sqrt{\frac{A}{k}}\frac{\exp\left[2\sqrt{Ak}(t+C)\right]-1}{\exp\left[2\sqrt{Ak}(t+C)\right]+1}$$

式中，$C=C_1+C_2$，由初始条件 $t=0,\frac{\mathrm{d}S}{\mathrm{d}t}=0$，求得 $C=0$，则沉降时球体的速度方程为

$$\frac{\mathrm{d}S}{\mathrm{d}t}=\sqrt{\frac{A}{k}}\frac{\exp\left(2\sqrt{Ak}t\right)-1}{\exp\left(2\sqrt{Ak}t\right)+1}$$

沉降距离 S 的方程

$$\mathrm{d}S=\sqrt{\frac{A}{k}}\left[\frac{\exp\left(2\sqrt{Ak}t\right)}{\exp\left(2\sqrt{Ak}t\right)+1}\right]\mathrm{d}t-\sqrt{\frac{A}{k}}\left[\frac{1}{\exp\left(2\sqrt{Ak}t\right)+1}\right]\mathrm{d}t$$

而由

$$\begin{cases}\int\sqrt{\frac{A}{k}}\left[\frac{\exp\left(2\sqrt{Ak}t\right)}{\exp\left(2\sqrt{Ak}t\right)+1}\right]\mathrm{d}t=\frac{1}{2k}\ln\left[\exp\left(2\sqrt{Ak}t\right)+1\right]+C_1\\ \int\sqrt{\frac{A}{k}}\left[\frac{1}{\exp\left(2\sqrt{Ak}t\right)+1}\right]\mathrm{d}t=\frac{1}{2k}\ln\frac{\exp\left(2\sqrt{Ak}t\right)}{\exp\left(2\sqrt{Ak}t\right)+1}+C_2\end{cases}$$

以及 $t=0$，$S=0$，可得 $C=-\frac{\ln 2}{K}$。
所以

$$S=\frac{1}{2k}\left[\ln\left(\exp\left(2\sqrt{Akt}\right)+1\right)\right]-\frac{1}{2k}\left[\ln\left(\frac{\exp\left(2\sqrt{Akt}\right)}{\exp\left(2\sqrt{Akt}\right)+1}\right)+0.992\right]$$

随即，蒋亦元引用在求 π 关系式的组分方程时所做的实验数据，对纠正过的球体沉降理论公式进行验证。验证过程既包含较多的变量，各变量又具有较大的变化范围。如前所述，从 R_e 值看，它已经包含了紊流和层流与紊流过渡区的较宽区段。

关于 C_D 的取值，应当根据各个实验中球体的沉降速度求出 R_e，再找出在 C_D-R_e 曲线上所处的区段及代表该区段的 $C_D=f\left(R_e\right)$ 函数，即方程

$$C_D=f\left(d,v,\mu\right)$$

由此求出 t 值。为了简化，蒋亦元将 C_D 取上述 0.4～0.8 的中间值 0.6，以概括上述区段上的各个实验点。$S_{实}$ 为各次实验中的球体沉降距离，取为 1.0 米，t 为沉降实测的时间，S_1 与 S 分别为实验数据计算时所求得的 S 的实际值，其预测误差分别为 Δ_1 和 Δ。

由下表可见（表中 S_1 为由密歇根州立大学提出的理论公式求出的值，S 为由蒋亦元列出的理论公式求出的值），所列出的理论公式在多个因素均有较宽变化范围的情况下，反映因素间关系的性能要准确得多。由改进过的理论公式求出的值 S 与实测值 $S_{实}$ 在全部 13 次实验中的误差有 8 次均在个位数之内（2.7%～8.5%），有 5 次在二位数之内（11.4%～19.8%）；而由密歇根州立大学的理论公式求出的值 S_1 与实测值 $S_{实}$ 的误差竟达 136%～249%。

关于球体沉降，密歇根州立大学的公式与蒋亦元的公式之误差对比表

$S_{实}$/米	$(\pi_{1/2})_{\bar{3},\bar{4}}$					$(\pi_{1/3})_{\bar{2},\bar{4}}$					$(\pi_{1/4})_{\bar{2},\bar{3}}$				
	t/秒	S_1	Δ_1 %	S	Δ %	t/秒	S_1	Δ_1 %	S	Δ %	t/秒	S_1	Δ_1 %	S	Δ %
1.0	0.953	2.726	173	0.928	7.2	1.530	3.460	249	0.936	63.4	1.023	3.043	204	1.174	17.4
	0.923	2.635	164	1.027	2.7	0.928	2.520	152	0.946	5.4	0.953	2.726	173	1.085	8.5
	0.887	2.473	147	1.114	11.4	0.953	2.725	173	1.080	8.0	0.909	2.526	153	0.939	6.1
	0.782	1.944	194	1.198	19.8	0.830	2.365	136	1.143	14.3	0.894	2.497	150	1.019	1.9
	—	—	—	—	—	—	—	—	—	—	0.863	2.357	136	0.971	2.9

综上，蒋亦元认为，运用球体在液体中下降运动的理论公式时，对阻力项$6\pi r\mu v$应考虑到运动速度值对运动类型的影响，宜以$\frac{C_D}{2}\rho_f F v^2$取代之。据此列出的理论公式，允许因素的变化范围更宽，所反映出的因素间关系也更准确。

四、检验和改进墨菲定理

在对墨菲定理有了较为深入的理解后，蒋亦元决定通过重做试验来进一步探索和验证该定理。考虑到球体在黏性液体中沉降的规律涉及的物理量多，又有成熟的物理定律来检验试验结果，因此，蒋亦元选择球体沉降作为研究对象，并尽量按该理论创建者墨菲提出的前提条件，严格设计了试验的步骤。

首先需要确定球体沉降的相似准则。球体在黏性液体中沉降一定高度 S（米）所需的时间 t（秒），与球体的重力、液体对球体的浮力和液体对球体运动的阻力有关。以上三个力与球体密度 ρ_s（千克 / 米 ^{3}）、球体直径 d（米）、重力加速度 g（米 / 秒 ^{2}）、液体密度 ρ_f（千克 / 米 ^{3}）、液体黏度 μ（N · s/m^2）和球体速度 v（米 / 秒）有关。v 是 S、t 的函数，共计变量数 n=7。基本量纲有 3 个，分别为 M、L、T，按相似定理，7 个变量就可以减少为 4 个相似准则数。

在上述 7 个变量中，当除 t 以外的各个变量为已知时，就可由

试验测出沉降一定高度 S 所需的时间，故含 t 的 π_1 可作为因变 π 项，其他为自变 π 项。在设计求得各个自变 π 项对 π_1 的影响规律的试验时，蒋亦元提出了比墨菲规定的前提条件更严格的 4 项要求，分别如下。

第一，在求自变 π 项与因变 π 项的关系时，必须保持其他自变 π 项为选定的不变值，并且在求其他 π 项对因变 π 项的关系时，这些自变 π 项也应保持不变。

第二，各个自变 π 项力争都有变化机会，而且变化要有足够的幅度。

第三，对于无量纲的物理量，只要认为这些物理量是重要的就应该被选入相似准则中（即 π 项），如果能保证它们在各导出 π 项和所形成的 π 关系式中的位置不因其无量纲，而在试验和经验公式的形成过程中任意变动，则其对所研究现象的作用就能得到正确的反映。

第四，对于量纲相同而物理意义不同的物理量，在推导 π 项和 π 关系式时，一定要明确这些物理量所代表的物理意义，不要因为量纲相同而在 π 项中互相取代，否则会导致结果有误。

据此，蒋亦元对各个试验 π 项进行了如下设计。

（1）$\left(\pi_{1/2}\right)_{\bar{3},\bar{4}}$

$\pi_2 = d/S$ 为自变量，S 可选一定值，如 S=1 米，改变 d 值，以乒乓球的直径 d=0.0378 米为基数，按 0.01 米为级差逐级增至 0.0678 米，均做成铝球。

$\bar{\pi}_3$ 系定值。选 20 号机油作为黏性液体，已知其 ρ_f=940 千克/米^3，而且在 T=20℃～50℃范围内变化很小。铝球的密度 ρ_s=2767 千克/米^3，故 $\bar{\pi}_3$ =0.3396。

$\bar{\pi}_4$ 中，S，g，ρ_s 已经选定，选机油的黏度 $\mu = 0.0534\mathrm{N \cdot s/m^2}$，即 T=26℃时的值，则 $\bar{\pi}_4$ 中的 $\dfrac{\mu}{\rho_s} = 1.92 \times 10^{-5}$，故 $\bar{\pi}_4 = 0.616 \times 10^{-5}$。

（2）$(\pi_{1/3})_{\bar{2},\bar{4}}$

$\pi_3=\rho_f/\rho_s$ 为变量，因 ρ_f 变化很小，可视为定值，ρ_s 的变化是通过在乒乓球内充填不同质量的物料来实现的，变化幅度为950～3734千克/米^3。

$\bar{\pi}_2$ 由 d=0.0378米和 S=1米决定，$\bar{\pi}_2=0.037$。

为了保持 $\bar{\pi}_4$ 不变，需保持 $\dfrac{\mu}{\rho_s}=1.92\times10^{-5}$ 不变。ρ_s 变化时，μ 也相应变化，可以通过改变油温而实现。

由于 S 变动后 $\bar{\pi}_4$ 就不能维持原值，为此再改变 μ 值，仍使 $\bar{\pi}_4=0.616\times10^{-5}$。在 $(\pi_{1/3})_{\bar{2},\bar{4}}$ 的试验中，μ，γ，T 随 ρ_s 的变化如下表所示。

μ，γ 和 T 随 ρ_s 变化的关系表

$(\pi_{1/3})_{\bar{2},\bar{4}}$ 与 $(\pi_{1/4})_{\bar{2},\bar{3}}$					
T /℃	50	40	30	26	20
$\gamma/10^{-6}\text{m}^2\cdot\text{s}^{-1}$	19.15	28.70	45.20	55.75	75.27
$\mu/\text{N}\cdot\text{s}\cdot\text{m}^{-2}$	0.0183	0.0275	0.0430	0.0534	0.0721
$\rho_s/\text{kg}\cdot\text{m}^{-3}$	950	1424	2243	2767	3734
μ/ρ_s	1.92×10^{-5}				

（3）$(\pi_{1/4})_{\bar{2},\bar{3}}$

π_4 的变化是由改变油温使 μ 变化实现的，$\bar{\pi}_2$，$\bar{\pi}_3$ 用前面的取值。

在各项试验设计中所选用数据，以及相互间的 π 保持不变的关系，如下图所示，图中等号上符号“×”的含义将在后文进行说明。

密歇根州立大学在实验教学中为了节省费用，就简化、降低了相关要求。蒋亦元在回国后开设该实验前，对原实验指导书中规定的方法做出严格修正：如其用的液体是水，水的黏度是很难变化的，他就用黏度可由温度来调节的机油；又如等直径球的不同密度变化，

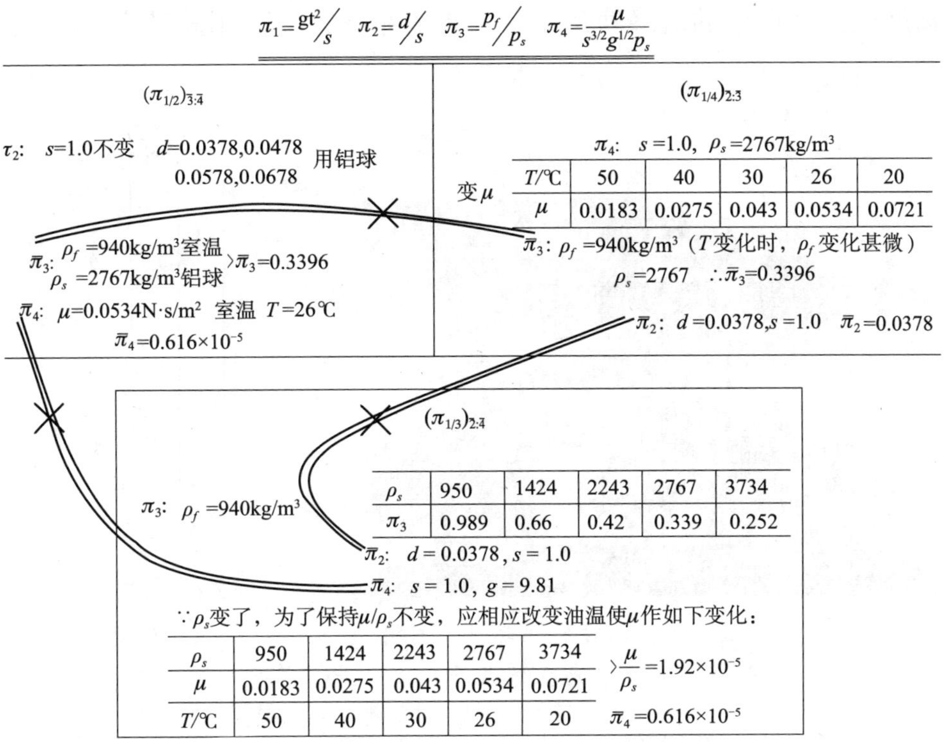

保持不变的 π 项在求不同的组分方程之间应保持不变

可以用乒乓球内加不同重量的铅来解决；等密度而不同直径的球，可以用铝料加工来解决；要求比金属轻的密度，他就用麻绳粘树脂，制成另一尺寸的等直径球来解决。

蒋亦元还安排助手涂澄海对机油的黏度与温度的关系用机油黏度计进行了严密的测定。如前所述，试验采用 20 号机油作为黏性液体，通过对所测得的运动黏度 γ（10^{-6} 米 ^{2}/ 秒）与油温 T（℃）数据进行回归可知，二者之间符合倒指数函数关系

$$\gamma = 182.45\exp(-0.0456T)$$

流体力学中常用的参数是动力黏度 μ，当机油密度为 ρ_f 时，$\frac{\mu}{\rho_f}\times 10^6 = \gamma$。

接下来，蒋亦元测定了不同条件下球体在机油中的沉降时间。因为球体的最大直径为 6.78 厘米，考虑到铝球在车制时难免出现椭

圆度，这使得球的沉降轨迹不一定走铅垂线，故选用筒径为 20 厘米的有机玻璃制作，高度为 1.3 米以上。

机油黏度测定仪与不同密度的乒乓球、不同直径的铝球、同直径的麻绳球等

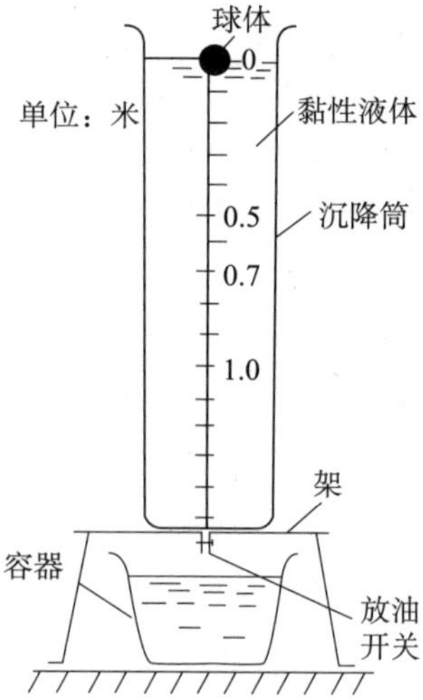

球体沉降试验筒

试验筒的底部设有放油开关，下接一容器。由电阻丝加热器沉入筒内上下缓慢移动实现增温，另用由长柄与下端的圆网组成的搅拌器上下搅动，使油温均匀。当须降温时，可从底部放出高温油，顶部加入低温油，再行搅匀即可调温。

由于球体下降很快，在不到 1 秒的时间内完成下落过程。在那个测量手段和仪器极为匮乏的年代，为了测量更准确、更简便，蒋亦元想出了一个特别的方法：用两块相同型号的秒表，预先由一人左右手各握一块，同时按下计时起点，之后由一人在球体开始下降的瞬间按停第一块秒表，再由另一人在球体降达所定高度的瞬间按停第二块秒表，两秒表所计的时间之差即为降沉时间。这种操作方法即使在降沉时间很短时，也能达到较高的测量精度。

最后，蒋亦元根据球体沉降试验所获得的数据，按墨菲定理合成 π 关系式。上述各项试验是测定单个自变 π 项在其他 π 保持不变时，对一个因变 π 项的影响规律。

$\left(\pi_{1/2}\right)_{\bar{3},\bar{4}}$ 的试验结果和组分方程如下：

d/m	$S=1.0\text{m}$, $\bar{\pi}_3=0.3396$ $\bar{\pi}_4=0.616\times10^{-5}$		
	π_2	t/s	π_1
0.037 8	0.037 8	0.953	(8.91)
0.047 8	0.047 8	0.923	8.36
0.057 8	0.057 8	0.887	7.72
0.067 8	0.067 8	0.782	6.00
$\pi_1=4.82+218.2\pi_2-2\,950.74\pi_2^2$, $R=0.990$ 或 $\pi_1=1.194\pi_2^{-0.627}$, $R=0.911$			

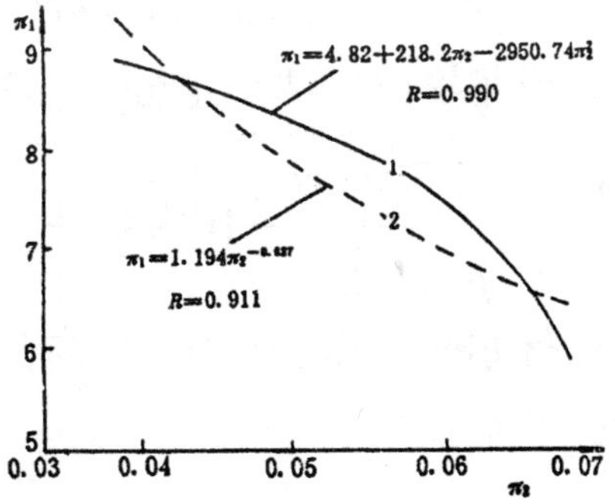

由 $\left(\pi_{1/2}\right)_{\bar{3},\bar{4}}$ 的试验点回归方程及曲线

$\left(\pi_{1/3}\right)_{\bar{2},\bar{4}}$ 的试验结果和组分方程如下：

ρ_s/kg·m^{-3}	π_3	$\bar{\pi}_2=0.0378$ $\bar{\pi}_4=0.616\times10^{-5}$		
		T/℃	t/s	π_1
3734	0.252	20	0.830	6.76
2767	0.339	26	0.953	(8.91)
2243	0.420	30	0.978	9.38
1424	0.660	40	1.530	22.96
950	0.989	50	3.900	149.21
$\pi_1=-31.47+301.72\pi_3-757.2\pi_3^2+643.93\pi_3^3$, R=1 或 $\pi_1=93.22\pi_3^{2.18}$, $R=0.938$				

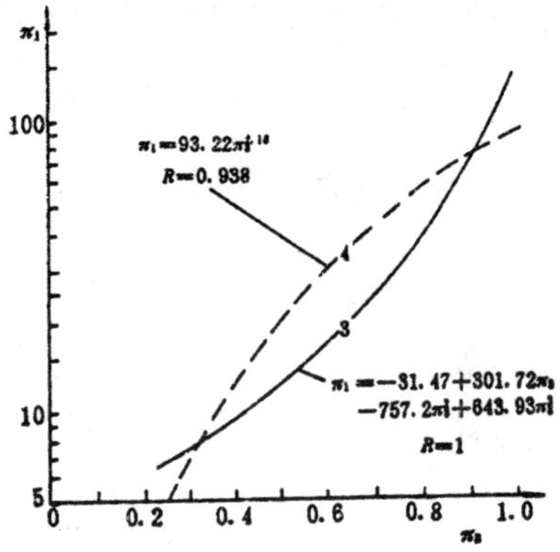

由 $\left(\pi_{1/3}\right)_{\bar{2},\bar{4}}$ 的试验点回归的方程及曲线

$\left(\pi_{1/4}\right)_{\bar{2},\bar{3}}$ 的试验结果和组分方程如下：

μ/N·s·m^{-2}	$S=1.0\text{m}$, $\bar{\pi}_2=0.0378$ $\bar{\pi}_3=0.3396$		
	$\pi_4(\times10^{-5})$	t/s	π_1
0.072 0	0.833	1.023	10.27
0.053 4	0.616	0.953	(8.91)
0.043 3	0.499	0.919	8.30
0.027 5	0.317	0.894	7.84
0.018 3	0.211	0.859	7.25
$\pi_1=6.48\exp(53\,587.2\pi_4)$, $R=0.983$ 或 $\pi_1=269\pi_4^{0.275}$, $R=0.977\,6$			

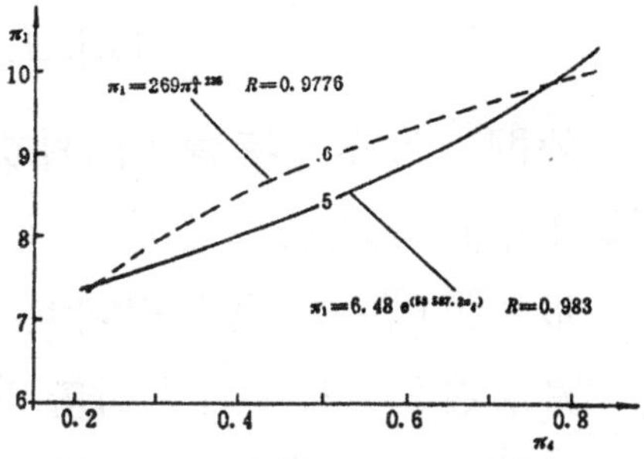

由 $\left(\pi_{1/4}\right)_{\bar{2},\bar{3}}$ 的试验点回归的方程及曲线

墨菲提出的相似准则函数理论是将各个组分方程以相乘关系合成一个总的 π 关系式，以两个组分方程相乘合成总的 π 关系式为例，墨菲提出“两个组分方程必须具有相同型式”，即以 $F\left(\pi_2,\pi_3\right)=\dfrac{F\left(\pi_2,\overline{\pi}_3\right)F\left(\overline{\pi}_2,\pi_3\right)}{F\left(\overline{\pi}_2,\overline{\pi}_3\right)}$ 作为条件。

蒋亦元所做的试验中共有 7 个物理量，其组分方程以乘积合成的 π 关系式为

$$\pi_1=F\left(\pi_2,\pi_3,\pi_4\right)=\frac{f_1\left(\pi_2,\overline{\pi}_3,\overline{\pi}_4\right)f_2\left(\overline{\pi}_2,\pi_3,\overline{\pi}_4\right)f_3\left(\overline{\pi}_2,\overline{\pi}_3,\pi_4\right)}{F\left(\overline{\pi}_2,\overline{\pi}_3,\overline{\pi}_4\right)^{4-2}}$$

由相似准则函数理论和表中数据可知

$$F\left(\overline{\pi}_2,\overline{\pi}_3,\overline{\pi}_4\right)=f_1\left(\overline{\pi}_2,\overline{\pi}_3,\overline{\pi}_4\right)=f_2\left(\overline{\pi}_2,\overline{\pi}_3,\overline{\pi}_4\right)=f_3\left(\overline{\pi}_2,\overline{\pi}_3,\overline{\pi}_4\right)=8.91$$

蒋亦元还画出两组分方程的合成图，清楚地说明了上述原理。

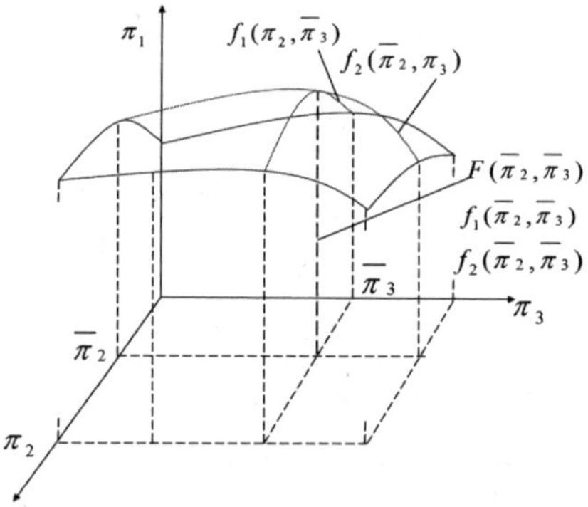

两个组分方程的合成

随即，蒋亦元特意按两种类型来拟合上述 3 个组分方程，实现对墨菲相似准则（π）合成定理的检验。

步骤（1）：以具有相同型式的数学模型拟合：获得前述表格中的“幂函数”方程，分别对应图中的 2、4、6 号曲线；

步骤（2）：以具有不同型式的数学模型进行拟合：获得前述表格中的“多项式”及“幂函数”混合方程，分别对应图中的 1、3、

5 号曲线。

上述步骤（2）所获得方程的 R 值均比步骤（1）要高，但并不符合墨菲定理的要求。

符合组分方程具有不同型式的 1，3，5 曲线的方程代入 π 关系式，得

$$\pi_1=\left[-151.68-6866.75\pi_2+92859.8\pi_2^2+1454.3\pi_3+65835.3\pi_2\pi_3 -890297.3\pi_2^2\pi_3-3649.7\pi_3^2-165221\pi_2\pi_3^2+2234300\pi_2^2\pi_3^2 +3103.7\pi_3^3+140505\pi_2\pi_3^3-1900070\pi_2^2\pi_3^3\right]6.48_{\exp}\left(53587\pi_4\right)\div 8.91^2$$

将物理量代入各 π 值即可得经验公式，以 t 为因变量，整理可得

$$t=\{g^{-1}\left[-151.68S-6866.75d+92859.8d^2/S+1454.3S(\rho_f/\rho_s) +65835.3d(\rho_f/\rho_s)-890297.3(d^2/S)(\rho_f/\rho_s)-3649.7S(\rho_f/\rho_s)^2 -165221d(\rho_f/\rho_s)^2+2234300(d^2/S)(\rho_f/\rho_s)^2+3103.7S(\rho_f/\rho_s)^3 +140505d(\rho_f/\rho_s)^3-1900070(d^2/S)(\rho_f/\rho_s)^3\right]6.48\exp\left(\frac{53587\mu}{S^{3/2}g^{1/2}\rho_s}\right) \div 8.91^2\}^{1/2}$$

将组分方程具有相同型式的 2 号、4 号、6 号曲线的拟合方程代入 π 关系式，得

$$\pi_1=\frac{1.194\pi_2{}^{-0.627}\times 93.22\pi_3^{2.18}\times 269\pi_4^{0.275}}{8.91^2}$$

将物理量代入各 π 值即可得经验公式，并以 S 为因变量整理如下

$$S=0.0548t^{1.647}d^{0.516}\rho_f^{-1.795}\rho_s^{2.02}\mu^{-0.226}$$

前者以 t、后者以 S 为因变量列出经验公式，这对两种不同拟合方程型式的预测精度是没有影响的。

各试验点的数值代入获得的 S 预测值与试验时的 S=1 米相比较，结果误差见下表中的“相差率 2”。以最高 R 值为准则选择拟合数学

模型时，将各试验点的数值代入获得的 t 预测值与试验时的 t 相比较，结果误差见表中的“相差率 1”。两个结果的差别竟达 40～50 倍之多，一般的也有 20～30 倍之多。诸如 2 号曲线对应的、4 号曲线对应的、6 号曲线对应的方程，从其相关系数来看似乎不算太低，但做出的预测结果显然已经失去其指导意义。

以拟合数学模型必须具有相同型式和以具有最高 R 值
两种不同选择模型的方法对预测误差的影响

$(\pi_{1/2})_{\bar{3},\bar{4}}$			$(\pi_{1/3})_{\bar{2},\bar{4}}$			$(\pi_{1/4})_{\bar{2},\bar{3}}$		
π_2	相差率 1 /%	相差率 2 /%	π_3	相差率 1 /%	相差率 2 /%	$\pi_4(\times 10^{-5})$	相差率 1 /%	相差率 2 /%
0.0378	0.20	25.0	0.989	0.35	12	0.830	1.07	21.2
0.0478	1.40	19.7	0.660	0.51	50.5	0.616	0.20	25.0
0.0578	0.34	17.9	0.420	0.51	46.3	0.499	0.76	27.3
0.0678	0.89	26.8	0.340	0.21	25.2	0.317	1.34	21.6
—	—	—	0.252	0.48	7.9	0.211	0.23	19.5
R	0.990	0.911	R	1	0.935	R	0.983	0.977

也就是说，如果按照相似理论所提出的方法“组分方程必须具有相同型式”，那么所得的结果误差很大。当采用“组分方程不必具有相同的型式，而以获得最高拟合度为准则，选择组分方程的型式”时，预测精度则显著提高。由此，蒋亦元得出如下结论：①组分方程选型时，若遵循“必须具有相同型式”或会导致严重的预测误差，因此应取消这一约束；②组分方程选型时，必须以具有尽可能高的相关系数作为准则，这才是最基本的要求。蒋亦元进而提出，经改进的相似准则函数理论基础上的多因素试验设计方法，与二次回归正交旋转组合设计相比，具有试验次数少、精确度高、对自然规律具有更广泛的描述能力等优点。

这些开创性的研究成果，得到该领域相关专家的高度评价，认为它将对墨菲定理在实践中的推广应用具有重大意义，同时对蒋亦元敢于挑战权威表示赞赏。我国农业机械设计制造专家陈秉聪院士评价道：

蒋教授提出了大胆修正，实是难能可贵。这一修正无疑使相似准则及 π 试验的推广具有重要意义……而且方程的形式不一定非二次多项式是正确的，更便于推广。

我国热力设备与“相似与模化”方面的专家李之光教授评价道：

蒋教授不受前人约束，根据自己大量试验结果所总结出的准则关系式建立方程，使预测误差大为减少，是对相似原理精确实用的有力推动……

中国农业大学的汪裕安教授评价道：

（这项成果）是对 Murphy 氏组合方程计算上的重大修正，是相似模型实验研究的重要发展……为推动科研，特别是各种规律不明、难度较大的科学研究做出了新贡献……同时也为相似模型实验拓宽了应用范围，是理论水平和学术价值均高的学术成果。

运用相似理论于土壤力学的专家、中国农业大学余群教授评价道：

……因此提出可以用不同形式的方程式进行组合，扩大组合方程 π 关系式。经分析验证所提出的方法是可行和正确的，它扩大了相似理论在各种工程问题的应用范围……我认为蒋亦元教授在相似理论方面进行了有意义的理论分析工作，对推动和扩大相似理论在许多工程领域的应用起了很好的作用。

五、反思墨菲定理

墨菲定理经过蒋亦元的修正后，精度显著提高，助手和学生都特别兴奋，并抱着极大的希望去检验修正后的墨菲定理是否实用，并试图推广它。然而，就在应用的过程中，蒋亦元的学生、东北农业大学教授郑先哲却发现了问题。

郑先哲在牧草干燥课题当中，运用蒋亦元建立组分方程的4个原则研究转筒式热风烘干牧草的规律时，发现误差非常大。这个试验共包含7个变量，3个基本量纲，4个π项。

$$\pi_1=\frac{M}{G},\ \pi_2=\frac{t}{GUL},\ \pi_3=\frac{U}{\omega L},\ \pi_4=N$$

式中，G为湿草输入量，ω为滚筒转速，t为气流湿度，U为气流速度，M为干草输出量，L为牧草长度，N为抄板个数。得出的组分方程分别为

$$\pi_1=6.685-2.750\pi_2+0.395\pi_2^2-0.019\pi_2^3$$

$$\pi_1=1.295\times\exp(-2.180\times\exp(-4.055\pi_3))$$

$$\pi_1=0.160-2.41\times10^{-3}\pi_4+8.5\times10^{-5}\pi_4^2$$

得到的经验公式为

$$M=9.65G\left(6.685-2.750\left(\frac{t}{GUL}\right)+0.395\left(\frac{t}{GUL}\right)^2-0.019\left(\frac{t}{GUL}\right)^3\right)$$

$$\cdot(1.295\exp(-2.180\exp\left(-4.055\left(\frac{U}{\omega L}\right)\right)$$

$$\cdot(-0.160+2.410\times10^{-3}N+8.5\times10^{-5}N^2)$$

然而，当将6个自变量以距离求组分方程时所采用的较远的参数值代入上式时，所求得的M值与试验所得的实际值相差甚远，有的甚至达到荒唐的地步。

蒋亦元认真总结了误差过大的原因后认为，墨菲所提出的经验公式求解方法缺乏普遍意义，因为6个自变量在自然界中可能有许多种组合，这时就打破了墨菲自己规定的准则："在求自变π项与因变π项的关系时，必须保持其他自变π项为选定的不变值。并且在求其他π项对因变π项的关系时，这些自变π项也应保持不变。"当然在运用经验公式时亦应保持不变，单就前面图中打了"×"的三个大等号就被破坏了，在应用经验方程时，会自毁了定理本身原定的准则。因此，蒋亦元认为，墨菲关于组分方程合成的定理从根

本上就缺乏经验公式验证。

蒋亦元和前文提到的4位学者都曾受到鼓舞，认为蒋亦元对墨菲定理的改进对其推广具有重要意义，然而最终发现定理本身隐藏着缺陷，让人不免失望。经历了自觉运用相似理论、专门学习研究墨菲定理，到质疑定理、验证定理、改善定理，再到否定它，这条求索之路，蒋亦元走了三十余载，感慨良多：

> 科学研究，追求真理，就如探宝一样，或者说像宝物外面有多层包裹物，探索就是层层扒开的过程，也只有一层层地打开，才能最终获得宝物。并且，当看到宝物的真面目时，会发现他与期待中的模样可能有着天壤之别。

反思墨菲定理，蒋亦元认为墨菲犯了两个错误：一是，“组分方程必须具有相同型式”的论断；二是，企图凭借在两个正交平面上通过试验获得的两条正交的曲线去构成一个曲面，并按此曲面去概括各个自变量变化范围的全貌，是不切实际的。当用各自变的物理量代入经验公式时，却破坏了在建立组分方程合成理论时所提出的“各组分方程中的不变π项，在不同组分方程中保持不变”的原则，导致虽然克服了第一个错误获得预测精度显著提高的π关系式后，依然保证不了在其他情形下的预测精度问题。

蒋亦元的另一个突出感受是，只有消除了误差过高之弊时，方能发现第二个错误。因为不否定“组分方程必须具有相同型式”这个论断并获得较高的预测精度后，是不可能进入经验方程的验证阶段的。而经验方程的正确性，才是最终的目的。

数十年来，以美国与日本为首的众多高校，在相似理论课程中都设置了相当篇幅来讲授、实验此理论，我国高校还曾邀请日本学者讲授此理论。他们当中，有的承认此理论有缺点，但是别无他法，只是不得已而为之。国内外一些高校由于其简单、巧妙，因而明知有缺点但不忍割爱。半个世纪以来，虽然墨菲定理误差很大，但仍然在国际上一些高校的教学和农机公司的科研工作中被作为工具运用，从未见过有人质疑这一定理。经过多年探索，当蒋亦元最终发现墨菲定理的本质问题后，他也未免沮丧之至，因为这与他当初对该定理能够实用的愿望相距甚远。但蒋亦元同时也强调，墨菲定理的错误并不能否定用量纲分析法的相似理论在工业技术创新中的广泛应用。当无需用组分方程合成时，它是很有效的手段。其最大优点是，只要凭经验选准影响现象的物理量和正确建立 π 关系式，就能在未掌握理论的情况下通过试验获得与已有理论所得的相同的或近似正确的结果。由于创新时通常尚未掌握理论，仅仅能估计出哪些因素可能对研究对象的性能产生影响，此时就可选定它们作为变量进行试验，即可解决问题。当然有时在处理具体问题时遇到畸变等难题，可因地制宜地解决。此外，模型试验节省资源和时间，特别适合创新探索中的运用，在没有理论可循时，相似理论的模型试验会让探索者深感解渴。

蒋亦元回顾自己之所以能够坚持探索这一定理，在于他始终怀有“探究个明白”之心。由于在全程中他都亲力亲为，所以在后来的院士评审答辩中才能做到对答如流，令人折服。因此，蒋亦元深深体会到，科研项目主持人仅仅出主意是不够的，而应尽可能亲自参与全程，有时问题就出在细节上，同时要发挥合作者在试验准备和试验过程中的重要作用。

质疑权威的过程是不易的，蒋亦元有这样的胆识和能力，因而赢得人们的尊敬，每每被问及在与墨菲定理“交手”的经历中最想与后人分享的感受是什么时，蒋亦元坦言：

> 我不是很轻易相信一个人的话，包括我很崇拜和敬仰的老师一辈，我也不会盲目地相信他的每一句话，我会求证、我爱求真，甚至会有意对一些被奉为真理的东西去审视和质疑，绝不会拿来就用。做科学研究，首先应该抱着探索的心态，这并不是对前人和权威的不尊重，而恰恰是对真理的敬仰和虔诚！

第七章 攀越尖峰

一、挑战千年难题

黑龙江省处于高寒地带，20 世纪六七十年代，小麦和大豆是主产作物。由于小麦的收获期在 7 月下旬到 8 月上旬，8 月 5 日以后就是雨季，此时机器无法下地作业，往往造成小麦丰产但不丰收。针对这种现状，黑龙江省农垦总局引进大批以民主德国为主的谷物联合收获机，并下令在每年的 8 月 5 日之前必须收完。此举一出，年年丰收，这也从一个侧面较为突出地体现了农业机械化的优势。

然而，后来在发展水稻生产的过程中，黑龙江省农垦总局引进的一系列联合收获机却出现各种问题，其中最突出的就是存在相当大的收获损失。虽然许多农场努力做了改进，但即使是美国最先进的“JD-7700”联合收获机和苏联的ЕНИСАЙ谷物联合收获机也都无济于事，有些问题一直不能解决。

其一，水稻进入机器脱粒后，籽粒混合在表面长有毛刺的茎叶里，很难依靠键式逐秸器的抖动原理分离干净，造成相当大的分离损失。

其二，传统型联合收获机均为纹杆式脱粒装置，它采用挤压和揉搓的原理，这对于表面为韧皮的小麦而言无大碍，但对于水稻而言，就会造成籽粒严重的破碎和脱壳。因此，黑龙江省农垦总局引进的传统型联合收获机，其主要工作部件从根本上就不适合水稻收获。

其三，霜前收获水稻，茎秆含水量大，传统联合收获机根本无法作业，人们只能在枯霜期过后适时收割，这一过程又要因破壳严重而损失约 10% 的谷粒，并且难以储藏，不能留作种子使用。

其四，稻草常常损伤严重，不能用作编织副业原料。

其五，除“半喂入”式以外，绝大部分型号的联合收获机不能收获倒伏作物，作业损失大，速度低。

这些现象起源于欧洲，那里以种植小麦为主，是传统型谷物联合收获机的发源地，所以西方在收获水稻时也面临着同样的困境。

为此，黑龙江省农垦总局下定决心要想办法解决这些问题。此时，蒋亦元在新改由农垦系统领导的香兰农场劳动，接受“再教育”。在那里，他根据农场工人的需要，研制出了国内外首创的单面取土式水田筑埂机。由于该机作业效率高，适应性强，在当地颇受欢迎，蒋亦元因此而颇有名气。黑龙江省农垦总局科技处处长王裕民同志便专门找到他，开门见山地笑着说：“今天，我们把您这个‘末代教授’请来，就是想拜托您来解围的。”蒋亦元当时被王处长戏称为“末代教授”，是因为早在1962年，34岁的蒋亦元就成为全国较早一批晋升为副教授的教师，而那时人们大都料想“文化大革命”后国家可能再也不会评“臭老九”当教授了，所以也就有了“末代教授”这一说法。

面对王裕民处长的期待，蒋亦元当即回答：“解这个‘围’，可能得采用全新的原理和结构。风险较大，时间较长。”王裕民当即答道：“我恰恰希望您用与传统不同的新概念去改良。”

其实，蒋亦元心里当时就在想，也许用“割前摘脱”的收获工艺能够解决这些问题，取得不一样的效果。“割前脱粒”的收获方式可以追溯到千年前，早在那时，欧洲“高卢人”（Gaul）就有过探索。19世纪中叶以来，许多国家如澳大利亚、日本、苏联、意大利、英国、法国、菲律宾等都进行过相关研究。这个前人没有攀上的山巅，蒋亦元早在赴苏联进修访学期间就有着尝试一把的愿望。20世纪三四十年代，苏联一些业内专家曾开展过割前脱粒收获小麦的基础研究，蒋亦元访学期间曾悉心搜集到一些相关资料。

“割前脱粒”的特点是一反传统的先割茎秆后喂入机器脱粒的旧工艺，而是颠倒过来，改为先在站立的稻秆上将穗部的谷粒脱下，再同时将站立在田间的茎秆切割搂集成条铺，即形成了割前脱粒联合收获机。其优点有很多，如省略了将混在茎秆里的谷粒分离出来的工序，减少了分离损失，避免了谷粒破碎，可简化机构等。但这种新工艺的实现难度也很大，如站秆脱粒时，谷粒飞溅，落粒损失大，难以适应参差不齐、交叉或倒伏的水稻，作业速度不易提高等，为此它也成为世界农机界的一大难题。多年以来，国内外许多专家学者与能工巧匠均未制成能在田间使用的机器，仅留下少量的构思简图和只言片语。

在切身的经历和黑龙江省农垦总局的重托下，蒋亦元心中酝酿萌发出“搞割前脱粒，攻克世界难题”这一具有重大创新意义课题的想法。灵感和直觉告诉他，这里面大有文章可做。在所搜集资料的启发下，蒋亦元以位于菲律宾的国际水稻研究所此前一个简单的割前脱粒装置方案为基础，开始向“割前脱粒”进军。

只有亲历者清楚在当时有这种突破性想法的人将要承受多大的压力，远离都市，信息闭塞，缺少资料，没有设备，身旁仅有寥寥几位志同道合的同事，可用的只有大片的稻田。那时，东北农学院已从香兰农场迁到阿城。面对着无房舍、无仪器设备、一贫如洗的新校址，蒋亦元在极端简陋的条件下继续开展教学和科研工作，加紧了“割前脱粒”的研究。

在蒋亦元的感召之下，许家美、温锦涛等青年教师纷纷加入他的科研小组。蒋亦元在阿城县（今阿城区）东大洼的教工宿舍里隔出一间狭窄的砖房作为工作室，开始了最初的研究设计工作。在这间简陋的工作室里他反复思量实施方案，并带领两名助手和工人师傅赴外地农机研究机构展开考察。

1976 年 2 月，蒋亦元到北京出差进行科研调查时，拜访了东北农学院原院长刘达。刘院长对蒋亦元一行非常热情，招待大家吃饭。席间刘达对蒋亦元说道：“你是我从南方招聘过来的大学生，你们在建校初期发挥了重要作用，是我重视与寄予厚望的一代。”在事隔二十余年的当时，这一番话让蒋亦元倍感亲切。当蒋亦元谈到黑龙江省农垦总局让他搞一种新型的联合收获机但设备又奇缺时，刘达跟蒋亦元谈到了中国科学技术大学的严济慈学部委员。刘达说，严济慈具有特别严谨、严密的科学作风，正指导着大家搞时间精度很高的原子铯钟，时间误差极小，这是为了卫星发射的需要。刘达随即鼓励蒋亦元好好向老科学家们学习，不要惧怕困难，要敢于迎接挑战。刘达院长如此关心后辈成长，让蒋亦元终生难忘，得到了刘达院长的鼓励，蒋亦元更是鼓足了干劲儿。

接下来的日子，蒋亦元的课题组来了几位工农兵学员，蒋亦元一边进行现场教学，一边带领大家继续攻坚。学员们积极好学，由于没有学过基础课，研制任务又紧，教师们无力详细为他们补课，但他们在绘图、加工中还是发挥了作用，做出一定贡献。

合作单位香兰农场的吴玉章技术员负责试制的技术与组织工作。他工作认真积极，思维清晰，工作进行得井然有序。钳工师傅王昇经验丰富，善于解决关键难题。刘恒兴师傅虚心好学，勤于思考，总是积极提出建议，有效解决课题困难。香兰农场领导郭熙瑜、农场修配厂的王遽书记等同志都非常关心课题进展，只要力所能及，有求必应。

这项成果是科技人员、工人师傅与厂部领导们艰苦奋斗、齐心协力的结晶。蒋亦元在工作笔记中写下了这样的文字：

> 虽然是主持单位，但我们（东北农学院）真正从事设计绘图的人员太少。我做整机方案的主要部件构思设计、计算、组织测试与总结，许家美进行部件设计、绘图、总图绘制，温锦涛完成部件设计绘图。可惜，锦涛半途又被调离去创建学校农机测试学新课程了，真是三人行，亦有我“失”啊！

他们到北京、江西等地收集资料，惊喜地获得国际水稻研究所有关割前脱粒收获机的年度报告 *The International Rice Research Institute Annual Report 1969，1970，1971 for Paddy Stripper Combine*。这是一份有关新鲜水稻的台架试验和数据分析的最新资料，具体介

1976 年秋，课题组成员与农场领导合影

后排右一：扬子江，右二：刘恒兴；前排右二：郭熙瑜，右四：许家美，右五：吴玉章

绍了一种适合收割当时植株较矮的水稻的带式脱粒器。其工作原理是：带有叶片的连接左右链子的拨禾轮，在一定的齿杆间距挡住穗头，不让植株插入横杆之间，引导穗头进入喂入口。同时，为了防止籽粒飞出，脱粒带的前、上方还加有盖板。这一试验是在台车以很低的前进速度 $v_m=0.166$ 米 / 秒（0.6 千米 / 小时）和脱粒带线速度 $v_d=7.1$ 米 / 秒的条件下进行的，横坐标为拨禾轮圆周线速度与机器前进速度的比值 λ。齿杆间距 A 计有 3 个值：$A_1=30.48$ 厘米，$A_2=15.24$ 厘米，$A_3=7.62$ 厘米。

该年度报告中的试验表明，以上因素对谷粒损失与脱不净损失的影响如下：①当 A 值较小、$\lambda=2.5$ 时，植株就不会窜入拨禾链，而被压下并导入喂入口；②图示在各个 A 值下，脱不净损失随 v_d 的增大而降低，而落粒损失随之升高；③当 $A_3=7.62$ 厘米、$\lambda=1$～8 时，落粒损失与脱不净损失之和均为 2%～3%。

科学创造需要高瞻远瞩，攻克难关需要找准突破口。鉴于当时黑龙江省和菲律宾的作物状态比较相似，即较矮、较稀，采用喂入口较低的带式脱粒器是上佳选择，故蒋亦元决定将其作为参考样机。

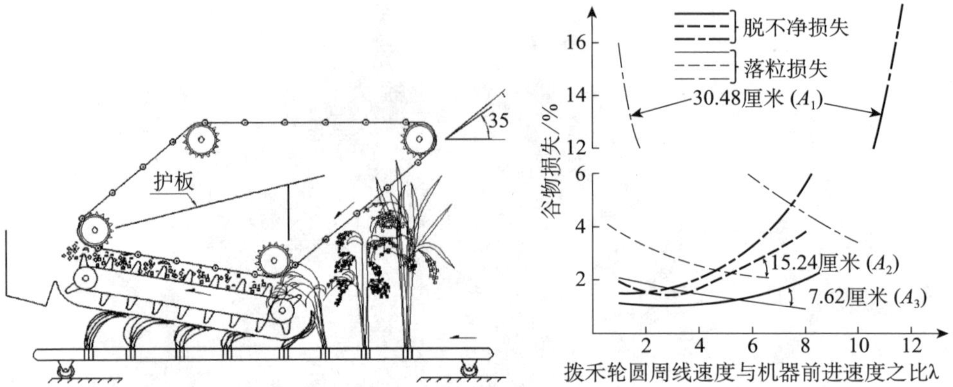

国际水稻研究所有关割前脱粒台架试验及其结果

但是该种样机亦有致命缺点，即不能收获前倾水稻。于是，蒋亦元决定采用加横杆条的挂胶带作为引导装置，取代国际水稻研究所的链板式装置，并在引导喂入带前方设置一种仿形拨禾轮，以实现收获前倾的水稻。仿形拨禾轮相对于机架的运动轨迹是一个带凹口的圆，该凹口正好可以容纳三角形喂入带前方的滚轴，这使得拨禾轮能够靠近喂入带，已拨倾斜的禾秆在其反弹回原直立状态前，就能与喂入带挨上，实现柔和的过渡与衔接，减少碰撞的落粒损失，这正是蒋亦元改进设计的关键所在。

“割前脱粒”工艺的实现难度大，黑龙江省农垦总局给予的研发时限又短，实需集中“兵力”，不宜拉长战线。经蒋亦元小组研究，决定将稻草收获问题后延至次年解决。同时，因为此工艺具有脱出物中轻杂物较少的特点，故暂未设清选机构。

蒋亦元在日记中记录下了研发试制的情况：

> 1976 年 4 月底讨论方案；5～7 月底计划完成设计；到 8 月 3 日，距水稻收获仅 50 天，机器图纸尚未完成，能设计绘图的人员实在太少。

紧要关头，蒋亦元迎难而上，不舍昼夜地分析计算各部件尺寸并亲自绘制整机的配置图。然而开始画图时，麻烦也随之而来。一是机器庞大，如果各用一张 A0 图纸分别完成机器的顶视图、侧视图和正视图，则既费空间又难免要周折于各视图之间线条的转移操作；二是如果将 3 个不同方向的视图画在一张纸上，那么即使用 A0 图纸容纳此三图，每个视图的比例尺必然很小，无论用多细的笔道准确地绘制出整机的配置图，图解的尺寸误差都会比容纳一个视图大 3 倍。

蒋亦元所绘制的是整机机构图，是决定所有尺寸的依据，由于所有的配置关系都是用线条表达出来的，因此线条位置必须准确，且尽可能细。到底怎样将误差降至最低，同时又要方便操作呢？蒋亦元独辟蹊径。为了获得更精确的尺寸，他创造性地将三个视图重叠画在同一张图上，而比例尺仍按原值不变。这样，不但解决了上述误差问题，又切实简化了各视图间相对应的程序，大大提高了效率。当然，如此“特别”的绘图语言，也只有蒋亦元本人能读懂。好在这是一张显示整机各部件的配置图，只有“骨头”没有“肉”，线条不是很密，这一方法得到了其他设计人员的赞许。

一周后，图纸顺利完成。1976 年 8 月 11 日，设计组立即依图纸投入工厂试制阶段，在当时农场修配厂的简陋条件下，他们与工程师吴润章和工人师傅们奋战了一个多月，终于在 1976 年 9 月下旬水稻开镰收割之际，突击完成第一代样机的试制。那时，正是毛主席逝世后不多日，大家化悲痛为力量，通宵达旦地赶制。

1976 年 10 月 5 日，样机可以试运转。10 月 11 日，进行田间测试。但这时已错过了霜前水稻的收获试验，仅完成了初霜后水稻的性能测试。

在这个科研攻关小组中，作为核心的蒋亦元自然是压力最大的一个。有一段时间，蒋亦元与助手们吃住在香兰农场的招待所进行设计。他白天、夜里思虑的都是设计方案，工作时想，吃饭时想，有时夜里睡觉时突然有了灵感，就马上爬起来记录下来，生怕过后忘了。为此，课题组的温锦涛常常说：“蒋老师每个清晨醒来，常常都会有新的构思提出，这真是不可思议的事情。”

在课题组招待所下榻个把月后，那里的管理员有一天不解地问：“蒋老师，大家都是同时入住的，怎么只有您把床单给磨破了？”听罢，蒋亦元不禁露出羞赧的神情，真诚地向其道歉。助手们看到这一场景，心里真是百感交集，他们清楚，自从开始这一课题，蒋亦元就没有睡过一个安稳觉，长久地夜深难寐，频繁地思索翻身，日子久了床单竟被他磨破了。

二、一代样机一鸣惊人

在短短数月时间内，蒋亦元和他的助手们就将“水稻割前脱粒”的工艺变成现实，并且首轮样机的试验已经显示出“站秆脱粒”的可行性。这轮样机具有构造简洁、收获直立水稻时谷粒损失率小、清洁率尚还令人满意等一系列优点。然而，此时的蒋亦元却没有感到丝毫轻松，面对机器还存在前进速度不高、生产效率较低、不能收割倒伏水稻等问题，他沉心静气，经过缜密分析，再次投入样机的技术改进工作中。

首先，改进的重点在于机器能否收获刚刚从脱粒间隙里抽出来的稻秆。此时的稻秆处于前倾状态，是否会被切割器压趴，而导致秸秆无法进入割刀的刃口，就从切割器下面滑过去呢？关于这个问题，蒋亦元早就有所预感。他曾与知识青年在田间将秸秆上半部向前方压到脱粒带前滚以下的高度，发现秸秆的根部一小段并未打折，而是保持直立状态，所以只要切割器刀杆梁贴地滑行，就可实现切割。

为了提高样机作业速度，同时避免落粒损失，蒋亦元通过理论分析找出了解决问题的良方。他试图在样机机身侧面加装一个预压装置，该装置能将相邻的下一趟作业的作物预先压成前倾状态，于是在下一趟以梭形作业时，前倾的作物被压后就呈后倾状态了。这样一来，稻草在喂入带的柔和引导下，就能顺利喂入，从而既可显著提高作业速度达一倍之多，又可降低落粒损失。

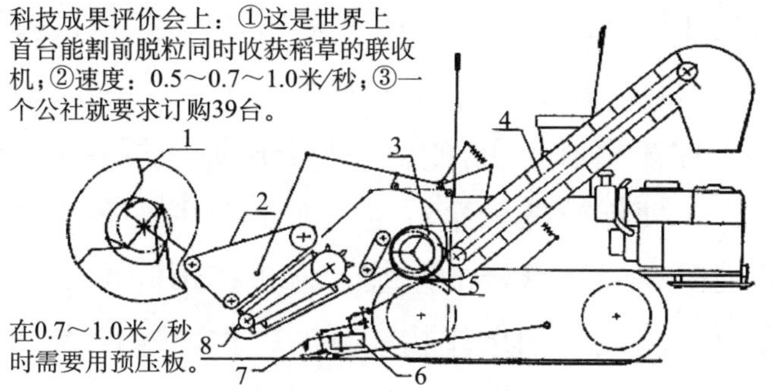

第一代割前脱粒联合收获机

第一代割前脱粒联合收获机的预压板

第一代割前脱粒联合收获机割前脱粒的同时切割搂集茎秆成的条铺

关于如何以更好的方式搂集已切割的稻草，蒋亦元首先采用的方案是，在割刀的上方设置刮板式搂草机构，将已切割的稻草向一侧运移，侧向放铺。然而田间试验却发现，稻草多次在排出口产生堵塞。由于刮草板的高度有限，横移中的稻草数量直线上升，对尚未切割的稻草压力越来越大，导致出口侧的稻草易被压趴而漏割。蒋亦元试验前曾料想到可能会存在这样的问题，但试验结果提醒他，设计之初应把问题考虑清楚，不能抱有侥幸心理。

后来，蒋亦元又对此方案做了调整，他在履带前方设置了与履带等宽的两块立置搂草板，其下边缘为左右不对称的锯齿结构，在做左右往复运动的过程中，使稻草只做单方向运移。他试着将样机搂集装置的两侧各自向中间缩进一个履带的宽度，从而履带前的稻草被集中到中段已割稻草上，依靠前方静止稻草对运动着的割刀的惯性，就能全部越过刀杆。刀杆的往复运动通过杠杆与搂草板联动。这种由“一侧放铺”改良成“中间放铺”的方案不仅结构简单，而且很快解决了原来存在的问题，尤其是机器速度在≤0.5 米 / 秒时，作业极为可靠，使样机的稻草输送量明显减少，输送过程中的堵塞现象也成功消除。经过这样的改装，样机在田间可以按作物生长状态自由选择行走路线。如果作物较稀时，作业速度尚有进一步提高的潜力。

为了更好地测试样机性能，蒋亦元带领团队对霜前和霜后两种不同状态的水稻进行了收割试验。霜前和霜后的水稻性状有很大不同，前者挺直、潮湿，后者干燥、柔软、倾斜，但初霜时倾斜并不严重，因此试验是在 3 个不同的时期进行的。试验中，蒋亦元设定了两个不同的作业速度，即低速（0.57 米/秒）与高速（0.98 米/秒），高速作业时用压板对水稻进行预压。课题组进行试验的水稻单产为 5325～6425 千克 / 公顷，植株高度为 39～80 厘米。试验结果显示，此机的最快作业速度与最慢作业速度分别比菲律宾的台架试验速度快了 6 倍与 3 倍。收获谷粒的总损失为 0.86% 与 1.60%（霜前），1.28% 与 1.60%（霜后）。在试验中发现，拨禾轮刮擦穗头，导致落粒损失。蒋亦元通过在拨禾轮的横杆上加一套管，从而使套管在穗头上仅做滚动，避免了前述的刮擦作用，使落粒损失显著减少至原来的一半。另外，谷粒破碎率与脱壳率极微，可以忽略不计。试验样机的作业性能优良，受到了多年水稻种植户的欢迎，大家还从来没有见过这样一种颠覆传统的收获方法。

回顾第一代样机的研究历程，蒋亦元认为科研创造不仅要搞出机器，还要形成对新机型所具特色的理性认识。比如，对割前脱粒器的扭矩与功率消耗的测定。由于它与传统机器完全不同，需要扭矩传感器、集流环、电阻应变仪等仪器设备。然而，在当时的大环境下，要实现这些条件非常困难。那时学校已接到上级命令，要在一周之内匆忙将学校的全部家当搬到乡下。可想而知，面对这场突

第一代割前脱粒联合收割机样机在田间作业

如其来的浩劫，用“费尽周折”凑齐的设备完成复杂的测试是多么困难。所幸，“费尽周折”后的结果是令人兴奋的。在后来的全国机械行业奖励评审答辩会上，蒋亦元展示了一张曲线图，该图显示出“割前脱粒的能耗、扭矩与前进速度（或喂入量）无关，几乎保持定值”的结论。这一结论与传统型脱粒器截然相反，专家们提出质疑。蒋亦元坚定地回答道：

> 割前脱粒的特点是作物喂入一层的同时又抽出一层。所以，脱粒间隙里每个瞬间的作物厚度不会随机器前进速度而显著增加。因而脱粒所需扭矩、功耗几乎就保持不变。

这引起与会者们的极大兴趣，该成果最终脱颖而出，荣获国家技术发明奖二等奖。如果没有此前费尽周折完成的测试曲线，结果就会难以令人信服。

课题组刘道顺在田间进行扭矩和功耗的测定

蒋亦元关于拨禾轮拨禾倾角的探索过程也颇费周折。要想使得茎秆向后倾斜便于喂入脱粒器，就需要拨禾轮运动轨迹的环扣宽度有一个适当的值，这取决于拨禾轮的速度与机器前进速度的比值。前者过大时，将引起拨禾叶片的冲击，使谷粒的损失增加；后者减小时，会影响作业的效率。这就要求几个参数间通盘协调，同时兼顾上述二者。反映它们之间复杂关系的数学模型是一个超越函数，其求解需要采用计算机。蒋亦元 1982 年做此分析时，正在美国密歇根州立大学做访问学者，那时，个人数字计算机在美国高校尚不普及，仅有“王安”系统，所需的计算方法、BASIC 语言、编制程序与框图等内容，都是蒋亦元利用在农业部招待所等待办理出国手续的半个月空闲时间内自学的。蒋亦元经过计算后，获得了拨禾轮叶片速度与机器前进速度之比 λ 与禾秆被拨成向后倾角 α 之间关系的曲线图。正是基于该分析结果作为指导，才获得下图在 $\lambda=3$ 或机器前进速度 $v_m=0.9$ 米 / 秒时，谷粒飞溅损失与脱不净损失均较少的佳绩。

$$\sin\omega t_{b_1}-\cos\omega t_{b_1}\frac{R\omega t_{b_1}-\lambda X_m}{R+\lambda H}=\frac{H+\lambda R}{R+\lambda H}$$

$$X_{\mathrm{m}}=\frac{R}{\lambda}\left(\sin^{-1}\frac{1}{\lambda}+\sqrt{\lambda^{2}-1}\right)$$

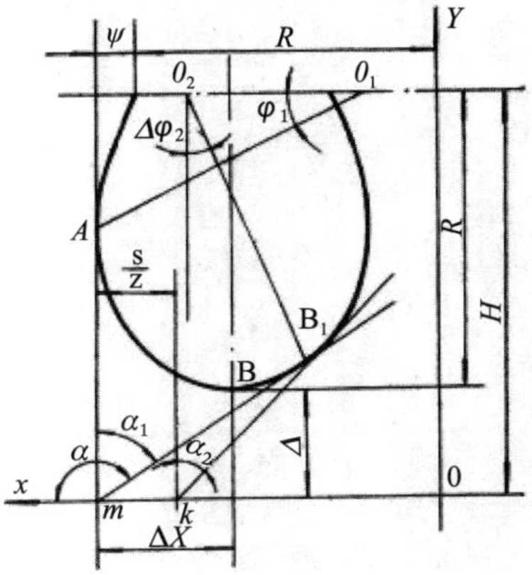

拨禾轮运动轨迹的环扣与禾秆倾角关系图

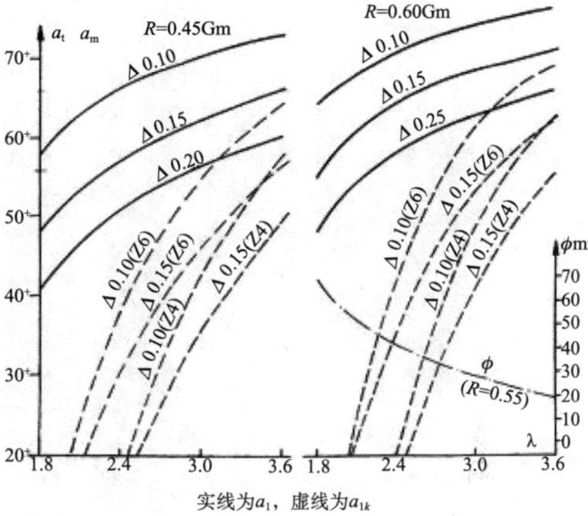

各个参数影响倾角的关系曲线

1977 年 12 月，全国收获机械学术会议在浙江省湖州市召开，这是“文化大革命”后该领域的第一次学术会议。组委会特邀蒋亦元和课题组成员许家美、刘恒兴等同志出席此次会议。会议期间，蒋亦元宣读了自己的科研论文，引起全国同行的浓厚兴趣，也为若干年后全国众多院所研制水稻割前脱粒收获机开了先河。黑龙江省科学技术协会也给予支持，主动拨款 5 万元作为进一步研究的经费。蒋亦元感到非常欣慰，为提高工作效率，在这笔经费的支持下，他指导首届两名硕士研究生赵匀和申德超，设计制造了国际首台“割前脱粒”专用试验台，专门用于样机部件试验与测试。这个试验台的特别之处就在于，它保持了样机与稻草之间的相对运动，但不同的是一改田间“稻草不动、机器运动”的状态，变为所要研究其工作性能的部件固定不动，而让“夹持作物植株的运动台车”去运动。这种模拟田间实际作业状况的试验台具有广泛的用途，他在出国前，曾与助手们在试验台上进行过数百次试验，汗水洒满了试验台。该实验台已使用至今，长达数十年。

蒋亦元与指导的首届硕士研究生赵匀（左）和申德超（右）合影

会议期间，与许家美、刘恒兴合影，中间为蒋亦元

一朵朵成功之花，在饱经了辛勤的培育之后，终于蓓蕾绽放。由于蒋亦元和其助手们的突破性科研成果在全国范围内产生的广泛影响，他们不仅引起了广大业内同行的密切关注，更让许多普通百姓充满了真诚的期待。一时间，大量饱含鼓励与问询的信件纷至沓来，令蒋亦元尤感意外和惊喜的是，其间竟然还有唱花鼓戏的演员

的关注，可见这一新成果能早日成功推广包含着太多人的殷切盼望。于是，他写下了一首饱含真情的五言诗《苦寒行》自勉。

苦 寒 行

（丁巳秋志割搂之初成）

北上拓新途，艰哉何崎岖。
虚实人兼筹，心力为之衰。
求索数十回，暗明历几度。
登上是险峰，阔览风光殊。

1978 年，蒋亦元全力为硕士研究生准备新课程的讲稿和实验等教学工作，故未能全力投入科研。这一年，样机仅在原有基础上略作了一些改进。试验表明，脱粒带过长，其倾角可升高，故将倾角提高至 42°～45°；主动辊可放大，同时前置的被动带也可放大，以延长脱粒带的寿命；喂入口可提高至 20 厘米。这些很好的构思，使得样机性能在试验中不断得到调整，蒋亦元在日记中记录了试验的经过：

第一次试验：1978 年 9 月 17 日 中秋节

在香兰农场二队，发现脱粒带中段鼓起，打击喂入带。脱粒速度高达 14 米 / 秒，这是由于脱粒主滚筒直径放大后，忘记缩小皮带轮直径，以保持线速不变。这是我的疏忽所致，耽误了可贵的时间。本是完全可避免的失误，我深感自责，向团队作了检讨。

第二次试验：1978 年 9 月 22 日

今日，将传动系统做了改动。我绘制全机配置及传动图，脱粒速度改为 10.95 米 / 秒，喂入带速度为 2.53 米 / 秒，其上的横杆条改为木质的夹胶条，稍高出木条。前进速度为 1.0 米/秒，此时，谷粒脱得干净，且无破粒。稍倾斜时，逆着作业效果好，顺着作业时，可用三挡，此时拨禾为薄层，且未出现秸秆搭在喂入带前辊上的现象。

此机在配置上有明显的缺点，我本该把缩短后的脱粒带后移与横置的脱出物输送搅龙衔接，从而缩短前伸量。但为避免因改动机架结构而增大工作量，我加了一个过渡用的输送带，但事实证明这是缺乏周密思考所致的多余之举，我特别自责。

另，分禾器向里收拢的内侧面与拨禾杆右端之间，不可避免地有个间隙，它使一小簇禾秆漏脱。为此在此斜面上按拨杆的轨迹制出一个凹槽，同时在杆端加胶条，就圆满解决。值得高兴的是，脱出物输送中，易被较长断草堵塞，为此在输送搅龙末端扩大直径加伸缩拨齿，得以有效解决。

第三次试验：1978 年 9 月 23 日 未下霜

稻草呈青绿，高 75～80 厘米。水稻品种与此前不同，很难脱粒。“东风”联收机也有大量脱不净，分离损失同样很大，不得不停止作业。经调整后，我们的样机在同一块地，用三挡作业，就能脱净，即便稍高速度作业时损失率亦在允许的范围内，可见霜前水稻脱粒问题已经解决。如此，样机既能割前脱粒又能同时切割、搂集稻草成条铺，可喜。

令蒋亦元欣慰的一件事是，1978年8月中旬东阳县（今东阳市）来信写道：

蒋教授：

采用您的仿形拨禾轮、喂入带和带式脱粒器，工作可靠。脱不净率为 0，落粒少。收早稻时落粒也没有明显影响，比原有的机器大有改进。深表感谢，我们认为此机不仅适合东北，在南方亦有适应性。

这封信着实给探索中的课题组以莫大鼓励。

与此同时，东北农学院科研处处长朱长富看了蒋亦元课题组的样机作业后，认为是时候开个由资深的农机专家、工程师、有经验的水稻种植户们组成的评审会了，并建议邀请黑龙江省教育委员会的有关领导参加。蒋亦元当时一心专注于机器调整、试验，以早日投产服务于生产，根本没有想到这一点，也没有完成科研任务就鉴定、报奖的习惯。但听到朱处长的建议后，他也深感非常必要，当即表示赞成。朱处长见状当机立断，并乘坐硬座的夜车赶赴哈尔滨。

最后，这个现场会在1979年秋就这样开成了，还在黑龙江省香兰农场召开了该样机的田间试验汇报会。汇报会的现场气氛非常热烈，不仅有教育委员会和学校的相关领导出席，工厂的工程师、农场的农艺师、公社的技术人员、许多村屯的农民也都闻讯赶来。会议由香兰农场副场长刘宗喜主持。蒋亦元介绍完课题研究情况之后，只见香兰农场五队水田队长高平腾地站起来说："我们考察了许多国内外水稻收获机，唯有对割前脱粒看中了，它是我们梦寐以求的。我们早就想过用这种方法来收割那该多好，今天竟由你们搞出来了，它能使谷粒完整不破碎，茎秆完整可作副业原料，又节省能源。"他的话音刚落，参加会议的教授、工程师等都纷纷对"割前脱粒"所取得的阶段性成果给予高度评价。

现场参观的人都是第一次看到这样收获水稻的机器，无不拍手称赞。值得一提的是，许多常年种植水稻的朝鲜族同志格外兴奋，并强烈希望蒋亦元能尽快生产，他们诉苦说："现在人工作业实在太苦，尤其是妇女。在寒冬腊月手握干枯的水稻杆进行脱粒，戴了线手套防止磨损手掌，外加橡皮手套保护线手套并保温，但很快就会出汗，休息时手套内的汗水又结冰。真是折磨人！如果按一个大队13台计，公社共计需订购39台。希望课题组赶快投入生产，即使质量稍微差一些也无妨。"黑龙江省委原书记杨易辰得知后，还亲自写信、致电催促相关部门早日投产。

样机能取得这样的效果和影响，是蒋亦元和助手们未曾料想到的，他们不禁激动万分。尽管样机难免还有一些问题，但毕竟这是我国乃至世界上第一台实现水稻割前脱粒的收获机，它的诞生彻底打破了传统的收获观念。

此情此景像一支嚆矢划破了“水稻割前脱粒”研究领域中凝固良久的沉闷空气，更开创了时代的先河。直到今天，同行们还在感叹：当时国内外众多的大学和科研院所中有很多农机方面的大家，为什么在面对“水稻割前脱粒”这一难题时都裹足不前，不敢再去触碰那个禁区，而一位普通的农机教授却能够研制成功？并且，这种设计、试制、田间试验的研发速度，即使在几十年后的今天也绝对是罕见的。从那时起，人们牢牢记住了这一奇迹的创造者——蒋亦元。

因“割前脱粒”初探的成果，蒋亦元于 1980 年被评为黑龙江省特等劳动模范，此时，蒋亦元难抑激动之情，赋诗一首，以表心曲。

七　律

（己未秋现场汇报会后）

割脱颠倒竞折腰，辗转反侧四周宵。
悉心寻觅千百度，回头蓦见阑珊处。
切搂虽好仅端倪，誉声诉苦催征号。
且赏今秋意境高，车过桃山平川啸。

七日接亦

“切搂虽好仅端倪，誉声诉苦催征号”一句中的“催征号”正是应时任党中央主席华国锋提出实现“四个现代化”、新长征的号召所发出的。伴着这催征的号角，蒋亦元决定第一代样机就此定案，按黑龙江省农垦总局指令，将研究项目转移至总局下辖的依兰收获机厂小批试量生产。在开过第一代样机的现场评审会后，蒋亦元心想接下来的事便是顺利推广样机了。他在乘坐火车返回哈尔滨的路上，佳木斯至桃山段是丘陵地貌，火车速度较慢，待驶过桃山后，变为平原，火车呼啸而过，恰恰是自己当时的心情写照，于是有了“且赏今秋意境高，车过桃山平川啸”的诗句。

蒋亦元常说，行政干部对学校发展的重要作用不容小觑。他认为，如果没有当时朱长富处长的远见卓识和身体力行地为科研服务的思想，并通过组织会议使相关领导和单位了解此课题的意义，就不能如此及时地获得上级的支持。尤其是在当时全国高校几乎处于“停摆”的状态下，朱处长的贡献更显得可贵。

三、访学美国

1982 年 1 月，蒋亦元作为访问学者到美国密歇根州立大学从事科研和考察工作。改革开放初期，我国派出国学习进修的人员还比较少。蒋亦元到校工作后不久，就收到了该大学农业工程系领导的诚挚邀请，希望这位以教授身份访问的中国学者能为他们做个学术报告，蒋亦元欣然接受。

学术报告开始前，系领导还特意在全校的报纸上进行了宣传。蒋亦元的报告题目为 *A Rice Combine for Threshing Prior to Cutting*，介绍了他耗时 6 年完成的割前脱粒水稻联合收获机第一代样机的研究成果，详细介绍了仿形拨禾轮、割前脱粒装置、脱粒后立即切割秸秆并搂集成条铺的机构等主要工作部件，以及将它们组成为具有履带行走装置的水稻联合收获机的创新内容。

该系许多博士生、硕士生闻讯赶来聆听，反响热烈。蒋亦元所介绍的成果完全出乎外国同人的意料，负责密歇根州立大学研究生教育的埃斯梅（Esmay）教授说：

> 出席这次报告会的人员空前之多，不少研究生，甚至农学院院长，其他学院的教师也来了。这真正体现了中美两国在农业工程学术领域里的双向交流。在这以前，你们中国学者只来学习我们，而现在我们也能学习你们。

从此以后，许多美国教授都对这位来自中国的蒋教授刮目相看，有的老师甚至还主动邀请他协助其指导研究生的科研项目。该系那些来自发展中国家的留学生们，对蒋亦元更是心怀崇敬，智利的一位留学人员说：

> 美国虽然在我国办了学校，但只是教我们如何使用机器，从不教我们如何设计机器。我们很多留学生（主要是第三世界的）非常希望您能给我们讲授联合收获机与水稻插秧机等的设计与计算。

蒋亦元答应了他的请求，还特意为此制作了幻灯片。在多次讲授以后，听者普遍感到非常满意，准备向系主任要求由蒋亦元正式为他们开课，并讨论是否需要提交学生听课的照片及姓名以承认学分。然而，蒋亦元考虑到毕竟自己此行还有学习和科研任务要完成，实在无力兼顾，只得对“正式开课”的要求婉言谢绝。

蒋亦元访美期间，校方特地为他派了一位较年轻的教授汤姆·伯克哈特（Tom Burkhardt）为联络员，帮助他做一些具体工作。汤姆在此前也曾对“割前脱粒”这一课题开展过一些研究，但仅初步探索了其中一个脱粒部件，尚未取得满意结果就作罢了。汤姆在后来的工作中了解到，蒋亦元不仅能将理论文章写得深入，还能用高速摄影来验证这些理论，同时能把样机制造出来，又成功地进行了田间性能试验、功率消耗的电阻应变等测试。在汤姆看来，蒋亦元能在短短几年的时间里取得这一系列成就，是非常不简单的，对此感到非常惊诧与佩服。汤姆主动提出，建议蒋亦元把论文拿到美国农业工程师学会（American Society of Agricultural Engineers, ASAE）的年会上发表，并表示愿意做一些文字修改工作，更渴望成为论文的合作者。蒋亦元表示，此课题是在国家的支持下完成的，需经国内校方的同意才能决定能否署名。于是，蒋亦元写信给余友泰院长汇报此事，在获得主管科研副校长赵梦瑞教授复信同意后，蒋亦元才答应了汤姆的请求。

蒋亦元（左）与余友泰

1982年是美国农业工程师学会创立75周年。在学会年会上，蒋亦元宣读了自己的科研论文，并邀请同行的斯里瓦斯特瓦教授帮助播放幻灯片。斯里瓦斯特瓦教授之前并未参加蒋亦元在学校所做的报告会，这次仔细听了蒋亦元的报告后，给予了较高的评价。斯里瓦斯特瓦教授是农业工程学院的资深学者，学术造诣很深，能得到其好评极不寻常。之后，又进行了精彩的问答环节，在场听众听后颇为信服。参加年会的还有美国约翰·迪尔公司的专家，这些专家在蒋亦元访问他们的公司时就曾听其做过此报告，当蒋亦元走下主讲台时，他们真诚地向他道贺："祝贺您的报告成功！您的论文具有重大价值！"并与他合影留念。

在美国做高级访问学者期间，蒋亦元曾应约翰·迪尔公司之邀对该公司进行了为期三周的考察，期间的吃、住、行等日常开销都由该公司提供。为了感谢和回报，蒋亦元在该公司总部的技术中心做了《关于中国农业机械化发展情况》和《割前脱粒联收机进展》两个学术报告。报告会结束后，一位专家对蒋亦元说道："这是一个大胆的探索，是一场赌博，后面的工作还有很多啊！不过人生本来

1982 年参加美国农业工程师学会 75 周年庆典大会后与约翰·迪尔公司同行合影留念（右一为蒋亦元）

就是一场赌博！”蒋亦元对其提醒和经验之谈表示感谢，对此他也深有同感，他知道割前脱粒联合收获机还面临许多挑战，今后还有很多工作要做。

蒋亦元在此次访问期间，顺道游览了南达科他州黑山区（Black Hills）雕琢在山岩上的举世闻名之作，即美国印第安纳拉科塔人为纪念历史上著名的拉科塔酋长狂马在布拉克山区建造的狂马纪念雕像（Crazy Horse Memorial）。据说上述年轻领袖是被白人政府背信弃义暗害的，因此印第安人要把这段历史刻在山岩上，以期它能永不磨灭、流芳万世来教育后代，并恳切地邀请参加过总统山雕刻的著名雕琢艺术家齐奥柯夫斯基（Korczak Ziolkowski）担此重任。经过两年的调查研究，年仅 36 岁的齐氏郑重接受，并于 1948 年启动这项浩瀚的山体雕刻工程，开始了这一具有史诗般意义的艺术创作。刚开工时，只有齐氏一个人在山上工作。1982 年，他逝世后，他的妻子、儿子和其他家庭成员，在非营利性“狂马纪念雕像基金会”的资助下，继续以坚韧不拔的毅力推进这项工程。它比同在布拉克山区基斯通附近雕刻有 4 位美国总统头像的拉什莫尔总统山整体还要大一些。到蒋亦元游览时，这项工程已经经历了 34 年，剥离了700万吨花岗岩，但还远未完成。仅马的颈部就有20层楼高，手臂下的三角形空间也有10层楼之高，由此可见这项工程的浩大与艰巨。

蒋亦元在远处用望远镜仔细地观察了这雏形初露的巨作，并对它赞佩不已，心情激动得久久不能平静。他想到了中国古代传说中的愚公移山，愚公用的是锄头，移去的是两座土山，而今加工的是花岗岩，且要雕琢成立体的艺术品；愚公动员了子孙不断挖山，而这位齐公也动员了全家，夫人和十个子女，男女各半，投入了这一举世无双的壮举；愚公最后依靠其精神感动了上天帮他把山搬走了，而齐公两次拒绝了美国联邦政府提供1000万美元的财政资助，恪守工程开始时曾发出的誓言，不给政府以干预的可乘之机，坚持依靠游客的门票收入和世界公众的捐助。愚公移山毕竟是个传说，而齐公之举却发生在现实之中。

齐公的献身精神与事迹震撼和鼓舞了蒋亦元，他常说，这是自己一生中深受感动的一件事。在回国后给学生们讲课时，他也经常用这个例子来鼓励大家勇敢面对困难，做好长期奋斗的心理准备。其实，在蒋亦元赴美国访学的这一年时间里，关于割前脱粒收获机的改进问题始终萦绕在他的心头。他深知这将是一个改动大、难度大、成功把握小的课题，但每每想到齐氏明知工程浩大仍然锲而不舍、承此重托的顽强精神，便鼓励自己要百尺竿头更进一步，始终积极酝酿着改良方案。他告诉自己："日后，哪怕我失败了，但只要我的努力对后人是有益的，也就足够了。"

四、二代样机田间试验失败

黑龙江省农垦总局希望蒋亦元能够搞大型的、至少是中型的联收机，此外，应能收获倒伏的（包含严重倒伏的）水稻，并在脱粒的同时切割、搂集稻草成条铺。蒋亦元意识到，这是一项非常困难的任务。1983年蒋亦元访美回国后，便立即投入第二轮样机的研制工作中。

蒋亦元先从收获倒伏的水稻入手，致力于扶禾器的研究探索。同时，他又将制作较为困难的脱粒器由带式改为滚筒式，并为此进行了3年多的探索研究和台架试验。

扶禾器台架试验

当时，日本机型的扶禾器所采用的是扶禾拨指结构，拨指在绕链子转动的同时，也受到滑道的控制，导致结构极为复杂。蒋亦元独辟蹊径，将拨指和链子固结设计为一体式结构，大大简化了机构。这样一来，机器的工作幅达到了1.8米，而当时日本的机型仅为0.9～1.0米。

工作幅大大增加的同时，也出现了一个弊端。蒋亦元发现，当左右履带下陷深度不一致时，工作幅较宽，将导致两端扶禾器距离地面的高度不一致，这样就无法保证收获严重倒伏水稻时的扶禾性能。为了解决这个问题，蒋亦元又将扶禾器由整体式改为各行独立式，从而实现了贴地仿形。扶禾器的前端设有滑掌，地面对其支反力可以忽略，因而不会锵地。在地头转弯时，扶禾器也无须提升起来。实践表明，这种扶禾器可以大大提高工作效率，减轻操作负担。

此外，如果某个扶禾器出现故障，可以单独将其抬起，以便于维修。为了适应不同的株高和运输的需要，扶禾器还具有整体升降的功能。

样机的另一特点是，要求扶禾器使穗头以朝前的方向喂入摘脱滚筒，而日本机型则只要求扶正。蒋亦元在每行水稻均采用左、右双侧扶禾拨指进行扶禾，扶禾拨指比日式单侧的扶禾拨指短得多，扶禾效果也更加整齐。与此同时，扶禾拨指缩短后，卸草方式也大为简化。

蒋亦元所设计的该样机，无论在台架或田间进行试验还是收获倒伏的水稻，性能都比较令人满意。在实践的基础上，蒋亦元还对扶禾器扶禾质量的相关理论问题做了进一步阐释说明，对扶禾链的扶禾长度、扶禾链的速度与穗头所到的位置三者之间的关系有了新的认识。

为了降低落粒损失，苏联、菲律宾等国家和国内大多数研究单位均采用了气吸的摘脱方式，但蒋亦元认为这样做必然会增加能耗，故应力求避免。于是，他在室内试验时，采用了无气流吸运方式的滚筒式脱粒装置，用弓齿来进行脱粒，并认为这是无可争议的最佳选择。

滚筒式脱粒装置有两种形式，即“上脱式”和“下脱式”。试验结果表明，前者因穗头在喂入的瞬间受到弓齿向上运动时的打击，飞溅谷粒较多，故被放弃；后者在喂入口处，弓齿形成向下、向后方向的运动，有助于喂入，飞溅谷粒较少，故予以采用。

随后，蒋亦元针对无气流吸运的方式做了三种不同的试验：①下脱式滚筒脱粒器，不加扶禾器，收直立水稻；②扶禾器 + 下脱式滚筒脱粒器，收直立水稻；③扶禾器 + 下脱式滚筒脱粒器，收倒伏水稻。三种情况下的试验结果分别如下。

（1）无气流吸运，下脱式滚筒脱粒器，不加扶禾器，收直立水稻。

通过高速摄影进行记录分析，发现带式脱粒器的作业情况是：当喂入口弓齿几次碰及穗头时并不会产生多少落粒，仅会将穗头梳直，这表明不用气吸式是可行的。

为了测试较大喂入口下的表现，蒋亦元准备了4块导板，如下图中的OE、OF、OG、OH所示。试验结果显示，采用OG导板时效果最佳，过渡辊可以取消。穗头喂入畅通，未见从缝隙中被喂入带带出的情形，飞溅损失很少。采用OF导板时，也得到了类似的试验效果。在此条件下，蒋亦元又组织了多次的重复试验，所得落粒损失、脱不净及总损失等均在满意范围内。

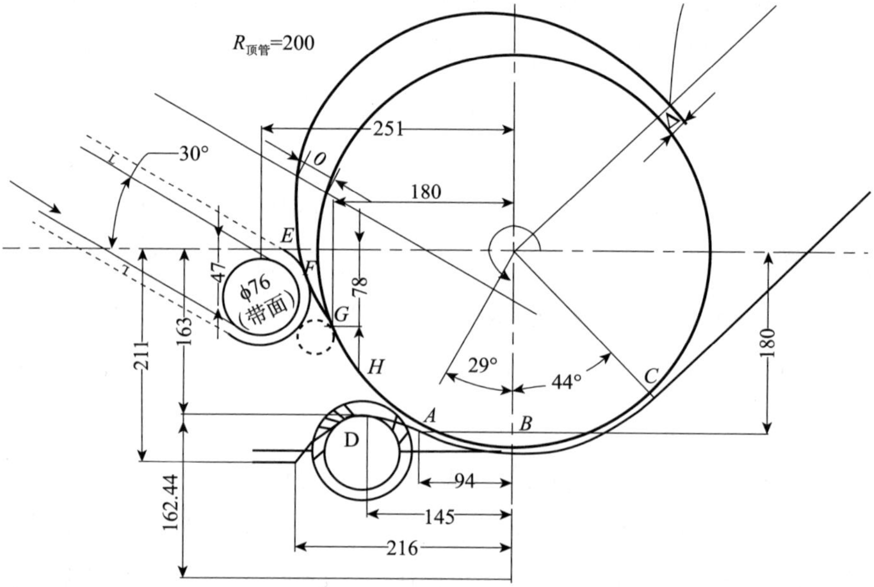

无气吸割前脱粒器

（2）扶禾器 + 下脱式滚筒脱粒器，收直立水稻。

蒋亦元将水稻前倾角度设定为30°进行了试验，结果发现，当水稻植株高达74厘米，且比喂入带前辊高出14厘米时，在V_m=0.5米/秒，V_b=1.3米/秒，β=57°作业参数下喂入较为顺利，脱粒效果良好。当这3个参数分别为0.7米/秒、1.3米/秒和48°时，作业质量亦可接受。这说明无须抬高脱粒器，仅提高脱粒速度即可达到较为接近的目的。蒋亦元由此认为，脱粒速度应该是可变的，以适应不同作物的脱粒需要。

（3）扶禾器 + 下脱式滚筒脱粒器，收倒伏水稻。

针对倒伏严重的水稻，蒋亦元又分别测试了顺向和逆向两种作业状态下的收获效果。顺向收获严重前倒伏、秸秆离地最大高度仅 30 厘米、谷层很厚的水稻时，机器采用低速前进，结果显示脱粒后的穗头干净，效果非常好。由于穗头在喂入口所停留的时间较长，产生夹杂物被喂入带带出的现象，但对整体作业效果并未产生影响。当 V_m=0.5 米 / 秒，V_b=1.41 米 / 秒，扶禾器倾角小，植株高大，植株被扶到终点时尚未能越过铅垂线，秸秆又柔软，更不易转向。由此可见，顺向收获倒伏水稻时，植株高大而柔软，需要增大倾角或降低 V_{m}。

逆向收获上述作物时，当 V_m=0.5 米 / 秒、V_b=0.81 米 / 秒，喂入效果良好，但在开始作业时有若干穗头被扶起后又落下，而未被喂入，这表明 V_{m} 取值过低。当 V_{m}=1.0 米 / 秒、V_b=1.41 米 / 秒时，喂入效果良好，但稍有脱粒不净的现象产生。由于收获时不需将秸秆翻过 90°，故 V_b 取值不宜过大。当 $V_m=V_b$=0.70 米 / 秒时，脱净和喂入效果均较好。

调整拨指的绝对速度 V_J 方向，当指向垂直朝上时，有利于 V_m 的提高，穗头的喂入也较为及时。但此时秸秆作用在拨指上的压力过大，易由于卸草不畅而引起缠草现象。

而后，蒋亦元又以新鲜水稻为对象进行了割前脱粒作业试验，由于新鲜水稻湿度大、秸秆挺拔，故与枯霜后的水稻试验有很大区别，更趋近于生产实际。

为了考察机器的作业性能，并且测试在喂入口下唇部设置辅助齿辊后是否有助于散落穗头的挑起喂入等问题，蒋亦元又进行了多次重复试验。从曲线图来看，样机的作业质量尚佳，但也存在秸秆被拔出、拉断和断穗的现象，在蒋亦元看来，这是致命的缺点。蒋亦元详细分析了原因后认为，此缺点是由于脱粒后的秸秆从脱粒间隙拔出时要经过 180° 的转弯，形成了较大的拉力所造成的。在植株较高以及穗幅差较小的情况下，此缺点可以减轻。此外，已经脱粒的禾秆在拔出时弯曲达180°，反弹也更强，会继而影响后续的喂入。蒋亦元发现，即使在前方加了辅助辊，也几乎没有任何改善。

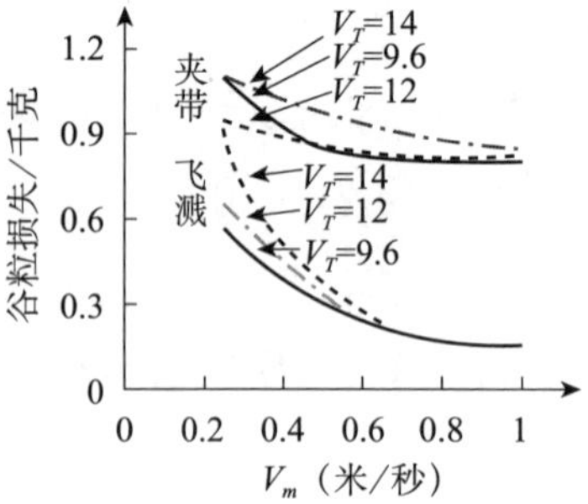

脱粒速度变化对夹带损失、飞溅损失的影响

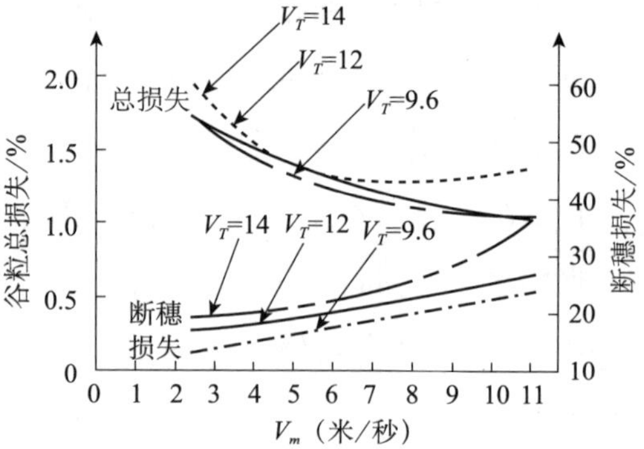

脱粒速度变化对谷粒总损失、断穗损失的影响

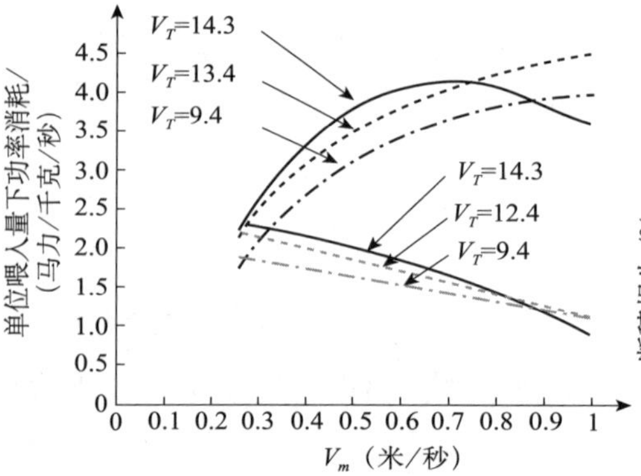

脱粒速度变化对功率消耗和单位喂入量功率消耗的影响

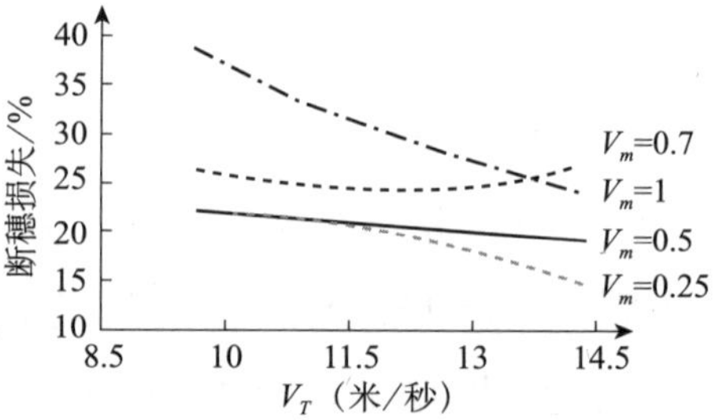

脱粒速度变化对断穗损失的影响

在台架试验中经历了带式与筒式两种型式的反复变换比较后，蒋亦元决定这台样机依旧采用带式脱粒，因为它毕竟是已经在田间经过实地考验的型式。

合作单位依兰收获机厂领导对此方案寄予很大期望，于1986年研制出了第二代样机。经过测试，这台样机在试验台上表现出良好性能。课题组随后将其运到香兰农场三分场进行实地测试，测试结果却让在场的每一个人都有些意外，主要表现是样机的扶禾器扶禾性能虽佳，但它与带式脱粒器难以协调配合，造成谷粒飞溅、谷穗滞留而大量损失。加之机器履带的前方工作部件过多导致前伸量太大，后方又用了传统的清选机构，机器显得庞大而笨重，实际上并没有摆脱传统联收机的束缚。这是一台虽局部成功但整体失败的样机。

这一结果犹如晴天霹雳，给蒋亦元当头一棒，也给科研组和工厂的同志们浇了一盆冷水。现场还有许多稻农，他们都是得知第一代样机的成功后，自发前去观看的。蒋亦元在没有成功的把握时，历来不公开进行试验，而这次意外的结果，使得他无地自容。况且，这台样机是依兰收获机厂厂长亲自出马支持蒋亦元研制的，工厂投放了巨大的力量，想到这些，蒋亦元的心里更是愧疚自责。课题组的同志和工人师傅们都很沮丧，蒋亦元自己更是心急如焚，他们的热情被降到了冰点，研究工作跌入谷底。

通过这次失败的试验，蒋亦元深刻体会到，收获机械面对的是有生命的作物，受到多种因素的制约，而且一年只能试验一次，失败了只能等待来年再改再试，无疑延长了新机型的研制周期。

蒋亦元并没有被这次失败击垮，反而变得更加干练和成熟了。此时已经是他开展“割前脱粒”研究的第 11 个年头，蒋亦元立即重新考虑方案，并于当年冬天开始了第三轮样机的设计。尽管还要推倒重来，但他依旧满怀信心，他想，这也许正是黎明前的黑暗，他命笔作《忆秦娥》，誓以明志。

忆秦娥

（记丙寅之重挫）

秋风瑟，扶禾脱带竞相斥。
竟相斥，逸籽顽穗，晴天霹雳。
雄峰漫道高天接，
当从谷底再攀越。
再攀越，金浪如海，残阳焚急。

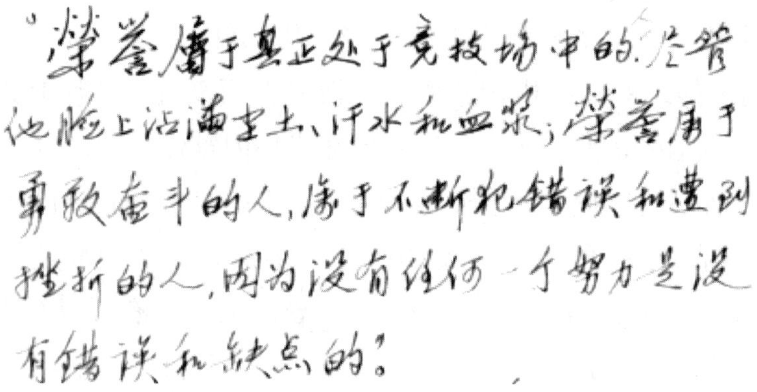
“荣誉属于真正处于竞技场中的，尽管他脸上沾满尘土、汗水和血浆；荣誉属于勇敢奋斗的人，属于不断犯错误和遭到挫折的人，因为没有任何一个努力是没有错误和缺点的。”

蒋亦元在日记中写下自勉的话

蒋亦元与妻子共同笑对失败，从头再来

五、三代样机创造辉煌

气可鼓不可泄，山可易志不变。面对这场艰难的攻坚之战，从失败中重新抬起头的蒋亦元又开始了新的征程，他总结教训，决定放弃“绝不用气吸”的禁锢思想，并第一时间把在苏联时构思的气吸又能防堵的方案拿出来讨论，萌生这个方案之前曾发生过以下一段故事。

割前脱粒植株喂入脱粒间隙的方式，有穗头“朝前”进入与“横向”进入两种，分别以浙江种猪场和浙江天台县的探索为代表。穗头朝前喂入式机型，在入口处的引导喂入带与外罩之间很难避免缝隙的出现，碎茎叶容易插入其间，造成堵塞，其结构如下图中 A 所示。天台县采用的方案是，植株由分禾器的短拨指汇集成束，向后运送到脱粒滚筒的前方，并将禾束一分为二，各自分别向左、右两侧横移，实现边横移边脱粒，其结构如图中 B 所示。其优点是，弓齿是由稻穗的下部向上梳脱，茎秆脱粒后立即抽出，后继的茎秆不会叠在已脱粒的禾秆上，不干扰后续植株的脱粒，从而减少秸秆夹带谷粒的损失，这是其创新的核心所在。使禾秆横向移动的动作，是由分禾器的短拨指带动的，此分禾器因拨指过短而无收倒伏作物的功能。

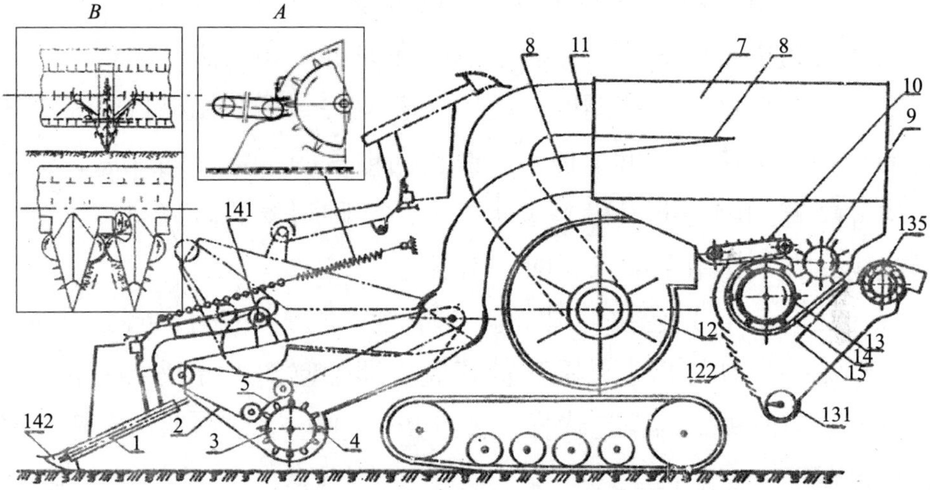

第三代割前脱粒样机原理简图

左上角两个小图依次为浙江天台县和浙江种猪场样机易堵塞部位图

天台县样机的发明者屠炳录是一位极富想象力且有高级制作技艺的工人师傅。国家科学技术委员会很重视他的这个项目，拟拨 30 万元予以支持。1981 年 7 月 29 日，屠炳录邀请了国内多位知名的收获机领域专家，召开了“天台 -120 气引式脱割机”会议，指定由蒋亦元主持会议并讨论其可行性。在进行样机现场演示时发现，作业不长时间后，就会在水稻一分为二之处出现堵塞。蒋亦元见到机器上挂着一个钩子，看起来像是专门用于排除堵塞故障时使用的，于是他猜测这种堵塞现象应该并非偶然。

蒋亦元与当时的参会者一样，并未对此问题在会上细谈，大家本着鼓励能工巧匠踊跃创新的态度，均对该项目的进一步开展予以支持。蒋亦元也心想，不能因自己一时的见解，埋没了工人师傅的创想和才干。但同时他也隐隐觉得，这个容易堵塞的缺点是很难解决的，因为已经被集拢在一起的稻束，要在极短的时间内将其一分为二，几乎是不可能的。由于稻草叶子和谷粒的外皮均生长着毛刺，当穗头交缠在一起时，想分开就更加困难。

1981 年年末，蒋亦元在农业部招待所等待办出国手续时，碰巧遇到该课题组的郑为一工程师。他急切地对蒋亦元说，样机喂入口的堵塞问题仍未解决，希望蒋老师能在原有方案上协助，蒋亦元这才知道，原来这个堵塞问题一直困扰着他们。蒋亦元将自己关于堵塞的一些分析认识告诉了他，同时也向他说明了自己的观点，要想解决此堵塞问题绝非易事。事实上，浙江种猪场的研究项目也曾尝试改用此方案，结果坠入了同一困境。

1982 年，蒋亦元在美国密歇根州立大学访学期间，向美国同行们介绍第一代样机后，就在滚筒式脱粒器加倾斜引导喂入带的基础上研究如何改进，为第三代样机做准备，他认为，“气吸”似乎已经不可避免了。

经过反复思考后，蒋亦元决定将种猪场原方案中引导喂入的带子由两个辊子改成三个辊子，从而可以消除原来较大的缝隙。但是，在第二个与第三个辊子间的带子不应当形成直线，而必须是内凹的弧形，才能与滚筒弓齿构成理想的脱粒间隙。这种带式的动凹板在此前任何研究中都是从未见过的。最后，蒋亦元想出一个方案，即在脱粒滚筒轴的两端加两个圆盘，套在轴上并配以轻型轴承。它们支撑着喂入带上的横杆条的两端，把喂入带托起，形成凹弧。

新方案萌生出来后，蒋亦元首先请他的夫人、亦是课题组同行的罗佩珍副教授审视是否有漏洞。得到夫人的支持后，蒋亦元感到非常欣慰，但他当时还在被“尽量避免用气吸”的主导思想“禁锢”着，并未立即向外界公开这个方案。直到 1987 年，在经历了第二代样机的田间试验失败之后，他才将上述方案在试验台上进行了认真的试验。结果显示，谷粒损失明显减少，且任何情况下都不会堵塞。得到这一可喜结果，蒋亦元便筹备再到田间实地进行试验。蒋亦元认为，这样做是唯一能判断成败的举措。

气吸式割前脱粒器的台架试验

为了尽快进行田间试验，蒋亦元想尽一切办法，尽可能努力在水稻收获季节结束前先搞出田间试验样机。于是，他直接在第二代样机的底盘上对所需要试验的部件进行安装制作。这个底盘借用的是市售小型联收机的底盘，其履带长度尚不及 1 米，而气流分离箱的体积相比底盘来说要远大得多，将之安装于旧样机的机架上，前方再加装弓齿滚筒式脱粒器和扶禾器，使得机身看起来非常高，显得“头重脚轻”，用蒋亦元的话说，像“小脚女人”，而不像个机器，且操作者只能站着作业。蒋亦元觉得，这个机器虽然“不好看”，但这并不重要，他所关心的是这种结构能否在喂入口处产生足够的吸力，以减少落粒损失。由于机器重心较高且占地面积较小，在试验过程中，蒋亦元还是很担心机器会否发生侧翻，故随时紧跟左右，并叮嘱试验人员加倍小心，以防不测。

履带太短、体高而摇晃的样机，专用于试验气流吸运和收获倒伏水稻的性能，驾驶员站立操作

蒋亦元在日记中记录了关于这台样机的要点：

1987 年 6 月 30 日

这一样机采用的是气流与物料的惯性分离，为了节省空间和降低局部压头降的损耗，曾采用侧面出风。今日试验结果表明，它只能分离出 1/2 的谷粒，其余全部被气流带出惯性分离箱。只得赶快改用正前方出风，并加断面由矩形转变为圆形的，又做 90° 转弯的弯管。然而，最让人着急的是，应该采用多大的发动机更合适？虽然已有脱粒的试验台架的数据和各个组件的气流“压头降”的估算，而今放大了 3 倍，但这绝不是按线性放大就能解决的。

1987 年 8 月 4 日

今日，先用手头现成的 12+15Hp 两个发动机并联之。当风机 n=1650 转 / 分时脱粒滚筒下凹板积存谷粒，n=1850 转 / 分时谷粒消失。发动机并未显示超负荷，而动力尚有富余。

1987 年 8 月 7 日

大家急于了解样机的局部能否实现其功能的驱使下，用长条木板分别夹持着水稻与小麦，通过人力推运进行模拟试验。结果水稻落粒损失为 0.7%⁺，小麦的是 0.84%，以上所述显示了成功的端倪，使课题组欣喜不已。因为这是我们盼望了 12 年的割前脱粒啊！

为了获得一台合适的发动机，蒋亦元先后奔赴北京、苏州和哈尔滨的多家林业机械厂，均无果而终。最后，东北东学院拖拉机教研组瞿德茂教授将“东方红 -40”拖拉机的 490 型号发动机借给他试用，才解了燃眉之急。

1987 年 9 月 21 日，蒋亦元将该发动机安装到田间试验样机上，飞轮上装了 3 个皮带轮，轴向长度竟达 35 厘米，但运转尚平稳。为了抢抓时间，蒋亦元才被迫采取这些不合正规之道的做法，毕竟农业机械的特点就是一年只有一季的试验机会，一旦错过，就需要再等一年。

10 月 2 日，蒋亦元自哈尔滨返回依兰。与此同时，助手涂澄海因事自依兰回哈。蒋亦元赶到依兰后，发现涂澄海留下的一张字条，上面写着：“样机底盘的边减传动箱内的两个齿轮断裂”。蒋亦元赶紧绘制图纸，定制齿轮技术参数，并着手重新制造两个齿轮。10 月 4 日是星期日，蒋亦元独自在厂安排赶制，并准备全程跟踪下料、锻打、车毛坯、插齿、渗碳、淬火、退火等每一道工序，但直到当晚，才仅完成到插齿的工序。蒋亦元一直忙到晚 10 时，在淬火、回火后，工件被送往理化中心进行检验。然而检验结果却让人大失所望，制成的齿轮部件所采用的材料并非低碳合金钢而是普通中碳钢，在淬火后因无韧性而碎裂。至此，所有忙碌付之东流，又将从头再来。此时水稻收获已近尾声，蒋亦元因此心急如焚。

时间等不得，蒋亦元立即重新赶制。10 月 6 日早晨，齿轮终于制作完成，装入边减传动箱后，试运转效果良好，蒋亦元这才松了一口气。然而，当样机装上运输车准备待发时，蒋亦元又发现了新的问题。样机上另外两个齿轮断掉了 12 个齿，这两个齿轮本是从手扶拖拉机变速箱中拆下来借用的，因为小马拉大车，最终难逃厄运。蒋亦元当机立断，让研究生蒋恩臣即刻出发去依兰县城购买手扶拖拉机配件。配件购回后，课题组便加紧组装，直至 7 日下午才装好，经试验无问题后，傍晚直接装车。至此，课题组整装待发，准备赴近处的清河农场进行首次实地收获倒伏水稻试验。

10 月 7 日中秋节之夜，面对明月，蒋亦元倍加思念亲人。夫人罗佩珍与蒋亦元一样，对第二天的试验感到忐忑不安，他们相诉相祈："但愿落粒不多，不要出大的故障。"

10 月 8 日的试验结果显示，扶禾器与脱粒器的总落粒损失不大，为 1.1%～1.4%。在场的工人曹师傅、助手涂澄海等均松了一口气，对此结果表示满意。考虑到清选部件并不是当前需要试验研究的重点，讨论之后，课题组于10月 11 日从清河农场拉回样机，去掉了清选机构。

10 月 13 日，蒋亦元带领大家再到清河农场进行正式试验。时间已是下午，天空下起了雨。课题组先以 1.0 米 / 秒的前进速度进行收获直立水稻的试验，尽管是在雨中作业，样机仍显示出落粒损失少、脱得净、效率高的特点，尤其是它能收获严重倒伏的水稻且损失较少。试验时，农场的一个用户也在旁边观看，样机所表现出的性能让他深感意外。而他正在上中学的两个儿子在样机试验时正在用镰刀进行水稻抢收，当看到样机收获水稻的良好性能后高兴地跳了起来，甚至将镰刀抛到空中，高呼"科学真伟大！"他们实在想不到，这机器竟能将如此倒伏严重的水稻谷粒单独收获回来，而稻草还可以不割并直立于田间，认为这"简直是太妙了！"

成功自然可喜可贺，但一直专注于观察样机试验性能的蒋亦元却完全顾不上大雨瓢泼，待到试验结束时，他早已成了"水人"。而那一刻，这个辛苦备尝的"水人"不禁百感交集，回想那一个个独自在工厂度过的中秋和春节，那一回回风餐露宿的田间试验，那一次次的跌倒和爬起，他再也无法抑制住内心的情感，任激动的泪水伴着淋漓的雨水在脸颊上尽情地流淌着……

其实，对于这样惊人的结果，难以置信的不仅是农场的用户，还有蒋亦元的同事孙玉珩。孙玉珩是一位工作很认真的同志，因为始终对水稻在站立状态下（尤其是严重倒伏的水稻）能否脱净抱有怀疑之心，他于几日前悄悄来到现场，想看个究竟。直至亲眼看到试验结果后，才最终信服并“现身”，最后跟蒋亦元一道从农场返回学校。

回家的火车上异常拥挤，他们买不到卧铺票，只得坐硬席返回。那一年，蒋亦元已年近花甲，加之此前于“文化大革命”中因体力劳动过度而患上多种慢性疾病，病痛伴着乏累，他在车上通宵未眠，而第二天又要参加学院的评职工作，在他看来这是重要任务，必须要按时参加。

三代样机初获成功后，蒋亦元又开始了对其进一步的完善和改进工作。首先需要解决的问题是收获后的粮食通过何种方式运走。当时有人提出，用袋装运粮人工消耗太多，而应该采用粮箱卸粮。蒋亦元却认为，粮箱卸粮亦有诸多缺点，如收获机粮箱满了而运粮车未到，只能闲置等待运粮车，而且这种情况在实际中经常发生，着实降低了整个机群的工作效率。其次，用粮箱卸粮还必须增加几个螺旋推运器，它是导致稻谷破损的因素之一。相比而言，蒋亦元所发明的运粮底盘可随时供应空粮袋，收获机几乎没有闲置所导致的损失，这是非常可观的收益。事实证明，用户在使用运粮底盘的过程中，对此多功能辅机的欣赏程度不亚于主机。

割前脱粒作业后被压倒的稻草，在割晒机割草时，可以迎着倒伏的方向进行作业，就会把倒伏的稻草从梢部插入、扶起进行切割，割茬反而更低。传统联收机秸秆粉碎还田时经常会出现犁体前堆积稻草而堵塞的故障，排除起来非常费力，让拖拉机手最感到厌恶。而如果对割前脱粒后的稻草进行还田，由于稻草的根是扎在土里的，不会随着犁体做相对于铧片的移动，也就避免了堵犁现象的产生。

有了这些优点，运粮底盘也就从一定程度上弥补了需两段作业才能完成联合收获的缺点。

蒋亦元的创新设想虽然得到了在课题组和试制组的工人师傅们、依兰收获机厂领导的赞成，但他仍旧不敢怠慢。1987 年 10 月 22 日，他专程到黑龙江农垦总局开会，听取更多专家、行家的审查和建议。出席会议的有相关各处的处长、依兰收获机厂总工程师、著名水稻专家徐一戎、电子机械专家桂体仁、总农艺师朱文喜和黑龙江八一农垦大学校长、农机专家刘信忠教授等。审查结果如蒋亦元所填《排律》诗所述：

排　　律

（庚午秋专家评论后志）

群雄息鼓我力单，十载苦斗终偿愿。
周旋未知贵奇正，万阻千险只等闲。
带走凹弧破流畅，盘指卸草简又欢。
金秸玉粒齐完好，粒不再飞穗不顽。
幅宽行速赛东洋，立倒稻麦前后霜。
草粮一车败笔少，收耕还田呈一环。
背水之势激我智，名声中外逼上山。
穿梭颠簸风尘仆，苦我心志劳筋骨。
带筒四易赤水渡，勤思群力越雄关。
侬若真个是风流，不凭天赋登北坡。

这些诗句是对蒋亦元亲身经历的最好诠释，他的心境自然而然地从字里行间流淌出来。诗中第一句至第四句描写道，当时国内割前脱粒的研究风行一时，有近十个单位在尝试，但由于难度大而息鼓。蒋亦元因失去了相互学习的机会而慨叹，在奋斗了 11 年后才找到了方向。同时蒋亦元又认为，只有摆脱了第二代样机研究过程中墨守成规的传统思路，采用孙子兵法中“以正合，以奇胜”之战术，走“迂回”之道（脱与割分步走），才能解决当时最主要的矛盾——落粒损失、夹带损失、谷粒破碎与脱壳等难题。“术”与“道”对了，就“只等闲”了。在当时，日本半喂入机器价格昂贵，构造复杂，而纵向轴流机型还尚未出现，直至10年之后才逐步成熟。诗中第五句至第十二句是描写专家们的评语，他们肯定了“防堵”和“扶禾器简化”的创新，赞扬了农机与农艺的结合，以及前、后、左、右作业间的紧密配合。第十三句和第十四句是蒋亦元描写自己已经名声在外。当时蒋亦元搞“割前脱粒”已经风生水起，建议研究此项目的信件来自各行各业，中国农业机械化科学研究院收到后，集中转给蒋亦元的信件有一摞之多。然而，仅有好的工作部件方案还不够，还得有相应的收获机底盘。由于没有现成的可用，只能靠自己研制。车架、履带、边减传动箱、变速箱、传动、操纵系统……其工作量远比工作部件多得多。第十五句和第十六句是倾诉劳顿之苦。从事割前摘脱的十多个年头里，蒋亦元除了科研工作，还有指导研究生的教学任务，在学校和工厂、农场之间来回穿梭。冬天，清晨5时起床，6时赶到汽车站，开车时天尚未亮。车内仅靠发动机排气管的废气余热取暖，无法抵挡从来关不严的门窗缝里进来的刺骨寒风，一直颠簸到下午三四点才能抵达依兰。受到孟子“天将降大任于是人也”的激励，蒋亦元昂扬的斗志跃然于末句，从北坡登珠穆朗玛峰要比从南坡困难得多。他给自己立下了军令状，要破釜沉舟，毫不犹豫地继续将课题进行下去。

此时，蒋亦元的夫人罗佩珍副教授作为学校研究生处处长已被学校延聘了两年，正决心从行政岗位上退下休养，蒋亦元邀其加入“水稻割前脱粒”研究，她欣然应允，决定助丈夫一臂之力。从此，课题组就有了四位成员：蒋亦元、许家美、涂澄海和罗佩珍，到后来张惠友又加入进来，可谓精兵强将，他们通力协作，同心以赴。

工作中，大家密切配合，常常是蒋亦元提出方案，课题组与工人师傅共同讨论。失败时，大家从无任何怨言，甚至连丝毫抱怨的神色都不曾流露。工人师傅和助手们也互相提醒与关心，在多年的机型研发、样机试制试验中，无一人受伤。这些都是蒋亦元在与大家多年的合作中最感欣慰的事情。

同时，依兰收获机厂投放了很大的力量，成立了由资深工人师傅组成的试制组。蒋亦元还得到了黑龙江省农垦总局、香兰农场、依兰收获机厂以及佳木斯联合收获机厂连续多年的人力和财力支持。

蒋亦元与学生在田间试验

众人划桨撑大船，课题组在一年多的时间里就完成了样机的设计与试制，接下来的主要任务是改进各部件对不同条件的适应性。蒋亦元在日记中写道：

1988 年 9 月 18 日

这段时间的试验是在香兰农场进行的，从霜前到霜后，样机的性能表现良好，尤其是霜前茎秆挺立、稻穗整齐、损失少速度快，能收倒伏的而且严重倒伏的水稻，收后茎秆保持直立，这是最吸引人的。唯一需要提升的是作业质量，翌日就着手改善。

1988 年 9 月 19 日

改进过程中，发现各个速挡均可不升起扶禾器在地头转弯收获作业，质量依旧。此为提高效率指出一条出路：如茎秆柔软而潮湿的水稻容易引起扶禾器链夹草，这时避开早晚时间作业即可。

1988 年，课题组用样机收获水稻约 40 亩，1989 年收获约 185 亩。当时，除日本的机型，其他包括苏联、美国等国家的机型，无一能像这台样机一样，可以高质量地收获倒伏水稻。

1988 年 9 月 27 日与 1989 年 9 月 26 日，由黑龙江省农业机械试验鉴定站与黑龙江省农垦农业机械试验鉴定站联合对枯霜前（后）与霜前水稻进行了收获性能的测定，并得到了各指标均符合预定要求的可喜结果。

"4GQT-1800" 型水稻割前脱粒收获机 1988～1989 收获水稻的性能测定结果表

测定时间	1988 年 9 月 27 日			1989 年 9 月 26 日	
	枯霜前		枯霜后	霜前	
机器前进速度 /（米 / 秒）	0.45	0.80	0.45	0.41	0.71
工作幅 / 米	1.80	1.80	1.80	1.80	1.80
当量喂入量（工作量）/（千克 / 秒）	1.90	3.20	1.20	1.43	2.50
谷粒总损失率 /%	0.98	2.33	2.66	1.947	2.198
落粒损失（含掉穗）	0.48	1.23	1.73	1.07	1.269
未脱净损失（含未进穗）	0.05	0.07	0.52	0.850	0.852
清粮损失	0.01	0.03	0.09	0.006	0.008
分离损失	0.04	0.43	0.01	0.012	0.079
气流吸运损失	0.39	0.58	0.32	0.009	0.022
谷粒清洁率 /%	95.3	93.8	97.6	95.9	96.9
脱壳、破碎率 /%	0.24	0.26	0.28	0.50	0.33
茎叶完整率 /%	88.3	89.3	88.3	91.00	93.90
带柄率 /%	—	—	2.03	—	—
作物自然高度 / 厘米	70	70	60	62.2	62.2
穗幅差 / 厘米	33	33	32	35.0	35.0
谷粒含水率 /%	18.7	18.7	13.4	24.7	24.7
茎叶含水率 /%	68.2	68.2	59.6	72.7	72.7
谷物产量 /（千克 / 公顷）	8002	8002	6392	7564.5	7564.5

国内外生产率较大的夹持半喂入水稻联收机
与“4GQT-1800”型水稻割前脱粒收获机收获晚稻性能的对比表

机型	国别	工作幅/米	机速/（米/秒）	工作量/（千克/秒）	实测纯小时生产率/（亩/小时）	谷粒损失率/%	油耗/（千克/亩）	机重/千克	试验地点
闽江-150A	中国	1.52	0.68	1.59～1.73	4.18	2.59～2.94	0.72	2100	吉林
龙江-120	中国	1.20	0.56～0.69	0.92～1.25	2.80	2.55～2.88	0.60	1100	吉林
HD3100-C18KD	日本	1.40	1.00	2.87	4.97（最大：5.55）	1.26	1.18～1.62	2500	上海
NX3000-DT	日本	1.40	0.66～0.83	2.26	1.93～3.76	1.02	1.74	2050	黑龙江
4GQT-1800	中国	1.80	0.45～0.80（最大：1.00）	1.9～3.20（最大：3.51）	3.80～7.10（最大：8.80）	0.98～2.33	1.50	2800	黑龙江

1989年10月，在黑龙江省垦区七星农场姚馨瑜总农艺师的热情邀请下，课题组决定携三台样机赴全国闻名的水稻产区——建三江垦区试验。蒋亦元的心情既振奋又忐忑不安。虽然样机已经取得了久盼的成功，但毕竟制作条件非常有限，机器的工作部件都不是用模具实现的，它们的形状、尺寸精度得不到应有的保证，装配也没有使用卡具，机器故障依旧不断，直到机群临出发前，工人师傅们还在排除机器的故障。蒋亦元在日记中如此记载道：

1989年9月29日

电复七星，因机器尚在边试边修整中，10月2日样机方能赴贵场。

1989年9月30日

旧样机继续修理脱粒滚筒，下午修好，即赴香兰农场收获7号地，一个条幅剩余的一个往复收完，又赴8号地剩下的一个条幅收完。

究竟机器能否正常生产作业？蒋亦元难掩内心的忧虑与焦急。出发的前一天傍晚，他抬头望向天空，只见乌云压阵，在这种心境和环境下，他即兴赋诗《出征》一首，充分地表达了他对机器试验良好结果的期待，以及对可能出现问题的担忧。

出　征

（庚午秋步朱熹《观书有感》韵）

各路英雄一线开，
待发机群尚徘徊。
此去三江得几许，
云沉暮色忧丝来。

课题组出发前合影

前排左起：罗佩珍、储述平、马育才、蒋亦元、梁圣洪、涂澄海

样机在各农场试验情况一览表

农场	年份	收获面积/亩	单产/(斤/亩)	收获损失对比		收获倒伏特点
				该机型	现有收获机	
香兰农场	1989	185	980～992	稻谷完整，脱壳、破损率很低，可作种子用	高达 11%	能收倒伏水稻，提前、延长收获期
	1988	40				
前锋农场	1989	300	约1000	总损失＜2%	5%～10%	能收倒伏水稻
黑龙江省桦川县江川农场	—	200	987	稻谷损失极低，＜2%，可作种子用	3%～5%	能收倒伏水稻，提前、延长收获期
建三江垦区	1988 1989	171	约1000	稻谷完整，脱壳、破损率很低，可作种子用	高达 11%	能收倒伏水稻，提前、延长收获期
汇总		896				

在七星农场收获严重倒伏水稻

霜后收获撒播密植高产水稻

“4GQT-1800”型割前脱粒收获机脱粒后自走底盘切割搂集稻草放成条铺

割前脱粒收获系统的辅机——割草放铺和平台运输粮袋的自走式履带底盘及其工作状态

可喜的是，样机在收获密植撒播的霜后水稻时效果特别好，所用试验水稻密度达每平方米 966 个穗头，产量达每亩近千斤。由于植株相互挨着进入喂入口，谷粒损失极少，已脱粒的站立稻草，其整齐度好像未脱一般，且机器作业速度快，清洁率高，当地农场用户非常满意，一时间求收者排队候之。

建三江管理局科委在来信中写道：

蒋亦元教授并转农工系领导：

贵院农工系八九年在我局试验的水稻“割前脱粒收获机”，经过整个秋收使用，该机性能很好，很适宜我局大面积发展水稻生产的需要。此机如能投入生产，我局经过研究，90年予（预）定（订）购50台，作为明年水稻生产收获的主要机械。恳请贵院能够设法生产，在可能的情况下，尽量满足这50台的需要量。将不胜感谢。这是对我们生产的极大支持。

如可能请来信。需要我局办的，我们可派人去贵院商定。

建三江管局科委

1989年11月16日

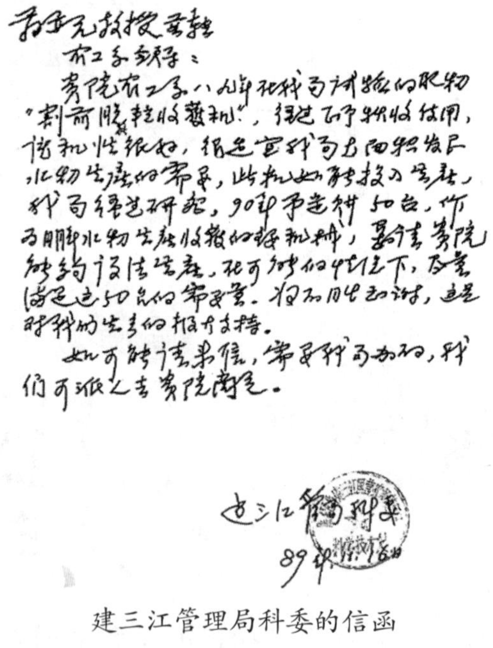
蒋亦元教授并转
农工系领导：
贵院农工系八九年在我局试验的水稻
“割前脱粒收获机”，经过整个秋收使用，
该机性能很好，很适宜我局大面积发展
水稻生产的需要，此机如能投入生产，
我局经过研究，90年予定购50台，作
为明年水稻生产收获的主要机械，恳请贵院
能够设法生产，在可能的情况下，尽量
满足这50台的需要量。将不胜感谢，这是
对我们生产的极大支持。
如可能请来信，需要我局办的，我
们可派人去贵院商定。
建三江管局科委
89年11月16日

建三江管理局科委的信函

在1990年的样机科研鉴定会上，水稻割前脱粒收获机引起了国际农机界的关注。这一成功，为农业机械这个领域提供了新的收获工艺、新的工作原理和新的工作部件，更赢得了国内外同行专家的一致好评，被鉴定为“国内首创、国际一流”。当国内外的同行们纷纷向蒋亦元表示由衷的祝贺与钦佩，他情难自禁，泪流满面！

1990 年 10 月，“4GQT-1800”割前脱粒水稻收获机器系统接受鉴定时，
蒋亦元（二排右九）与全体参会人员合影

黑龙江省建三江七星农场水稻办的应用证明中写道：

“4GQT-1800”型水稻割前脱粒收获机 1989 年秋在我场收获水稻 171 亩。其中有插秧的和直播的，均系高产水稻，平均达 978 斤 / 亩，收获总损失 2% 以下。而我场使用的传统型联收机的总损失为 15% 以上。该机所收稻谷完整，可作种子用。其破碎、脱壳率为 0.25%，而传统型的脱颖率在 10% 以上，破损率在 5% 以上。所收稻秆完整，可作工、副业原料。该机能收倒伏水稻，而且可以在下霜前收获，比传统型提前 15 天左右。

我场所在地建三江农垦管理局所属的 14 个农场领导和专家们共同鉴评为“目前水稻收割最理想的机械”……

当样机的性能获得 14 个农场的领导与专家一致好评、被认为是“最理想的水稻收获机械”时，当建三江管理局科委提出希望来年提供 50 台的恳切请求时，蒋亦元课题组，包括依兰收获机厂的领导和工人师傅们兴奋不已……蒋亦元已在“割前脱粒”的征战中奋斗了 14 个年头，在成功的喜悦面前，全部的辛苦仿佛瞬间都忘却了。

而后，蒋亦元的这一研究成果荣获国家发明专利并成功实施技术转让。与此同时，他还先后荣获国家技术发明奖二等奖及黑龙江省科技进步奖一等奖，这也是中华人民共和国成立以来农机领域的最高奖项。

"割前脱粒水稻收获机器系统"获国家技术发明奖二等奖

当各种盛誉纷至沓来之际，蒋亦元也名声大振，但他并没有因此沾沾自喜，裹步不前，反而把成功当作发现问题、探索创新的起点。

六、四代样机仍在路上

割前脱粒水稻收获机器系统的成功研制给长期饱受劳作之苦的稻农带来了希望，既获了大奖，也得到国际上一些学者的认可。在众人都还沉浸于这一巨大成果的喜悦之中时，蒋亦元那深邃的目光却早已瞄向更高更远的未来。

蒋亦元清醒地认识到，第三代样机虽然能收获倒伏作物，但是1米/秒的作业速度对黑龙江农垦系统大面积作业而言尚稍感欠缺，而且它不能在收获谷粒的同时收获秸秆，这是全世界期待克服的重要课题。于是，如何开展第四代样机的完善和改进，便成了蒋亦元日思夜想的新课题。

是否可以从其他地方找到成功的途径呢？他想到了先前在国外

文献上获得的一则信息。英国于20世纪80年代中期研制出了一种设置在收割台上的三角形板齿的摘脱滚筒，该装置作业速度快，尤其适于收获水稻。但因它在过桥处采用的是机械输送，占用了较大的空间，致使无法配置切割搂集装置，不能在脱粒的同时收获禾秆，另外慢速作业时飞溅损失亦大。

1989年秋，蒋亦元到中国农业机械化科学研究院参加会议，受肖林华之邀，为某苏联专家的报告进行翻译。从报告的内容中，蒋亦元了解到，他们对英国摘脱台收水稻进行了试验，效果很好。蒋亦元抱着试试看的心态当夜就赶回农场，着手将第三代样机的割台改装成英国的型式。经过紧锣密鼓的调试，蒋亦元终于赶在水稻收获季节结束前进行了初步试验，没想到收获结果果然不错。当时，他心有担忧，恐第三代样机有被取代之虞，当即便决定开始第四代样机的研究。随后，他试图科学地运用“克弱”思维法取其之长、避其之短，创造性地提出了一系列技术改进策略。首先，利用吸气与拨指相结合的输送系统来取代英国的机械输送机构；其次，提高收缩管的边底板，进而形成一个崭新的气吸式摘脱装置。

为了证明这一脱粒原理的可行性，蒋亦元和助手们经过反复且周密的推敲后，立即动手制作出改进装置，并在成熟的麦地取得了模拟试验的成功。此时的蒋亦元心里一下子有了底，毅然决定在新样机中采用该装置，这也标志着第四轮样机的研制工作全面展开。1989～2009年前后跨越20年，第四代样机是其耗时最长的项目。蒋亦元根据研究的特点，将这20年大概划分为前十年（1989～1999年）和后十年（1999～2009年）两个阶段。

在第一阶段，课题组主要做了如下工作。

第一，采用英国的三角形板齿的割前脱粒滚筒。其有作业速度较快、结构简单、对水稻具有独特的适应性等优点，但亦有慢速作业时飞溅损失大、不能同时收获禾秆的致命缺点。蒋亦元结合以前割前脱粒的研究中气流输送的效果，取消其滚筒后面尺寸庞大的螺旋推运器，而以气流吸运取代之，这样就为设置切割搂集稻草成条铺的机构获得了空间。

第二，采用贴地仿形的切割器。在履带前方，已被切割的稻草由立式搂指拨送到中央，与切割器中段切割的稻草一并，依靠静止的稻草被运动中的切割器带动所产生的惯性，被往后运送成条铺，实现了割前脱粒的同时能收获稻草的夙愿。

第三，采用气流吸运、输送脱出物，包括谷粒、断穗与重的夹杂物。脱出物被甩到惯性分离箱后壁上，较重的物料经关风器进入复脱滚筒。气流携带轻杂物，经风机排出机外。分离出来的谷粒及杂余在下降过程中，被贯流风机吸走大量轻杂物。一般的机型上均采用平面筛进行清洗，由于蒋亦元所设计的惯性分离箱占据较大空间，故无法采用平面筛。

第四，在极为有限的空间限制下，蒋亦元创新研制出一种立式多功能处理装置——立式筒筛，该装置具有以下特点：①能升运脱出物到上段的立筒筛，依靠离心力将谷粒和夹杂物分离出去，比平面筛依靠谷粒的重力大了许多倍。②有复脱能力，而且是无限循环的复脱能力。未复脱净的断穗可经穿越内、中、外三个筒体的切向水平通道再次进入惯性分离箱，直至全部断穗脱净为止。③谷粒与轻杂物在筒筛外下降到水平转盘上，受到上升气流的吸运，轻杂物被吸走，实现第三次清选。与传统型联收机上的平面筛清选机构相比，断穗可被无限循环复脱的立式筒筛具有以下优点：省去了平面筛筛尾总要设置的收集未脱净断穗的杂余推运器、刮板升运器及专用的小型复脱器；平面筛需要复脱后再进入平面筛进行循环，当筛下的气流调整不当时，就可能引起断穗头的吹出而造成损失。

第五，当收获穗幅差较大的水稻时，脱出物就较多，为了防止吸运管道的堵塞，蒋亦元在管道中段设置了拨指助推器，圆筒上的拨指可以有力地推动较长短茎秆的输送。

“4ZTL-1800”型水稻割前脱粒收获机在田间作业

黑龙江省农垦总局刘文举局长与东北农业大学副校长李庆章共同到现场检查“4ZTL-1800”型水稻割前脱粒的同时切割搂集稻草成条铺的质量，表示满意。图中左起依次为：马育才、李泰山、宋海泰、黑龙江省农垦总局领导、蒋亦元、刘文举、李庆章、许家美、杨广林、马文起、李春禄、彭精武

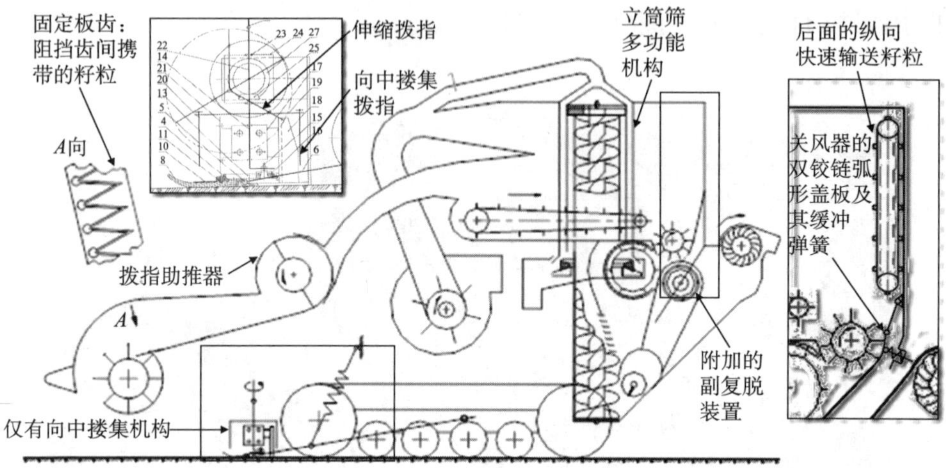

第四代“4ZTL-1800/2000”型水稻割前摘脱联收机第一阶段（1989～1999 年）与第二阶段（1999～2009 年）合并的总配置示意图，虚线框内为第二阶段改进图

随着第四代样机研究的不断深入，蒋亦元也受到了国际同行们的广泛关注。1993 年 1 月 21 日～2 月 4 日，蒋亦元受泰国卡塞特法塔那收获机械公司（Kaset Phattana Agro Industry Co. Ltd）和亚洲理工学院（Asian Institute of Technology，AIT）之邀，赴泰考察割前脱粒收获机在泰国推广的可行性。

泰国卡塞特法塔那收获机械公司总经理西蒂凯·纳鲁伊米勒特（Sittichai Naruemilert，华裔，中文名吴钟旗）曾在 1993 年前的一次展览会上对中国的农机产品进行过考察，当他看到蒋亦元所研制的割前脱粒水稻收获机器系统时，立即表示出极大兴趣。泰国卡塞特法塔那收获机械公司是泰国最大的水稻联合收获机生产企业，其主要机型当时在市场上供不应求，仍然有扩大生产之需。然而，该机虽然能收获倒伏水稻，但当秸秆喂入量过大时，效率过低，谷粒损失率较大，而且谷物湿度大时，机器作业效率也较低，功率消耗亦较大。吴钟旗认为，割前脱粒可降低功耗，提升生产力，如若该机能适合泰国国情，他希望与佳木斯收获机厂联合进行生产。

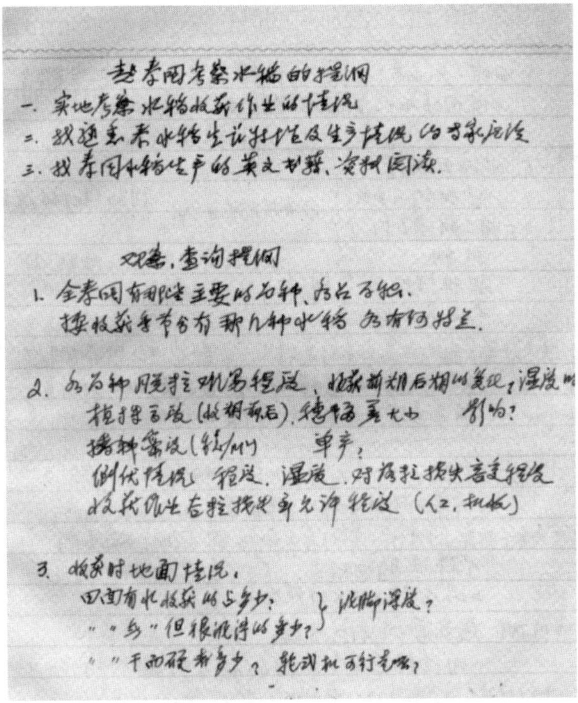

蒋亦元访问泰国时的考察日志

在泰国，蒋亦元相继走访了泰国农业部各部门，并做了题为“割前脱粒水稻收获工艺与机器系统”的报告，同时播放了机器作业时的录像。专家们高度评价了蒋亦元的研究成果，并对该项技术表示出浓厚兴趣。参加报告会的农业工程师塔尼亚·基亚蒂瓦特（Thanya Kiatiwat）评论道：

> 蒋教授介绍的割前脱粒收获系统很有创新性。我见过美国路易斯安那州立大学搞的割前脱粒收获机，结构太复杂，未能成功。卡塞特法塔那收获机械公司生产收获机已多年。此割前脱粒收获机器系统对该厂提供了一个选择，建议公司可以购买中国这个项目的专门技术。此举是很有用的，很值得花时间去做的。总之，从研究角度来看，此技术是颇具创新性的。

泰国农机专家博里邦·索姆里斯（Boriboon Somrith）评论道：

> 从研究角度看这是一台好机器，这种割前脱粒收获工艺及技术给农民多了一种选择的余地。

泰国农机工程师贾鲁瓦特·蒙洪塔纳瓦特（Jaruwat Mongkhont-anawat）评论道：

> 我国劳力短缺，机械化是必然之道，它已列入国家计划。此项新技术给我的印象非常非常深刻。它有很多优点，尤其是能耗少，我很感兴趣。但引入泰国前需做些改动，因为品种、社会经济条件不同，机器的成本与性能均重要。我再说一遍：这是一台工艺很完善的机器，是应该合作的项目。建议作业季节来考察。

1993 年 1 月 27 日，蒋亦元（右）受邀赴泰国考察时，回答同行提问

蒋亦元还受邀顺访了亚洲理工学院，向师生做了关于割前脱粒技术的研究报告，引起热烈反响。

在亚洲理工学院访问（前排右三为蒋亦元）

在访问泰国卡塞特法塔那收获机械公司时蒋亦元得知，该公司所生产的全喂入传统型水稻联收机采用的是横置轴流滚筒金属履带，割幅为 2.4 米，配备了 100 马力发动机。旱季作业时，由于水稻很干、作物很稀、单产较低，所以谷物损失少、谷粒完整、清洁率高、机器作业速度较快。机器采用的柴油发动机、变速箱、液压泵、马达等，均采用了二手部件，成本极低。在该机的拆卸状态下进行观察后蒋亦元发现，全机都是按他们手头上现有的部件进行拼凑而成的，缺乏整体设计技术和必要的工装卡具。蒋亦元在考察时还发现，泰国的水稻种植方式多种多样，栽植密度较低，而割前摘脱联收机在收获较低密度的水稻时，可能会产生较大损失。虽然吴钟旗多次以高薪待遇热情邀请蒋亦元留下主持改进提高公司的技术水平，并请他将样机发往泰国试验，但蒋亦元在考虑到他所了解到的当地现状后，还是婉拒了吴钟旗的邀请，希望以后对样机做进一步适应性改进后再行讨论此事。

这次泰国之行为加强中国与泰国之间的友好关系做出了贡献。在 2008 年蒋亦元八十华诞时，西蒂凯·纳鲁伊米勒特发来贺信写道：

> 在十余年以前在访问泰国期间，蒋亦元教授传授了我们农业机械的研究与开发方面许多重大的思想与经验。我们公司不仅把他公认为中国的教授，而且是世界农业工程界富有创造精神的学者。

在样机的不断完善研究过程中，由黑龙江省农业机械试验鉴定站和农垦农业机械试验鉴定站联合组织，对机器收获霜前、霜后水稻及小麦的 5 次作业性能进行了正式测试鉴定。由于霜前和霜后的水稻在生长状态、特性等多方面具有明显的差异，因而必须分别测定。小麦并非样机所收获的目标作物，但样机必要时亦可作为麦收的补充。

霜前水稻含水率高、茎叶多汁，表面有细毛刺的稻谷混杂其间，很难分离干净，这早已是众所周知的难题。由下表可见，除 1996 年的两次霜前水稻收获的总损失稍有超标（国标规定为<2%）外，其余各项性能指标都是符合国标要求的。而总损失超标的原因在于，蒋亦元将机器的割幅由 1.8 米尝试增加至 2.2 米，结果气流吸引力不足。为了进一步提高机器的分离能力，蒋亦元努力赶在水稻收获季节结束前，构思设计并制造出一个副复脱滚筒。考虑到其离心加速度是 V^2/r，为了加强分离能力，就得加大谷粒的离心力。他试图从两个方面开始着手，既提高 V，又缩小 r。事实证明，此举非常有效，在试验中诸多排出的青绿稻草中，仅发现三粒稻谷。

至此，蒋亦元彻底解决了“湿脱湿分离”的问题，也就弥补了 1996 年和 1998 年鉴定时水稻复脱分离损失稍有超标的缺陷，并且在小麦脱粒与麦秆切割搂集放铺方面均取得较为满意的成果。

“4ZTL-1800”割前摘脱稻（麦）联收机性能 1996～1998 年测试表

日期地点	谷粒单产/（千克/公顷）（斤/亩）	株高/幅差/厘米	杆/粒含水率/%	落粒损失率*/%	未脱净损失率/%	复脱分离损失率/%	清选损失率/%	含杂率/%	破碎率/%	总损失率/%	纯生产率/（公顷/小时）
1998 年 9 月 26 日 霜前水稻 松花江农场 2 分场	11 466.7 1529	88.6/ 31.8	67.5/ 22.2	Ⅲ/Ⅳ挡 0.42/0.30	0.41/ 0.51	0.60/ 0.73	1.43/ 1.54	1.40/ 0.60	2.0/ 2.0	1.43/ 1.54	0.76/ 0.90
1996 年 9 月 23 日 霜前水稻 香兰农场 5 队	6688 891.8	78/34	70.2/ 26.5	Ⅱ/Ⅲ挡 0.30/0.29	0.07/ 0.16	1.67/ 2.05	0.21/ 0.06	0.88/ 1.18	0.37/ 0.47	2.25/ 2.56	0.45/ 0.86
1996 年 9 月 26 日 霜前水稻 香兰农场 5 队	7240 965.3	85/42	66.6/ 25.4	Ⅱ/Ⅲ挡 0.69/0.68	0.36/ 0.35	0.68/ 1.98	0.05/ 0.05	0.96/ 0.74	0.66/ 0.52	1.78/ 3.06	0.48/ 0.96
1995 年 10 月 5 日 霜后水稻 香兰农场 5 队	8300 1107	67.9/ 26.2	52.19/ 15.74	Ⅲ/Ⅳ挡 0.28/0.41	0.078/ 0.199	0.40/ 0.48	0.02/ 0.005	3.40/ 3.40	0.94/ 0.94	0.78/ 1.09	0.76/ 0.83
1998 年 7 月 24 日 小麦 松花江农场 1 队	4197 559.6	103/ 47.3	44.5/ 21.9	Ⅳ挡 1.20	0.17	0.03	0.27	1.3	0.2	1.67	1.01

* Ⅱ，Ⅲ，Ⅳ各挡的设计速度分别为：Ⅱ =0.5 米/秒，Ⅲ =1.0 米/秒，Ⅳ =1.6 米/秒。

1998 年，课题组在依兰收获机厂所属的松花江农场分别收获水稻 300 亩和 250 亩，合作单位为佳木斯联合收获机厂。佳木斯联合收获机厂安排专人对样机收获作业进行了持续两年的现场考核，一切技术指标均达到了较理想状态。蒋亦元对该机作业性能非常满意，至此，第四轮样机日臻完善。在两年的现场考核结束后，佳木斯联合收获机厂决定以 800 万元购得东北农业大学的这项专利技术。

副复脱装置

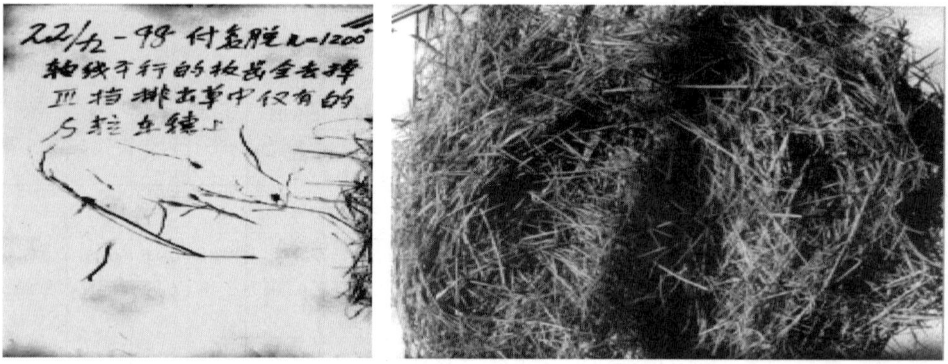

经附加的副复脱器甩出的稻草中挑出的全部夹带的籽粒仅有 3 颗

以 800 万元专利费实现转让的“4ZTL-1800”割前摘脱稻（麦）联合收获机

1999 年，在课题组加紧准备成果鉴定的前一天，蒋亦元的夫人罗佩珍心脏病突发而不幸离世。罗佩珍在这些年的科研工作中做出了卓著的贡献，在生活等多方面给予了蒋亦元无限照顾和关切。患难与共 43 年的恩爱夫妻突然阴阳两隔，给蒋亦元带来了极大的痛苦与打击。

在第四轮样机的科研成果鉴定会上，“4ZTL-1800”割前摘脱稻（麦）联合收获机得到了高度的评价，鉴定结果为“国际首创，具有国际先进水平”，更先后取得了 3 项国家发明专利。

当成功扑面而来，赞誉接踵而至，蒋亦元并未被庆功酒灌醉。一方面，他心中思念已然离去的爱妻；另一方面，800 万元专利转让费给了他更大的压力。喜忧参半之时，他写下了《虞美人》一词。

虞 美 人

（己卯 4ZTL 专利以重金许可实施，喜忧参半）

初报英伦出奇器，收麦简捷。
旋闻敛谷更优异，
哀哉，岂非被扼摇篮里？！
克弱思维胸中怀，待我寻再，
弃草丢谷却是机。
吸运贴割搂中条铺集，
这次第，垒卵履冰，
岂一个慎字可结？

祸不单行，由于长期的辛劳，蒋亦元的胃病不断加剧，于 2001 年被诊断为胃癌。此时，人们以为课题有了结果，但晚年丧偶、患上“绝症”、逐渐年迈的蒋亦元该歇歇了，但是他没有，他一心想把第三代或第四代样机开发成真正实用的生产力。

蒋亦元心中一直牢记着夫人生前时他们曾立下的愿景："能见到有数十台的产品在田野里奔驰也就满足了！"但他深知这一转化过程将会是多么困难，为了力争尽快让样机成为生产力，也为了完成夫人的遗愿，他再度启程！

正如蒋亦元所写下的词中所言，"这次第，垒卵履冰，岂一个慎字可结？"这代样机的推广过程并非一帆风顺。科研成果转让后，佳木斯联合收获机厂于1999～2000年按图制作了两台样机并做了两年收获试验，结果发现三处堵塞问题亟须解决，即长期工作时脱粒室的堵塞、收霜后水稻时沉积箱的堵塞和霜前收获时稻草搂集的堵塞。不解决这"三堵"问题，机器便不能大面积连续作业，其可靠性也将有所削减。

为了攻克这三个堵塞问题，蒋亦元带领他的科研团队又开始忙碌起来。当性能日趋稳定和完善的割前摘脱稻（麦）联合收获机渐渐呈现在人们面前的时候，蒋亦元却仍在为这项研究成果实现产品化和拓宽其功能而努力奋斗着。在这第二个十年中，课题组的工作重点有以下四项。

第一，将摘脱滚筒的长度增至2000毫米。

第二，在惯性分离箱的后壁设置立式输送带。这一新构思使撞击到后壁的物料能快速及时地下降，进入关风器，沉积箱内不留任何残余，困扰多年的难题干净利索地得到解决。而原有结构中的物料是依靠其自身的重力下降，又因受到上升气流的提升而受阻，脱出物在分离箱内打旋以致堆积。

第三，为了免除拆装副复脱滚筒脱粒装置的麻烦，将主副复脱装置改为设置在同一轴上，构成前后两个具有相同直径、不同转速的复脱装置。副复脱滚筒由两个轴承支撑，其转速由另一侧的皮带传动，转速可调，收获霜前水稻时转速比主滚筒高。在2009年进行"4ZTL-2000"型割前摘脱稻（麦）联合收获机性能测试时，全部排出稻草中裹挟的籽粒数几乎为零，可见其效果与分置式相同。

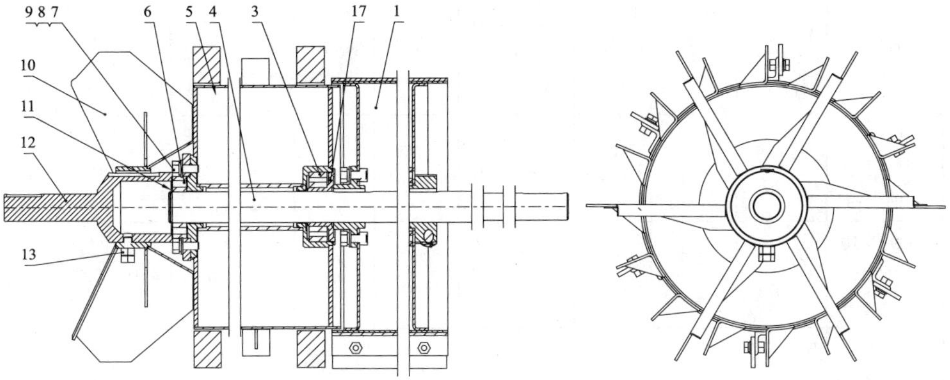

主副同轴的主副复脱滚筒装置，可以省掉霜前收获的副复脱装置

1. 滚筒焊合；4. 主复脱轴；3. 副复脱焊装；10. 排杂扇体焊合

主副同轴的主副复脱滚筒装置的湿脱湿分离效果

（谷粒分离损失几乎为零）

第四，在先前曾设置了割前摘脱的同时切割搂集稻草的机构，它能将履带前的已割稻草搂集到中央，之后靠惯性将全幅稻草越过稻秆梁形成条铺。但当机速较快或单产较高时，上述惯性不足，从而容易造成堵塞。为此，蒋亦元在中段加设了伸缩拨齿的搂集机构，防堵效果显著。在机器以较高的速度前进时，割茬高度也能达到较理想值，例如当前进速度为 1.6 米 / 秒时，平均割茬高度仅为 6.1 厘米。

"4ZTL-2000"型割前摘脱稻（麦）联合收获机性能测试表

日期	单产/（千克/公顷）（斤/亩）	株高/幅差/厘米	杆/粒含水率/%	落粒损失率/%	未脱净损失率/%	复脱分离损失率/%	割茬高度/厘米	清选损失率/%	含杂率/%	破碎率/%	总损失率/%	纯生产率/（公顷/小时）
2009年10月4日霜前水稻	9689.9 1238.7	92.3/ 23.8	74.3/ 23.0	0.22	0.61	忽略不计	6.1	0.22	0.97	4.39	0.83	1.03
2009年10月12日霜冻后水稻	9200.0 1226.7	95.9/ 35	61.2/ 17.2	0.24	0.54	忽略不计	6.2	0.17	0.96	4.93	0.95	1.04
地点：哈尔滨市成高子镇和平村												

令蒋亦元感到遗憾的是，第四代样机在后来扩大水稻生长状态的试验中暴露出一些缺点，主要有：①当青绿水稻与地面前倾夹角低于60°时，就不能将穗头吸附在滚筒上，从而造成明显的脱不净损失；②当机器的前进速度大于1.0米/秒时，有少量的割茬会过高，甚至有完全漏割的现象产生；③由于气力输送具有"欺软怕硬"的特性，脱出物在收缩管道内易产生堵塞问题。

"4ZTL-2000"割前摘脱稻（麦）联合收获机在1.6米/秒高速作业时所放的草层很厚的条铺图

基于以上原因，蒋亦元认为，第四代样机与受到普遍欢迎的第一代、第三代机型相比，并不理想，尚有较多难点需要攻克。

七、由割前脱粒收获技术派生出的新技术

蒋亦元认为，但凡一项新技术的诞生，往往会派生出其他新技术。后者的出现以前者为条件，故前者可称为原生新技术，后者可称为派生新技术。原生新技术越是独特、与传统相比越具有颠覆性，其派生物就可能越多。割前脱粒技术从其颠覆性而言，是把基本工艺流程颠倒了过来，变化极大，因而其派生物也不断出现。在“割前脱粒”的研究过程中，主要成就了三项派生新技术。

1. 青绿稻草制作青贮饲料机械化

两台“4GQT-1800”型水稻割前脱粒收获机样机在霜前、初霜期收获水稻后留在田间的青绿稻草，因有根系继续向上供应水分和养料，不会很快干黄

该项研究是在蒋亦元的指导下，由东北农业大学同人王德福教授主持完成的。

冬春季节，牛羊由于缺乏青绿饲料，往往会营养不足，影响生长发育，故养殖效益低下。研究表明，秸秆青贮具有多方面优点：①整秆青贮能保存 85% 以上的养分，粗蛋白质及胡萝卜素损失量较小，营养丰富，而一般青饲料在晒干后，其养分损失达 30%～40%，维生素几乎全部损失；②青贮饲料柔软多汁，酸甜芳香，适口性好，可提高饲料的消化利用率。

在制作青贮饲料时，需喷洒乳酸菌才能发酵。乳酸菌发酵需要一定的糖分，一般来说，含糖量不宜低于1%～1.5%，含水率不低于50%。否则，乳酸菌不能正常繁殖，青贮饲料的品质就不能保证。

蒋亦元所设计的割前脱粒水稻收获机在脱粒后，未割的稻草因仍扎根于土壤，可在较长时间内保持青绿状态，基本维持原有含水率和养分。相比而言，日本半喂入式水稻收获机所收获的已割稻秆则被放铺在地面上，需要及时打捆，但收获与打捆两个作业过程是很难同时进行的，若不能立即打捆，稻草暴露在阳光下很快会损失掉水分和养料，青贮质量将大为下降。

捡拾稻草条铺打成草捆、喷洒乳酸菌并用饲料袋包封之，
密封发酵45天即可喂饲

东北农业大学单安山教授指导其硕士研究生王伟民，试验研究了两种不同青贮对牛奶产量的影响。由试验数据可见，当饲料精粗比均为4∶6时，喂稻草青贮的产奶量为12.95±0.68千克/天，喂玉米青贮的产奶量为15.30±0.93千克/天，二者相差15.36%，即青贮玉米的喂饲效果优于青贮稻秆。关于牛奶的品质方面的指标，二者相差并不显著。

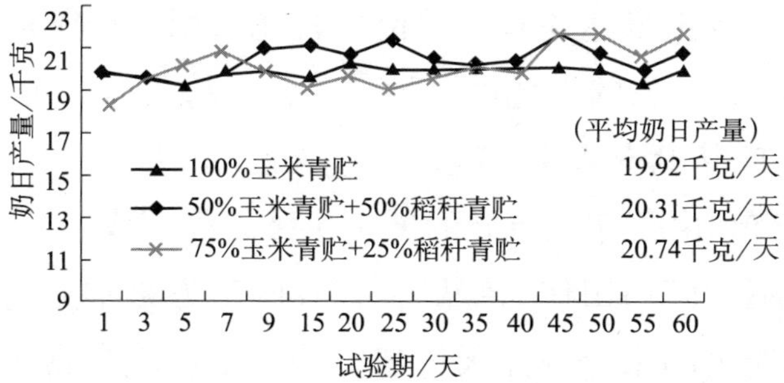

稻草青贮与玉米青贮对奶牛日产奶量的影响对比

从试验期开始	第15日			第40日			第60日		
成分	脂肪	蛋白质	干物质	脂肪	蛋白质	干物质	脂肪	蛋白质	干物质
对照组	3.96	3.16	12.48	3.81	3.10	12.29	3.97	3.16	12.49
处理Ⅰ	3.97	3.15	12.51	3.92	3.3	12.62	4.00	3.20	12.54
处理Ⅱ	3.94	3.16	12.32	3.96	3.21	12.51	3.92	3.13	12.48

对照组：100%玉米青贮

处理Ⅰ：50%玉米青贮+50%水稻青贮

处理Ⅱ：75%玉米青贮+25%水稻青贮

∴牛奶产量及其成分的差异均不显著。

稻草青贮与玉米青贮对牛奶成分质量的影响对比

不同青贮对牛奶产量的影响表

组别	产奶量	乳脂率	乳蛋白	乳糖	乳总固体物质
水稻秸青贮处理Ⅰ（精粗比4：6）	12.95 ± 0.68	3.52 ± 0.03	3.28 ± 0.01	4.82 ± 0.04	11.72 ± 1.64
水稻秸青贮处理Ⅱ（精粗比5：5）	15.13 ± 0.91	3.54 ± 0.02	3.31 ± 0.04	4.85 ± 0.03	11.76 ± 2.16
玉米青贮处理Ⅲ（精粗比3：7）	13.20 ± 0.88	3.49 ± 0.02	3.29 ± 0.03	4.81 ± 0.03	11.74 ± 1.95
玉米青贮处理Ⅳ（精粗比4：6）	15.30 ± 0.93	3.53 ± 0.05	3.30 ± 0.03	4.83 ± 0.02	11.81 ± 2.32

玉米是最好的青贮原料，与之相比，水稻的茎叶虽无法企及，但也可加以补救。例如选择合适的乳酸菌菌种、用量，精粗饲料比例的搭配等。将青贮稻草作为牛羊的青贮饲料在国际上亦有先例，如日本和韩国因没有专门种植青贮玉米的土地，便以青贮稻草取代。青贮稻草的优势是成本极低，变废为宝。以黑龙江省为例，每年专

用于种植青贮的玉米达400余万亩，若能采用水稻霜前割前脱粒收获和稻草青贮，节省的土地用于种植粮食，将具有重大意义。

2. 青绿稻草站秆整株不粉碎直接还田

此项研究是由蒋亦元指导的博士生董成茂完成的。

把稻草不切碎还田作为绿肥，在我国南方是常见的技术。由于具有高温和充足的水分等先天优势，稻草很快就会腐解。但这种技术在温度较低的东北地区是否可行，一直以来并无把握。前人的研究表明，稻草还田后乙酸或有害气体的产生，对作物的发芽、生长以至产量都会产生影响。但东北是高寒地区，上述有害气体的产生是否与南方有所差别？另外，东北地区普遍采取插秧栽植，秧苗比直播秧苗壮实，承受有害气体的能力也更强。考虑到这些，蒋亦元认为有必要对此问题进行探究。

试验是按照整株不切碎、切碎（杆长10厘米）和无秸秆还田作为对照的3种处理方式分别进行的。稻草还田量依据谷草比、稻谷的产量进行推算得出。稻草均由犁耕翻入土中，放浅层水，由驱动轮为叶轮的拖拉机耙捞平。通过长达3年的观测，得出最终结果。

稻草的腐解程度分别用物理和化学的方法进行测定。以秸秆还田后第一年内秸秆拉断力的变化情况作为物理方法，以还田后3年内土壤中的含氮量、速效氮及有机质含量的变化作为化学方法，分别表达其腐解过程。

由物理数据可见，不切碎整株还田的腐解过程与切碎还田极为接近，而且最终腐解程度相同。由化学数据可见，不切碎与切碎的处理中，上述三项指标均比对照区明显要高，但在这两种还田的处理之间，差异是不显著的。

由于东北高寒地区还田的稻草在第一年不可能完全腐解，故对头年稻谷与稻草产量进行了对比试验。结果显示，整株与切碎还田二者之间的差异是不显著的。

速效氮与有机质增量对比

	处理	还田前	还田后第三年	3 年中总增量
氮含量 /%	对照 整株 切碎	0.1498	0.1520 0.1631 0.1639	0.0038 0.0138 0.0141
速效氮 /ppm①	对照 整株 切碎	66	112 126 120	46 60 54
有机质含量 /%	对照 整株 切碎	3.94	3.99 4.14 4.18	0.09 0.20 0.24

还田后第一年稻谷、稻草产量对比

处理	稻谷 / (g/m)		稻草 / (g/m)	
	$\bar{X}^*$	$X_{\sigma n-1}$	$\bar{X}^*$	$X_{\sigma n-1}$
整株	765.7	61.2	539.9	90.7
切碎	747.3	48.7	530.8	73.8
对照	742.4	70.1	546.2	128

$\bar{X}^*$：平均值，$X_{\sigma n-1}$：修正均方差

故而可以得出结论，与传统的切碎还田方式相比，割前脱粒收获后的站立稻草不进行切碎而直接整株犁耕还田的作业方式，具有以下特点。

第一，稻草的腐解程度、土壤中氮的含量变化、还田后第一年的稻谷和稻草的产量均无明显差异。

第二，节省了粉碎稻草的能量消耗。国外进口的联收机多半要消耗 10 个马力。联收机驾驶员作业时，如果需要粉碎，就得降低一挡速度作业，也就降低了工作效率和收入。

第三，粉碎的稻草长短不一，长的稻草会挂在犁柱上，形成拖堆、堵犁。这是使拖拉机手最为头疼的故障，排除时费时费力。而站秆还田时，秸秆扎根于土壤之中，绝不会随犁而行，也就自然避免了这种故障。

① ppm=10^{-6}。

第四，粉碎还田时若遇到侧面来风，秸秆在田面就会分布不均。为了解决该问题，欧洲还曾召开过专门会议商讨对策。而整株就地耕翻还田，则保证了稻草分布的绝对均匀性。

联合收获机茎秆粉碎的能量消耗对比表

型号	作物	工作幅/刀辊宽/米	收缩比	刀轴转速/（转/分）	功率消耗/马力	秸秆喂入量/（千克/秒）	功率比耗/（马力/千克/秒）
“东风-5”秸秆粉碎装置	小麦	4.1/1.3	3.30	2600	3～6	2	2.5
“JD-7700”秸秆粉碎装置	小麦	4.8/1.4	3.43	2500	10.5	2.9	3.62
“E512”秸秆粉碎装置	水稻	5.7/1.25	4.56	2200～2300	10	1.39	7.2

用铧式犁耕翻还田茎秆完全被覆盖埋入土中

3. 割前脱粒羊草籽收获机技术

该项研究是在蒋亦元指导下，由高级工程师那明君等完成的。

蒋亦元曾经阅读了我国著名的草地农业奠基人任继周院士的论著，并向他多次请教相关问题，收获颇丰。蒋亦元在不断归纳总结后，得到了牧草产业的许多认识。原来，耕地农业为我国独创，独重谷物，忽略了其他农业系统。在人类食物结构中，肉食已占较大比重。按食物当量来说，人吃一份，牲口需要吃2.5倍人的口粮，所以农业的大头应该是动物饲养。但牲口饲料很少，玉米、大豆主要依靠进口，因此为了追求粮食高产，采用大水、大肥、大农药，毒害了水、土和食品。应该坚决放弃不顾生态恶化、盲目追求粮食连年高产的不科学种植方式。草地农业是草地与畜牧业中占有较大比重的现代大农业系统，是“草地 $+n$”的大农业。n 可以包括林、果、棉、烟、杂等，也就是草地农业与农耕农业相结合。它使各个农业组分各得其所，以求获取最大的经济效益和生态效益。草地大约占农用土地的 25%，也可相互交替，粮与草轮作。这种方式是经历史所证明的，长期来看既可以增加收益，又可以保护生态环境，符合自然规律。

我国的草地面积约为 4 亿公顷，是农田面积的 4 倍。“西部大开发”实行的是退耕还林、退牧还草。21 世纪初，新疆、青海、云南、甘肃、内蒙古等地及三峡库区等退耕还林（草）已各达 10 余万亩至 250 万亩。在农牧交错地带，也需大面积发展草地。为了解决食粮类禽畜比重过大的问题、发展食草类牲畜、改良盐碱地等，也需扩大牧草种植面积。

在这种背景下，蒋亦元认为优质牧草种子的需求必将随之加大，对牧草籽粒的机械化优质收获已成为迫切的课题。蒋亦元根据相关资料了解到，吉林省生物研究所羊草研究中心主任王立平研究员所研发的“吉生”羊草，种植 3 年后即可将盐碱地中和化，使之适合种植水稻，可谓改造盐碱地的良方。种植一次，如维护得当，可继续生长 10 年，而不需更新。因其特异的耐碱性，以及较快降低 pH 值、高产、优质的品质，被国内外专家誉为“超级牧草”。20 世纪初，国内各地就已订购此超级牧草种子达上百万千克。而吉林省本地为了改造退化草原，就需 300 万千克。可惜到了后期，随着粮价的不断提升，各地的种草积极性有所下降而未能持续。

羊草籽的收获流程很特殊，需要先收籽，一个月之后再收草。此举可显著增加草的产量达 1/3，原因在于草籽被收获后，原来要输送到草籽的营养会继而转入牧草的茎和叶中储存，而这一个月又正值东北雨季，有利于牧草的快速生长。巧合的是，蒋亦元主持研制的割前摘脱“4ZTL-1800”型稻（麦）联收机的收获工艺，恰好可以满足先收草籽后收稻草的要求。

应吉林省生物研究所羊草研究中心主任王立平的热情邀请，蒋亦元团队于 2001 年两次到吉林省进行牧草籽收获试验。结果表明，“4ZTL-1800”割前摘脱联合收获机在摘脱羊草籽的同时切割并搂集羊草成条铺，割茬高度低而匀，草籽脱净率高，落粒损失率小，与在同一地块作业的内蒙古牧机厂生产的梳脱式小型机相比，籽粒的清洁率也很高。在场的人看了机器的作业过程之后，均对该机性能表示满意。王立平研究员对蒋亦元说：

> 如果通过人工割羊草穗头收获，只能收获约 1/3，其余的因收获期拖长，都落地损失了，所以最好在 7～10 天内收完。用内蒙古牧机厂生产的收草籽机，第一年可收获约 97%，第二年则只能收获约 1/2。因为那台机器采用固定在滚筒上的尼龙绳旋转时打击穗头的籽粒，依靠惯性甩到后面的网兜里，满了就卸出，第二年磨损后几成光棍，网眼也堵了。我们实测了你们的“4ZTL-1800”型机子，可收获达 97%～98%，收的非常干净。我们的基地有 15 000 亩草地，长岭有 5000 亩草地等待收获，希望加快生产机器。

内蒙古牧机厂生产的梳脱式小型机

由于该机试验效果卓越，吉林省生物研究所羊草研究中心对此大加赞誉。蒋亦元也越发认识到，研发这台机器不仅具有巨大的经济意义，还可以改良土壤，具有长远的农业与生态意义，值得开发与完善。通过几年研究后，蒋亦元等又对该样机进行了多处改进，包括扩大了工作幅，提高了前进速度，显著提高了生产率和清洁率等。与此同时，行走机构也由原来的履带式改为轮式，简化了清选机构，降低了成本。

用样机进行站秆脱粒收草籽的同时切割羊草搂集成条铺的展示

右图中为吉林省生物研究所羊草研究中心研究员、超级牧草育种者王立平女士

通过对“4ZTL-1800”型水稻割前脱粒收获机进行改进，蒋亦元设计了“4ZTCL-2300”牧草籽收获机。该机的主要工作原理为：采用三角形板齿摘脱滚筒（1）进行摘脱，其后设置散落籽粒的回收

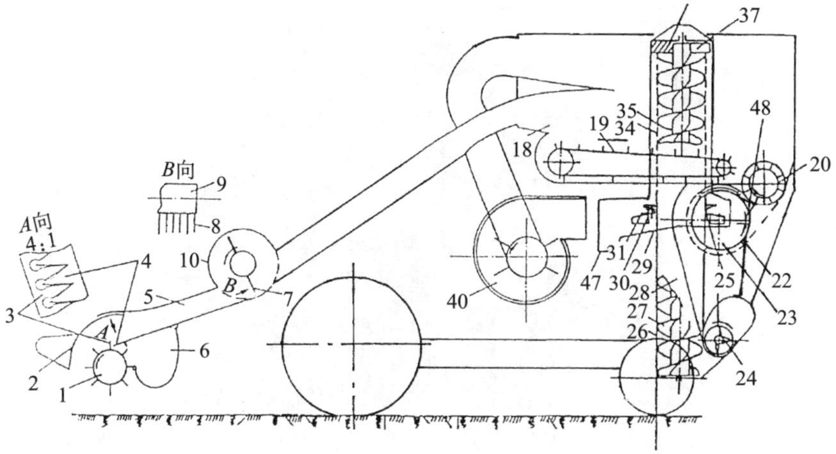

“4ZTCL-2300”牧草籽收获机

袋（6），气流吸运管道（5）中设置的拨指助推器（7）防止物料堵塞，物料进入惯性分离箱后，籽粒与较重的杂物下落，经过关风器（20）、复脱器（23），从凹板下落的籽粒等受到贯流风机产生的气流吸运，将大量的轻杂物带走。下落的籽粒、断穗等经螺旋推运器（24）进入立式筒筛（27）、（28），籽粒经筛孔分离出来，经筛筒外围的环形管道下落，被环形刮板卸草籽器（31）刮落后进入麻袋，由人工卸草籽袋。未脱净的断穗从筛筒顶部的切向水平管道（38）返回惯性分离箱，从而可实现无限循环的复脱。这是保证不会有断穗和籽粒损失的重要条件。

“4ZTCL-2300”牧草籽收获机的侧视图

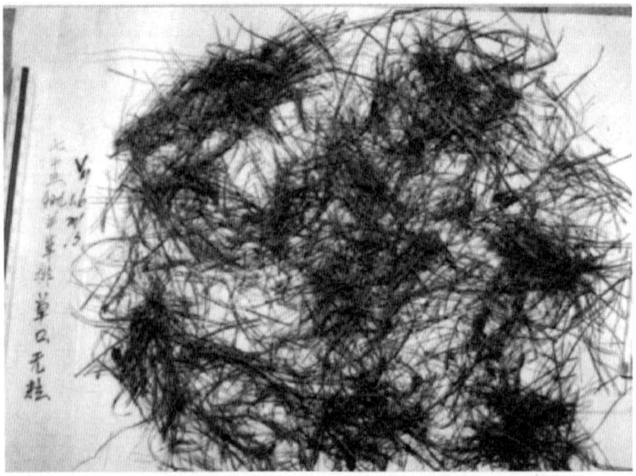

复脱器排草口排出的断草中没有未脱净的草籽，也没有夹杂草籽。
当时机器的作业速度是 1.6 米 / 秒（2006 年 7 月 13 日）

“4ZTCL-2300”割前脱粒牧草籽联收机的草籽出口的情况。
没有长断草，并经复脱，便于草籽的加工处理

相比之下，某农机厂所研发的牧草籽收获机由于没有复脱机构，断穗与断茎秆未能清除，虽设有离心风机，但其产生的气流仅能将能通过筛网的轻杂物吸走，导致的结果是，出口处有大量的断茎秆，给后续工序造成很大负担。由于风机吸力过小，在喂入口无法产生足够的气流吸力，无助于减少落粒损失。

蒋亦元所研发的割前脱粒牧草籽收获机，曾先后 4 年被运往吉林乾安、长岭牧草基地进行试验，用户对其作业质量与效率均表示满意。2003 年，蒋亦元参加在美国肯塔基州路易斯维尔市举行的国际谷物收获与加工机械学术会议期间，报告了此项成果，受到会议主持人、国际知名收获机专家奎克（G.R.Quick）教授的赞誉，并索取了详细技术资料。该机还于 2006 年通过科研鉴定，结论为“属国内首创，羊草籽收获技术达到国际领先水平”。在全国相关会议上被领域内专家评论道：

东北农业大学研究的气吸式草籽梳脱机在吉林省羊草长岭基地试验，虽然还有不足，但已是我国目前领先水平的草籽收获机具，最大特点是能吸收脱落在空中的种子，损失率小，可

作为草籽收获的首选机型。

八、国际评价

数十年间，蒋亦元关于“割前脱粒水稻收获机器系统”的研究成果得到了国内外的广泛关注及评价。这不仅是对这项研究的认可，更是对他多年奋斗最好的诠释与赞誉。

其中，对“割前脱粒水稻收获机器系统”研究成果的评论摘编如下。

美国加利福尼亚大学戴维斯分校的勃莱恩·琴根斯（Bryan M. Jenkins）教授对第四代样机如此评论道：

> 我彻底地欣赏您在讨论会上介绍的割前脱粒并同时切割搂集成条铺的联合收获机。就如在咱们讨论中所述，我们从事这方面的研究已经有几年了，对你们所做的工作很有兴趣。
>
> 我们想与你们一起在加利福尼亚州试验你们机器的设计构思。这可以把你们的机器运来加利福尼亚州试验，或者按照机器的特性要求在加利福尼亚州进行机器的设计加工。
>
> 为此我们邀请您来加利福尼亚大学戴维斯分校工作。所需时间，按需而定……
>
> 假如您有意推进这项开发项目，请予示之。我们盼望将来能与您一起工作。
>
> 在戴维斯分校以您的研究工作为基础设计改进的谷物及秸秆收获技术的讨论是我美好的回忆。您所研制的机型和机器系统在此地以至全球的农业生物质的利用是一项重要创新。在世界以更大的关注集中于如何能持续地提供生物燃料的今天，优化农作物秸秆收获的创新系统，在生产高质量的原料、以先进的加工工艺生产“替代性饲料”方面正变得越来越重要。

您自己培养的几位已在职教授的学生，在加利福尼亚大学戴维斯分校的表现就证明了您教育的有效性和您的洞察力、您的影响力的深远。我期望着与您更大的研究合作。

国际著名的农机专家、《农业机械管理》（*Farm Power and Machinery Management*）的作者、美国伊利诺伊大学道那尔·亨特（Donnell Hunt）教授对第一代样机的评价如下：

我发现您的论文是很有趣的，而且具有令人赞叹的技术特点。你们的农民收获时要求保持稻草完整，就令我想起我的父亲不大愿意用联合收获机，就是由于它做不到这点。我们乐于看到纹杆脱粒滚筒能减轻对秸秆的损伤，但又不愿意降低割茬，因为过多的秸秆喂入会降低作业速度。

您的割前脱粒又同时切割、搂集成条铺，是一个独特的机器。我确信它是一项为稻农造福的重大发展。

时任日本农业机械学会会长、国际著名收获机专家、京都大学梅田干雄（Mikio Umeda）教授拜访蒋亦元时，在听取前后四代样机研究结果并参观第四代样机实物时评价道：

您研发的脱与割分两步进行的割前脱粒水稻收获机器系统和脱与割同时完成的割前摘脱水稻联合收获机，这可能将是未来的第四种谷物联收机雏形！

著名农机专家、日本国际农业工程奖设奖人岸田义典（Kishida）函告蒋亦元：

您的学术报告是我最感兴趣的，您的新颖和创造性思维给我以极其深刻的印象。这也是我乐于和您讨论问题的原因。我所主编的国际学术刊物（*Agricultural Mechanization in Asia, Africa and Latin America*，*AMA*）将以最优先的位置、最快的速

蒋亦元与梅田干雄在割前摘脱联收机前合影留念

度发表您的文章。

法国农机专家、研究机构负责人齐塞（Cheze）博士在国际会议上听完蒋亦元的报告后称：

这是卓越的研究，希望你们能够提供样机赴法试验，并请贵方提出实施计划，我们会派法国和非洲国家的科技人员到贵校学习。请史伯鸿院长同意我们的请求，并协助办理相关事务。

朝鲜国家科学技术委员会计划局指导员韩哲男率三人代表团到东北农业大学考察割前脱粒收获技术后发言称：

以前我们早知道贵校的此项研究，我们对此种只收粒、不伤草的收获方法总认为不大可能，不可理解。来以前，以为你们还处于试验室试验阶段，今天才真正认识到是事实。当然，此机究竟如何实现此种作业至今还是不大明白，感到十分玄妙。

我国有水田 70 万公顷，靠黄海的是高产区 10 吨 / 公顷，山区的折半。田块大，0.5～1.0 公顷 / 块，其内无小埂。机械化效率高。我们要利用稻草，出口日本；稻草还要还田。

所以贵校的割前脱粒收获机有相当大的可能性适用于我国，因为它正适合我国国情。关于合作形式，将由我国下次来访的更高级的能决策的代表团与贵方商谈。此外，邀请您于今秋访问我国。

第八章 科研学风

一、值得提倡的科研成果评语写法

在一次科研成果鉴定会上，一份由图尔博格（J. N.Tullberg）教授撰写的评语显得与众不同，引起了蒋亦元的注意。图尔博格教授是大规模保护性耕作中固定道作业（controlled traffic farming）的倡导者，蒋亦元本人也多次与其共同参加活动，彼此之间较为熟悉。

蒋亦元发现，在这份评语的开头部分专门设置了“背景”一节，交代了作者为什么要撰写该评语，对该机器成果了解到的程度如何。评语的主体内容部分，则主要针对成果本身的构思展开，实事求是，极为客观。蒋亦元认为，这种科研成果评语的写法，让读者能更设身处地地了解到成果所带给作者的感受，有利于读者对科研成果做出更为真实和客观的评价，值得学习推广。

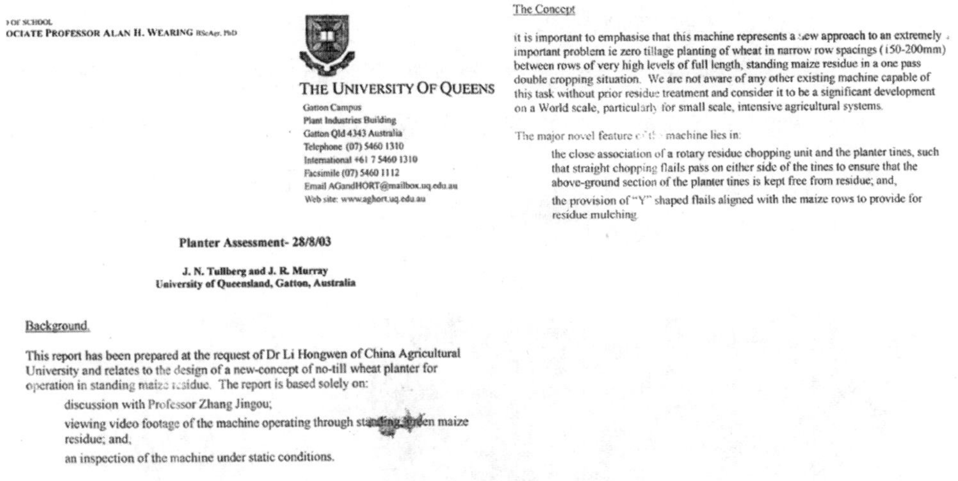

OF SCHOOL
OCIATE PROFESSOR ALAN H. WEARING BScAgr. PhD

THE UNIVERSITY OF QUEENS
Gatton Campus
Plant Industries Building
Gatton Qld 4343 Australia
Telephone (07) 5460 1310
International +61 7 5460 1310
Facsimile (07) 5460 1112
Email AGandHORT@mailbox.uq.edu.au
Web site: www.aghort.uq.edu.au

Planter Assessment- 28/8/03

J. N. Tullberg and J. R. Murray
University of Queensland, Gatton, Australia

Background.

This report has been prepared at the request of Dr Li Hongwen of China Agricultural University and relates to the design of a new-concept of no-till wheat planter for operation in standing maize residue. The report is based solely on:

discussion with Professor Zhang Jingou;

viewing video footage of the machine operating through standing green maize residue; and,

an inspection of the machine under static conditions.

The Concept

it is important to emphasise that this machine represents a new approach to an extremely important problem ie zero tillage planting of wheat in narrow row spacings (150-200mm) between rows of very high levels of full length, standing maize residue in a one pass double cropping situation. We are not aware of any other existing machine capable of this task without prior residue treatment and consider it to be a significant development on a World scale, particularly for small scale, intensive agricultural systems.

The major novel feature of the machine lies in:

the close association of a rotary residue chopping unit and the planter tines, such that straight chopping flails pass on either side of the tines to ensure that the above-ground section of the planter tines is kept free from residue; and,

the provision of "Y" shaped flails aligned with the maize rows to provide for residue mulching.

科研成果评语原文

以下附上该评语的中文译文，供读者参考。

背景：

此文是应某大学某教授之邀所作，是关于在玉米穗收获后、玉米秆站立田间的情况下进行免耕播种小麦的播种机，是仅基于下列条件对这一创新构思所做的评论：

曾与某教授讨论过此机；

观看了此机在玉米秆站立田间的情况下进行免耕播种小麦作业的录像片段；

曾仔细观察过在静止状态下的机器实物。

对构思的评述：

首要强调的是，此机是解决一个极其重要问题的新途径。也就是在小麦、玉米双季作物地区、玉米穗收获后、很高的玉米茎秆站立田间的条件下进行窄行距（150～200毫米）小麦的免耕播种作业，而且仅在一趟作业内就完成全部工序。我们至今尚不知有这类机器：它不需要事前处理玉米秆残株，就可实现免耕播种。并且认为这是一项，尤其是在小规模的、集约化生产的农业中具有世界意义的发展。

此机的主要创新点在于：

回转式茎秆粉碎装置与凿型开沟器的紧密配置，使防堵直刀得以在开沟器的两侧通过，从而保证了开沟器的地上部分不会被残株所堵塞。再者，正对着玉米株行上设置Y形秸秆粉碎刀就得以实现残株覆盖的耕作技术。

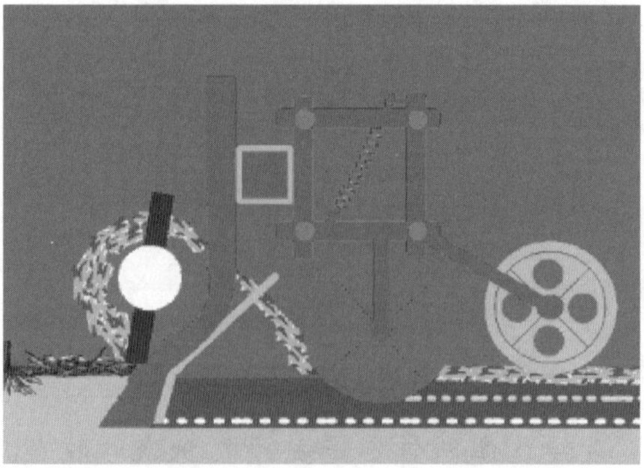

所评播种机主要工作部件的配置示意图

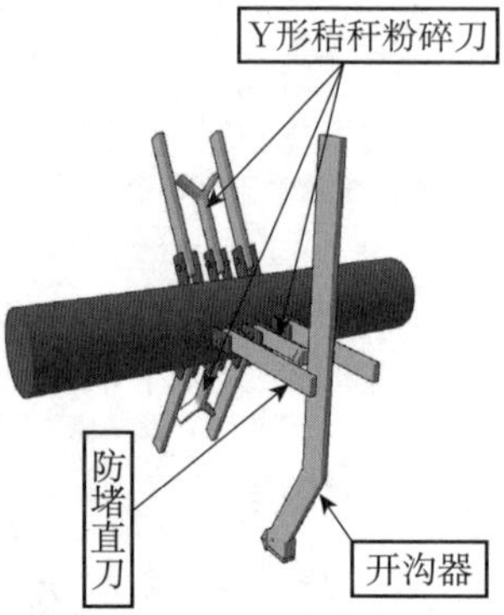

茎秆粉碎装置与开沟器

2003 年蒋亦元与图尔博格在美国肯塔基州路易斯维尔市召开的
国际谷物收获与加工机械学术会议上的合影

这件事让蒋亦元印象深刻，事后，他记录下这些细节，并经常在后来的报告中与听者分享自己的体会：第一，在评语中设置“背景”一栏很有特色，也很有必要；第二，正文一开始就说明此评语是应发明者之邀请而写，而非置评者自发所作；第三，置评者只看过机器静止状态下的实物，而没有见过现场的实际作业；第四，但是，置评者提到，看过机器在田间作业的录像，并且与课题组的成员进行过讨论，读者由此可以了解到，置评者对机器的结构与构思有着正确的理解；第五，正是这些背景条件的说明，使得置评者可以摆脱疑虑，畅所欲言地对此成果的创新性、重大意义、机器影响范围做出高度的评价；第六，这种写法同时也提高了读者对评语的认同度。

二、一次率直的学术交流

1982 年，蒋亦元在美国密歇根州立大学访学期间，旁听了一门名为 processing of biological products（生物质加工，实为传热学）的课程。这门课的主讲人是美国甚至世界研究谷物干燥领域的著名学者贝克（F.W.Bakker-Arkema）教授，他被称为谷物干燥理论与模拟的倡导者，著有《谷物干燥》（*Drying Cereal Grains*）一书（1974年）。他当时已经发表了4篇有关论文，分别是：《深床冷却过程传热传质的模拟》（1967年）、《冷却与干燥床的模拟》（1971年）、《商用横流干燥机的模拟》（1972年）和《谷物干燥的模拟》（1974年）。贝克所讲授的传热学课程以霍尔曼（J.P.Holman）所著的《传热》（*Heat Transfer*）教材为主，在讲到对流传热原理时，再辅以其所著的上述《谷物干燥》一书。在美国，一个学期仅10周，讲授这门课程耗时仅1周多，而在我国通常为一个学期。蒋亦元发现教师的讲课速度异常快，例如，有关公式的推导，会事前写在白纸上，草草念过一遍了事。蒋亦元在与一些教授交流时，也印证了这一点。这些教授们普遍认为，教学的基本原则（maxim）就是To Teach To Teach Themselves（教会学生自学）。至于如何弄懂，则留给学生自己去完成。由此可见，美国教学的学时少，而内容多，对授课内容只会选择性地、跳跃式地讲授，犹如蜻蜓点水般，只讲要领。

一次机会，蒋亦元约请贝克教授答疑，并赠送给他一本贝克教授本人所著的 *Drying Cereal Grains* 一书的中译本——《谷物干燥》。贝克教授喜出望外，还没来得及对蒋亦元表示谢意，就举着书跑到几个办公室，边跑还边高声喊："我在全世界出名了。"与贝克教授的首次会面，让蒋亦元感到这真是一位开朗而率直的学者。

传热学是一门实践性很强的课程，而在美国的课程设置中却没有实验教学内容。在另外一次与贝克会面时，蒋亦元不禁问道："为何这门课程不设置实验课呢？"贝克答道："新的技术在不断涌现，这门课程的学分已由5分缩减为3分，因此只得用幻灯片来取代实验课。"蒋亦元再问道："能否将你的幻灯片借我一用？"贝克答道："你的老婆能否借我一用？"此言一出，蒋亦元顿时觉得无地自容。蒋亦元反思因自己对知识产权的忽视，竟遭此侮辱，真是咎由自取。

但这件事让蒋亦元更加感到这位教授的开朗和率直。于是，蒋亦元敞开心扉、放下顾虑，就自学过程中的疑问，结合实践中的体会，大胆地对这位教授的教材表达了自己的质疑。蒋亦元对教材的质疑，源于他在“文化大革命”期间被下放香兰农场时使用烘干机的实践与对烘干过程的感性体会。有了这些生产实践，蒋亦元对贝克教授的理论理解得更加透彻，他在当时日记中详细地记录道：

1969 年 7 月～9 月 2 日，由我带领几位知识青年用随校下迁的苏联产“3 CM-1.5”型谷物烘干机烘干小麦与水稻。该机进校后从未使用过。此机的结构属混流型，装满烘干室需水稻 18 袋，约 1.2 吨，耗时 35 分钟，由开始生火到热介质达 130℃需时 15 分钟。装粮用的斗式提升器出口经改造扩大，提高了生产率，防止装粮速度低于排粮的速度，烘干室顶部腾空，热风空跑。因排粮提升器的速度受限，只得调小排量曲柄机构的半径，使得装粮与排粮的速度完全一致，烘干室粮面始终满满的。此时生产率达 1.43 吨 / 小时。我们共烘干 650 袋，测其生产率为 5 小时烘干 111 袋共 6650 斤，即 1.665 千克 / 小时。

烘干机降低谷物含水率的效果，经测定为：当原始水分是 17.17% 时，机烘后变为 14.55%，待场院阴天摊晒后为 15.74%。可见，烘一次仅降低 2.62%，如烘含水率 19%～20% 的水稻也能降到上述水平，因为含水率越高降水越快。

烘带芒水稻并未堵塞，烘后谷温 25～27℃。

煤耗测定：作业时间 4 小时，烘 6.2 吨，耗媒＜300 斤，即≈ 50 斤 / 吨干粮……

干燥机的种类可以分为固定床式、横流式、并流式、逆流式和混流式。贝克教授在教材中先以最简单的干燥机“固定床”作为模型来研究分析，并写出处于固定床任一位置的微分体积（Sdx）的能量与物料的衡算式。此问题涉及 4 个未知数：谷粒平均水分 $\bar{M}$、空气湿含量 W、空气温度 T、谷粒温度 θ。由此，通过 4 种衡算，可得出 4 类方程式（式中各项的含义此处从略）：

（1）空气热含量的衡算方程

$$\frac{\partial T}{\partial x}=\frac{-h_a'}{G_a c_a+G_a c_v W}(T-\theta)$$

（2）谷物热含量的衡算方程

$$\frac{\partial \theta}{\partial t}=\frac{h_a'}{\rho_p c_p+\rho_p c_w \bar{M}}(T-\theta)+\frac{h_{fg}+c_v(T-\theta)}{\rho_p c_p+\rho_p c_w \bar{M}} G_a \frac{\partial W}{\partial x}$$

（3）空气湿度的衡算方程

$$\frac{\partial W}{\partial x}=-\frac{\rho_p}{G_a} \frac{\partial \bar{M}}{\partial t}$$

（4）空气水分的平衡方程

$$\frac{\partial \bar{M}}{\partial t}=\text{一个适当的薄层方程}$$

蒋亦元在自学的基础上结合自己的生产实践，与贝克教授按照教材各章顺序一一讨论相关要点，当讨论到干燥模型时，蒋亦元问道：

> 4个微分方程中有那么多有待选定的参数，而且它们变化范围又如此之大，怎样才能选准参数，使预测精度得以更高？我冒昧地问一句，您的这套偏微分方程预测的误差有多大？

贝克教授的回答出乎蒋亦元的意料：

> 一般误差（如含水率）≥30%，换句话说，预测精度若能达到70%，就不错了。凡是发给我的文章声称运用我的模型，预测精度可达到90%以上的，我一概不看。

蒋亦元没有想到，贝克教授竟然会说自己创造的这套偏微分方程预测误差如此之大，他继续追问道：

> 除了参数不易选准外，是否方程的描述与实际的物理现象之间尚有距离。例如“一个适当的薄层方程”，它的测定都是通

过在空间中谷粒平铺在筛网上，下面加温测出 M 与 t 的关系。用它去描述譬如在混合型烘干机中某一薄层的干燥过程就相距颇远，因为后者的上下均被厚厚的谷层压着。另外，谷粒的烘干基本上都在降速干燥阶段，而这一阶段的方程是很难被准确建立的。因为我于 1969 年 7～9 月，曾在混合型烘干机上烘干小麦与水稻，有了一些这方面的感性认识。

贝克教授对蒋亦元所提问题的深度也深感意外，随即答道：

我想您的见解是对的，今天很高兴与您讨论这些问题，平时很少有人提及这些问题。

蒋亦元又问道：

既然误差较大，这套数学模型的意义何在呢？

贝克教授答道：

在探索一个新方案时，可以用该模型估计趋向。另外，在对比同类机型的性能时，也可以用这个模型来进行估计。

这一席谈话令蒋亦元收获颇丰，他说：

我佩服贝克教授对人、对学问都是那么的直截了当，尊重科学。对自己花了精力研究出来的成果的缺点毫不掩盖。我听他课的最大收获就是这一句话——误差≥30%，这是书本上找不到的。毕竟书本上的知识，我们基本上都能自学。

蒋亦元后来查阅了贝克的文献资料后才发现，他本人对此问题也有一个认识过程。贝克于 1967 年首次发表这个数学模型，1971 年他人使用此模型的预测值与试验值相差幅度，称在 10% 以内，1982 年时才认识到误差达≥30%。

蒋亦元回忆说：

我对此问题特别重视，就是因为国内运用此模型时，没有对它的质疑之声，而且大都认为可适用于上述几种机型。在鉴定谷物干燥的数学模拟时，预测精度达近100%。这是当时大家对用偏微分方程分析干燥过程感到奇妙，没有对它存怀疑之意造成的。以生物体，或以有机体为加工对象的机器或装置，在研究它的机理的时候，并非都可用演绎推理的方法解决问题。原因是它的物理机理尚未清楚，所建立的数学模型尚不完善，即使用优化技术也无能为力，因为优化不能取代符合实际的数学模型。

三、既欣赏又严格

我国农业机械和农业工程学科的奠基人曾德超院士曾经对蒋亦元关于相似理论的3篇论文很感兴趣。为了消除疑虑，两人前后进行了三个下午的讨论。曾德超院士一开始对蒋亦元的论文处处质疑，认为其几乎“无一是处”。蒋亦元对曾德超院士的意见，有些表示赞同，有些则与之辩驳，甚至到了“针锋相对”的地步。

1997年7月18日，蒋亦元与曾德超院士第一次会面。刚一见面，蒋亦元立即向曾德超院士介绍了这个项目的意义、主要内容和外界的评论。曾院士对此不屑一顾，直言道：“别人的我一概不看，我要凭自己的脑子来判断。我要看该理论的原文，不要中文的。”

曾院士一开始就提出自己的质疑，认为墨菲提出的并非理论，组分方程中的“must have the same form”只是一句“statement”而已，曾院士又讲道：“你用球的沉降来验证这个理论不够充分，应有两三个。”蒋亦元回答道：“用作验证的实例不在于多，而在于真，这一公式能准确反映该物理现象是被公认的。”

之后，蒋亦元遵照曾院士的要求，精心收集相关内容。1997年10月20日，二人进行了第二次会面。蒋亦元将墨菲的原文及载有国内学者引用墨菲理论论述的《机械工程手册》相关内容共计近百页的复印材料递交给曾院士。两人继续讨论起“must have the same form”的问题，曾院士认为这仅是定理在条件叙述上的疏漏，而非定理本身有什么错误。而蒋亦元则认为，这句话本身就是这个理论的一部分。蒋亦元向曾院士认真地解释道：组分方程可以具有不同型式，而决定型式的准则就是曲线拟合的回归系数如何取值，这一点非常重要。因为组分方程需要相乘，变量有可能在指数上。破坏了这一条要求，将导致很大误差。关于这一点，墨菲却丝毫未提及……听完蒋亦元的解释后，曾院士的态度似乎有所缓和，回复说要细读这些材料，并让他一周以后再来。

1997 年 10 月 30 日，二人又进行了第三次会面。在一周左右的时间里，曾德超院士仔细研究了墨菲的原文，并做了详细的笔记，可谓做足了功课。曾院士问道：“墨菲提出必须具有相同型式这句话只是作为将组分方程相乘获得 π 关系式的条件，这句话即便有错，也只是条件上的失误。”蒋亦元解释道：“所谓条件，是指必须除以一个 C 值。墨菲提出的这个条件是紧跟在方程之后的，从而构成了完整定理的一部分。”听完蒋亦元的解释后，曾院士对此问题终于不再追问。随即，曾院士又对蒋亦元等人所做的试验、美国球体沉降公式的错误所在，以及如何发现它的过程都进行了详细的询问。

了解了这些详情后，曾院士彻底信服了，他对蒋亦元说：

> 这项研究工作做得很好很细致，应该尽快向国外发表。另外，你文章的标题需要修改，从中根本看不出对墨菲定理的改进。你要把你的方法归纳出一个成套的、完整的理论，包含几个 statement，前面是他的，后面是你的，这就对他起到画龙点睛的作用。

蒋亦元答道：

> 您说得很对。非常感谢您如此认真的审查和建议。论文题目在发表时写得很低调，也正因如此，这 3 篇文章并没有被 EI

检索上。

后来，蒋亦元因自己在学术方面的突出成就当选为中国工程院院士。有一次，余友泰教授借机将曾院士写给他的一封信交给了蒋亦元。在这封信中，曾院士写道：

> 亦元教授在我们同行中，几十年来不论学识、水平、成果、学风、作风都十分突出，我们一向都很钦佩。

蒋亦元看后深感意外，他这才知道，曾院士虽然在两人的多次会谈中提问得苛刻严格，但对他是颇为欣赏的。

曾德超院士与蒋亦元在爬黄山时的合影

蒋亦元此后常常对自己的学生说，曾德超院士在评论学术问题时，能够专注于问题本身，毫不讲情面、一丝不苟，这正是令人敬佩的，是应该学习之处。

四、发表创新性观点时应有的态度

在蒋亦元发表平台式逐秸器理论后的一天，东北农学院的王成芝老师向蒋亦元传达了一件事。

王老师在北京出差时，被中国农业机械化科学研究院邀请参加一个会议。参加者有当时农机界的著名教授如曾德超、李翰如、曹崇文等，以及中国农业机械化科学研究的一些高级工程师。会议是在一位年轻的工人师傅（下文暂称 X 师傅）的强烈要求下召开的。

原来，X 师傅在研究了平台式逐秸器的理论后发现，其结果与蒋亦元的结果有很大差别，而且非常自信地说，“有他没有我，有我没有他”。随即他要求农机界的最高研究机构出来进行评论。中国农业机械化科学研究院鉴于工人师傅能挑战一位副教授，在当时的形势下不能怠慢，于是请了诸多专家与会。

据称，X 师傅的理论尚未完全讲完，专家们就请他终止了。专家们发现，他连建立理论的基本力学概念都是错误的，其结论当然也就不言而喻了。

过了不久，X 师傅给蒋亦元写信，对之前过于自信而语伤蒋亦元的鲁莽行为进行了真诚的道歉。蒋亦元很快回复并安慰这位工人师傅：

> 您非但不必感到歉意，而且我要感谢您。因为您的行动等于为我请了这么多专家审查了我的论文。

蒋亦元还鼓励他要有敢于挑战的精神，不要受挫。告诉他探索一个新问题之初，出错是很平常的，只是发表前应多与同行们交流为宜。

后来，中国农业机械化科学研究院的一位老同学也对蒋亦元的论文提出了问题，虽然不是原则性的，但蒋亦元还是认真地做了改进。

这些经历让蒋亦元深刻地感受到，发表一篇有创新性的论文必须慎而又慎。创新必然会引起众人的兴趣、关注和怀疑，读者会从不同的角度，向创新人“进攻”，为此要反复推敲，尽量不出错误。

此后，蒋亦元常以此例提醒他的学生们，对新出现的理论、观点，不能盲从，而要弄懂其原理。换言之，首先要有怀疑态度。无论它是由谁提出的，即使是权威，亦该如此。但是，在提出质疑之前，必须要把对方的理论本身及其提出的前提弄清楚，因为后者可能并未在正文中阐明。

20 世纪 80 年代初，蒋亦元的学生赵匀将一篇题为“有关脱粒滚筒运转稳定性问题的探讨”的论文投至国家级核心刊物《农业机械学报》，并通过了录用审查。为了谨慎起见，编辑部请时任该刊副主编的蒋亦元最后定稿。

蒋亦元细致地通读了全文后发现，赵匀在文章中错误地批判了戈里亚契金院士在苏联几乎奉为“金科玉律”的脱粒滚筒基本公式。戈里亚契金院士的方程式揭示了在转速变化时发动机所能提供的加速度与脱粒所需的加速度之间的变化规律，当加速度供需平衡时，即可确定滚筒的转速。赵匀对脱粒滚筒运作的起始、稳定工作到结束的全过程进行了动力学分析，最后指出戈氏的理论具有荒唐性的错误。

蒋亦元将赵匀叫到身边后，首先肯定了赵匀的探索精神，并认为他对脱粒过程进行动力学的分析是对的。但蒋亦元也提醒赵匀，戈里亚契金本人在建立发动机提供的能量、滚筒所具有的能量以及脱粒所需的能量三者之间的关系式时，是在静态条件下的分析，要知道作者根本就没有做动力学分析的意图。这是 19 世纪下半叶的事了，如果要批判戈里亚契金院士就冤枉他了。赵匀问蒋亦元：“那为何国内教科书没有一本提及这一点呢？”蒋亦元回答说：“那是因为编者可能未读过戈氏的原著所致。你敢于质疑权威是好的，但权威毕竟是权威，事前需对原著作充分、深入的理解。我们在自学一些经典著作的过程中，有时会感到原著中某些论述错了，但细读时发现自己错了的事，不是常有的吗？”

这件事不仅教会一位初出茅庐的学者治学应当秉持严谨的态度，更使他明白了要懂得尊重别人的道理。蒋亦元常常告诫弟子们：“批判前人的理论，尤其是名人的理论研究必须慎重，首先要把它吃透，看自己是否正确理解了它，用语不能绝对化，要留有余地。”

五、“德识才学”的准则

一流的成果诚然可贵，高尚的道德价值更高。作为一名优秀学者，蒋亦元不仅通过自己的工作成果对社会发展做出了贡献，他优异的道德品质也成为推动时代进程的力量。蒋亦元常常强调，一个好的科学工作者必须具备“德、识、才、学”四方面的素养，并形象地比喻：“才”如战斗队，“学”如后勤部，“识”如指挥员，但倘若没有“德”，拥有的其他一切都将是空谈。

蒋亦元始终将“德”放在首位，是因为它不仅涵盖了“识、才、学”所无法涵盖的许多非智力因素和情商要求，它还是在科学研究中最终取得成功的一个最重要条件。这包括对科学探索的强烈追求和全身心的投入、坚韧不拔和百折不回的毅力、战胜各种私心杂念的勇气、独立自主的个性、良好的人际关系，以及与同行和外行进行沟通的能力。更为重要的一点是，高尚的道德情操和良好的道德修养，是科技工作者进行创造性劳动的必然条件，这是职业道德。

蒋亦元在给学生们讲述科技工作者应具备的素养，即“德、识、才、学”

透过蒋亦元的言教和身教，他的众多弟子都已深深体会到“德”的重要，努力践行着导师对科技工作者的道德要求和原则：一是要尊重别人的劳动成果，痛斥剽窃他人成果的行为；二是在试验研究中不要为了证明自己的理论分析结论是正确的，而对试验结果做虚假报告；三是在总结和汇报自己的成果时，一定要杜绝弄虚作假，一旦发现，将严加查处。

蒋亦元非常厌恶为了名利而不择手段之人。2002 年，蒋亦元偕助手赴外省参观考察当地的水稻割前脱粒收获机研发情况时，遇到一位同志盛情邀请去参观一台由某科研单位研制的机械式输送机型的作业情况，并企图借机让蒋亦元这位权威人士为自己草草拼凑的一台类似机型出具一份鉴定书。蒋亦元在详细考察分析该机器后，发现许多问题，婉言拒绝后便离开了。结果这个人随后追到蒋亦元和助手的招待所纠缠不休，但他不切实际的想法终究没有得逞。蒋亦元的原则性由此可见一斑。

蒋亦元对成果的署名这一环节要求相当严格，他从不会“按资排辈”，而是完全按照课题组成员的贡献大小排名，对在科研过程中没有做实质性工作的人员一律不予署名。曾经有一位与其课题组合作过的某工厂负责人，在样机的制造过程中参与过一些生产组织工作，就想在论文成果中占一位置，结果遭到蒋亦元直截了当的拒绝。正因为蒋亦元始终秉公办事，这么多年以来，他的课题组从未因任何署名或排名问题发生过纠纷。

蒋亦元是这样要求其他成员的，同样也是这样要求自己的。很多时候，学生或助手的试验和理论都是在他的倡导与支持下做的，但是在成果发表时，他始终坚持不把自己的名字写在前面。曾经有一次，他与其硕士研究生崔士勇合作完成了一篇名为“关于扶禾器的理论分析”的文章，并计划在农业工程国际会议上发表。在论文署名时，蒋亦元坚持把崔士勇放在第一位，将自己放在第二位。虽然最后学生崔士勇在打字时仍将导师的名字排在了首位，但导师的这种风格令他赞叹不已。

蒋亦元因为恪守原则，也曾遭到一些企图弄虚作假者的憎恨，甚至还遭到一些人诽谤，认为他是自己前进路上的绊脚石。但蒋亦元坚信，如果对这些人放松警惕或置之不理，必然会产生严重的负面影响，甚至会将他们周围一些经验少、阅历浅的年轻人引入歧途，因而他始终不给这样的人任何可乘之机。在他任《农业机械学报》副主编时，就曾铁面无私地筛掉不符合要求的文章。

蒋亦元说：

> 学术是老老实实的东西，容不得半点虚假，必须实事求是，坚决不能违背学术良心做事情。剽窃他人的成果，或者为了沽名钓誉而篡改研究真相、伪造研究数据的行为，就是地地道道的学术骗子行为。这样的骗局就像肥皂泡，即使再美，早晚也会在真相大白时彻底破灭，为此，所有科技工作者都应要引以为戒。

第九章 教研有道

一、治学原则

在蒋亦元的青年时代，有幸先后师从林查理、列多希聂夫两位农机领域的大师级人物。金大林查理教授传授给蒋亦元的是以实践为基础、理论密切结合实际、理论来源于实际的务实态度，列多希聂夫院士传授给蒋亦元的则是一定要注重理论分析的逻辑性与严密性，并通过试验反复修正完善研究成果的求真作风。蒋亦元始终为自己能在两位外籍教授的授业中都得到受益终身的指导而深感庆幸。理论与实践并重，求真与务实相伴，这正是引领蒋亦元一步步走向科学之巅的秘诀。

在他辛勤耕耘于东北农业大学沃土之时，又能常常与王金陵、许振英、余友泰等一大批名师交往，一路走来，蒋亦元在有选择地汲取各位名师大家治学之道的同时，在半个多世纪的科研教学经历中，形成了自己独特而鲜明的治学风格。蒋亦元把自己一生在科学研究和教书育人中取得成就的秘诀归纳总结为“精诚所至，金石为开”“打破砂锅问到底”“放长线钓大鱼”“一条道跑到黑”“一生一盘棋”。

1. 精诚所至，金石为开

蒋亦元认为自己不是一个智力上的“强者”，更不是“天才”。工作和学习异常勤奋，应该说是他治学最为鲜明的特点。

每每说到“天资”这个话题，蒋亦元都会兴奋地讲起自己的表弟赵煜澄。赵煜澄与蒋亦元是表兄弟，比蒋亦元小 70 天。抗日战争期间，赵煜澄与母亲曾寄居在蒋亦元家一同逃难，两个人朝夕相处，一起在常州市正衡中学度过了年少时光。蒋亦元回忆道：

> 赵煜澄天资聪颖，勤奋刻苦，学习成绩总是名列前茅。高考时他竟能一连考取清华、复旦、上海交大等几所名牌学府。而我虽天资远不如他，但也不甘落后，不轻易请教他、不以他为追赶的目标，而以自己的过去为目标，只要有进步就高兴，

就减少精神上的压力。凭的就是勤奋刻苦，研究学习方法。因为我始终相信“精诚所至，金石为开”。

“勤奋刻苦”这四个字听起来极为简单而普通，但对于蒋亦元来讲，这四个字却包含着他学术生涯中最切身的体验和最细腻的感受。

蒋亦元与表弟赵煜澄幼年时的合影

蒋亦元（右）与表弟赵煜澄合影

2. 打破砂锅（纹）问到底

蒋亦元治学的另一个鲜明特点就是喜欢追根究底。他认为搞研究也好，做学问也好，对某些具体任务均要深入思考，每一点都要反复推敲，不能草率行事。他常说：

无论从小学到大学，我的成绩并不突出，属于中等偏上。考试分数不是很好，但是我考完以后总要自己检查检查错在哪里，就像下棋复盘一样，一定要弄清哪一招棋是误算或是昏招，这是我的一个习惯——所以我所得到的东西并不一定比考100分得到的少。

蒋亦元在办公室除了讨论问题，往往一坐就是半天，不停地写、算、思考。他认为，作为一名科研人员要养成好习惯，平日一有所思，就要用笔记下来，有价值的东西要寻根问底。同时，还要注意深入思考，不断向深处挖掘。关键是要学会给自己多制造几个问号，有了问号后，再去探索。解决这个问号后，再设置新的问号，就又深入一步。这就是人们常说的“透过现象看本质”“入木三分”“打破砂锅（纹）问到底”。

3. 放长线钓大鱼

蒋亦元始终认为，搞科学研究的人，要有“十年磨一剑”的心态和思想准备，要有“放长线钓大鱼”的胸怀和气度，只有这样，有价值的科研成果才可能不断涌现。当然，那些“短平快”的课题也应该搞，二者的目的均是为生产服务。

早在蒋亦元任助教期间，与其同时入校的一些同事都已晋升为讲师，但他却不急。他认为做助教虽然工作要烦琐一些，工资待遇也要低一些，但是因为在给学生进行答疑的过程中要回答各种各样的问题，有的需要深入钻研相关的基础课程，全面透彻地掌握相关理论，才能做出解答，这样也就提高了自己的能力。因苏联教材的理论远比美国的深得多，蒋亦元还常常抽时间和班上的学生一起去听数学、力学等基础课程，而不是急于动手搞研究。正如《荀子·劝学》中所讲：“真积力久则入。”他始终认为只有先丰满羽毛，日后才能飞得更高，正所谓“放长线钓大鱼”。

4. 一条道跑到黑

蒋亦元搞割前脱粒研究近40年，他曾说自己之所以能始终坚持这一课题，是得益于世界著名大豆专家、他的老学长王金陵教授的一句名言“要一条道跑到黑，不要浅尝辄止”。

1997年，蒋亦元凭借自己在农业工程领域的突出贡献，当选为中国工程院院士。在学校为其举办的庆祝大会上，蒋亦元将手中的鲜花郑重地献给了王金陵先生，并深情地说：

> 我之所以能够取得今天的成就，就是在您治学之道的启发和指引下获得的，请允许我将鲜花真诚地献给您！

蒋亦元（左）与王金陵合影

蒋亦元在敬重学长这一科研精神的同时，也是这一思想的践行者。自从1975年他将“割前脱粒”这一世界公认难题作为自己的研究课题以后，就从未被其间的挫折与困难所吓倒。

特别是在最初的15年时间里，由于样机始终未能进行鉴定，热心的同志都曾劝他试着搞些“别人已经搞出基础的课题”，但蒋亦元并没有动心，他不喜欢随大流去做那些大家都在做而自己又没有新创意的事情。在他看来，搞农业机械研究，不分热门还是冷门，无论是大还是小，最关键的是要能够解决生产实践中的问题，要在科学上有意义。在漫长的科研道路上，他经历过旅途的辛劳、理论设计计算的彷徨、结构创新的纠结、机器试制中的烦琐和挫折，甚至长期不出成果的嘲讽……但人们没有听他说过一句怨言。蒋亦元深信“行拂乱其所为，所以动心忍性，曾益其所不能”，因而自觉地接受住了各种考验。他说：

没有条件，就得创造条件上！必须在吃苦、耐劳的同时，做好心理准备——最终的结果可能是失败或无果而终，甚至等待着后人的抨击。

5. 一生一盘棋

经过近 60 年的教学科研实践，蒋亦元深刻地感悟到：

一个人若能够把自己的一生看作一个整体，就能够激发出自身潜在的勇气和能力，就能够在人生的岔路口做出正确选择，把握自己的命运。

他认为：

从总体上看，如果说现在的青年有什么不足的话，才能、知识和经验的不足还不是主要的，根本问题是缺乏强烈的进取精神和强烈的追求，比较容易满足或妥协，遇到技术上的、人事上的、物质上的困难等，就容易却步。缺乏进取精神，就难以有所突破、有所创造。

蒋亦元总结说：

你今天正在享受着昨天为你自己所创造的恩泽，或者正在品尝着昨天你酿成的苦酒。同样，你今天又在为你的明天铺设着康庄大道，或者设置着层层叠嶂。

这就是他的整体人生观。

在长期的科研、教学实践中，蒋亦元秉承两位恩师的学术风格，并加以结合，他“不唯书，不唯上”，走出一条农业机械研究的新路。除了承担繁重的科研任务外，蒋亦元还承担着培养博士研究生、硕士研究生的重任，在学校、省、国家级学会以及农业部等担任学术职务。多年来，蒋亦元在农业工程学科建设和国际学术交流，尤其是农机高级人才培养等方面做出了突出贡献。他用自己的行动诠释了所倡导的“一生一盘棋”的整体人生观。出于对青年的爱护和关怀，蒋亦元时常和后辈们谈及自己的科研教学经验和体会，深受大家的欢迎。这些治学之道对于当今学子，无论是为学还是做人，启发和激励的作用都是巨大的。

二、培养研究生的特色

蒋亦元开始培养硕士研究生时，首先开设了两门课程，一门是农业机械专题讲座，另一门是相似理论和模型试验。凭借当时个人在从事科研和教学方面多年的经验，蒋亦元总结出一套教学方法，并形成了自己教学的基本原则。

1984年12月29日，蒋亦元作为教师代表，
与东北农学院八一级毕业研究生合影留念

就专业课而言，蒋亦元认为创新思维的培养最为关键。农业机

械随着向深度、广度的不断发展，学生需要学习多方面的知识，如有关新型机械的、教材上的理论、实际的知识和技术等。但是，这些知识多数是可以通过自学获得的。因为学生在学习了一定数量的基础课和新技术课后，通过不断加深认识，就具备了自学的条件。学生所缺乏的恰恰是创新思维的方法结合实际的培育，也就是科研的方法论。方法论不是指解决某个技术问题的具体方法，而是指处理这些问题所采取的方式和思维方法。通常，相关内容只是在数、理、化、天、地、生自然科学中论述，实际上，它在应用科学中也很重要。因为应用科学涉及的矛盾繁多、错综复杂、盘根错节，这类内容是专业书本上所不具备的，需要对学生加以引导，从思维方式上进行锻炼。除了向别人学习外，还应当去挖掘那些创新者未曾公开又是其乐意与你共享的那些灵感是如何出现的过程。有关于此的理论性文章，在坊间往往都可以找得到。但与本专业相结合的，就需要从老师的讲授或与学长们的交流中获得。

面对一些奇思妙想，研究生们常会问到的一个问题就是“我为什么就没有想到？”对此蒋亦元也有自己的观点，他认为受到应试教育、学时限制等影响，传统教学只是教知识，而不教知识是怎么来的。科技文章中往往是干巴巴的事实与结果，而没有涉及作者的思考过程，即他是怎么想出来的，但作者从失败到成功的经历是非常曲折离奇、丰富多彩的。钱学森曾经提到，科技文章所“发表的只是搞对的那一小部分（仅 1/10 或 1/100）。错的以及从错到对的过程都没发表”。因而，蒋亦元建议学生们要读科技史，要想尽办法挖掘到作者构思的形成过程。蒋亦元鼓励学生，要学会自己去挖掘和探索。他结合自己的经历，总结了三个经典的案例。

第一个案例是王选的字形轮廓描述法。在参加国家技术发明奖颁奖大会的前一天，蒋亦元与其他人一道集体参观王选的实验室时，王选曾简要地介绍了自己的研究过程，并回忆道，“汉字排版课题”立项后他兴奋不已，三天三夜不休息，构思如何用数学方法来描述汉字字形。

参观过后，蒋亦元对汉字的字体和数量如此之多、如何描述每个字感到非常好奇。刚好在次日等待与国家领导人合影的空闲，蒋亦元抓紧时机向王选院士请教了该问题。王选院士答道："用一个三次方程式即可描述各种笔画。"蒋亦元这才恍然大悟。如果把汉字落在布满网点的网格上，每个笔画的轮廓就可由落在其上的网点连接而成。网点愈密、信息量愈大，描述字形愈准确，信息量可达 200 亿个。可见，若不是亲自向王选院士探询，就很难获得这个重要的信息，在当时它可能尚属秘密。

第二个案例是刘芳对提高"BZT-6"型起垄中耕机仿形机构的耕深稳定性的创新研究。

马拉起垄中耕机中脖套的 O 点为牵引点、犁辕的 A 点为挂接点、这两点与土壤作用在犁体上的阻力 R 的中心点共 3 点之间近似共线才能正常作业。20 世纪五六十年代，农村有了拖拉机，普遍用它替代畜力，于是便产生了机引式的起垄中耕机。拖拉机悬挂机构与一根长方管的横梁连接，机构的连杆及其延伸部分的 A 点就是挂接点，横梁上就可挂接若干台马拉起垄中耕部件。作业时，每个犁体均需由一个人扶持。由于拖拉机马力大，作业速度快，起垄效率高，扶犁者要想跟上拖拉机的速度往往很吃力，有时鞋掉了也来不及捡拾，苦不堪言，这种现象被戏称为"犁后喘"。

吉林省农机研究所、吉林工业大学等单位将起垄中耕机的犁体通过平行四杆机构与横梁连接，设计了"BZT-6"型起垄中耕机。但这种机构有一个缺点，就是对土壤"欺软怕硬"，导致耕深很不稳定。为了解决该问题，吉林省农机研究所一位名叫刘芳的研究员发明了一种新型的机构。刘芳是东北农学院 1959 届农机专业的毕业生，蒋亦元留意到这项发明后，为了验证其稳定性，与温锦涛一道特意将刘芳发明的机构与平行四杆机构一并装到一根横梁上进行对比试验，结果发现刘芳所发明的机构的耕深稳定性明显高于对照者。

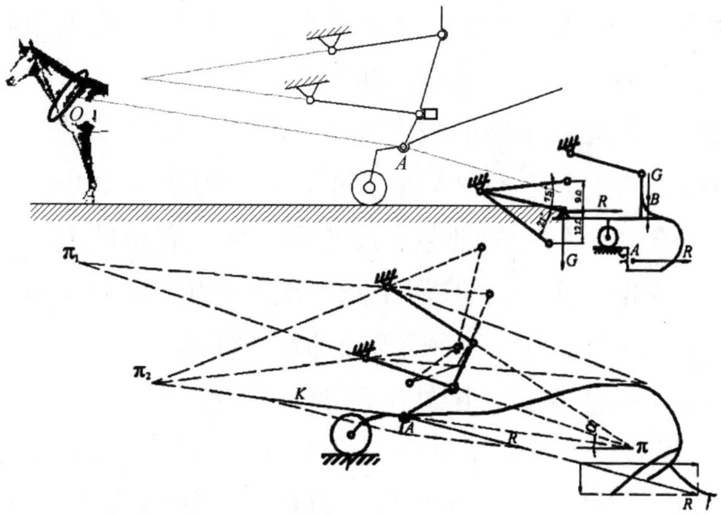
起垄中耕机耕深稳定性改进中的创新

为了挖掘发明者的灵感是怎么形成的，蒋亦元特地写信向刘芳请教。刘芳回信却只写了怎么设计，以及画图的步骤。蒋亦元感到答非所问，并不满意，于是再次写信追问。刘芳再次回信才写到，她是受到一位农民在现场会上说的一句话的启发，那位农民说："这个机器要能像旧大犁那样稳定就好了！"刘芳便循着这个思路，用非平行的四杆机构，使连杆的瞬心成为牵引点 π，它就起到了与马的脖套牵引相同的效果。π 与挂接点连线上的牵引力与土壤的作用力 R 的合力 A 作用在挂接点，该力较小，使轮子轻轻地压在地表，保持作业稳定。因马拉牵引点较远，土壤坚实度的变化对犁体状态的影响就较小。而平行四杆机构的方案中，π 在无穷远处，各个力绕着铰链点转动，臂短，犁体位置变化就大，不利于耕深的稳定。后来刘芳又缩短连杆，使 π 置于杆机构的后方，更靠近阻力 R，效果也更好了一些。可见，刘芳能想到这个方案，关键在于受到农民那句话的启发。至于如何将连杆的瞬心取代马的牵引点，倒是容易想到的。蒋亦元若不去追问，就不能得知其由来。刘芳若不专心于此，就不会注意到农民说的那句话。

第三个案例是大豆挠性切割收获装置的研究历程。

20世纪50年代，大豆的底荚很低，用联合收获机作业时，因割刀固定在角钢上，离地较高，漏割底荚的损失达10%以上，在国外也是如此。东北农学院的校友为此发明了分组切割的装置，每组装置可以收获三行。三行之内底荚的离地高度差不会很大，基本可以保证机器全宽内各行的割茬高度基本一致。各组的刀杆梁由杆机构与收割台连接，实现刀杆梁贴地仿形。各组的动刀杆由原收割台的动刀杆通过摇杆驱动，达到了降低损失的目的。

20世纪七八十年代，国外出现了大豆挠性切割装置。它由宽达120毫米、厚仅5毫米的扁钢作为刀杆梁，因为杆梁较薄，就具有很好的挠性。即便垄台有高有低，刀杆梁也能贴着垄台顶部切割，效果更好。这样一来，动刀片就在一个波浪形轨道里做往复运动，刀片与护刃器之间的间隙必然会很大，但豆秸是较粗、较脆的木质纤维，并不影响切割效果。这种新构思显然较前者为佳，但在当时，学生们是想不到竟然可以这样做的。因为老师们所讲的是，要求切割间隙必须很小，否则会使秸秆塞刀。没有想到的是，“间隙小”是对收获小麦等作物时的要求。

“创新难不难？难！”蒋亦元会让学生们首先在思想上认识到并承认这一点，只有这样才能沉下心来，继而坚持下去。他通常会提到两个能够反映农机创新难度的例子。一个例子是，“IH-1450”型纵向轴流联收机从设计到产品耗时15年，耗资2400万美元，还仅仅改了一个纵向的轴流滚筒，而其他的部件都是传统型的。另一个例子是，美国约翰·迪尔公司在截至1982年的100多年时间里，在整机和部件方面的发明（原创）并开发为产品的，也仅有4台，分别是：玉米联合收获机、牧草压草饼机、草捆抛掷器、折腰转向的平地机。在新装置方面，也仅有拖拉机驾驶室、闭心式液压系统、履带拖拉机静液压自动驱动系统。他说：

作为全球规模最大、科技实力和资金最雄厚、以农业工程装备为主的企业，也不过如此。就个人而言，终其一生若能搞成一项或一个部分，也就不简单了。

蒋亦元认为，要想突破原创，必须做到坚韧不拔、坚持到底，但不能执拗。他结合自己在创制立筒筛式的多功能分离装置、先脱粒后切割搂集稻草的装置等过程中的体会，总结了创新性科研所需要具备的5个要素：①勤于观察、思考、实践；②有宽广的知识；③勇于胜利，先要动摇对偶像、权威的迷信，敢于怀疑，争鸣，善于讨论，追求真理；④联想和想象，类比、分析事物之间的相似性；⑤直觉和灵感，直觉、顿悟是心理的下意识活动的结果。当头脑里充满没有关联的信息和不明确的观念时，一个能将它们联系起来的观念，就会由于一些小苗头而结晶出来。

在蒋亦元看来，将《孙子兵法》当中的智慧用在教学上也是很有指导意义的。其中提到"凡战者，以正合，以奇胜"，以部分兵力在正面抵挡，以少量兵力采取迂回、包抄等奇袭敌之后方，即所谓的"绝招"。"奇正之变，不可胜穷也"，掌握了充分的信息，才能有无穷的变化。"见胜不过众人之所知，非善之善者也"，因而要培养比别人更高的预见能力。事物是极为复杂的，应当竭尽全力探求本质，而不被其表象所迷惑。蒋亦元总结后认为，割前脱粒第一代样机之所以取得成功，就在于掌握了国内外信息和仿形拨禾轮的知识，故而"胜已败者也"。第二代样机之所以失败，在于头脑发热，想一举拿下，结果处处迎敌，全局失败。第三代样机由于主、次分步地解决问题，做到了"不忒者，其措必胜"。

三、外语学习的楷模

蒋亦元一向重视外语的学习，强调学习外语的重要性。他常常告诫身边的青年学子：

我们中国学者，尤其是想搞科学研究的人，绝不能对国外的研究动向和成果视若无睹。世界上各个国家或民族都有它独特的历史和与众不同的科技成就、哲学思想、方法论，以及独特的文化、艺术，我们可以从许多国家的经验成就中获得精华，同时从他们的失败中吸取教训。多掌握一门外语，就等于给自己的人生多开辟一个窗口，透过它能看到更广阔的世界。尤其是随着社会越来越开放，国际交流日益广泛深入，我们就越发需要提高外语能力，这样才有利于自身学问的进步，有利于国与国之间的学术文化交流。

蒋亦元的专业知识比较渊博，这与他能掌握英语、俄语，甚至懂些德语不无关系。吉林农业大学讲授农业机械学的盛江源老师就曾经对他有过这样的评价：

> 蒋亦元这个人很厉害。首先是他的专业，其次是他的外语。他可以和民主德国的专家用俄语夹着德语讲话，和联邦德国的专家用英语夹着德语讲话。

改革开放初期，在许多国际学术交流活动中，总有一些出席会议的中国学者由于外语口语能力不足，无法在大会上自己用外语宣读论文。

有一次，在参加我国改革开放后首次举行的国际学术会议上，蒋亦元看到提问者几乎全是外国人，坐在台下的中国学者竟无一人提问，他立即起身用英语进行了两次提问。会后，便有不少留意到他的外国同行主动来找他交谈，交流学术构思。在参加一次国际学术会议的晚宴上，蒋亦元还被安排坐在美、苏两位学者的中间，充当“翻译”角色。后来在一些国际学术活动中，蒋亦元还多次受邀与外宾学者一起主持学科组会议。2003 年 2 月，蒋亦元应邀访美，并在加利福尼亚大学戴维斯分校做了一场学术报告。报告后，他的同行勃莱恩 · 琴根斯教授高度评价了他的科研成果及其为农机发展所做出的贡献。琴根斯教授还力邀蒋亦元到加利福尼亚大学戴维斯分校工作，共同推广他的科研成果。

蒋亦元（左二）与勃莱恩·琴根斯教授（左三）合影

2005 年，蒋亦元到俄罗斯参加生态学与农业工程国际学术会议时，曾在同一个上午分别用英语和俄语两种语言做了两个内容完全不同的报告，与会的一位美国学者特意写信给蒋亦元和他在美国的同事（也是蒋亦元以前的学生）表示欣赏，这一故事也传为佳话。

每当有人问起蒋亦元掌握几种语言的方法时，他都会讲起自己学习外语的经历及感受：

> 我自认为在学习语言方面根本没有天赋，甚至是笨拙的。我记忆力很不好，就是不停地学，学而时习之，学而时用之。哪怕就像熊瞎子掰苞米，到头来只记住了最后一个字，但我还是会坚持多看、多写、多听、多说。这个习惯我要感谢我的祖父，他一个农民，没有读过什么书，就凭工作中自学积累。祖父老年后双目几近失明，常坐在沙发上默写一些难字，有时还让我帮助他。

关于“多看”，蒋亦元认为不仅是指数量上的多，更重要的是内容要丰富，同时要注意质量。初学者可以不用急着看那些晦涩难懂的长篇，先从欣赏一些英汉对照的、有一定故事情节的文学作品入手，如《廊桥遗梦》《老人与海》《高尔基作品选》等。而且不能只求看懂，精彩的句子、短语应要读熟，因为读出来有助于记忆。早在 20 世纪 60 年代，蒋亦元就曾自学德语，那时候他将德文名词的“变格表”贴在起居室的一面墙上，就是为了每天都能看到。

关于“多写”，蒋亦元的经验是将看过的文章中的好句子尽可能记下来，写在卡片上，这样不仅便于携带，而且能很好地利用零碎时间来学习。每次他都会在出差的途中抓紧时间温习外语，他认为在这样的时间里看技术书不容易集中注意力，但记词汇是可行的。

关于“多听”，最重要的就是要认真听，这样才能克服听力中两个最大的困难：生词和连读。对此，蒋亦元的做法是先听一遍，听懂的就不听了，转而专门集中听那些不懂的，直到做到能复述为止。

关于“多说”，就是不放过任何一个“开口”的机会，常言道“拳不离手，曲不离口”就是这个道理。蒋亦元每次出差，都会主动与外国人搭话，就是为了练习口语。他还在校园里结识了一些外教朋友，其中来自美国的外教安妮特（Anette）回国多年后，两人依然保持着书信往来。蒋亦元与其美国老师的女儿也已有数十封信的来往。

在蒋亦元的帮助和教导下，他的很多弟子在外语学习方面都极为出色，董成茂便是其中之一。董成茂是蒋亦元的第一个博士研究生，毕业后到首钢设计院工作，从事冶金领域多层次设计工作，曾主持或协助主持国内外多项工程设计，如方坯和板坯连铸机总体设计、工程设计和工厂设计等。1986 年秋季的一天，蒋亦元拿着一份 *China Daily*，在读者来信栏目中刊登有美国农业机械专家韩丁的一封来信。蒋亦元说这篇文章写得很好，让董成茂好好看看，并建议他试着翻译成中文。乍一看这篇文章，董成茂感到似乎并没有太难懂的地方，很快就翻译好了交给蒋亦元。结果第二天一早，蒋亦元就将董成茂叫到身边。据董成茂回忆，那一幕令他至今难忘：

> 我看到，在我翻译的两页纸上，蒋老师用铅笔密密麻麻地改了许多地方，几乎每一句话都修改过。蒋老师一边念原文，一边对照我的翻译，耐心地讲解原文是什么意思，我是怎样翻译的，哪些地方没有准确理解原文，哪些地方没有翻译到位，哪些地方没有将作者的语气表达出来。这件事给我很大的教育，一篇看似不太难的文章，却有这么多地方没有完全理解，说明我在阅读理解、文字表达方面，还存在很大差距。

于是，在后来的外语学习中，董成茂谨遵老师的教诲，着实地下了一番苦功，甚至还与“翻译工作”结下了不解之缘。中国对外翻译出版公司出版了他的《星球旅行的奥秘》《创业企业家》两本译著，这两本译著翻译起来都很困难，尤其是前者，要想翻译好，就先要搞懂有关新兴科学的名称，这就需要下一番苦功夫。

四、教师的成长

蒋亦元始终十分重视青年教师的培养，他认为：

> 一名合格的教师，最好具备高水平的教学和科学研究能力，有一定深广度的文化修养，有优良的作风，有科学的思维，有诚恳待人、合作共事的态度，有健康的体魄。

约30年前，蒋亦元曾应东北农业大学工程学院叶仲文院长的邀请，给全院教师介绍了自己从教近30年的体会，对大学教师所应具备的条件表达了自己的见解。这次趁纳入传记之便，根据蒋亦元的意见，对原文进行了适当修改，供读者参考。

蒋亦元把教师在业务上的要求归为“实”的素质，即“硬件指标”；把其他道德修养方面的要求归为“虚”的素质，即“软件指标”。他尤为强调“软件指标”的重要性，认为这些“虚”的素质是可以直接影响长远发展的重要因素。

1. 理论联系实际和理论与实践并重的作风

在研究割前脱粒第四代样机时，蒋亦元始终对英国所发明的三角形板齿滚筒脱粒损失较少的原因感到困惑。按照传统思维，脱粒是从茎秆与脱粒齿接触时开始的，籽粒必然以扇状分布甩出，这就会导致一半籽粒逸出罩壳之外，从而形成落粒损失，但事实却不然。蒋亦元百思不得其解，这也成为他心头念念不忘的难题，他查阅了国外的相关文献，包括发明者的文献，均未发现有关报道。

一日，蒋亦元坐在地头观察机器作业，当机器走完一趟快出地头时，蒋亦元突然发现在作业行程的末尾，稻秆竟会紧紧地贴在滚筒表面。蒋亦元顿时恍然大悟，由于高速旋转的三角形板齿产生了向心的吸力，稻秆中段的横断面较粗、抗弯强度较大，却仍能贴附于筒面，这说明气流使穗头一进入喂入口，就会立即贴附到滚筒上，因而开始脱粒的时间远比想象中提前得多，脱粒时间也长得多。由于脱粒的过程已经位于喂入口的内部，甩出的籽粒也就被罩壳挡住，损失必然减少。蒋亦元立即安排自己的学生蒋恩臣对三角形板齿摘脱滚筒的气流进行了试验测定，试验结果进一步证实他的分析是正确的。

通过这个发生在自己身上的实例，蒋亦元认为，即便学习了先进的理论，拥有了先进的设备，一旦脱离实践也难以取得成功，因为新的构思、设想、创造性思维，常常是在现场或者是在实践基础上形成的。蒋亦元担心的就是那些不积极深入实践、不愿干实际工作而盲目地奔“宝塔尖”的青年教师，不趁年轻努力，待有了其他拖累，就难以沉心静气做学问了。特别是四五十岁以后，当自己的体力、思维水平下滑时，想再实践就困难了。

2. 实事求是、严谨踏实、思维严密的作风

蒋亦元始终强调科学是老老实实的学问，来不得半点儿虚伪，一定要实事求是，千万不要追逐虚名、弄虚作假。“志坚者，扎实如

良木；心浮者，蓬松如茅草”，而“茅草”的结果只能是“蓦地烧天蓦地空”。

同时，做学问必须严谨踏实，尽可能地做到思维缜密。蒋亦元以自己研制某代割前摘脱水稻联收机为例现身说法，他毫不避讳地说它是个“大”错误，因为它耽误了自己和同事们的宝贵时光达十余年之久，浪费了资源，原因就在于自己在提出新方案时考虑得不够周全。

当时，英国发明的割前摘脱台颇受欢迎，为了解决其在收获水稻时不能同时收获稻草的问题，不少国家如美国、俄罗斯、英国等都进行了探索，但均以失败告终。以俄罗斯为例，相关人员曾试图发明一种在摘脱的同时收获稻草的切割搂集装置，并且试图改进收获倾斜水稻的拨禾轮，结果二者均未成功：切割搂集部分容易产生堵塞，拨禾轮反而会使落粒损失增加。

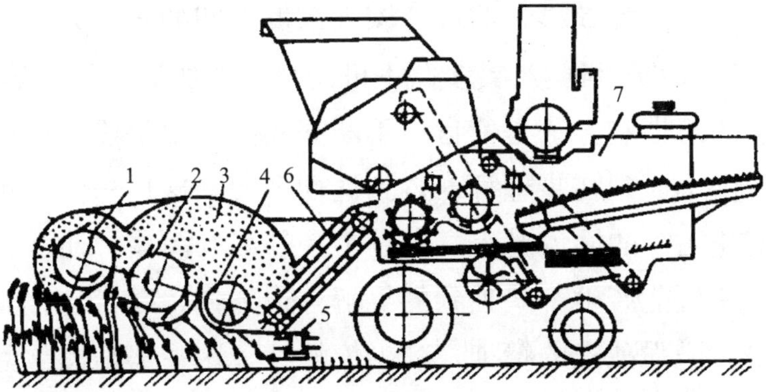

俄罗斯对英国割前摘脱割台进行改进后设计的样机

蒋亦元凭借此前在割前脱粒水稻收获机器系统上采用气流吸运脱出物的经验，用气流取代英国的输送搅龙，以获得设置切割搂集装置的空间。但在构思新方案时，过于看重其优越性，而对由此引起的缺点估计不足，而实际上更应重视的是后者。结果就是得不偿失，最棘手的问题是管道中的物料容易堵塞。另外，由于分离箱体积过大，不得不重新创制立筒筛清选机构。虽然个别新机构有成功之处，但总体而言是“败笔”。

此后，蒋亦元深刻反思，因为当时的思维和作风不够严密、踏实，结果不仅给国家造成了损失，也给自己带来巨大的痛苦。夫人罗佩珍在退休后应邀参加了此项工程，她的勤奋与认真受到课题组和合作单位的一致赞扬，却不幸因为心脏病突发倒在了工作岗位上。蒋亦元自己患有多年的萎缩性胃炎，逐年加重，医嘱必须尽快手术，否则将会癌变，结果最终真的演变为胃癌。蒋亦元常常想，如果认识到此课题的不现实性，可能就不会产生这些恶果。

因而，在院士精神中，除了原有的“敢于胜利”之外，蒋亦元还补充了“慎于抉择”，只有二者相互制约，才符合辩证法。可以说，这个补充，是蒋亦元用“血与泪”换来的。

3. 独立思考、坚持自学的学风

蒋亦元一贯认为，独立思考是产生创造性思维、创造性成果的基本条件，也是推动科学前进、深入掌握学问的基本条件。科研工作者需要学习的学科门类繁多，不可能全部参加学习班去学。因此，培养自学的习惯和方法是使自己不断充实的重要手段。通过自己反复探索，由不懂到初步理解，再到透彻理解，这是一个既焦虑又不断“柳暗花明”的愉悦过程。自学不是外来的灌输，通常会学得又深又透，还可能产生一些独到的见解。边工作、边自学，能培养坚韧的性格，增强独立的精神，减少依赖性。这些都是搞学问、出成果的重要条件。

中华人民共和国成立前的金大，蒋亦元所就读的农业工程学专业课程是按照美国方法设置的，由于农业与生物类课程占了相当大的比例，工程类的课程必然会被削弱。数学、力学、机械原理、部分工程力学等课程，都是蒋亦元在学用结合的过程中，利用业余和假期自学的，这样一来，就理解得更深刻，学习也更有劲。

4. 勤奋刻苦的进取态度

古人云：“志不强者智不达。”蒋亦元用自身的经历和感受告诫青年教师：

在搞学问上不能搞小算盘，这样的人是小聪明，大糊涂。搞什么最小的投入求最大的产出（名利的最优化），尤其是青年人如果斤斤计较，不愿下大功夫，是目光短浅的。我觉得要在我们的队伍中倡导、弘扬强烈的进取精神和强烈的追求。在科学追求与探索上比较容易满足或妥协是十分有害的。其表现就是：或者因为自己的动机与某些规定相悖就停止了；或者因为某个领导反对就作罢了；或者因为某个外国人说这不是方向就没信心了；或者因为我们自己搞过而失败就却步了；或者因为实现目标太苦就中途退却了……这样就难以有所突破、有所创造。

5. 宽厚待人、合作共事的素养

科学技术越来越向多学科、多方面交叉与融合，而应用技术更是如此。高等学校的科研只有与生产、科研部门相结合才有出路，这样就必然要与多方面的人通力合作。事业的成败往往不完全取决于个人的业务水平，组织能力、合作共事也是很重要的因素。蒋亦元常常教诲青年教师，不仅仅要在自己的实践中锻炼培养这方面的素养，同时要这样来教育自己的学生。

6. 要注重提高文字能力和文学修养

蒋亦元突出强调青年教师学习掌握好祖国语言文字的重要性，因为这对撰写科研报告、编写教材、讲授课程都是极为重要的。我国一些著名科学家大多既有高深的学术造诣，又有广博的文史知识，写得一手好文章。例如，法拉第曾对光的电磁波说提出基本理论，但文字晦涩难懂，又缺乏数学说明，没有引起人们的注意。但麦克斯韦以通畅明晓的语言，用数学方法进行理论说明，立即使该理论被世人所接受。又如我国王梓坤教授所著的《科学发现纵横谈》，把本来比较枯燥的科学道理讲得生动活泼，文字优美，读起来是一种享受。要想取得事业上的成功，就必须提高自己的文字水平。

关于青年教师成长道路上“硬件指标”的实现，蒋亦元也有着深刻的体会。

第一，做好教学工作是教师的基本职责。蒋亦元历来强调世界上绝不会有“自己还没有弄懂就会把学生教明白的老师”，因此只有教师自己下苦功夫先把内容理解得深透、融会贯通，并以浅显的例子和语言说明一个深奥的问题，才能对学生有启发性，才能讲解得引人入胜，使学生有解惑之感。在深入掌握教学内容方面，他强调应注意丰富、新颖，联系实际、举一反三，对可能出现的疑问对答自如。通过教学，要使学生真正感到为其打开了一个新的知识窗口，展现了一个新的世界，并且学后有跃跃欲试之感。另外，他主张青年教师要努力研究探讨教学方法，常常学术上造诣较深的人，教学效果并不一定就好。因此，要注意遵照循序渐进、由表及里、主从有别等原则来展现教学艺术。

第二，开展科学研究是提高教学质量的重要保证。蒋亦元在多年实践和观察的基础上，总结出一个规律：凡是长期从事科研，并且认真、客观地探讨科学规律的人，或在科研中运用实践检验理论的人，在如何正确对待新出现的知识、理论方面就表现得较为成熟，能较快地辨明主次，他们学习新的学科时也能比别人理解得快一些，这样的人从事教学，水平就会更高。因此，科研对提高教学质量具有重要的、无形的作用，至于那些有形的，如科研中的文献阅读、科学试验、论文写作的作用就更显而易见了。更重要的是，开展科学研究对提高教师本人科学思维的能力、分析科学技术现象和理论思维的能力，有着不可估量的效果。

在进行科研工作时，首先，要善于扬长避短，如自己善于逻辑思维，理论基础较好，就可以多搞些理论性课题。如这方面的能力差一些，但是生产实际、实践技能较强，就可以搞实践性强的课题，正可谓“直木可作梁，弯木可作犁”。其次，一定要从容易的做起，从感性题目做起，从局部性题目做起，如先搞部件的改进，进而搞总成，再搞整台机器甚至搞一个机器系统，一上来就搞大名堂是不大可能的。只有在不断地多搞些题目之后，从中逐步调整方向，形成长远的目标，才更容易取得成功。另外，科研工作中要注意积累数据、文献、分析、方法、设备、构思、设计、结论等，同时，还要经常总结，要写文章，而且要认真地写。有的时候一落笔就会发现思维上的跳跃或工作上的疏漏，甚至还能依此找出下一步可以探索的题目。

以上就是蒋亦元对青年教师如何在“软件指标”方面和“硬件指标”方面锻炼并提升自己的宝贵经验和教诲。当年有幸听过他讲述的青年教师，如今已有很多人通过自己多年来的不断实践、探索和磨炼，成长为同样优秀的师者。

五、以归纳推理为主，与演绎推理相结合

科技要创新，首先要有正确的方法论作为指导，这是科研的根本。

农业机械加工的对象是生物体、有机体，它比加工对象为无机体的许多工业机械要复杂得多。原因是，变化的因素多且其规律性差，又缺乏有效的基础理论手段去分析它们的作业过程。因此，农业机械功能部件的性能研究，更多地采用归纳法，并结合演绎推理。

归纳法通常在事前并无理论分析，最大的原因是没有合用的理论手段，仅是依靠当事人缜密的观察、直觉、灵感或顿悟，从而形成构思，进而做探索性的试验。所得到的结果可能有违于直觉，但是所得到的规律却切实地反映着实际。蒋亦元认为，产生正确的直觉必须具备两个条件：一是具有丰富的、相关的理论与实际知识；二是需要经过深入而长期的思考甚至到达“走投无路”的地步。

关于科学研究方法论中的演绎法和归纳法两种论述，是早由中国近代科学奠基人之一的任鸿隽在回答李约瑟的发问“中国的科学为什么会长期大致停留在经验阶段，并且只有原始型的或中古型的

理论”时所提出的。他引用了自己《说中国之无科学的原因》(1915年)一文中的一段话：“是故吾国之无科学，第一非天之降才尔殊，第二非社会限制独酷，一言蔽之曰，未得科学之研究方法而已……或曰论理学之要术有二，一曰演绎法，一曰归纳法。二者之于科学也，如车之有两轮，如鸟之有两翼，失其一则无以为用也。”任鸿隽更为强调归纳法，因为归纳法在近代科学中起着尤为突出的作用。

对于这种论述，蒋亦元有着切身的体会，他总结了在他看来比较典型且对农机学科具有重要参考意义的3个实例，其中两个以归纳法为主要研究方法，一个以演绎法为主要研究方法，它们均取得了理想的成果，从中可以学习其对方法论的运用。

1. 案例1：以归纳法为基础，与演绎法结合的平台式逐秸器理论研究

蒋亦元认为，他所创建的平台式逐秸器理论之所以能得到同行学者许乃章教授的试验验证，就在于他在研究中结合运用了演绎法与归纳法。此处的演绎法就是在一定的假设条件下，如忽略了空气的阻力和物料的弹性(因情况非常复杂，不得已而为之)，运用数理基础理论去分析物料运动的物理现象。

键式逐秸器与平台式逐秸器研究的关键点在于建立基本方程的准则是什么。列多希聂夫教授以物料撞击键面获得最大冲量为准则，但没有试验验证，仅是一种设想。蒋亦元关于平台式逐秸器基本方程的建立，则是借助于阿夫季耶夫对键式逐秸器的高速摄影的观察结果——“物料松散、在空中运动时间最长时，谷粒分离损失最少”作为准则，这就是归纳法的运用。因阿氏事前并未进行理论分析，而是直接用高速摄影拍摄键式逐秸器在不同工况下谷粒的分离效果与秸秆层松散度，亦即在空中飘浮的时间长短之间的关系。这是源自真实作业情况的信息，是完全可靠的，以此为准则建立的理论，就容易被试验所验证。借助高速摄影的观察结果，把键式逐秸器曲

拐轴通用的转速由215转/分降为195转/分，谷粒分离率反而提高，因而在生产中被广泛接受。

2. 案例2：采用归纳法，对熟地型铧式犁犁体曲面的设计研究

前文中提到，蒋亦元在到苏联留学以前，有一个一直困惑他的问题，那就是构成犁体曲面的几何参数中，构成线与沟壁的夹角 θ 随其距沟底的高度而变化的规律中，为何要从 θ_0 开始后，立即减小为 θ_{min}（仅相差1°～2°），在此之后，θ 就不断增大，这种增大的规律又为何是抛物线而非其他？

后来访学苏联时，蒋亦元才在相关专著中找到了论述，并且了解到这种规律的来历。原来，这是全苏农业机械仪科学研究所搜集了国内外139种不同的犁体，并选择使用效果较好的20台熟地型犁体和10台翻垡性能突出的犁体，采用水平断面测量技术，将构成线与沟壁间的夹角随离地高度变化的规律进行统计后才获得的。这种变化规律，通过舒契金教授的整理后，回归成 θ 先依直线规律减小再以抛物线规律增大的理论公式，用于指导生产。按照此规律设计的犁，无论在苏联还是中国的广大地区，都是适用的。

研究一个近一个世纪以前的、尚未完全阐明的问题，无疑对提高研究现代农机科学技术问题的创新能力，尤其是直觉能力的培养是有帮助的。这就提醒研究人员，不能小看归纳推理在创新思维中的重要意义。犁体曲面设计依据的真正核心，是源于苏联及其他国家的广大工人、农民和科技工作者的实践，是由经验所得，这是归纳法的典型实例。

3. 案例3：采用演绎法进行机构分析

在农机领域，演绎推理方法论最经典的用武之地之一，就是杆机构的分析。它不仅能解决定性问题，而且能准确地解决定量问题。这是因为当机构驱动件的运动参数设定后，就可以准确获得被动件的相关参数，从而可建立数学模型，甚至进行多参数、多目标优化，

减少物理试验的次数。

最令人信服的实例之一就是我国赵匀教授首创的水稻钵苗移栽机。该移栽机采用一个机构即可实现以下多个动作：自夹取钵苗的夹子进入钵苗丛开始，进而夹住、提起、运苗、摆苗入土、释放禾苗、压实苗土到提起夹子回到起点。这一系列动作相对于机器所形成的是一个“8”字形轨迹。赵匀等利用非圆齿轮传动，使瞬时速比不断变化，建立了包含多个运动参数和状态参数可调的上述轨迹的数学模型，并开发出了上述参数优化甚至是自动优化的技术。掌握了这一技术就等于进入了自由王国，团队又接连研发出一系列不同的机型，如倒走的步行机、宽窄行移栽机等。该研究方法还可以为许多移栽机的研究开辟新的途径。

总之，科学研究在选题时采取什么技术路线是根本问题。在缺乏手段搞演绎推理时，不妨进行归纳推理。更何况，当今试验测试手段和机械加工手段已有很大进步，更有相似理论的协助，可使试验加速。两种推理方式还可交替使用，促进新技术的更快发展。

第十章
学科建设

一、助力学科创建

我国农业工程学科建立与完善的过程，凝聚了蒋亦元和汪懋华的大量心血与付出。可以说，几十年来，事关农业工程学科的重大活动，蒋亦元和汪懋华都是参与者与见证者。他们二人在这段历史里，肩负起重任，做了很多开创性的工作。

蒋亦元（右）和汪懋华在西南农业大学[①]参加会议后返程途经葛洲坝渡槽时的合影

1980 年，蒋亦元（前排右一）、汪懋华（前排左三）与其他农业部高等教育委员会成员合影

① 2005 年，西南农业大学与西南师范大学合并为西南大学。

1985年，蒋亦元被评为博士生导师。4月，蒋亦元担任机械工业部高等学校农机教学指导委员会委员，开始引导高等学校农机学科专业的教学改革与建设。9月，农业工程学科建设与研究生教育研讨会在北京香山别墅召开，由北京农业机械化学院副院长汪懋华负责筹备和主持会议。会上，蒋亦元通过有理有据的分析和阐述，与其他有关专家一起，在“农业工程学科是一门不可替代的学科”的论证中发挥了重要作用。会议通过充分讨论，得出几点结论：一是应该参照国外的惯例，将一级学科名称更改为农业工程；二是农业工程学科是培养工程师的，应该是在工学门类下面的一级学科；三是原来农业工程学科下面只有3个二级学科，经过讨论，大家认为二级学科不应只有3个而应该有11个。于是，作为会议成果，开列出一张农业工程作为工学门类一级学科并下设12个二级学科的清单。10月，蒋亦元参加了农牧渔业部农业工程学科研究生教育研讨会，发表论文《关于引导掌握正确的方法论和培养创造能力的问题》，对如何培养农业工程学科研究生提出了自己的见解。

到1986年4月国务院开始进行第三批学位授予权审批工作时，各学校已经可以按照农业工程一级学科和新设的12个二级学科进行申报，12个二级学科分别是：农业机械化、农业电气化、农业机械、畜牧业机械化、农田水利、农产品加工工程、农业能源工程、农业建筑与环境、农业系统与管理、农业电子技术与自动化、土地开发与利用工程、农业生物技术工程。经过汪懋华、蒋亦元等专家学者的鼎力推动，农业工程在第三批学位授予权审批工作中斩获颇丰，通过农业机械化与电气化学科原设3个正式专业和新设8个试办专业硕士学位授予权的学校有：农业机械（南京农业大学）；农业建筑与环境（北京农业工程大学）；农产品加工工程（北京农业工程大学、江苏工学院、西北农业大学）；农业电子技术与自动化（北京农业工程大学）；农业能源工程（北京农业工程大学、沈阳农业大学、东北农学院）；农田水利（北京农业工程大学、沈阳农业大学、中国农业科学院）；土地开发与利用工程（东北农学院、华中农业大学）；农业系统工程（北京农业工程大学、吉林工业大学、东北农学院、中国农业科学院）等。

在那个阶段，大学老师能否当上博士生导师不是各个学校自己能够审定的，需要向国务院学位委员会申报，由相应的学科评议组来评审决定。这样一来，不仅是农业工程，各学科门类也都增加了不少二级学科和专业，学科构架调整取得了重要进展。

自 1987 年起，农牧渔业部开展深化农业教育改革研究，成立了全国高等农业院校教学指导委员会，由蒋亦元担任农业部高等学校教学指导委员会委员学科组副组长。1990 年以后，这个委员会又改名为全国高等农业院校教学指导委员会，委员会下设若干学科组，包括农业生物技术学科组、农业工程学科组等。深化农业教育改革的背景是，当时的农业高等教育普遍存在的“短板”是没有合适的教材、没有规范的教学内容和课程体系，所以农牧渔业部希望首先从自编教材开始，推动农业高等教育改革工作。

1986 年夏，东北农学院承办农业部高等农业院校教学指导委员会农业工程学科组全国会议期间，蒋亦元作为组织者带领参会人员到太阳岛游玩，其间唱歌留影

农业工程学科组里云集了一批农业工程学方面的精英，汪懋华为学科组组长，蒋亦元和沈阳农业大学的鲁楠一同参与。三位农业工程领域的重量级学者共同领衔农业工程教学改革研究，在当时可谓兵强马壮。

1987 年农牧渔业部成立的高等农业教学改革委员会农业工程学科组下设 6 个专业组，分别是：农业机械化、农业电气化与自动化、农田水利、农业生物环境工程、农村新能源、食品科学与工程。按照改革要求，各个组都要编写本专业教材，这是一项划时代的工作。这批教材于 1987～1990 年陆续完成，是供我国农业高等院校使用的第一代农业工程学科本科生教材。

1987 年，国务院学位委员会又对全国高等院校和科研机构授予博士、硕士学位的学科专业目录组织进一步的论证和修改，成立了全国各学科专业目录修改小组，要求每个学科讨论审议如何归纳合并相近的专业。

蒋亦元和汪懋华组织大家进行了开放性讨论，最后提出了农业工程作为工学门类下的一级学科并下设 8 个二级学科的建议，获得了国务院学位委员会的正式批准，1990 年正式颁布，在全国统一实施。这次颁布的授予博士、硕士学位和培养研究生的学科专业目录中，明确了农业工程作为工学门类下属一级学科，设立 8 个二级学科专业授予工学博士、硕士学位。8 个二级学科专业分别是：农业机械化、农业机械、农业电气化与自动化、农业生物环境与建筑、农业水土资源利用、农村能源工程、农产品加工工程、农业系统与管理工程。国务院学位委员会正式独立成立了农业工程学科评议组，并在 1990 年第四批、1993 年第五批和 1996 年第六批学位授权评议中实施。

东北农业大学国务院学位委员会学科评议组成员（左起：刘忠贵、蒋亦元、秦鹏春、骆承庠、韩有文）

1993年，在新颁布的《普通高等学校本科专业目录》中，农业工程类（0814）作为工学（08）门类下的一级学科，下设专业有：农业机械化（081401）、农业建筑与环境工程（081402）、农业电气化自动化（081403）、农田水利工程（081404）、土地规划与利用（081405）、农村能源开发与利用（081406）、农产品贮运与加工（081407）、水产品贮藏与加工（081408）、冷冻冷藏工程（081409）。

1996年，国务院学位委员会又进一步组织第二次学科专业目录精简研究。经过会议讨论，后经国务院学位委员会正式批准：农业工程一级学科下设农业机械化工程、农业水土工程、农业生物环境与能源工程、农业电气化与自动化4个二级学科专业，于1997年经国务院学位委员会批准正式颁布实施。

由于学科内部团结，学科建设方向明确，因此从那时开始，全国高等学校农业工程学科建设进入了大发展时期，上了一批博士学位授权点，工学门类机械设计与制造一级学科专业下设的二级学科——农业机械设计制造专业，至第三批被批准具有博士授予权的单位有北京农业工程大学、吉林工业大学、江苏工学院、中国农业机械化科学研究院；农学门类农业机械化与电气化一级学科下设的二级学科农业机械化专业至第三批批准具有博士学位授予权的单位有：北京农业工程大学、东北农学院、南京农业大学、华南农业大学等。之前，农业院校中的大多数农业工程学科都是弱势学科，在学校的发展规划和资源配置上处于不利的地位，一批学校的农业工程学科拿到博士学科授权后，在学校的学科地位发生了巨大变化，学科发展很快，为后来的博士后流动站和国家重点学科增列奠定了基础，为进入本校强势学科创造了条件。进入 21 世纪前十年，中国农业大学和东北农业大学的农业工程学科继续保持强势学科的地位，一批其他农业院校的该学科也进入本校强势学科的行列。

1992 年，蒋亦元开始担任国务院学位委员会第三届学科评议组成员。这一年，在东北农业大学召开了全国农业工程院系负责人会议，进一步加强了全国农业工程学者间的交流和合作。20 多年来，会议规模不断扩大，参会人员不断增加，会议质量不断提高。

2004 年，蒋亦元出席第六届全国高等院校农业工程相关学科教学改革学术研讨会，并做了题为“体会与挑战——科学研究是研究生培养的灵魂”的报告。为进一步扩大全国农业工程学者之间的学术交流，汪懋华和蒋亦元提议，要学习美国农业与生物工程学会（American Society of Agricultural and Biological Engineers，ASABE）的经验，采取学术年会的形式，以吸收更多的农业工程学者，特别是研究生和本科生参加会议，以扩大交流，开阔视野。2005 年 12 月在华南农业大学召开了第一届中国农业工程学会学术年会，参会人员 500 多人，汪懋华、蒋亦元、李佩成、姚福生、傅廷栋和卢永根 6 位院士参加了开幕式，包括蒋亦元在内的 5 位院士在大会上做了主题报告。此后，学术年会开始制度化。中国农业工程学会学术年会和全国高等院校农业工程及相关学科建设与教学改革学术研讨会成了我国农业工程领域最重要的两个会议，不仅为推动我国农业工程学科发展做出了重大贡献，而且促进了会议承办单位农业工程学科的发展。

为了进一步使我国的农业工程学科与国际接轨，每次农业工程界的学术会议蒋亦元都尽可能参加，他在多年的国际农业工程学术会议上，提交了多篇交流论文并做了大会主旨发言。

2004 年 10 月，蒋亦元参加了 2004 国际农业工程大会，他还出席了联合国亚太地区农业机械与工程中心主办的“发展中国家现代农业装备的创新及其促进”学术会议，与以色列知名科学家约夫·萨里格（Yoav Sarig）教授共同任学科组主席并做学术报告。会议间歇，作为中外知名专家代表，蒋亦元受到回良玉副总理亲自接见。同月，蒋亦元出席国际农业工程大会“保护性耕作和小规模可持续农业”学术会议，受邀担任学术会议学术委员会名誉主席并做学术发言。12 月 4 日，在由东北农业大学主办的全国农业学科工作研讨会上，蒋亦元做了题为“科学研究是人才培养的灵魂”的报告，对东北农大学的工程科研模式进行了介绍，强调科学研究在人才培养中的重要地位和意义。

参加 2004 国际农业工程大会期间留影（左一为蒋亦元）

2006年11月，蒋亦元担任中国农业机械学会第八届理事会名誉理事长。11月13日，于《中国农机化》发表整版文章《农机科技创新中的农机与农艺相结合问题——兼议农业研究需要多学科的通力合作》，结合多年的教学经验和科研实践，对农机与农艺相结合的问题提出了见解。

2008年5月25日，蒋亦元应邀参加在河北农业大学召开的全国农业工程学科会议，并做了题为“农业工程学科建设与人才培养”的报告，从科技人才培养方面的警示、我国农业工程教育的现状等视角出发，概述了学科建设与人才培养问题。

蒋亦元认为，从农业工程科技发展的角度看，农业工程人才培养要宽广、综合、创新、求实。他很早就提出，综合、创新能力的培养应在案例学习和实践训练（case study and practical training）中进行，做生产实际需要的题目。学科建设要坚持求实，形式主义是创新的大敌。美国曾以 publish or punish 的思想作指导，盲目追求理论、盲目追求文章，使其创新能力下降，而后进行了改正。脱离实际的文章是坑害后人的，无用的理论知识愈多，框框越多越束缚创新思维。因此，应当提倡对从生产现实中观察、发现的问题进行必要的理论研究，采取切实的假设，实事求是，避免玄虚的理论分析。

20世纪90年代，蒋亦元开始留意到，由传统的农业工程专业向生物工程专业发展已经成为美国农业工程教育的明显趋势，也是改革的主流。他专门撰写了相关文章，呼吁建立生物工程专业。蒋亦元的学生应义斌曾在建立农业工程学科时向蒋亦元进行咨询，蒋亦元提出，生物工程专业也已成为美国近几年来的研究热点，建议按此方向进行探索。应义斌得讯后，结合自身出国留学的体会，带领浙江大学农业工程学科创办了全国第一个生物系统工程本科专业和生物系统工程二级学科博士点。

二、可否取消学科的辩论

改革开放以前，我国学科专业体系中仅有农业工程学科下的农业机械化等 4 个二级学科。1985 年全国学科体系有了较大发展，学科目录需要调整修改。在农业工程一级学科下设立哪些二级学科，是关系到我国农业工程教育事业发展，以及能否逐步与国际接轨的大事。

此前在西南农业大学召开的有关讨论、评选博士点和博士生导师等问题的会议上，除了我国农业工程教育界的多位奠基人和蒋亦元的师辈们主持参加外，还增加了汪懋华教授作为学科建设的接班人。汪懋华考量了国际发展和国家需要的情势后，提出 8 个二级学科及 4 个试办学科的建设计划草案，蒋亦元参加了酝酿工作。

在此后由国务院学位委员会工业科某科长主持的会议上，这位科长提出，该计划草案中的农业工程一级学科及其所辖的农业机械、农业建筑与环境等二级学科应当统统取消，原因是这些学科均可由普通机械学科、建筑学科、水利学科等所取代。

此言一出，与会者愕然。这一提议与国际通行的惯例相悖，这也是非本专业人士易产生疑问之处。见师辈们沉寂良久，抑或是在相互谦让，蒋亦元按捺不住了。他觉得，这是一个事关学科生死存亡的大问题，便顾不得师生礼仪，率先与该科长正面交锋起来。

蒋亦元心想，这位科长既然是全国工科学科建设的领导，必然知识渊博（后来才获悉，他是清华大学专攻物理的高才生），蒋亦元便以请教的方式与之探讨道：

> 农业工程或农业机械等，其加工的对象是有生命的有机体。与为工业服务的如普通机械设计制造工程、电气工程等的最大不同是，后者加工的对象是无生命的无机体，如钢铁、有色金属、水泥……它们受到客观条件的影响较少，其变异范围也窄。所用的设备产品如机床、电机等，在地区的适应性亦广，在大

江南北、春夏秋冬都可以用。而农业机械加工的对象是土壤、作物的根茎叶和果实、禽、畜……它们都是有机体，是有生命的。它们自身的性状受外界影响的因素及其变异，要比无机物大得多得多。一台农机今年好用，他年就可能性能很差；换个地区使用，效果可能完全不同。这也是为什么工业上经济效益可以与投资的力度通常呈线性关系，而农业上就并非如此。农业的增长速度通常比工业的慢得多。

这位科长对此原则上的解释还是不甚认同，提问道：

土壤怎么是有生命体？土木工程专业里就有土力学，你们为什么还要设立土壤力学课程？

蒋亦元答道：

土壤里有生命体如微生物，它是作物获得营养的重要媒介。土壤里的残株是有机物，作物是无法直接吸收其作为营养的。只有经过微生物对它的分解变成无机物的成分，才能被作物吸收。而且土壤形成了团粒结构，既能蓄水又能通气，才能有利于植物生长。至于土木工程里的土力学是为了打地基用的，在地面下十几米至几十米的土壤都是无机的、原生与风化过的次生矿物颗粒和极少甚至没有有机质。没有微生物和团粒结构，就并非农业耕作土壤。它的特性要比建筑用土复杂得多。它既非弹性体又非塑性体，至今国际上对表征土壤坚实度的测定手段，尚未获得一个统一的标准。

科长又问道：

民用建筑专业难道就不能为建造禽舍、畜舍服务吗？为何另建农业建筑与环境专业？家畜对环境的要求难道比对人的要求还高吗？

蒋亦元耐心地答道：

> 禽、畜等动物的生活环境虽然不如人的要求高，但毕竟服务的对象——动、植物的种类繁多，地域辽阔，要求迥异，不能以人的要求以一概之。

在蒋亦元有理有据的回答面前，这位科长自言自语道："看来真的有些道理。"

后来，在国家教育委员会和国务院学位委员会的本科及研究生学科专业目录修订草案中，分别在农科门类和工科门类下设置了农业工程作为独立于机械工程、土木水利工程、植物生产、动物生产等之外的一门学科。在这次辩论中，蒋亦元的贡献是不容小视的，如果没有这次据理力争的辩论，农业工程学科的命运坎坷难免。

三、再访苏联和俄罗斯

农业工程学科要与世界接轨，通过学术活动进行学术交流，互相沟通、学习、借鉴、提高，这是必要的途径。蒋亦元所参加的学术会议很多，回忆起来，尤以两次再访苏联和俄罗斯的印象最为深刻，收获也最多。

1990 年，东北农学院应近邻苏联布拉戈维申斯克农学院（现远东国立农业大学）的建议，合作在该校召开了"农业科学进展"学术会议，会议由东北农学院与该州的大学和研究机构联合举办。东北农学院副校长侯中田教授领队，并做了题为"黑龙江省农业与科技发展"的报告，蒋亦元做了题为"水稻割前脱粒收获机械研究新进展"与"中国黑龙江省大豆生产机械化的新进展"两个学术报告。学校教师们得知蒋亦元曾是列多希聂夫的学生后，对其更加尊重。

会议期间，蒋亦元应阿穆尔州农机研究所之邀，协助该研究所的大豆低茬收割装置的设计。大豆是该州的大宗作物之一，但收获技术落后，仍采用外槽轮排种器，导致缺苗断条现象严重。传统型联收机收获大豆时，割茬高，剩荚损失大。蒋亦元了解到该所正在试制一种将动刀片固定在滚子链上的单方向运转切割装置，他指出，这种构思国外亦曾有过，但试验失败，原因是刀片固定不够稳定。问题的关键在于，要降低切割器的高度，贴地仿形，以减少剩荚损失。他随即说："中国的黑龙江省农机研究所已经引进国外技术，进行仿制改进生产，大面积使用了这一技术。"蒋亦元当场勾画了结构示意图，并建议他们能够到现场进行考察。

以前蒋亦元到苏联时的身份是访问学者，再访苏联时则被以贵宾相待。当时正处于苏联解体前夕，但由于到访之处地处边疆，社会形势尚算安定，学校教学秩序井然。虽然各科教授都结合本地所需做了不少科研工作，但他们也流露出教学负担过重、无力从事更多科研工作的不满微词。蒋亦元想到以前苏联的强大，再对比如今的发展困境，内心情感极为复杂。

小型文艺晚会结束后，蒋亦元与大家合影留念

2005 年，俄罗斯农业科学院、俄罗斯西北农业机械化电气化研究所、独联体农机研究所联合举办了"生态与农业工程"国际学术会议。汪懋华院士与华南农业大学副校长罗锡文教授组织了一个由不同学科组成的 9 人代表团参加会议，并在各分会场分别做了学术

报告。汪懋华做了大会的主题报告，蒋亦元分别用俄语与英语做了《在脱粒的同时能收获茎秆搂成条铺的水稻割前脱粒收获机的创新历程》和《中国东北地区保护性耕作机械化的进展——对东北地区防止土壤侵蚀的有效途径》两个学术报告。一位参会的美国学者对蒋亦元甚为钦佩，攀谈间，当得知蒋亦元是他的同事张瑞红的老师时，不禁称赞道："A good master foster a good disciple。"（名师出高徒）蒋亦元这才得知，自己所器重培养的学生张瑞红，在国外已经取得了不小的成绩。

这次会议是在距离圣彼得堡市 60 千米的普希金市举办的。1957～1959 年，蒋亦元在列宁格勒农学院进修时，校本部就坐落在这里。会议结束后，蒋亦元来到普希金铜像前，在 48 年前曾经与铜像合影的位置再次留影。蒋亦元忆起以前留学时的宿舍就在附近，每天都会经过这里，而当再次身临其境，不禁有"物是人非"之感。

时隔近半个世纪，蒋亦元在俄罗斯普希金市普希金铜像前同处留影

会议结束前，主办方为中国学者举行了宴会。汪懋华提议蒋亦元唱首俄语歌。蒋亦元动情地说：

我在这个城市进修和生活了两年，我的导师和苏联同行给予我很多帮助，令我深感俄罗斯人民的友好和真诚。多年来，我甚为怀念他们。我想演唱一首怀念远方朋友的俄罗斯民歌《遥远的地方》。

专程赶来参会的鲁诺夫院士，也讲述了中俄友好往来的故事。

大家一起访问了蒋亦元的母校——圣彼得堡国立农业大学（原列宁格勒农学院），学校的正校长姆·阿·诺维克夫（Михаил Алексеевич Новиков）和副校长依·史·杰朴林斯基（Теплинский Игорь Зиновьевич）出席接待。汪懋华院士与对方相互介绍了各自学校发展的情况。蒋亦元出示了48年前曾经在该校学习、研究的照片，两位校长看得饶有兴趣，认真地听了蒋亦元的美好回忆，并认为这些照片对列多希聂夫院士很有纪念意义。

蒋亦元出示48年前在此学习、研究时的照片

随后，大家转道莫斯科，由鲁诺夫院士安排参观游览。首先访问的是汪懋华的母校——以戈里亚契金院士的名字命名的莫斯科国立农业工程大学。蒋亦元留学期间，曾在此校前后借住了近半年之久，对该校的农机科研和教学工作有一定了解。汪懋华仔细询问了近半个

世纪以来学校的变化，随行人员重点了解了俄罗斯学位体系的建设情况。

在参观学校时，一行人又与汪懋华院士的同学、前校长鲍罗廷（И Ф БОРОДИН）院士紧紧握手，相叙甚欢。蒋亦元与鲍罗廷院士之间有着一段特殊的交情。1992 年，由中国农业工程学会主办的“农业工程与农村发展”国际学术会议在北京召开，时任校长鲍罗廷院士与一位主管科研的教授参加了该次会议。那年，恰好汪懋华正在泰国曼谷的亚洲理工学院任教，他特意来信委托蒋亦元好好招待他们，组委会也特意把这两位俄罗斯客人交给蒋亦元陪同。当时苏联刚解体，经济十分困难，他们所交纳的会务费用不足以与西方的外宾享受特设的餐席，而只能与中方人员同餐一般的饭菜，有时他们甚至还吃不饱。蒋亦元与组委会交涉，询问可否让他们与西方客人同桌用餐，却遭到拒绝。蒋亦元只好自行购买一些食品给他们食用，会下还陪同他们观光游览。鲍罗廷是位很有素养、谦逊又和蔼的学者，他们的情绪没有任何波动。这次会议给蒋亦元留下了很大的遗憾，他总觉得，这次对外宾的招待，与自己在 20 世纪 50 年代留学时苏联同行们对他的热情帮助相比，差得太远了。

就餐时蒋亦元向校方祝酒，最后方为汪懋华和罗锡文

1992 年，蒋亦元（左一）受汪懋华委托，接待来中国参加学术会议的
莫斯科国立农业工程大学校长鲍罗廷院士与主管科研的领导

随后，大家还访问了俄罗斯国立农业大学的土壤研究所。这是一所具有悠久历史、学术积淀丰厚的殿堂，所内展示了不同类型的土壤，以及由岩石经长期风化与自然的鬼斧神工变成肥沃土壤这一过程的标本。但真正令大家兴奋的是，看到了仰慕已久的世界著名土壤学家威廉斯（В. Р. Вильямс）院士的全身塑像和他的名言："把掌握土壤自然生成的规律和调整它以应国民经济发展之需，作为我们的任务！——威廉斯"（Мы ставим задачу овладения природным почвообразовательным процессом и регулирования его в нужную для народного хозяйства сторону. ——В. Р. Вильямс）威廉斯发现和创造的土壤团粒结构及其理论，揭示了土壤能使植物茂盛生长的根本原理，被世界所接受，真正履行了他许下的诺言。

在圣彼得堡俄罗斯农业科学院农业物理研究所访问时，所领导谈了他们多领域的研究成果，其中有许多新理论上的探索。虽然时间紧迫，但仍有两位科研人员热情地邀请汪懋华和蒋亦元去参观

蒋亦元（左）与汪懋华在世界著名土壤学家威廉斯院士的全身塑像前合影

他们的实验室。实验室非常简陋，屋顶破得开了天窗，室内挤满了各种自制的设备。他们兴致勃勃地向中国科学家介绍了自己的科研成果。虽然这个研究所的经费匮乏，两位研究人员看起来“衣衫褴褛”，但他们并没有在面对困难的时候放弃钟爱的科学事业。这种科学精神令蒋亦元感动不已亦感同身受。虽然访问时间很短，但一行人所受到的教育很大。

在莫斯科，汪懋华带领大家参观全俄农业电气化研究所时，著名的斯特乐勃柯夫（Стребкову Дмитрию Семеновичу）院士展示了他所研创的全球太阳能供电试验装置。参观后，大家都深有感触，这位院士竟有如此宏伟设想，并正以“千里之行，始于足下”的精神，启动了他的第一步试验。

在俄罗斯的最后一站，大家短暂访问了历史悠久的基洛夫人拖拉机制造厂，接待人员向大家介绍说工厂正在进行现代化改造，蒋亦元趁机询问了关于“不停车换挡”拖拉机的研发情况。通过这次参观，蒋亦元了解到俄罗斯对此新事物进行认真探索的态度，他们不是盲目地抄袭欧美发达国家的做法，而是在借鉴中创新，虽经多次失败，但仍坚持不懈。

得益于汪懋华院士与罗锡文教授的精心筹划和组织，再访之旅时间虽短，但大家收获颇丰。这次会议，不仅增进了中俄友谊，也使与会者对中国有了全新的认识。大家普遍认为，中国代表团规模之大和报告水平之高，表明中国的农业工程事业取得了重大进展。

借助这次访问，蒋亦元对俄罗斯的博士培养制度进行了详细调研。蒋亦元在苏、美都进行过较长时间的访学，两国的博士培养制度有明显的差别。苏联分为科学技术副博士与博士两级，都强调论文的学术水平。不同的是，前者只学习 5 门课，学制 3 年；后者没有课程学习，研究工作在业余时间进行，更无硬性年限的规定，长者可达 10 年或 10 年以上的钻研。俄罗斯执行两套并行的学位管理制度，即附加一套美式制度，相当于硕士者以“Cand. Sc.（Eng. 或 Agr. 或 Chem...）”的头衔冠之，相当于博士者则以“DSc（Eng.）”的头衔冠之。而拉脱维亚共和国除了上述的两个以外，尚有 5 个以 Dr. Habil. Sc. Lng 学位头衔冠之。“Habil.”是 habilitation 的缩写，即教授资格的论文，多数同时加 Prof. 头衔。这个 Dr. Habil. Sc. Lng 就有别于 DSc（Eng.），它是并行的两套制度中的苏联原来的博士学位。

蒋亦元进而提出，博士论文所要求的“坚实宽广的基础理论”不宜从形式上强求。他提倡探索性研究，采用归纳推理的思维方式，即使没有太严密的数学、力学的逻辑推理，但只要有有据的直觉、定性分析的论证、试验方法对头、测试严密，即使未能获得预期结果但确实反映了水平且意义重大，也可授予博士学位。

四、心系学科发展

蒋亦元不仅是一位著名的农机专家，也是一位令人敬仰的教育家。他始终将中国农业工程学科的改革与发展当作自己不容推卸的责任，潜心研究中国农业工程学科发展的现状，通过对美国、苏联农业工程教育的亲身体验和深入考察，提出中国农业工程教育改革的主张，并发表《美国农业工程学科发展研究及启示》等相关论文，在兄弟院校、科研单位中产生了较大的反响。

在我国，很多农科院校或工科院校都在开办农业工程专业，为了能让该专业的学生具备足够的专业基础知识，从 20 世纪 70 年代起，蒋亦元就积极呼吁和倡导农业院校要组织力量，系统地编辑出版适合农业工程专业使用的农牧学基础教材，他认为这样才能让该专业的学生得到专门的训练和系统的学习。

在任《农业机械学报》《农业工程学报》两个国家级核心期刊编委期间，蒋亦元更是尽职尽责，心系刊物质量，关注其对农业工程学科发展的影响。他献计献策，提出建设性意见，为提高办刊水平做出了重要贡献。《农业工程学报》编辑部还曾多次与蒋亦元通过信件往来，切磋办刊经验并交流心得。

《农业工程学报》编辑部给蒋亦元的某次回信摘录如下。

蒋教授，

您好！

对您在长篇来信中提出的关于加强学报自身建设的意见、观点，与会编委表示完全赞同。尤其对您指出学报存在过分偏重理论性文章，过分注重演绎推理倾向，我们会注意并尽快克服。与此同时也会注意您指出的“市场经济要靠创新才能生存，才能发展。学科的发展，尤其是学科的飞跃性发展要靠创新，而创新多数是来自归纳推理，并非演绎推理。可以说，多数理论性研究的结果仅仅起量上优化的作用，只能取得百分之几、百分之十几、至多百分之几十的效益，而不像创新那样能成番论倍地增长”。所以，今后我们刊物对这类成果文章要给予足够的重视并增强对其的鉴赏力，及时抓住，及时发表。

我们学报取得的进步与点滴成绩，均是各位编委支持、指导的结果，请您今后多多及时指出办刊应注意的倾向与问题，我们一定注意并改好，以使咱们的学报能越办越好。

《农业工程学报》编辑部

1995年9月13日

在2004年10月举办的国际农业工程大会期间，中国农业机械学会组织举行了一次非常特殊的活动。会上，蒋亦元向中国农业机械学会和中国农业工程学会捐赠了一份未曾公开的、在农业工程领域有着重要历史价值的珍贵资料。在捐赠仪式上，蒋亦元用“饮水思源、尊重历史、开拓未来”作为开场，图文并茂、深情地回忆了中国农业工程学科颇为不易的初创历史，讲述了这份史料的来历和重要意义。

第二次世界大战期间，我国现代农业的先驱者和奠基人邹秉文先生作为联合国粮食及农业组织筹委会副主席和中国农林部派驻美国的代表，目睹美国与加拿大农业的发达与工程技术在工业中的应用密切相关，深刻感到中国仅仅依靠传统的人畜力，农业没有出路。他于1944年6月参加美国农业工程师学会年会时，发表了《中国必须有农业工程》（*China must have agricultural engineering*）的演讲，文章全文发表在该学会会刊《农业工程》（*Agricultural Engineering*）1944年8月号上。在演讲中，他建议在当时的中央农业实验所内设农业工程系，加强原中央大学和金大的农业工程组，并都扩建为农业工程学系；要培养90名农业工程专家，其中30名要立即开始在美国学习3年；美国农业设备制造公司，应派代表去中国研究与中国企业或政府联合在中国设厂的问题。

同时，邹秉文先生运用其个人的影响，多方宣传论说，寻求支持，其中包括同当时美国最大的农机制造公司万国农具公司高层负责人的接触。经他反复磋商协调，万国农具公司与中国政府于1944年达成协议，由万国农具公司出资，形成了一个对中国农业工程发展有着重要影响的计划。

一方面，选派 20 名优秀的农业和工程领域的专业人员到美国大学分别进行工程与农业专业的学习，攻读硕士学位。1946～1948 年派往美国学习农业工程的 20 名人员，成为我国农业工程科教事业的奠基人，回国后在农业工程的教学、研究、生产、管理等不同岗位工作，为中国农业工程事业的发展做出了巨大的奠基性的贡献。

1946～1948 年首批派往美国学习农业工程的 20 名青年学者

1948 年 5 月拍摄于美国加利福尼亚州斯托克顿市。前排左起：张季高、吴克騆、张德骏、何宪章、吴相淦、蔡传翰、曾德超、陶鼎来、王万钧、吴起亚、李翰如。后排左起：水新元、李克佐、高良润、余友泰、美国万国农具公司的 3 名美方人员、方正三、徐明光、崔引安、陈绳祖

另一方面，联合国派出美国农业工程领域 4 位顶级专家来到中国，于 1947～1949 年在华进行研究、示范和人才培养，帮助中国进行农业工程建设。这 4 位专家分别是"美国农业工程之父"戴维森、阿奇·斯通（Archie A. Stone）、麦考林和亨森。其中，前两位专家在中央农业研究所从事示范研究，后两位专家分别任教于当时的中央大学与金大。专家们协助制订教学计划，开始建立农业工程系，培养中国农业工程专门人才。

蒋亦元捐赠的这份珍贵的历史资料就是其中的一位专家麦考林教授在中国工作的总结报告，报告中详细记录了 4 位专家在华期间所从事的科研工作。

麦考林教授于1982年蒋亦元访美时将这份报告赠予蒋亦元，并由他一直悉心保存。多年之后的这次会议上，已经身为院士的蒋亦元觉得时机已到，遂决定在这一重要时刻将这份珍贵的历史资料捐赠给中国农业机械学会和中国农业工程学会，希望通过这样的仪式，大家能够铭记这4位专家对中国农业工程事业的奠基所做出的重要贡献。

捐赠仪式上，中国农业机械学会理事长、中国农机院院长陈志，中国农业工程学会理事长、农业部农业工程设计研究院院长朱明，中国农业机械学会副理事长、华南农业大学副校长罗锡文，中国农业机械学会副理事长、江苏大学副校长袁寿其，代表中国农业工程学会和中国农业机械学会接受了蒋亦元的捐赠，同时向他献花。

蒋亦元向中国农业机械学会和中国农业工程学会捐赠重要历史资料的仪式现场

我国农业机械行业的老领导、农业部原副部长宋树友偕夫人，农业工程设计研究院原院长陶鼎来偕夫人也出席了捐赠仪式。陶鼎来作为首批被派往美国学习农业工程的20名青年学者代表，参加这次捐赠活动让他感慨万千，他说：

我们的贡献之一就是培养了大批的后起之秀。今天之所以能开成这样大型的国际农业工程大会就是做了大量工作的硕果。

希望新一代农业工程科技工作者继承老一辈的精神，为农业机械以及农业工程事业的发展做出自己的贡献。

中国农机院院长陈志发表了热情洋溢的讲话：

非常感谢蒋亦元院士将这些珍贵的历史资料捐赠出来，蒋先生是个有心的人，是一个高尚的人，他是农业工程科技领域的最高成就者之一,一生对事业孜孜追求，对后辈充满殷切的热盼，蒋先生是我们最敬重的专家之一，除了他对农机工程科技的卓越贡献以外，他对中国农业机械学会和中国农业工程学会以及学会两本刊物的支持和爱护更体现出他的高尚品格。这是一笔宝贵的精神财富，其价值无法衡量……

蒋亦元还致力于中美之间农业工程人才的交替传承和双向培养。这可以从蒋亦元接受有“美国农业工程之父”之称的戴维森教授的启蒙教育开始，早在 20 世纪 40 年代蒋亦元就读金大期间，有幸听取了来华援助中国创建农业工程事业和人才培养的四位美国教授关于农业工程的报告，这些启蒙性的报告坚定了蒋亦元步入农业工程领域的决心。而后蒋亦元在接受教会学校美式教育的同时，又受益于恩师林查理的教诲，并深深地打上“理论紧密结合实际，科研重于创新”的烙印。

汪懋华曾这样评价蒋亦元：

他是我国为数不多年轻时即立志以农业工程科学技术改造传统农业，从事农业机械与工程科教事业的职业工作者。一开始就有机会受到农业科学多种分支综合学术环境的熏陶，大学期间直接受教于“美国农业工程之父”、美国农业工程高等教育与美国农业工程师学会创始人戴维森的课程讲授。他是我国老一辈农业机械与工程科技事业的开拓者和在新中国大规模培养农业机械工程师发展过程中承上启下、为数稀少的我国农业机械与工程著名专家之一，又是当今我国农业工程科教界的良师益友。

五、倡导农机与农艺紧密结合

在多年的科研工作中，蒋亦元深刻地体会到，农机与农艺脱节直接导致农艺某些环节的机械化受阻。特别是在为具有中国特色的农艺创制新农机时，问题就更加凸显。蒋亦元认为，机械技术并非万能，如果机构过于复杂、制造难度过大、成本过高、在田间难以作业等情况出现时，农艺就应迁就农机，进行适当调整，相互结合。也就是说，农机为农艺服务是其天职，但也不能绝对地、单方面地要求农机完全服务于农艺。为此，农艺研究者宜将“是否便于机械化”作为评判其所制定的农艺要求可行性的重要条件之一。农机与农艺应当各自调整、共同融合、相辅相成、并肩作战，为农业生产的综合效益服务。这在农业机械化的今天，并非由个人的好恶所决定，而是历史发展的必然。

过去，多数农业生产技术的研究工作者所研制的新农艺，如育种、栽培、植保等，都是在人工操作下完成的，较少考虑能否机械化。而多数农机科研工作者则认为，只要按照农艺要求设计就行了，缺乏“当前的农艺要求是否唯一正确、能否动摇”的意识，缺乏相互切磋、不断解决层出不穷的新矛盾的实际行动。

蒋亦元曾在业界多个场合做过有关这一主题的学术报告，他细致地总结了国内外在农艺与农机相互结合方面的经验和教训，并始终强调成功与失败的实例都是宝贵的财富。

第一个例子是，通过农艺对底荚过低的大豆品种进行改良，减少了在机械化收获时漏割底荚而导致的损失。20 世纪 50 年代，农民用联合收获机收获大豆时，因底荚离地过低，致使剩荚损失过高，可达 10% 以上，这在当时是世界各地普遍存在的现象。为了解决这一难题，东北农学院的王金陵教授经10年苦心研究，终于培育出以“满仓金”为母本、以“紫花4号”为父本的知名大豆品种——“东农4号”。该品种底荚离地高、株型收敛、抗倒伏性强，非常适合机械化收获。但在使用大型联收机（如割幅达6米）收割大豆时，由于垄台有高有低，为了防止矮垄台上底荚的损失，需要依靠改良机器来解决。其中一种方案是，将原来的“刚性割台”改成“挠性割台”，割刀随着横向垄台的高低变化，在波浪形的导槽里做往复运动，贴着垄顶切割。如此，农艺与农机二者为同一目标相向改进，最终使大豆的损失显著降低至2%左右。这就是农机与农艺通力合作、珠联璧合的杰作。

第二个例子是我国插秧机研究过程中的惨痛教训。1953年，华东农业科学研究所开始模仿手工插、洗根秧苗，发明出梳齿纵拉式分秧器，既分秧又插秧，这是世界公认的“中国式”插秧机研究的首创者，全国各地也风起云涌般地开展起来。

在历届全国插秧机专题会议上，由专业人员与群众发明的样机数量如下：1956年第一次会议，12台样机；1957年第四次会议，9台样机；1958年第五次会议，40台样机；1959年第六次会议，63台样机（其中，会议推荐了18种样机）；1960年第七次会议，84台样机（其中，会议推荐定型18种样机）；1960年第八次会议，3台机动插秧机……

到了1969年，会上首次出现了小苗带土移栽的“东风74型”大小苗两用机动插秧机。1977年，为贯彻邓小平同志的指示，大会组织了统型技术组，邀请14个单位参加。由于之前全国插秧机的保有量已达10万台，且型号杂乱、互不通用，组织此技术组的目的，就是要综合其中精选20种样机的优点，形成一个统一机型。经过不懈努力，最终形成了2Z系列滚动直插式机动水稻插秧机。这台插秧机于1978年8月通过部级鉴定，评语为：

能满足大多数地区插拔洗苗的要求，可靠性90%以上，行走传动部分、移箱器、秧爪等在全系列通用。达到了零部件标准化、通用化、机型系列化的要求。

然而不久后，当日本的插秧机进入中国后，局面立即转变，国产的插秧机一下子被挤出了市场。蒋亦元一语道破了其中的原因，就是由于我国的插秧机是模仿手工插秧原理设计的，即手工拔秧、洗净秧根的泥土，整齐摆放、运输，再整齐摆放到插秧机内。然而这些辅助性工作比插秧本身耗时都多，所以，我国的插秧机虽好，但并不省时。而日本的插秧机能够后来居上，恰恰是因为它将育秧与插秧连成一体，实现了机械化，不仅取消了拔秧、洗秧的程序，还创造了育秧新技术，即让秧苗根“盘根错节”地长在一起，并将苗床土裹住，联结成“毯状苗”。秧盘与插秧机的秧箱架制成相同尺寸，便于整块毯状秧苗装入插秧机与运输，实现了插带土秧苗。

此事不禁让人感叹，我国动员了众多科技工作者和能工巧匠奋斗了26年，终于创制出性能优良的水稻插秧机，但在它刚诞生时就被扼杀在摇篮里，由此可见技术竞争的有多残酷。蒋亦元认为，通过这一事例至少可以得到两点认识：一是，农机科技工作者不能被动地、机械地服务于农艺。为了真正有效地实现机械化，必须与农艺专家切实地、不断地商讨两全其美的农艺技术路线，各自调整、相互融合，谈不上谁为谁服务，而是共同为农业的最终效益服务；二是，农机与农艺都不能孤立地只关注一个环节，而要从整个系统来把握每个环节的机械化。在农机化空前发展的时期，科研工作者面临大量农机与农艺结合的问题迫切需要解决。比如，要求油菜株型改为细长收敛型，分枝交叉少，籽粒成熟度一致，减轻籽荚抗炸裂；要求棉花品种的最底部棉铃离地不小于15厘米，塔形株型，吐絮成熟集中，便于一次收净，抗倒伏等。

基于以上实例，蒋亦元多次呼吁业界要高度重视农机和农艺的紧密结合，农业生产技术的研究要多学科通力协作。他还多次向同行和学生们讲述自己曾经在美国参加的一次特别会议——专门讨论研究生产泡菜辣椒的年度总结与计划会议（Pickle Report Proposal Meeting）。会议由美国农业部人员主持，竟有9个不同领域的专家参加会议，如农业工程（Agricultural Engineering）、农艺（Agronomy）、植物/作物生理（Botany/Plant Pathology）、园艺（Horticulture）、昆虫（Entomology）、微生物/公共卫生（Microbiology/Public Health）、食品科学（Food Science）、包装（Packaging）、农业经济（Agricultural Economy）。会议当天上午，各位专家逐一汇报了一年来各自领域在围绕泡菜辣椒生产方面所取得的进展和问题，下午又各自汇报了次年的计划。参会的各位专家都要从本专业角度去审查其他8个领域当年的成果、翌年的计划内容与本领域研究的要求有无矛盾，如遇到问题，大家都会当场讨论并力求研究解决，若双方僵持，则由参会的辣椒行业的代表裁决。

蒋亦元感叹，一个这样的交流会议竟召集到9个相关学科之多的专家，不仅从增产、提质的角度，还从食品卫生、包装运输、经济效益和社会效益等多方面对每个领域，从技术措施的设计、试验等的全过程进行监控。因为农业生产对环境保护、水土资源合理利用、自身的可持续发展等方面的影响十分重大，而且政策对此要求日趋严格。在会上，研究灯笼辣椒收获机的副教授说："当前品种的第一个分叉的张角太大，枝杈容易被螺旋铁筋打断，导致枝杈上的辣椒掉落损失，希望育种工作者将张角由120°改为72°。"育种工作者听后回复道："可行。"问题就这样被当场解决了。据称，这一研究模式是美国长期摸索出来的，很有成效。

无独有偶，蒋亦元还常常谈及美国同行的一例做法。早前，美国在机械化收获苹果时，是抓住果树的主干以一定的频率振动，使果实在震颤中脱离母体，降落于事先铺设在树下的输送带上，由此集中到果箱里。采用这种方法收获苹果，操作烦琐，设备过多，效率低下。于是，研究改用设在树干两侧的两个输送带，它们紧贴树干，并做与机器行走方向相反的等速运动，同时输送带做横向振动。机器行走时，输送带相对于树干是静止的。如此，既可使树干震颤，又不致伤害树干。此套设备设置于一个龙门架上，它跨于树行的两侧，由行走轮支撑，驾驶室则被设在龙门架居中的上方。驾驶员由于看不到树干，就得采用自动对行技术。为了不使龙门架过于庞大，农机研究工作者要求改种树冠较小的品种，同时增加了密度，这样算下来，并不影响总产量。这就是农艺去适应农机的又一成功实例。

长久以来，由于国家非常重视农机创新，任务常常既重又急，蒋亦元为此诚挚建议，全国科技工作者与院校一定要重视农机和农艺结合的问题。我国改革开放前的农机研究“闭门造车”的多，改革开放后抄袭外国的多，即使知道不同学科的结合好处多，但实际行动者依然较少，尤其是多学科间的主动协作更是少之又少。为此，蒋亦元强调，农机与农艺相结合需要一个“人人审我，我审人人”的过程。一定要让各个领域、各个环节的研究者面对面讨论，使问题解决在萌芽状态，避免“闭门造车”的恶果。只有这样，才能大大地减少人力、物力、财力的不必要浪费，缩短成果研发周期。毕竟，一项新措施的提出通常会引起多方面的问题，所谓“牵一发而动全身”，所以这样的“碰头会”一定要年年开才可以及时解决问题。

第十一章 桃李盈枝

一、蒋亦元效应

半个多世纪以来，蒋亦元一直在东北农业大学辛勤耕耘。蒋亦元在创新能力、指导思想与科研方法论、公关策略、团队精神以及横向合作等诸多方面都有自己独特的见解和超人的能力，诸多学子因为仰慕他才走进农业工程的学术领域，他们普遍认为，能够成为蒋亦元的弟子，本身就是一件荣幸而又充满挑战的事情。这种荣幸与挑战会使任何一位门生不敢怠慢，渐渐地就转变成一种“必须努力像老师那样优秀”的信念。长此以往，形成了被人们称道的“蒋亦元效应”。在“蒋亦元效应”的强大感召力下，全国各地的很多学子都慕名报考东北农业大学攻读农业工程专业。蒋亦元更是践行孔子“有教无类”的教育思想，无论是不是自己的学生，只要发现有培养价值且勤奋肯学的孩子，就会对其倾心培养，如今他们中的多人都已成国内外知名学者，可谓群星璀璨。

蒋亦元（中）与听课的研究生合影

张瑞红，1963 年出生于内蒙古，1988 年从东北农业大学研究生毕业后到美国伊利诺伊大学留学，并获得生物农业工程博士学位。她在生物燃料研究领域取得突破性成就，并曾于 2003 年获得美国农业生物工程学会青年学者奖，曾获美国环境能源部奖，多个能源有关部门聘请她为首席科学家。入学时张瑞红师从的是其他老师，蒋亦元通过平时的了解，发现她不仅天资聪慧，而且求学态度诚恳、作风淳朴，是一个有发展前途的好苗子。特别是蒋亦元认为自己所讲授的农业机械专题讲座、相似理论和模型试验两门课对学生们进行科研创新具有普遍的指导意义，因此就主动邀请张瑞红来听。

得知这个消息后，张瑞红高兴极了，并以极高的热情来到蒋亦元的课堂，全身心地投入学习。她发现在上蒋老师的课时，无论是蒋亦元的讲授内容还是讲授方式，都与自己过去上过课的感受完全不同。她说：

> 我喜欢听老师的课，他从不照本宣科，也不拘泥于教材的编排，而是将原有体系尽量放宽、创新，而且融严谨与激情于一炉，非常有感染力。蒋老师所教授的不仅仅是科学知识，尤为重要的是结合历史上著名科学家及其本人的亲身经历讲解科学研究的策略、思维方法以及科学工作者需具备的素养。他善于把工科的理论与哲学、艺术、文学、军事融会起来，用其他学科的思维特点激活本学科灵感的火花，极富有启发性。他所传授的这些宝贵财富一直伴随我在后来的学习和科研中，使我受益匪浅。

不仅如此，蒋亦元还常常通过各种形式来培养学生全方位的能力。有一次，他找来一篇理解起来难度较大、技术含量较高的英文文章《拖拉机滚翻时的（驾驶室保护系统）试验中相似理论的应用》（*Similitude Modeling Applied to ROPS Testing*），让大家回去读懂，读后在讨论会上用英语报告学习心得。这是一篇讲述美国农业工程领域十大发明之一的论文，蒋亦元觉得，如果谁能真正掌握它，必将对日后的学习十分有帮助。令蒋亦元尤为高兴的是，学生们都进行了认真的研读和准备，特别是在自己清早跑步的时候，还无意中看到张瑞红在校园中全神贯注地晨读，而她手中拿着的因反复翻阅而发皱了的资料，正是自己发给大家的那篇论文。此情此景让他倍感欣慰，并在心中默默地说："好样的，瑞红，你日后一定能够走向世界前沿！"

如今，在美国取得骄人成绩的张瑞红更是对恩师的教诲与关爱没齿不忘，她说：

> 蒋老师一直是我们学习的榜样和楷模。我将始终珍爱着我们之间的导师与学生、父亲与女儿、朋友与朋友般的关系与感情。

和张瑞红一样，在"蒋亦元效应"感召之下成长起来的英才还有孙秀芝。她硕士研究生毕业后一心想考蒋亦元的博士研究生，却被他谢绝了。蒋亦元说：

> 你是一个上进心极强的孩子，非常有发展前途，我虽然很愿意你继续做我的学生，但是凭你的能力和激情，如果到更广阔的空间里去闯荡一番的话，一定会更有成就。所以我希望你将目光放到世界最前沿的阵地，考虑一下出国攻读博士……

蒋亦元（左）与弟子孙秀芝合影

骏马始终需要伯乐的点拨，才能有千里之越，而不会羁绊于槽。听了导师的话，孙秀芝果真以出色的成绩在美国先后完成了博士及博士后的学习。在她的事业硕果盈枝之时，更是对蒋亦元充满感恩之情之际，她曾在2004年5月15日写给恩师的一封信中这样写道：

亲爱的蒋教授：

我记得尚在读大学本科时您给我们上的第一堂课，也是我印象最深刻的一堂课。这堂课激励着我、推动着我决心要成为像您那样有名望的科学家和像程万里、史伯鸿那样令人尊敬的教授。我从您和东农其他敬业的老师那里学到的是一种精神力量。这种精神力量燃起了我追求先进知识与推动前沿技术发展的强烈愿望。

正是这种精神力量，它驱使我攻读博士学位。

正是这种精神力量，它使得我在学术生涯中征服了许多阻险。

正是这种精神力量，它使我理解了职业道德与终身学习的重要意义。

正是这种精神力量，才使我获得了进行研究、教学、领导、合作、服务与组织的才能。我并相信这种精神力量将使我不断进步与努力，不断取得新的胜利。

秀芝

2004年5月15日

孙秀芝在得知蒋亦元院士成传之际，还特意撰文一篇，以表达对恩师的真挚感情，详见本书附录。

蒋亦元对于青年一代诲之以德，教之以才，呵护有加。用学生们的话讲，“蒋老师之于我们，亦师亦父亦友”。

二、师以生荣

在培育人才方面，蒋亦元不仅能吸取恩师林查理的观点和长处，又能与自身多年的实践相结合，提出了“教师的天职就是培养学生超过自己”的观点，并培养出一批优秀的农业工程专门人才。在他的这些学生中，年龄最长的已过花甲之岁，年轻的正处于而立之年，他们都有一个共同点，就是个个成就斐然，成为科研教学领域一道亮丽的风景线。

蒋亦元认为，由于年龄关系，师生“闻道有先后，术业有专攻”，师长要尽力帮助青年学生尽快成长，并积极为他们超过自己创造条件。在培养得意弟子赵匀的过程中，不难看出蒋亦元的智慧和决心。

早在20世纪60年代初，蒋亦元作为访问学者刚刚从苏联回到学校。那个时代，学生崇拜科学家成风，加之蒋亦元又是“文化大革命”前全国农机系统第一位提上副教授的青年教师，一时间他便成为众多在校学生的学习榜样和崇拜偶像。“文化大革命”后我国恢复培养研究生制度，出类拔萃的赵匀成为蒋亦元门下的第一届研究生。由于入门早、岁数大，他被蒋亦元的众多弟子称为“大师兄”，他与导师蒋亦元结下了几十年的深厚情谊。

在蒋亦元的记忆里，赵匀本身就是一个优秀的苗子。为了加大培养力度，蒋亦元不仅让赵匀参加自己主持的“割前脱粒水稻收获机器系统”的课题研究，更注重对他进行全面培养。当时，他发现赵匀的基本功非常扎实，而且对一些问题的理解能力甚至超出自己的想象，就着力训练他严谨的治学态度。

1993年，赵匀离开东北农业大学到浙江发展。在浙江工程学院（今浙江理工大学）期间，赵匀始终不忘恩师教诲，发扬严谨治学和敢于攻关的精神，积极投身到“解决实际生产难题”的科研活动当中，并取得了突出的业绩。为了攻克原有插秧机取秧量不匀、易伤秧、漂秧、秧苗直立度不高、要求兼插大小苗等难题，赵匀带领科研团队用10多年时间完成了“高速插秧机的结构创新、机理研究和产品研制”课题研究，设计了具有自主知识产权的高速插秧机装置，并于2007年获得国家技术发明奖二等奖。

后来，赵匀又取得了更大的成绩。他领导课题组发明了用非圆齿轮机构实现从抓取水稻的钵体秧苗、拔出、运移到田面、放开、推钵苗入土、回到原位这一运动过程的复杂轨迹，并建立了数学模型及获取多目标函数优化值的自动优化法，其技术的先进性、创新性和实效性都是空前的。

赵匀不仅具有较强的业务能力，更具有相当突出的组织和领导才能。1999 年，他在出任浙江工程学院院长之初就给自己定下目标，不但要让具有光荣传统的老校再现当年风光，还要让学校整体水平达到省内先进，特色学科达到国内领先的水平。

“干，就要干得最好！”这不仅是赵匀经常说的口头禅，更是恩师蒋亦元的思想精髓。身为校长的赵匀事必躬亲、追求高效，以超人的精力与缜密的思维，在最短的时间里厘清了盘根错节的头绪，大胆地提出自己的思路，制定出一系列措施和制度，并大刀阔斧地进行教育改革，有效调动了全校师生员工的积极性。他注重科研开发，狠抓学科建设，仅仅 5 年时间，这所原先只有 7 位教授、3000 余名学生的学校，跃至拥有 100 多位教授、16 000 余名学生，并成功申报了一大批国家级科研项目，取得突破性进展。

2010 年，在东北农业大学的热情召唤下，赵匀再次回到母校这片热土。虽年逾古稀，但他始终乐此不疲、忘我地投入科技研发、成果转化及产业化第一线，并在短短的 7 年时间里取得了系列辉煌成绩。主要包括：在农业机械机构学理论与优化方法上进行了革命性创新，开发了系列移栽装备优化、仿真软件和试验系统，自主研发了优化设计软件并转让应用于移栽机械的开发，这是我国农业机械研发手段的革命；利用国际首创的优化设计技术体系将移栽机械核心部件作为重点研究和开发对象，实现了系列水稻移栽机型的市场化，并在轻简、高效旱田钵苗移栽机构的研究中取得国际重大突破，所研制开发的具有自主知识产权的系列移栽装备均积极推进科技成果转化与产业化。这些成果中，高速等行距插秧机是我国当时唯一具有自主知识产权批量生产的插秧机，旋转式步行插秧机是国际首创的替代日本曲柄摇杆式的机型，荣获 2010 年教育部技术发明奖二等奖。2012 年，赵匀又开发研制并转化了系列宽窄行水稻插秧机，鉴定意见为“国际首创，具有国际领先水平”，获 2012 年黑龙江省科学技术奖一等奖（发明类）。后来，赵匀又将全部精力放在了水、旱田高效与轻简化钵苗移栽装备这一国际性难题的研发与转化中，带领团队开发研制了第一代轻简化双曲柄水稻钵苗移栽机，该机型是国际上首次仅用 1 个机构代替日本钵苗摆栽机 3 套装置完成取秧、输送和栽植 3 个动作的高效、轻简型水稻钵苗移栽机，产量达千余台；而后，团队所开发的第二代产品——高效、轻简化高速回转式水稻钵苗移栽机，具有非常大的市场竞争力与前景，实现了成果产业化。赵匀还在黑龙江省大庆市建立了一个科研研究所，将自己的科研成果、先进技术直接送到企业门口，便于研究所和企业间的产业化交流，得到了黑龙江省委和大庆市政府的大力支持，为研究所的建成提供了丰厚的支持条件，积极支持了黑龙江省水稻机械化的发展。

赵匀长期深入教学科研一线，非常注重人才培养，回母校工作的几年间，他主持召开 7 次全国性“农业机械化创新设计平台”技术培训班，培训较强的创新性技术和先进的实用技术，并建立了相对稳定的科技示范推广基地和合作关系，为黑龙江省移栽机械的发展做出了突出贡献。赵匀也因在科研领域及教育领域的成就成为业内“奇人”。每当有人问及这位“奇人”的成功秘诀时，赵匀总会深情地讲到恩师蒋亦元：

> 之所以我能取得今天的成绩，真的源自蒋老师的培养和影响，他正派做人、真诚做事、兢兢业业做学问，特别是他身上那股永不服输的韧劲给我一生的影响都是巨大的，在我取得的成绩里，少不了蒋老师的教诲和鼓励。

对其他学生，蒋亦元也都千方百计地为其成长创造条件，这种和谐的师生关系为创新人才的培养打下了坚实的基础。在这方面，学生应义斌有深刻体会：

> 我是在职攻读博士学位的，所以学业和工作就显得格外繁忙，特别是从 1994 年年底开始担任一些行政职务后，自己明显感觉到工作压力。蒋老师非常体谅我的难处，不顾年事已高，常常代为办理我在东农作为博士生的日常事务，免去我大量的南北奔波之苦。每当我想与导师探讨学术问题时，蒋老师总是尽量安排时间，总能把我的问题讨论透彻，使我茅塞顿开。

蒋亦元就是这样，对学生的关爱和培养体现在各个方面，特别是涉及学术研究的问题，他总要经过反复推敲。蒋亦元常说，“博士论文选题对今后的科研方向具有极为重要的影响”。因此，应义斌在选题的过程中慎之又慎，曾几易其题，仅开题报告就做了两次。

那时，蒋亦元考虑到应义斌已在学术研究上有一定的基础，面临的选题有很多，要想使其在一个领域有所建树，就必须“有所为，有所不为”。于是他找来应义斌，语重心长地对他说

> 任何人的精力都是有限的，当我们面临众多选择，特别是面对那些诱惑的时候，一定要做到“集中兵力、重点出击”。特别是如今，你已步入不惑之年，这个年龄的人尤其要制定一个长远的目标和方向，才不会导致日后因精力分散而碌碌无为。我认为你理论基础好，创新能力强，因此尤其适合搞一些前沿技术……

最后，在蒋亦元的帮助下，应义斌终于选定“农产品品质的机器视觉自动识别技术研究”作为博士论文课题。那时，蒋亦元不仅前瞻性地看到这一课题的广阔前景，更鼓励学生积极大胆地探索。2004 年，在国家自然科学基金和国家“863 计划”的支持下，应义斌带领的科研团队研发成功了“基于计算机视觉的水果品质智能化实时检测和分级生产线”。2005 年 4 月该成果通过鉴定与验收，专家们给予较高评价，鉴定意见认为，“拥有完全自主知识产权的我国第一条水果品质智能化实时检测与分级生产线，总体技术水平达到

国际同类产品的先进水平，多项技术处于国际领先水平”。该生产线的实施产业化和成功推向市场，彻底打破了水果检测分级生产线高端产品受进口产品垄断的局面，迫使进口同类产品降价一半以上。

蒋亦元（左三）赴浙江大学参加项目鉴定与验收会时的留影，参会的还有汪懋华（左四）、罗锡文（右三）、赵匀（左一）等

2008年，应义斌主持的这一课题喜获国家技术发明奖二等奖，并且是该年度农艺与农业工程学科组中唯一的发明奖。闻听这一喜讯的蒋亦元不禁感慨地说：

> 我们搞农业工程的就是要为国家的农业、为农民解决实际问题。十年磨一剑，为了一个产业的提升，这不算漫长。但是对于人生来说，这是在最美好的青春中忍受着几多寂寞与煎熬，也拒绝着多少的荣华与功利。你能取得这样的成绩，老师为你感到由衷的骄傲！

这些年来，每每说起学生的成绩，蒋亦元总是不无自豪地说：

> 我感到最骄傲的就是有一批出色的学生，现在最让我高兴的事就是学生们能够在自己的岗位上做出突出成绩，这比我自己取得了成绩还要高兴。尤其是赵匀、应义斌、张瑞红、潘忠礼、孙秀芝等。前两位虽和我一样都获得了国家技术发明奖二

等奖，但他们是在科技进步迅猛发展的时代取得的成就，其实他们已远远超过了我！

在蒋亦元的家里和办公室中都挂着与学生们的大幅合影照片，并冠以“母以子贵，师以生荣”的标题。他还将体现学生工作成绩的文章、杂志放在最显眼的地方，令人十分感动。把发现和培养的人才看作自己毕生科学工作中的最大成就，这正是蒋亦元值得尊敬和歌颂的“师道”和“师德”。

“四世同堂”：1989 年夏，蒋亦元（第三排右）参加国际农业工程学术会议期间，遇见同去参会的老师吴相淦（第四排）、同学史伯鸿（第三排左）、弟子王以廉（第二排中）及王以廉的研究生弟子（第一排），大家站成四排，代表四代师生，共同合影留念

三、严师出高徒

“严师出高徒”，蒋亦元做学问严谨是众所周知的。蒋亦元指导学生主要是通过自己的言传和身教，并且身教重于言传。在众多的学生当中，他的研究生无疑是有幸得到教诲最多的人。

从 1978 年恢复培养研究生制度起，蒋亦元先后在东北农业大学指导的研究生有赵匀、申德超、董成茂、崔士勇、应义斌、蒋恩臣、郑先哲等。蒋亦元常以自身的经历与体会，循循善诱，使学生养成严谨求实的科研态度。这一点，体现最突出的就是他对学生写论文的要求。

蒋亦元（右四）夫妇与部分弟子合影留念

很多长期从事文字工作的人都有一个心得体会，那就是修改一篇文章往往比写一篇文章还要费心费力。因此，导师中对学生论文能做到逐字逐句修改的并不多见，而蒋亦元就是其中一位。特别是对论文中的理论公式，他都会亲自推导验证。正因为知道导师做事认真，所以学生都不敢怠慢：理论推导要严谨，试验次数要足够多，否则就过不了关。

曾获得首届全国百篇优秀博士论文奖的蒋恩臣应该是体会和受益最深的一个。蒋恩臣分别于1988年和1996年师从蒋亦元，获得硕士研究生和博士研究生学位。蒋恩臣在准备博士学位论文时，选择了“气吸式割前摘脱装置机理研究”这一题目，旨在对导师发明的气吸式割前摘脱装置的机理进行研究。这一选题首先针对的是国际知名的农机难题，其次“气吸式”的角度也极为新颖。蒋恩臣以为，有了好的选题，心里就有了底，当他在论文初稿只完成传统概念的脱粒理论分析部分和一些常规部件试验的时候，认为已经满足博士论文的要求了，就跟导师申请尽快进入答辩阶段。结果蒋亦元十分严肃而明确地回复说“绝对不行”，同时提出，“一篇优秀的论文不能只是陈述理论，对于工程技术学科而言，更要以实践为基础，理论结合实践才更有说服力，才能更好地体现出创新性”。然后蒋亦元把自己关于三角形摘脱滚筒吸附的分析讲给蒋恩臣，并说这是个很有价值进行试验验证的项目，希望由他来完成。在蒋亦元的严格要求下，蒋恩臣立即动手开展试验，用高速摄影的方式测定证实导师所发现的“摘脱滚筒所具有的吸附水稻穗头”的现象，并将这部分详细地写进学位论文。后来蒋恩臣在博士论文获得首届全国百篇优秀博士论文奖后，由衷地说：“我之所以能获得这项奖励，全部是老师精心培育、严格要求的结果。”

蒋亦元就是这样，对待学生的论文始终“严”字当先。即使是在论文的文字表达上，也要字斟句酌，反复修改，精益求精。学生申德超的一篇论文就被导师蒋亦元修改了达 9 次之多，以致最后密密麻麻的修改意见掩盖了原稿。

在这方面，蒋亦元的第一个博士研究生董成茂也有过深刻体会：

> 当年，在我的学位论文主体完成后，觉得前言部分并不是太重要，所以就急匆匆地形成一稿交给蒋老师。没想到蒋老师看过以后，立即唤我到他家，逐字逐句地提出修改意见。他一边讲，一边用铅笔直接改在原稿上……修改后的详细摘要前言，起承转合，环环相扣，步步推进，一气呵成。论文课题的目的、意义、难度、特点和创新内容交代得清清楚楚，完全改变了原来博士论文前言平铺直叙，前因后果交代不清，目的、意义不突出的问题。我的研究生同学崔士勇看过详细摘要后赞不绝口地说，前言写得太好了，一看就知道是蒋老师改的。

学生郑先哲在进行硕士论文答辩时，作为答辩委员会主席的蒋亦元发现其论文中有一处错误地应用了相似理论，他不是简单地指出错误，而是在黑板上把相关定理推导了出来，让郑先哲深刻地理解错误的症结所在。这使学生不仅学会了解决问题的方法，更体会到了导师对学问的尊重和对学生的关爱。

蒋亦元在治学上不仅这样要求学生，自己也严格身体力行。正是这种严谨的治学态度，使他的研究成果能经得起时间的考验。他每次公开讲话、做报告，都是事先写好稿子并试讲几次。越是重要的场合，他准备得就越充分。在蒋亦元的影响下，学生继承了他勤奋严谨的治学风格，并不断地加以发扬光大。

四、感谢伙伴们

蒋亦元所从事的割前摘脱相关研究，并不仅仅是一两个机械部件，而是农业机械中结构最复杂、技术要求最高的一部完整的收获机系统，甚至还包括与之相配的农作工艺构成的改革。面对这样的挑战，课题主持人蒋亦元必须站在全局的高度，通盘考虑和解决问题。如果说他的整体构思、设计草图、基本数据及结构工艺设计是“勤思”的结果，那么一代代样机的成功问世就是“群力”的结晶。

蒋亦元和所带领的助手们关系十分融洽，配合尤为默契。几十年来，整个团队在面对荣誉时，彼此间从未因利益问题产生任何矛盾和不快；在一次又一次失败面前，更是无人抱怨或是互相指责。同时，他的团队成员又各具特色：有机械设计和绘图的高手，有建设性意见频出的才人，有经验丰富的技术工人，有任劳任怨的“勤务长”……蒋亦元善于吸纳他们当中每个人的专长，通过合理统筹和指挥，将自己的科研构思及能力表现出来，成为当代农业收获机械理论创新和实践创新的集大成者。

许家美是最早跟随蒋亦元从事水稻割前脱粒研究的成员之一，他在课题组主要负责机械设计和绘图，不仅技术熟练规范，而且效率极高。为此，他总能绘出最充分表达设计构思的制造图，总能淋漓尽致地表达出蒋亦元的旨意。

1995年，蒋亦元夫妇和助手、弟子等在香兰农场搞割前脱粒收获机械试验时的留影，从左至右依次为：蒋恩臣、罗佩珍、蒋亦元、许家美、张惠友

许家美不仅是蒋亦元科研攻关中最得力的助手，同时还凭借较强的生活能力、任劳任怨的处世态度成为课题组的“后勤部部长”。特别是在“文化大革命”下放香兰农场期间，性格温和的许家美更是细致入微，他总能在艰苦的环境中尽量为同伴们改善生活和工作条件，比如他常常可以变废为宝，就地取材制造出一些必备的生活用具及试验用具，为大家开展工作做好硬件准备。

虽然是学工科出身，但是曾经担任学校宣传部部长的许家美有着相当深厚的文字功底。他常常能即兴创作出一些诗句，不仅展示了自己的才华，更给大家紧张忙碌的生活带来片刻的轻松。1977年，在他同课题组出差时为蒋亦元写的一首打油诗，至今还让大家记忆犹新。

当时，蒋亦元带领许家美、刘恒兴赴浙江参加全国收获机械学术会议后返程路过杭州，顺道游览了西湖景点“花港观鱼”，还一起品尝了当地的特色美食。没承想蒋亦元在品过鱼头汤后，因过敏嗜睡于公园中的长椅上。许家美见此情景，用相机记录下了这一瞬间。他翻遍随身上下，没有找到纸张，只找到一个空烟盒，于是他将烟盒翻过来，并在烟盒的背面上即兴赋打油诗一首：

花 港 观 鱼

西湖鱼头醉蒋翁，
花港池畔又一梦。
思念亲人千里外，
土豆萝卜拌大葱。

蒋亦元在参加会议归途中

蒋亦元特别喜欢许家美的这首即兴之作，他将该诗原稿珍藏起来，并连同照片一起镶在玻璃镜框中，挂于自己办公室的墙上作为纪念。这从另一个角度反映出一位科学家的生活点滴，展示出他的立体人生。

涂澄海，蒋亦元的学生，从1977年大学毕业留校到1995年调离东北农业大学，和蒋亦元有着近20年的合作经历。1986年，当第二代水稻割前脱粒机失败后，涂澄海立即同蒋亦元一道全身心地投入样机的改进设计中，并不时提出一些有效的改进思路和建设性意见，尤其是他所做的“气流吸运的割前脱粒部件”在台架试验中取得了令人极为满意的效果，是蒋亦元关于第三代样机“气吸式”改进思路的重要实践者和见证人。

让蒋亦元尤为难忘的，还有涂澄海在帮助自己进行相似理论试验测定中所做出的努力。那时，试验经费十分匮乏，很多已经损坏的试验器械无法更换。为了帮助蒋亦元完成试验，涂澄海想尽各种办法，不仅将一个废弃多年的液体黏度测试仪恢复到正常状态，更借助这个仪器对液体黏度与温度之间的相互关系进行了严格而准确的测定。涂澄海为蒋亦元的试验所测出的第一手可信度较高的数据，为其修正墨菲定理的论断做出了重要贡献。

温锦涛，机械设计能力很强，坚持农机理论研究及生产实践并重，是同蒋亦元共同合作、参与其研究项目最多的科研伙伴。例如，风机特性研究、平台式逐秸器、亚麻种子清选机构、麦穗脱粒机、单面取土筑埂机以及水稻割前脱粒收获机的前期研究，他都参与过。1978 年，温锦涛由于工作需要调离了课题组，被学校安排去参加“农业机械测试学”这门课程的建设，蒋亦元也因此失去了一个得力助手。蒋亦元一直念念不忘与温锦涛共事的日子，并充满感激之情。蒋亦元常对人讲：

> 我以前每次从香兰到哈尔滨办事时，都要受到温锦涛母亲热情的接待，并且我的一双儿女都是在他们温叔叔的帮助下学会骑自行车的……温锦涛对我和我家人的照顾，真的为我进行科研教学排解了很多后顾之忧。

刘道顺，蒋亦元早年的学生，在非电量电测量方面特长突出。在蒋亦元的第三代样机参加国家技术发明奖评选时，恰是用刘道顺通过测量提供的有力数据回答了评委的相关质疑，令他们信服。蒋亦元始终认为，自己能获得大奖，绝对少不了刘道顺的汗水和努力，他感激地说：

> 道顺是我非常喜欢、信任的助手和朋友，那年我爱人因心脏病突发猝倒家中时，我第一时间想到的就是道顺……他不仅在“文化大革命”期间跟我一起吃过苦，也在我取得成绩时同我一起分享过胜利的喜悦，更在我遭受痛苦和打击时陪我，给我分过忧。

何国福，是和蒋亦元合作共事了半个多世纪的一位工人师傅，他虽然文化程度不高，却是一位经验丰富、善于用脑、长于协调人际关系的好助手。何国福对各种型号的拖拉机都能熟练地驾驶和维修，对其他一些相关的农业机械也常常应付裕如。在“三年困难时期”，何国福想方设法从农村亲戚处买来小米、鸡蛋送给蒋亦元怀有身孕的妻子补充营养。“文化大革命”期间，何国福作为农场的机耕队长，能够对知识分子正确地贯彻政策，给予一定的照顾，从不乱来。在蒋亦元的研究生培养过程中，何国福总能通过客观的观察，对学生们各自的思想、业务、作风做出准确的评价和分析，为蒋亦元提供可靠的参考意见，更为整个课题组人际关系的和谐融洽做了大量工作。

张惠友，1995 年起加入课题组，凭借自己较高的制造工艺水平及丰富的经验，在蒋亦元开展科研工作的过程中发挥着重要作用。他年年都参加田间试验，不辞辛劳，甚至在有的年份还组织过田间试验。尤其是在面对一些样机制造问题时，他常常能提出好的修改方案和措施。

刘恒兴，曾参加蒋亦元第一代样机的研制工作。当时正是“文化大革命”期间，刘恒兴作为企业领导干部、技术人员、工人“三结合”的代表，积极出谋划策，肯于吃苦耐劳，在部件加工、田间试验中均起到重要作用。

如此等等，不胜枚举……

蒋亦元（前排右二）和他的助手们

蒋亦元常常感到庆幸，一路走来，有那么多得力助手能与自己勠力同心。因此，在蒋亦元获得一项又一项科研成果以后，在各种奖励、头衔纷至沓来之时，他想得最多的就是那些与自己朝夕相处、协作顺畅的同伴们，那些几十年如一日默默耕耘的战友们。

他说：

> 在我一生中取得的众多成绩中，没有一次不是在众多助手的帮助下取得的。其中，和我一起合作最久的已长达半个世纪，短的也是十年有余，跟他们共事时的每一个细节和情景都是我记忆中的宝藏。我始终坚信自己的成功是众多助手全力支持共同攻关的结果。很多时候，我不善于表达自己的情感，其实我已在心里无数次地感谢他们——我的助手们！

第十二章

伉俪相携

一、知遇贤妻

早在金大求学期间，蒋亦元就梦想着自己有朝一日能成为一名真正的“教书匠”。与此同时，就读于上海市私立禅文女子中学一个品学兼优的女孩，也立下了学农的志向。1950年，蒋亦元大学毕业后只身来到东北农学院任教，两年后那个女孩也梦想成真，以优异的成绩考入这所北方名校。后来，蒋亦元作为青年教工的优秀代表当选为校农机系团总支委员，而那个女孩同样凭借出类拔萃的表现成为该团总支的一员。这时的蒋亦元无论如何都没有想到，这个以前素不相识的女孩，已经踏着命运的节拍向他走来。

在农机系的一次团总支会议上，当蒋亦元在教室里第一眼与她清澈、阳光、聪慧的目光相遇时，他便预感到生命中的那个她来了。那一天她穿着一件绛红色的合身上衣，言谈思路清晰，态度温和，举止文雅……这些立刻引起蒋亦元的注意和好感。

她叫罗佩珍。

其父本是江南一个食品公司的高级职员，母亲过世得早。抗日战争期间，罗佩珍随父亲和继母逃难到农村后，家里就无力再供她和兄弟姐妹们继续求学了。那时懂事的佩珍虽然年纪尚小，但是从伯父那里读过很多关于知识女性独立奋斗的故事，她坚决不肯放弃求学之路，她一边试图说服父亲，一边悄悄让堂姐代为报考上海的女子中学。不久后罗佩珍终于如愿以偿，并格外珍惜这来之不易的求学机会。寄住于上海伯父家的生活经历，磨炼了她善于与人相处、宽厚待人、豁达大度的性格，以及较强的生活能力。在高中期间，佩珍的独立工作与组织能力更为突显。那时她的学习成绩名列前茅，同时又任学生会主席，还曾成功地组织全校几百名同学到苏州搞大型集体游览活动。

蒋亦元对罗佩珍一见钟情。初识后，她的单纯、阳光、干练，始终深深地吸引着他。过了个把月时间，蒋亦元终于鼓起勇气主动约请罗佩珍到学校大礼堂看了场电影，然而散场时，罗佩珍却暗示蒋亦元自己已经有了男朋友。听到这个消息，蒋亦元内心立即涌出一股失落感，一种酸涩的感觉不时地翻腾起伏。但他努力压抑着遗憾和痛楚，只是对罗佩珍说："我会注意的。"

和罗佩珍相处的那个男孩也是农机系的学生，当蒋亦元得知他善良、出色、政治觉悟较高时，心里像打翻了五味瓶一样，既欣慰又感到遗憾。长这么大，蒋亦元还没有真正爱过哪个女孩，他不是轻易抛洒感情的人，但是爱了便爱得深挚、纯粹。或许爱情就是这样，越无法得到越觉得可贵。但蒋亦元有自己恋爱的原则——不能破坏别人的幸福，他始终注意在工作中与罗佩珍保持距离，偶有接触之时两个人也多数只是谈工作、谈人生、谈理想，而从不谈感情，并明确表示不向那个方向发展。

二、执手同行

在与罗佩珍的接触中，蒋亦元只能将那种美好的情感深埋心底，并试图通过更加勤奋地工作和学习来转移自己的注意力。后来院里的领导和同事也曾给蒋亦元介绍过一个女孩，虽然她也很优秀，但两人并未最终走到一起。就在此时，爱情的花朵开始向蒋亦元微笑地绽放了。

罗佩珍毕业前一个月，有一次蒋亦元从外地参加活动返回学校，下车时碰巧遇到了她。见面后，罗佩珍悄悄地告诉蒋亦元，她已与那位男同学停止向前发展的关系。听到这一消息的蒋亦元，竟一时间缓不过神儿来，他内心那种失而复得的喜悦简直无法形容。同时他也感到些许不安，他不知道罗佩珍和原来男友的关系破裂是不是由于自己的出现。尽管后来罗佩珍再三对蒋亦元解释与他无关，他还是决定去征求一下组织的意见。于是他找到对自己和罗佩珍都比较了解的农机系党总支书记询问情况。当总支书记了解蒋亦元的来意后，真诚地对他说："罗佩珍与那位男同学都是很好的同志，但是好同志不一定就能成为好夫妻。他们的个性、爱好等方面并不很投合。我作为旁观者，看到他们的分手是不奇怪的……”随后，蒋亦元又询问了另一位知情人的意见，得到了相同的回答。蒋亦元真是喜出望外，便对罗佩珍展开了热烈追求，并无时无刻不沉浸在幸福之中。看到蒋亦元依然那么真诚、那么执着，罗佩珍的心中升腾起一种特殊的情感。随着彼此的了解逐渐加深，罗佩珍更为蒋亦元的质朴、厚重、恃才不傲所吸引，两个人的距离一下子拉近了。

在那个时代，只要一对异性青年表示要多交往、加强了解，成了所谓的朋友后，就意味着一锤订终身，否则就要遭到“不道德”的谴责。罗佩珍正因为没能和前男友走到最后，且和自己的老师蒋亦元进入恋爱状态，一时间竟要面对多方面的压力。但她敢于冲破僵化的观念，不畏他人的无端责备，这一点令蒋亦元尤为感动和钦佩。

1956 年，由于罗佩珍的出色表现，学院决定让其留校，在农机系机械运用教研组任教。就在系里举办的毕业生欢送会上，热恋中的蒋亦元和罗佩珍兴致勃勃地跳起华尔兹。伴随着悠扬的《蓝色多瑙河》乐曲，他们尽情地跳啊，跳啊……轻盈的舞步，快速地旋转，没有事先的约定，无需更多的言语，心心相印的两个人一直从舞池中间转到了礼堂门口，径直朝着外面的花园走去。

在经历过波折之后，如今有缘人终于走到一起，还一下子成为可以朝夕相处的同事，一时间两个人仿佛有说不尽的话。此时的蒋亦元已经被学校定为赴苏进修的人选，作为重点培养的青年骨干，面对事业的顺利和爱情的甜美，他更是壮志满怀。而罗佩珍也告诉蒋亦元，自己会珍惜这个留校的机会，不辜负组织的期望，并愿与他互相扶持，以事业为重，共同为美好的前途努力打拼……

就在那个初夏清朗的夜晚，沐浴着柔和的月色，伴着徐徐的微风，蒋亦元深情地吻了心爱的罗佩珍。这一吻，饱含了他对罗佩珍的深深眷恋，表达了自己要和她同心携手、共赴前程的决心。

爱情是两个亲密灵魂的默契。即将赴苏进修的蒋亦元却因为全国已掀起“大鸣大放”浪潮的涌动，行期不得不延迟一年。加之两个人的恋爱关系已经相当稳定，均完全符合结婚政策，因此幸福正在向他们招手。

两人决定结婚时，罗佩珍写信告诉了老家的父亲，介绍了蒋亦元的详细情况。父亲对这个未曾谋面的未来女婿心中无底，恐怕天性善良单纯的女儿嫁错人，尤其是知道蒋亦元还将面临出国进修，更是顾虑重重。父亲虽没有直接反对，却直言提醒罗佩珍要慎之又慎，警惕蒋亦元出国后变心。罗佩珍非常理解父亲的担忧，但她对自己的选择深信不疑。

很快，蒋亦元和罗佩珍约定了婚期。

没有更多的花前月下，也没有置办任何结婚物品，1956 年 9 月 8 日的一个晚上，两个人仅借用学院一间普通的教室，举办了一场非常简单的婚礼。虽然蒋亦元和罗佩珍的恋爱是热烈的，但他们在公众面前却是始终保持低调，即便是周围的同事、朋友也少有人知道此事，前来参加婚礼的，仅有 20 多个他们最亲密的同事和同学。婚礼举办那天，蒋亦元的校友、好兄弟、从南京同来东北农学院任教的史伯鸿不仅担任主持人，还扮作新郎的家长风趣地说，“今日小儿亦元有幸与佩珍喜结良缘……”，作为婚礼筹备小组的负责人，他还在教室的黑板上写下“不鸣则已，一鸣惊人”八个大字。

新婚不久蒋亦元与妻子在东北农学院校园中

1957 年 2 月，蒋亦元与妻子一起滑雪

这晚，最令蒋亦元感动和意外的是，学院刘德本院长、滕顺卿书记、邹宝骧副书记等领导也拨冗来见证了他们的幸福结合。作为一名年轻教师，长期以来组织上不仅给了自己锻炼深造的机会，而且如此关心自己的生活，抽身来参加自己的婚礼，蒋亦元更加下定决心，日后要与罗佩珍一起用出色的表现和优异的成绩来回报大家的厚爱与关怀。

这一年蒋亦元 28 岁，罗佩珍 23 岁，正处于人生美好韶华的他们，携手踏上了漫漫的攀登之路。

出国临行时，蒋亦元带着爱妻为其打点好的行装，怀着对家的恋念踏上开往列宁格勒的列车。列车一路北驰，望着车窗外飞速闪过的景致，蒋亦元的心情开始变得越来越不平静，特别是想到家中已经身怀六甲的妻子，他的内心充满了惦念和内疚。佩珍那坚强的笑容和已显笨重的身子都在他的眼前闪动着，那鼓励的话语在他的耳畔回荡着，思念的泪珠像无边的潮水袭来……

到了列宁格勒，蒋亦元立即给远在家中的罗佩珍写了一封长信报平安，同时道出深深的牵挂。信中，蒋亦元还饱含真情地写了一首诗送给佩珍。佩珍在每一次给丈夫的回信中，总是无一例外地写满安慰和鼓励的话语，她把思念之情深深地埋在心底，对独自在家的困难和辛苦则轻描淡写，甚至只字不提。佩珍在始终尽职尽责工作的同时，承担了繁杂的全部家务和独自照顾襁褓中的女儿的重担，她就是这样一个既识大体又坚强贤惠的好妻子、好母亲，永远都在默默地无私奉献着。

1981年年末，蒋亦元即将再次离开妻子和儿女，这次他将奔赴远在大洋彼岸的美国访学。行前，他留给爱妻一首小诗：

风雨廿六载，甘苦共备尝；
再度远国去，相思隔重洋。

1981年年底访美前蒋亦元与妻子合影

照片左上角是蒋亦元赴苏联前两人结婚时的合影，这两张合影的拍摄时间相隔25年，这期间政治运动延绵不断，精神和肌体经受过的苦与乐，令他们终生难忘。在携手同行的路上，他们始终信守着彼此的承诺，“甘苦共尝”，哪怕又一次分居两地，哪怕相思再一回远隔重洋，但在追求事业的征途上，辛苦又能怎样？有真爱，有距离又何妨！

三、真爱无言

每每谈起爱妻，蒋亦元总有说不尽的感激和愧疚。妻子罗佩珍是蒋亦元事业的理解者和同行者，是蒋亦元身处逆境的宽慰者和支持者，是蒋亦元家庭生活中的坚实后盾，那些感人肺腑的事例证明了这一切。

在蒋亦元受到“文化大革命”冲击，并将下放农村劳动改造的艰难时刻，罗佩珍毅然守候在丈夫的身旁，并全力支撑着整个家，直到安全度过这一浩劫。那时他们先后经历过三次大搬家，蒋亦元又有那么多书，罗佩珍却能在复杂纷纭的形势下很快理出头绪，主次分明，果断处理。每当蒋亦元这个“书生”面对非常局面一筹莫展之时，罗佩珍总是胸有成竹，沉着应对。

1995 年冬，蒋亦元夫妇与孙儿在圣·索菲亚教堂前留影

“文化大革命”中，蒋亦元四种疾病并发，罗佩珍当机立断，让他去上海姨母处疗养，同时把儿子送去祖父处读书，又将女儿托付给哈尔滨的朋友照管，而她却独自留守在香兰农场，面对全家分居四地的状态，罗佩珍却始终保持着坚强乐观。

罗佩珍是一个不善言辞的人，总是将全部的爱都融在行动里。在蒋亦元去辽宁省汤岗子疗养院治疗骨质增生时，得知那里伙食很差，罗佩珍更是不顾长途跋涉，携着一筐自家产的鸡蛋乘车数百里

1972年2月，蒋亦元与妻子罗佩珍、儿子蒋达在上海豫园

2009年9月，蒋亦元与女儿在长白山天池留影

来到疗养院探望丈夫。

在香兰农场期间，家家都用木材做烧柴，这些都要他们一清早带着干粮和饮水出发，到数十里外的山上去砍伐。这样繁重的体力劳动，罗佩珍竟是主力。有一年秋天，当他们把这些烧柴从山里往回拉运时，由于蒋亦元体力差，装车时已精疲力竭，拖车在崎岖的山路上颠簸倾斜而翻车，已无力躲闪的他摔倒，造成锁骨骨折，罗佩珍当即连夜将丈夫送往哈尔滨医治。在之后的三个月治疗期间，罗佩珍一直陪伴在蒋亦元身边悉心护理直至他痊愈。

在探索“割前脱粒水稻收获机器系统”这一世界难题的最初岁月，面对别人的怀疑和起步的艰辛，罗佩珍始终坚定地支持自己的丈夫，她相信只要能锲而不舍地坚持下去，蒋亦元就一定能够梦想成真。

1989年，罗佩珍从研究生处处长及教学岗位上退休后，本可在家安享清闲，但她基于对农机事业的热爱，同时为了更好地支持丈夫工作，毅然投身于蒋亦元的科研课题组工作，与课题组的其他成员甘苦同尝。

蒋亦元所研究的机器上的不少部件都是创新的，除了理论上的分析计算外，还必须制造成样机到生产现场去试验、修改，为的就是验证他们的设想而不是满足于纸上谈兵。生产现场距离学校有

285 千米的沙石道，课题组平均每年要奔波于厂校之间 10 多个来回。罗佩珍常常与蒋亦元一起，清晨 4 点就起床赴长途汽车站搭车，一路颠簸八九个小时才能赶到工厂。冬天时车内寒风刺骨，人被冻得瑟瑟发抖；夏天时车内人挤得汗流浃背，动弹不得。1993 年深冬的一天，天空飘着清雪，四野银装素裹，课题组在由厂返哈的途中，车过清河时，突然与一台迎面而来的货车相撞，客车闪到坎下倾斜 45 度，险些翻车。由于挡风玻璃已完全被震碎，寒风从正面灌进车厢，坐在前排的罗佩珍依然紧偎着蒋亦元，挺过了 7 个小时的艰难旅程。

罗佩珍在课题组负责图纸的绘制、校对、修改并组织描晒工作。面对大量烦琐的工作，年逾花甲的她却始终一丝不苟，她经手的图纸规范、整洁，这一点在工厂内有口皆碑。她还承担课题的经费管理、课题申报、专利与成果的申报、文档材料整理保管等许多技术、事务性工作，并对每件事都极其认真、高效、高质量地完成。1994 年隆冬，课题组申报国家技术发明奖时，要求用户意见必须按新规格填报，罗佩珍陪同丈夫冒着“三九”严寒乘车数千里，日夜兼程一周内跑遍北大荒的四个农场，最北的已快到中苏边境，终于取回“真经”。罗佩珍参与课题的 20 多年里，有关“割前脱粒水稻收获机器系统”的研究报告，全套鉴定文件、图纸、申报国家技术发明奖的有关材料，无一不文字通顺、图文并茂、规范整洁，不仅上级单位纷纷夸奖，有的还被作为范文保存下来。

大家都说罗佩珍简直是个“工作迷”，仿佛一空闲下来就会无所适从。正如她自己所说，“闲着时，我就会得病似的难受”。在工厂，从厂长到干部、工人、服务员，都称赞罗佩珍是科研组的得力后勤。冬季青菜少，她自掏腰包为大家买来水果补充营养；谁身体不适，她便立即买来药品并督促其服下；下地收割时，她买来毛巾、草帽等劳保用品，防止麦芒钻进工人的脖领；至于工人、服务员相托之事，她总是有求必应，并不遗余力地把事办妥；每次离厂返校，即使半个月后就要回厂，罗佩珍也总要把手册、书籍、图纸及课题组自带的各种生活用品全部装箱并捆扎送入贮藏室，而后再将房间打扫得干干净净，她常说绝不能给人留下“匆忙出逃”的印象。

蒋亦元入睡易、醒得早，罗佩珍却恰恰相反。每当蒋亦元醒后躺在床上突然迸发出新的灵感时，总要唤起妻子向她一诉为快。罗佩珍不仅从无怨言，还会仔细考虑其严密性，甚至一步步追问丈夫所谓的“好招”，有时还会发现其想法的破绽，这正好弥补了蒋亦元的不足。就这样，他们相互补充、相得益彰。与夫妇俩交往半个多世纪的史伯鸿就常说：“你们真是珠联璧合的一对。”

在生活上，罗佩珍总是事前周密考虑、未雨绸缪，办起事来总是有条不紊、井然有序。在名利面前，她更是只求奉献不计索取。在她退休前，学校想安排她出国一次而未能成行，她毫不介意。退休后，她为课题组开展科研工作所付辛劳之多、贡献之大是有目共睹的，但两次鉴定排名次时，她都坚持把自己放在最后一位或不排名，同伴们都说这不公平，但她仍坚持己见。

几十年来，罗佩珍与蒋亦元患难与共、相濡以沫，他们已完全融聚成一个整体。然而，1999 年 2 月 26 日上午，就在罗佩珍为丈夫奋斗了 9 年的科研成果鉴定会做会前准备之时，突感心脏不适，回家后还未来得及服药就猝然离去。待蒋亦元赶回家时，他的佩珍竟连一句话都未来得及留下。

苍天无情地夺去了爱妻的生命，蒋亦元痛不欲生，很长一段时间里，他都悲痛难抑，神情恍惚，满心、满眼、满耳都是爱妻的音容笑貌，都是爱妻的痕迹和影子。每当回到空荡荡的家，那种失落感令他心如针刺般的疼痛，“寻寻觅觅冷冷清清，凄凄惨惨戚戚……”有时实在抑制不住，蒋亦元就焚香望着爱妻的遗像放声大哭，哭一阵心情就会宽舒一些，拭去眼泪再去为科研成果的鉴定做准备。

鉴定会在十分庄严、沉重的气氛中进行着。当人们翻阅着一份份装订得工整有序的鉴定文件时，大家都知道每一页的字里行间，无不凝聚着罗佩珍的期望和心血。此时她本该出现在鉴定会上，和丈夫一起分享成功的喜悦，可现场却只有蒋亦元苍凉、颤抖的声音！在场的每一个人都忍不住潸然泪下。

鉴定会上，专家评委们给予科研成果“国际首创，具有国际先进水平”的高度评价，或许这正是对罗佩珍最好的告慰！蒋亦元在鉴定会最后致答谢词时感人肺腑地说：“这一成果要献给予我甘苦备尝的爱妻！”

第十三章 院士情怀

一、古诗词与科学研究

读诗、吟诗是一种修身养性的极佳方式，甚至写诗也不是诗人的专利，许多人不以诗名世，却能写得一手好诗。画家齐白石、黄永玉是这样，音乐家贺绿汀、吕远是这样，数学家华罗庚、苏步青是这样。

蒋亦元喜欢“以诗言志，以歌咏言”，通过古诗词，“触景生情，借题发挥”。之所以如此喜欢古诗词，是他觉得古诗词在写作时需要运用形象思维，不能如散文那样直言，而且好的古诗词耐人寻味，容易勾起读者的遐想、揣摩、玩味。

蒋亦元认为，一些科研设想和构思之所以产生，主要依靠的是形象思维，而这往往是科研中决定成败的最关键因素。在关键时刻，需要依靠想象力，有时它比知识更重要。培养浪漫主义的想象力，就是提高科学思维能力的重要一环。赋诗时，要高度精练、概括，就有利于辨识矛盾的主次。

在蒋亦元的科研生涯中，有多个运用古诗词的案例。例如，“敌强我弱时，在夹缝中求生”。割前摘脱水稻联收机上由于没有放置传统清选机构的空间，在矛盾太多的夹缝中冥思苦想，分离、清选多功能立筒筛就是在夹缝中“憋”出来的。又如“出奇制胜”。在喂入口堵塞的问题上，前人用两个辊子无法解决问题，蒋亦元多加一个，再加上两个托盘就解决了难题。在气流分离箱的后壁上，蒋亦元增设了输送带，从而能快速将谷粒运送到关风器。但由于其下辊会被清杂物黏结，如果再加机械设施，既无空间又太复杂，他巧妙地采用气流方式将其吹走。分离箱采用的是吸气流，但用得巧了，就可变为吹气流。

其实不仅是蒋亦元，很多科学家都有诗词情怀。蒋亦元非常敬佩那些既在科技上做出突出贡献，同时诗词、国学底子又深厚的院士们，而且偶尔还冒昧登门或书信求教，向他们学习，包括任继周院士、秦伯益院士、张子义院士等，都曾热情作复或无偿馈赠大作。其中，与任继周院士的几次通信择一二于下。

尊敬的任院士：

您好！

首先请接受我迟到的中秋祝福！长寿百岁，阖府幸福为祷！

先生的六件大作早已收悉。拖延作复如此之久，失礼之至。祈谅！

接读之初，登感先生的诗作内涵之丰富、观点的高雅、论述的深邃又富于情趣、文史造诣之深和先生的生平等诸多方面深深地打动了我，捧读再三，细细品学，以至拖延至今。

今略谈几点收益与感想，请先生指教。我喜爱古诗词与古文，但自小缺乏文史学养，年事高而愚钝健忘，效率低微。此绝非客套。

1. 先生的“以诗记事、记情。以简短的诗句，勾勒一段情景，既能传神又便记忆”，您在文中加以背景的描述，主题的发挥，对时弊的针砭，对人物的评述，自然就形成一篇与诗相得益彰的散文。此诚一创举。

2. 我很赞同先生的“今人写旧诗，似可不必严格遵守传统格律，只要表达自家意境，读来上口就行”。我认为“形式要服从于内容”。对初学者而言更得如此，否则就“束缚”了他们形象思维的发挥。

至于词的调与体也不必囿于固有的格式。如清康熙“钦定词谱”，调八百二十六，体二千三百零六。既然现实已如此之繁多，后人又为何不能再加一个？故只需诗与词基本能分别符合格律与体、调即可，似可不必过于拘谨。

至于音韵，就更有问题了：古时交通不发达，相邻的县区之间的方言差异很大，全国尚无普通话吧。如我家乡江苏常州“王（wang）”与“黄（huang）”不分，均读作 wang 音。“程（cheng）”与“陈（chen）”不分。不知古时是如何以统一的平仄声来格律的？

3. 我喜爱古文与诗词，并非出于天赋，而系欣赏其高度的精炼与概括，耐人寻味，能勾起读者的遐想、揣摩与玩味。

诗词要不落俗套，需有浪漫主义的想象力。它正是锻炼创新思维之捷径。

先生的诗文中有许多佳句与美词，我都一一抄记，以便日后引用，亦收练脑之效。

我从事农机著名难题的探索三十余年，经历了许多挫折与振奋。那时就有某种冲动，那种激情，想用诗词的形式把它记录下来。由于根底浅，不，可以说完全是门外汉，于是边学边习作。写出来的根本谈不上是诗词。但回想起来，也有过为难之处。如有关机械的描写，古时或今人均未见涉及。有时也得“为求一字稳，捻断三根须”。

今附上七首，每篇下方均有简单的背景描述。请多指教。

与先生交往，得益匪浅。这次使您费时、费神，实感不安。

遥祝先生康泰，幸福，万事如意！

东北农业大学　蒋亦元

2012 年 10 月 10 日

计：1. 水调歌头；2. 苦寒行；3. 七律；4. 忆秦娥；5. 出征；6. 虞美人；7. 江城子。

亦元学长：

您发给我的诗，在我的电脑里，我经常翻阅，很受激励。您不仅是一位“身既许国”的科学家，也是富含诗人性灵，并具深邃思维的哲人风范。因此您能在古稀丧偶和顽症缠身的暮年，仍有如此佳兴，即使所设计的机具遭遇摧折，也能“而今谷底再攀越”，贯彻了您“人生一盘棋”的“一以贯之”的入世精神。您给予人以美好、生发的情致，是浊世中的一脉清新。

至于您捕捉情景，即兴入诗，诗画相彰，配合得如此天衣无缝，更体现了您作为一个科学家的严谨和虔敬自律的修养功夫。

明天就是五一节了，想到您和您的诗，以及您的纯净操守，给您写这封信，以寄托我们老一辈人之间的思念之情。

敬颂

教安！

任继周

2013 年 4 月 30 日于北京

尊敬的任院士：

您好！近期我肺部炎症加重，后又患气胸。两次住院治疗。未能及时作复，希谅！

您非常忙，望九之年仍主持着我国草原建设重大咨询项目，钦佩之至。久盼来信又不忍打扰。就在五一节前夕得飞鸿，欣喜不已。

远出意料的是您对拙作与品性的过誉，实令汗颜、不安。姑作为您的鼓励和爱护吧！信中“是浊世中的一脉清新”与“以及您的纯净操守”之词作为我对自己的鞭策。

我的习作均系奋斗中喜怒哀乐之情的宣泄，一时冲动下、自然流淌出来的感叹而已。直陈平淡，不擅比、兴之术，缺乏诗意。源于国学的浅薄。

您的《赏荷花》《看歌舞》等诗作我欣赏之至。

赏 荷 花

深秋已是荷残时，芙蓉失色落寒池。
为教好景留须臾，除却莲实扎花枝。

看 歌 舞

雅人不知伤心事，盛装楼台弄管弦。
时移令转透心寒，萧瑟秋意满林苑。

用语遣词之贴切，富有美感，隐喻讽刺1973年颐和园粉饰太平的愚昧做作，可谓淋漓尽致。您的诗词我常反复朗诵，欣赏其趣，不失为我晚年之一乐也。憾者，记忆力严重衰退，转身即忘，而依然乐此不疲。

更令我至感亲切的是“想到您和您的诗，以及您的纯净操守，给您写这封信，以寄托我们老一辈人之间的思念之情”。

诚然！国家的物质进步非凡，但国民文化、社会风气未见相应提高。尤其是青年们对祖国优秀传统文化、精神的漠然态度，使得我深切体会到学长发出“以寄托我们老一辈人之间的思念之情”的深切含义。

我能被归入您的“老一辈”行列既高兴又惶恐，将激励我的为人、做学问，多多向学长学习。

学长终生奋斗在大漠荒野，届耄耋之年，望学长适当放松，丰富些业余生活。我想您一定有所擅长。

蒋亦元
2013年末

蒋亦元在书房中

另一个蒋亦元特别钦佩的人是我国著名的畜牧业和动物营养学专家张子仪院士。他早年留学日本，国学根底深厚。张先生曾被我国畜牧界泰斗许振英教授誉为“山西才子”，他为许老的塑像所写的生平碑文实属一篇古文杰作。蒋亦元说：

（碑文）我每走过总要诵读、欣赏，并表对许老的敬意。张先生的古文词严义正，精炼至极，就更引人揣摩、玩味。他仅用了8个字，就概括了我耗时十余年的科研成果。

张子仪给蒋亦元的回信如下。

亦元先生：

大作及老照片奉阅。感慨良久，与您的自传对照，深感非过来人安得有如此意境。实乃汗土，乃辛粒之写照。胡诌一首，聊博一哂。

脱割机赞

“愚”“齐”旧事，激攻“逸”“顽”，

回眸“北岸”，笑对“桃山”。

草草先此，顺颂

冬安

张子仪

2007年12月8日

蒋亦元认为，“想搞好科研的人，不应终日仅和数字、公式、定理和机器等打交道，如能常读诗词，体会其精髓，以至习作，是有利于培养自己创新思维的”。

一次有记者问蒋亦元何以在自己研制机器工作原理和工作部件上有多项创新灵感，他便立即以宋朝诗人朱熹的诗答曰：“半亩方塘一鉴开，天光云影共徘徊。问渠那得清如许？为有源头活水来。”

蒋亦元（右）与张子仪（中）合影

结合这一心得体会，蒋亦元还曾在研究生入学口试的过程中提问过特殊的问题。当时，蒋亦元对学生崔士勇的动手能力、理解能力及分析问题和解决问题的能力进行了考察之后，话锋一转，问道："你能背诵唐诗、宋词或伟人的诗词，并说出它的寓意和时代背景吗？"崔士勇当时先是一愣，作为工程学科的研究生复试内容，问这个问题实在是太出乎他的意料了……在意外的同时，他也深感到这位导师超凡脱俗的气质与睿智。短暂停顿后，崔士勇随即背诵了毛主席的诗词《沁园春·雪》，这令蒋亦元非常满意，并兴致勃勃地对崔士勇说：

学习自然科学的人也要学点文学，读些文史哲的书籍，除增加知识之外，更可以陶冶情操。正业之余读读唐诗宋词元曲，可谓是一种享受。名言佳句引人入胜，细细品味，其乐无穷。有些诗词气势雄伟，催人奋进。

学生蒋恩臣对此也是感受良多：

直到今天，我仍清楚地记得几十年前和老师在依兰收获机厂招待所度过的那个中秋。那天，我们忙完田间试验回到招待所时，整个楼里只剩下我们师徒二人。夜晚望着天上一轮明月和万家灯火，为了排解我的思乡之情，老师便带着我吟唱古诗词，还给我讲述他年轻时的浪漫故事。那晚我学会了李白的《月下独酌》：花间一壶酒，独酌无相亲。举杯邀明月，对影成三人……看着老师为我默写下来的原诗，跟他时唱时吟，情景交融，不知不觉已是夜深人静……如今每当我吟起这首诗，心中都会升起一股暖意，与老师相处的一桩桩往事也便浮现在眼前。

蒋亦元写诗是有感而发、以诗言志的，他通常是将某一段时间里的工作感受记录下来，尤为难能可贵的是他从不避讳自己的脆弱与失意，并且能够排解人生失意时的悲绪。在蒋亦元搞“割前脱粒”研究的第 11 个年头，面临还要推倒重来的局面，他不仅没有灰心，还写下了“雄峰漫道高天接，当从谷底再攀越”的诗句鼓励自己和同伴。1990 年 10 月，四台样机即将开赴各农场试验前夕，他在《出征》一诗中所写的“各路英雄一线开，待发机群尚徘徊。此去三江得几许，云沉暮色忧丝来”充分地表达了他对机器试验良好结果的期待，以及对可能出现问题的忧思。

蒋亦元在夫人去世后，也常常会借诗寄情，抒发内心的怀念。1999 年，蒋亦元在出席于内蒙古农业大学举办的全国农业工程学科讨论会后，饱览草原风光。夜晚当眼望蒙古包外篝火燃起，耳闻马头琴声悠扬之时，蒋亦元不禁想起了过世不久的爱妻罗佩珍，于是立即提笔创作《江城子》抒发胸臆，这首词情真意切，感人至深。

江 城 子

（己卯内蒙古草原游记）

老夫聊发少年狂。跨轻骑，携靓娘。蒙装华饰，漫步卷青岗。青春染我活力，翩起舞，又引吭。

古稀失偶何堪伤。天地望，孤旅双。身既许国，豪气犹然扬。纵倒疆场又何妨？慰忠魂，遗愿偿。

蒋亦元的这首词，处处充盈着炽热的爱。“身既许国，豪气犹然扬。纵倒疆场又何妨？”蒋亦元丧偶后，又罹患胃癌，在化疗期间还冒险赴美参加会议，充分诠释了他对祖国、对科学、对事业的热爱。“天地望，孤旅双”“慰忠魂，遗愿偿”抒发了他对故去伴侣的深切怀念。

二、音乐点亮生命

科学与音乐艺术是不同的，但科学与音乐艺术又是相通的。诺贝尔物理学奖获得者、华裔科学家李政道先生曾经说过：“科学和艺术是不可分割的，就像一枚硬币的两面，你中有我，我中有你。它们共同的基础是人类的创造力。它们追求的目标都是真理的普遍性。”古往今来，不少科学家都是富有艺术修养的人，科学和艺术两方面的才能都兼而有之。爱因斯坦甚至认为他拉小琴的成就比在科学上的贡献还大。钱学森喜欢弹钢琴，他常常强调的一点就是音乐与科学的相互作用。

熟悉蒋亦元的人都知道，伴随蒋亦元科研生涯的有一样精神润滑剂，那就是音乐。他小时候曾自制四弦胡琴自娱自乐，后来还练习过拉小提琴，工作以后更是与音乐结下了不解之缘。

20 世纪 80 年代，蒋亦元在东北农学院的春节团拜会上高歌一曲

2004 年 12 月 26 日，在东北农业大学本科教学评估的文艺晚会上，蒋亦元应邀演唱著名抒情歌曲《那就是我》，之后他真切地谈起自己对“科学与艺术”的感受，至今令人记忆犹新：

从前曾有学生不解地问我：“您这么大岁数又是院士还唱歌呀？”是啊！我已经 76 岁了，早已不是登台表演的年龄了。他的问话好像是说，搞科学技术的人就是只会蹲在实验室，与枯燥乏味的书本、公式和硬邦邦的机器打交道，过着刻板机械的生活。其实不然，我们也需要抒情，也需要音乐，并且科学与音乐艺术是相通的。这里我引用三个层次的创作观点来进行说明：第一，科学与音乐艺术所追求的都是真、善、美；第二，科学与音乐艺术都强调创造，没有创新、没有发现就不称其为科学，搞音乐而没有创作，那只能是艺人而非艺术家；第三，科学技术与音乐都要经得起时间的考验，音乐有所谓千古绝唱，科技有所谓传世之作。所以，我建议学习理、工、农科的同学要培养一点对艺术，尤其是对音乐的欣赏能力和素养，它对我们会有益处的。科学讲严谨，艺术讲精妙，科学与艺术的结合就是严谨与精妙的结合；科学讲规范，艺术讲独到，科学与艺术的结合就是规范和独到的结合。这些做到了，我们就上了一个新层次，就达到了一个新境界。

曾从事谷物干燥机设计的汪春教授在听了蒋亦元的创新报告后，受到了很大的启发，并应用在自己的科学研究过程中，他后来评价道：

我在东农攻读博士期间聆听了蒋教授为全校研究生和青年教工做的科学研究方法论的报告，蒋老师从唐诗宋词的意境谈到老子的哲学思想，从贝多芬的音乐谈到孙子兵法，综合论述了科学、艺术和哲学的关系，蒋老师认为科学和艺术是相通的，艺术的想象力往往会刺激科学的想象力，而东方古代哲学思想和文化素质对造就现代科学技术上的卓越人才做出了独特的贡献。蒋老师的报告对我顺利完成博士论文及成功开发出适合我国北方高水分粮食烘干的 5GSH 系列谷物烘干机起到了决定性作用。

蒋亦元对音乐有一种特殊的感情，他既喜欢传统的民族音乐，如《梁山伯与祝英台》等，也常常对现代流行的音乐产生兴趣，如好莱坞大片《泰坦尼克号》的主题曲《我心永恒》(*My Heart Will Go On*)，他就曾在晚会上演唱过。

音乐表演促进了他的业务交流。农业工程圈子里每有娱乐活动，作为最精彩的一环——蒋亦元的独唱都是必不可少的。他不局限于用中文演唱，有时还会分别用英语或俄语演唱，也曾多次在国际会议期间应邀引吭高歌。当他以饱满的热情唱完那些中外名曲时，台上台下总是响起最热烈的掌声，甚至有位国外听众讲：“蒋院士择业有误，应去当歌手。”2011 年在西南大学召开的中国农业工程学会学术年会期间，蒋亦元应邀在文艺晚会上演唱世界著名作曲家托塞利的《小夜曲》，引起轰动，一位女外宾难掩激动之情，上台与他拥抱，祝贺他演唱成功。

2011 年，蒋亦元（中）在中国农业工程学会学术年会文艺晚会上献歌

蒋亦元常说，音乐是自己生活中的一个重要组成部分，每当面对生活坎坷，音乐能使他放松；每当科研工作遇到难题，音乐能触发他的灵感。

三、坚持体育锻炼

作为科学家，蒋亦元对待体育锻炼也像对待科研那样严肃认真，从不凑合。他常说：

> 一个人要保持身体健康，应该有正确的目的和长远的目标，即为了多给国家的建设出力，为了多做有益于时代进步的事情。尤其是一个学者，忽视健康，就等于缩短自己的职业生命！

基于这一认识和生就瘦小体弱，蒋亦元深感坚持体育锻炼的重要性。

其实早在到东北工作之初，蒋亦元就经常通过各种途径锻炼身体。那时候，为了毕业后能适应农场工作，学校规定学生周日徒步去市里看电影，从香坊农场出发，一直走到地处道里区的东北电影院。蒋亦元没有畏惧这十几千米的路程，他也曾加入学生的队伍中去。每天清晨，他都会坚持跑步，即使在 –30℃的寒冬也乐此不疲。

晨起锻炼打太极拳

身为南方人的蒋亦元，在紧张的学习、工作之余还饶有兴致地学起滑冰来，居然还学会做一些复杂的冰上动作，他的花样滑冰还曾获得过学院教工花样滑冰比赛第二名。

从大学毕业来到东北后的漫长岁月中，蒋亦元始终坚持全身运动。特别是在70岁以前，他的运动项目尤为丰富，冬滑冰、夏游泳，早太极、晚长走。在依兰收获机厂研制割前脱粒样机的十余年里，为了锻炼身体，他常带领助手们到松花江击水，到北山攀登。随着年龄的增长，蒋亦元渐渐放弃了剧烈的运动项目，但是每日清晨进行半小时的晨练雷打不动，风雨无阻。练罢，自觉浑身轻松，精力充沛，思维活跃。

年近八旬登泰山

2011年10月，蒋亦元在九寨沟

春夏他在空气新鲜的室外练，秋冬或雨季就在自家的阳台上练。他把家中的阳台清理出来进行了细致的改造：四周贴上瓷砖，地面铺上泡沫地板，这样既隔凉又隔热，还能起到缓冲的作用。蒋亦元对阳台进行如此改造，是因为他意识到，寒冬在室外穿着厚棉衣运动会拘束，而穿少了又很快会被冻透。但如果在阳台上运动，就不必添加衣服，窗户开个小缝即可调节空气。蒋亦元将这项改造自诩为一“杰作”，并不厌其烦地向友人介绍，因为这是终年不断运动的保证。

除了晨练，蒋亦元还会不失时机“见缝插针”地进行锻炼。他说，运动有多种形式，只要想健身，随时随地都可以，没有条件时就想办法创造条件，没有时间时哪怕挤5分钟也可以锻炼，甚至患病卧床时也可以进行气功锻炼。

蒋亦元还常常对周围的年轻人强调锻炼身体的重要性，他说：

> 世间任何投资都是有风险的，唯有健康投资一本万利、受益终身。而且每天抽出一定时间进行锻炼，看似浪费了光阴，实际上却能大大提高学习和工作效率，更重要的是延长了“生理生命”，同时延长了“工作生命”。我多年的经验表明，任何一种健身方式都要与精神调节相结合才能达到良好的功效。一个人要在事业上打拼，更要有乐观豁达的心态，精神振奋也是驱邪祛病的妙法。

四、身心皆在病痛外

蒋亦元所取得的成绩是令人瞩目的，但他的牺牲也是巨大的。“文化大革命”期间，他曾四种疾病同时发作，而后由于常年劳顿，身体每况愈下。其实早在20世纪80年代初，他就发现自己患有萎缩性胃炎，先后做过6次胃镜检查，并且每次检查病情都是逐渐加重。尽管医生早就警告过他胃炎有恶变的危险，尽管他自己也多加注意，但每次发病都是在科研样机的生产试验时节。农场、农村饮食条件较差，有时只能在田间与农民或农场职工一起啃冷面饼，即使胃疼他也只能强忍着。加之平日忙于事务和业务，饥一顿饱一顿的生活，最终让这个轻度胃病渐渐变成中度、重度，直至癌变。

2001年，当蒋亦元被确诊为胃癌时，其体内有5种癌细胞同时发作，并严重侵蚀到胃的内层。这时，蒋亦元表现出了超乎常人想象的平静与振作：一方面，他鼓励自己要以对待科研的态度来对待疾病的侵扰；另一方面，他告诫自己要放下包袱，忘记自己是个病人。在与疾病的抗争中，蒋亦元从不退缩，表现得十分顽强。每次化疗，身体都要产生强烈的反应，如呕吐、白细胞大量减少、身体出现浮肿等，医生嘱咐他要卧床静养。病魔越是折磨他，他的意志就越发顽强。在病床上，他仍然要阅读文献资料和文学作品，并不时摘录有价值的内容；在家休养时，他写诗、写信、写论文，每天笔耕不止；晚上疼痛难忍、无法入眠时，为了分散注意力，他竟拿出中英文对照的小说《廊桥遗梦》等一边翻看一边练习外语。

蒋亦元心中想着国家，想着科研教学，想着他人，唯独没有想过自己，甚至没有把自己当成病人。在做完胃癌大手术后，他没有停止工作，做学问、当参谋、带学生，他为年轻一代的健康成长乐此不疲，更是奔波于各种学术会议，还常出现在国际会议上做双语报告。

2001 年，刚刚做过胃切除手术的蒋亦元收到来自常州母校的邀请，希望他能给在校的青少年做一次报告。当时校方并不知道蒋亦元的病情，亲朋好友都劝他不要去了。可没想到，蒋亦元竟答应下来，他想在有生之年再为母校贡献一分力量。蒋亦元毕竟是一位正在与癌症抗争的古稀老人，从哈尔滨到常州，跨越了大半个中国的行程。当蒋亦元步履缓慢地走上常州市第一中学的讲台时，全体师生为他送上了经久不息的掌声。他为全校学生做了题为“关于创新性学习”的报告，以自己几十年的学习实践，鼓励学子们要在学生阶段培养独立思考能力，培养想象力，培养对艺术的爱好，培养独辟蹊径思考问题的力……最后还将“勤、敢、韧、律、真”五个字送给学生们作为勉励。在场的很多学生都立志要向蒋爷爷一样，成为对祖国有用的人。

面对癌症带来的巨大痛苦，蒋亦元凭借顽强的意志、坚定不移的信念，与病痛奋力抗争。经过治疗，身患癌症的蒋亦元虽然病情稳定下来，却从不曾间断服药。他似乎忘记了所有的不适，仍继续投身于他毕生热爱的农机事业。特别是在他去世前几年，虽年事已高，却始终置身于科研一线，他常说，这是他一生都无法搁下、无法放弃的追求。

他始终思虑着第四代样机的改进和完善。他说自己的精神压力根本不是来自癌症本身，而是来自如何能够将样机尽快转化成为可以大面积推广的产品。在病榻上的每一天，他都在思考如何解决样机所存在的问题。例如，关于样机收获早期青绿茎秆稻草时，在脱粒后立即切割搂集成条铺的过程中常出现切割器堵塞的解决方案，就是蒋亦元在病床上时想出的。

一生无悔农机梦，千劫更绘壮丽景。在艰难的人生之路上，他凭借对生命价值的独特理解和超然态度，以及对科教事业的执着追求和不懈开拓，一直乐观地走过来。

第十四章 壮心不已

一、省长的嘱托

黑龙江的农机制造业曾经有过辉煌，后来却不断衰退。2009 年下半年，黑龙江省人民政府国有资产监督管理委员会、黑龙江省农业委员会、黑龙江省工业和信息化委员会、黑龙江省科技厅等部门，分别提出了提振农机产业的相关专题报告，如《加快发展黑龙江省农机产业的意见》、《推进黑龙江省农机产业发展的规划》和一些攻关课题等，黑龙江省农业科学院和相关院校也提出了加速农机产业发展的系列建议。

2010 年 3 月末，时任黑龙江省省长的栗战书同志在有关部门专题调研的基础上召开了一次座谈会，专门听取了有关地、市、委、办、研究院所和院校的意见建议。会议由栗省长主持，包括蒋亦元在内的 50 余位参会者踊跃发言。

栗省长在听取了蒋亦元的发言后问道："我省农机制造业的发展是自己组织力量搞还是与国外合作好？"蒋亦元答道："走'引进、消化、吸收的基础上搞创新'的路子为好，这样可以少走弯路。关键是要认真地消化及吸收，不能只图快、多挣钱。需要至少有一部分人士、单位能安心、刻苦地钻研一些关键技术问题，同时国家给以必要的支持。"

随后，栗省长布置各有关委、局、院、所深入基层调查实情并上报，以便研究制定振兴黑龙江省农机产业的发展规划，并决定一个月后再召开规模较大的会议，同时邀请国内外的农机公司代表参加。临近散会时，栗省长对蒋亦元说："您是农机领域的院士，希望在下次会议前提出报告，谈谈如何与国外合作，学什么？怎么学？……"随后，栗省长又送他到电梯口，这一举动让蒋亦元越发感到责任重大。不久，他接到时任学校领导转达的栗省长口信："对蒋亦元院士在会议上的讲话表示谢意和敬意！"这就更令蒋亦元不安，于是心里念着必须尽力把省长嘱托的事情办好。

蒋亦元感到，虽然平时自己对国外先进拖拉机、联合收获机等的新结构、新原理的发展较为关注，也有一些见解，但国外很多新技术是严格保密的，有些见解仅是凭自己的已有基础分析其“所以然”，要完成省长所交付的任务并不足够，还需要做很多具体调研工作。

蒋亦元首先直奔我国农机产业的龙头——中国一拖集团有限公司（以下简称“一拖”）进行求助，以时任董事长赵剡水为首的有关专家热情地接待了蒋亦元。蒋亦元了解到，该公司在与国外的合作中，认真学习并掌握了国外动力换挡拖拉机的先进技术，而不是照搬照抄。关于动力换挡拖拉机，蒋亦元早就认识到其重要性，并在全国农业工程领域的报告中提议和强调我国必须要跨越这个技术难题。他认为，以此为重点“解剖麻雀”，就可以掌握如何在农机领域向外国学习先进技术的全局。

2010 年 5 月 27 日，栗战书省长召开全省新型农机装备制造产业发展大会，召开这次会议的目的是对全省农机装备制造业的发展进行全面的动员和部署，拟将进一步统一思想、整合资源，以期举全省之力，齐心协力把这项事业干好。会议之前，蒋亦元依据省长所嘱，结合自己的调研和经验，针对“向外国学什么，怎么学”“所需生产研发的农业机械的种类与型号”“所需的管理技术”“行业政策”等问题，将自己花费了大量心思撰写的报告提呈了上去。

栗战书省长在这次会议的讲话中，引用了蒋亦元的多处建议：

> 蒋院士在提供的一份材料当中提出，主要面向黑龙江省，同时将来要面向北方地区，包括内蒙古、新疆，进而面向全国，面向俄罗斯。我们省到底发展什么样的农业机械好？关于种类、型号等，蒋院士有一个系统的建议。我看到以后觉得很受启发。他上一次座谈时提出，我们黑龙江将来到底搞什么农机，一定要把它与现代化农业结合起来，农机装备的生产研发要与农业现代化结合起来，与现代农业发展理念结合起来，要与农艺结合起来。“三个结合”我觉得讲得很深刻，就是说现在的生产不

应只是着眼于目前这种耕作方式的农业机械，而应着眼于为了现代化的农业机械。比如说，将来农业要讲绿色农业，要讲生态，要讲环保，现在研究的机械要着眼于此，你不能光看现在这个耕作方式，将来这种生产方式就有可能是落后的。蒋院士提出，黑龙江的黑土地是我们土地的一大优势，而且土壤的状况是现代农业文明的一个标志。黑龙江黑土流失严重，那么就要培肥地力，实施秸秆还田是其最根本的方式之一。在黑龙江一些地方要搞好旱田的保护性耕作。旱田保护性耕作的最佳农艺尚未按地区的特点系统地制定出来，这就使生产免（少）耕的播种机械、深松整地机等缺乏依据。将来要减少农业的化肥使用量，要靠大量的秸秆还田来增加腐殖质来培肥地力，机械怎么适应？包括水稻的栽植机械，我们现在有6行的水稻插秧机，还有4行的。包括带有深施肥的插秧机、钵苗摆栽机等。要着眼于未来农业、生态农业、环保农业，按现代农业的发展来研究农业机械。总之，我看了蒋院士的建议之后，觉得非常好。

栗战书省长在论述发挥黑龙江省比较优势、打造五大产品系列上实现新突破时指出：在动力机械上，重点发展“180-385”马力的轮式拖拉机和以水田作业为重点的“25-65”马力节能环保型中型拖拉机。

栗省长在论述要处理好政府引导与市场选择的关系，以及引进技术与本土发展的关系时，又说道：

引进、消化先进技术，是后发地区实现跨越式发展的重要途径，我省新型农机装备制造产业的加快发展，也必须走这条道路。但是在引进过程中，首先必须要把本土发展的要求考虑进去。我们引进的目的，是要发展产业，不是简单引进产品，绝不能把我省搞成农机产品的三流“装配车间”。蒋亦元院士提出我们引进的目标不仅是产品而是技术，合作的对象不能只是从事生产的企业，而最好是先进的掌握专门技术的研究咨询机构。这样就可以避免为了双方生产同类产品时发生市场份额的纠纷，同时在研发中，自己的创新也可以得到它的帮助，申报专利、获得自主的知识产权。另外，在寻找合作的时候，也一定要像蒋院士说的那样，考虑好我们现在的拖拉机要上什么样的功能。同时又要兼顾节能环保、安全舒适，操作要智能化，包括机械、液压、电子计算机、网络等方面因素。蒋院士认为，拖拉机生产当中最不过关的、最核心的就是变速箱，我们现在大部分的变速箱还是齿轮滑动的结合、同步器的结合。而动力换挡、全自动动力换挡，在农机产业当中根本没有。大家在寻找合作的时候，一定要围绕着这些来考虑。

蒋亦元提呈的报告凝聚了自己几十年从事农机事业的思考，也饱含自己对我国农机未来发展的殷切期盼，对自己提出的观点能够得到省长的认可和引用，他深感欣慰。得益于栗省长强大的决策能力和执行能力，这次会议后，黑龙江省相关部门立即配合行动，振兴农机制造业很快有了新的措施与效果。首先是各个大型农机企业，以多种大中型全方位产品线进军黑龙江，建立了 5 个农机产业园区。在哈尔滨农机产业园建设项目中，引进约翰·迪尔公司、凯斯纽荷兰公司、爱科集团等国际知名农机企业，与之合作形成农机装备动力机械产业集群，带动大型农机具和零部件产业发展。在齐齐哈尔农机产业园建设项目中，引进国企中最具实力的“一拖”，更期待其在黑龙江省国产农机产品的发展中发挥引领作用。在佳木斯农机产业园建设项目中，重点发展谷物收获机械，水田拖拉机、水稻移栽机、育秧、整地机械等，旱田耕整、播种、管理机械，粮食前加工处理机械等产品。另外，还有农垦（松花江农场）现代农机产业园区和七台河勃利县农机产业园建设项目，并且形成了农机园区的资源整合，积极发展优势和特色农机装备产品。

约翰·迪尔、凯斯纽荷兰公司、“一拖”、福田等 32 家国内外大型农机制造企业在黑龙江省投资建厂、建基地、组装生产线，为实现大马力拖拉机、收获机、整地机等主要农机产品的生产本土化跨越了一大步。2013 年黑龙江全省农机销售额已经达到 122 亿元左右，超过了栗战书省长在 2010 年振兴规划中提出的“要在 3 年中由 70 亿增高至 100 亿”的目标。看到这些变化，蒋亦元说：

> 我国企业的成就，与国外独资企业相比，更让人感到乐观。特别是“一拖”动力换挡拖拉机产品迎来正式上市，这是我国农机制造业具有划时代意义的大事，是农机人敢于和善于迈向国际、自主创新的成就。

二、院士工作站

院士工作站是中国工程院与国内相关企业共同建设的一个科技创新平台，其宗旨是结合院士的科研技术力量，对相关企业生产技术关键问题组织联合攻关，进一步推动企业科技进步，培养优化工程技术队伍。

2009 年 9 月 7 日，应山东巨明机械有限公司（以下简称“巨明”）之邀，蒋亦元与之签订了巨明院士工作站合作共建协议。这份协议对蒋亦元的工作做了细致的规定：①本工作站以蒋亦元院士（及其团队）作为进站院士设立；②工作站主要以作物收获机械为研究对象，结合企业发展的需要开展工作，开发研制新产品，并进行行业前瞻性技术研究，以全面提高我国农业机械装备水平；③确定“谷物收获多功能自走底盘研发”作为合作项目，蒋亦元院士将主要在该课题技术路线的选择、总体方案的确定、信息采集及主要工作部件的结构和参数构思设计等方面做工作。

为了做好相关工作，蒋亦元对巨明的业务情况做了深入的了解。他发现，该企业的小麦联合收获机和玉米联合收获机已大批量生产多年，二者的工作原理与结构等方面虽完全不同，但底盘是基本相同的。此前，巨明已经尝试过“一底双用”，即在收获小麦时换装收获小麦的工作部件，在收获玉米时换装收获玉米的工作部件。然而，设置在底盘上的收获物加工处理部件和运输部件，在结构和流程上均是迥异的。例如，小麦为轴流脱粒滚筒、平面筛、风扇清选装置，而玉米则为玉米穗升运、果穗的扒皮和果穗的贮存箱等。对于玉米收获，升运果穗的链板式升运器由于布局的限制，只得从驾驶室里通过，这导致果穗直接落入存储箱，而且，此机只能完成玉米果穗的摘取、存储，以及尾部的秸秆粉碎功能。同时，该机又无法背负收获小麦的所有加工处理部件，给拆装环节带来极大的不便。针对这些明显的不足之处，巨明提出请蒋亦元帮助重新开展“谷物收获多功能自走底盘研发”项目。

蒋亦元先是细致地分析了自走底盘的优缺点和研发难点。与拖拉机相比，自走底盘具有很多优点。首先，机身的前、中、后均可悬挂机具，配套性较佳，扩大了整机的功能；其次，便于整机获得较佳的质量分布，机器的稳定性得以改善；最后，操作者的视野也好。

与专用机相比，自走底盘也有很多优点。例如，发动机、行走装置及其传动系统、操作系统等可以通用，可以显著地提高其利用率。另外，由于上述各部分制造所需的资源、加工技术的难度与制造成本通常占整机相当大的份额，因此可节省资源，降低购机与使用成本。

但与此同时，自走底盘也有很多难点及缺点。首先体现在结构设计上，必须要有高度的兼容性。由于配套的机具各有特定的要求，配置在同一底盘上、使用同一动力，必然会发生许多干涉与冲突问题。如何做好匹配性问题，如动力的匹配、结构尺寸的匹配等，是必须要着力解决的问题。与此同时，自走底盘还存在许多辅助设施，对操作水平的要求较高。例如，更换机具时的拆装以及重新调整过程既费时又费神；闲置的机具、部件、零件需要配备专用的储存库，若丢失、混杂，组装时将非常费时，还容易导致零部件的损失。

经过综合后蒋亦元认为，在保证各机具性能的前提下，让两种功能各得其所、使用操作都能方便实非易事。不得已时，应当权衡轻重，有所扬弃，这就要求设计的艺术。

资料表明，收获谷物为主的多功能自走底盘在西方国家几乎没有涉及，只有苏联曾研发过以收获为主并配有整套田间作业部件的多功能自走底盘。1959 年蒋亦元留学苏联期间，曾考察过塔甘罗格联合收割机和自行底盘总设计局（Таганрогским головным конструкторским бюро по комбайнам и самоходным шасси）研制的“С Ш-75”型多功能自走底盘和配套的收获机样机。1964 年，当地的联收机厂开始小批量生产。该机型的发动机、变速箱和驾驶室三者连成一个整体，绕 C 点做 180° 转动，固定在底盘上。另外，还要求变速箱的动力输出轴中心线在上述两个状态时，必须在通过 C 点的同一根水平线上。对称型配置时，发动机、驾驶室、变速箱的组合体如下图中实线所示。转向轮在前，便于配装载重达 4 吨的自卸车斗，或装载整地、播种、中耕田间作业机。Г 型配置时，前述组合体如下图中点画线所示。可配装谷物收获机、玉米青贮收获机等。此时，转向轮在后，以便由驱动轮缓冲由于前方悬挂收割台所造成的前轮过大的载荷。

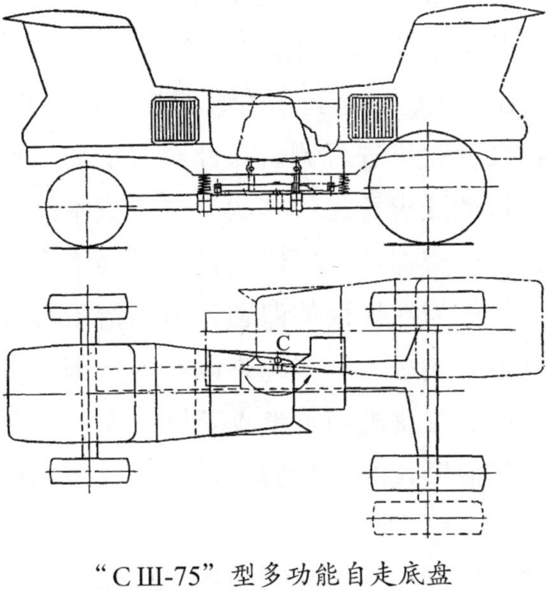

“С Ш-75”型多功能自走底盘

为了避免拆装大量零部件，机器将收获小麦的脱粒、分离、清选粮箱等作为整体装卸到底盘上。闲置时，由轮子支撑。

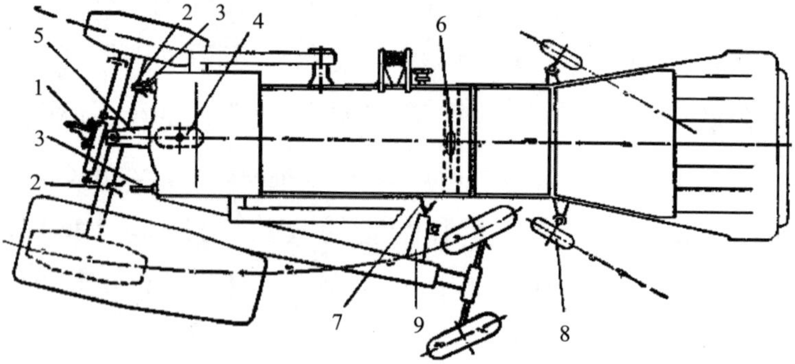

收获小麦的脱谷机整体由 3 个轮（4 与 8 号）支撑着，自走底盘倒退走弧线 9 使转向轮进入脱谷机下方，2 与 3 连接，7 与 6 连接

在推广使用中，用户反映此机有一些严重缺点。直至此时，联收机自走底盘的研究才宣告失败。由于太过复杂，用户“宁可花钱买自在”。此自走底盘配套之齐全、用心之良苦、工程之浩大，世上实属罕见，但美好的愿望最终被残酷的现实所摧毁。

蒋亦元在做了大量准备工作后，为巨明的科研人员做了一场学术报告。在报告中，蒋亦元向大家介绍了苏联研发该类产品的经验和教训，并提出了自己对产品结构的一些构思图。综合分析后认为，该课题的风险实在太大，若坚持研发，愿提出以下建议供参考。

首先，对农机专业户进行调研。针对拟定的机型、更换机型时的操作要求的可行性征求意见。其次，进行成本结构分析。共用一个底盘看似减少了机械部件，但研发投入也会增多。如果调查结果显示可行，也只能作为探讨性的课题，不能指望很快批量生产和盈利。配套机型也不宜太多，越多越难以实现。例如，可以先配装小麦（经改装收大豆）收获机和玉米收获机。先以现有小机型为基础做起，逐步探索其他形式的底盘的可行性。取得成功后，再进行产品规模的扩大。

在听完蒋院士的报告后，巨明经过认真学习，充分讨论，受到了极大的启发。后来，还给蒋亦元写了反馈信：

以前是借助通用底盘，通过更换工作部件，实现小麦、玉米、大豆等作物的收获作业功能，达到投资小、收效大、功能多、一机多用的特点，以满足我国农民当时的实际需要。

受报告提出的问题和建议的启发，进行了调研，明确了产品研究的方向：农机购机补贴政策使购机成本大幅度降低、降低劳动强度、缩短劳动时间、提高劳动效率和质量，舒适操作成为当前农民的基本要求。专机专用将是今后发展方向。

因此，我们的通用底盘不应限于苏联严格意义上的通用性要求，而是应该进行通用底盘的专机专用，避免因各种机具快速换装要求带来的麻烦，实现底盘通用，降低成本，方便维修，便于产业化生产。

巨明基于蒋亦元的报告提供的设计思想做出以下研究成果：

1. 技术人员在项目底盘的通用性、操作控制、工作部件的模块化设计等方面的工作收益颇多。

2. 2009～2011 年，我们研究开发了：载重 3～4 吨的通用型底盘和以该底盘为基础的联合收获机新产品 2 个："4LZ-1.5"型自走式谷物联合收获机和"4YZ-2"型玉米自走式联合收获机，现已年产销量达 2000 台套。

3. 在原有产品"4YZ-4"型自走式玉米收获机基础上，进行底盘通用化改进：通过更换工作部件，形成了满足不同用户需求的多种形式的自走式玉米收获机产品，实现了产品的系列化。

总之，报告使我们开阔了眼界，丰富了知识，增强了我们的产品创新能力，对公司产品发展具有极大的推动作用。

巨明做出如上的评价，主要原因在于，如此浩大的工程项目，无法在研制过程中就能发现"此路不通"的结论，只有在成果出来进行推广时才能发现，可那时为时已晚。投入大量的人力、物力和财力后，将造成巨大的损失。得益于蒋亦元的报告，企业少走了弯路，及时地杜绝了这一错误的发生。

2011 年 4 月 13 日，应江苏常发集团之邀，蒋亦元院士与之签订了合作共建企业院士工作站框架协议书。双方协议商定蒋亦元院士及其团队协助企业的主要内容有：一是，介绍现代联合收获机和大马力拖拉机等的发展现状、关键技术，并提出结合国情的发展建议；二是，研制开发高性能水稻插秧机及组建团队等。

常发集团是农业装备行业内的知名企业，在中小型拖拉机、发动机等领域开发了多种型号，在国内外占有相当大的市场，但从发展和需求来看还有巨大差距。时任国家总理温家宝和副总理李克强先后到厂视察时，均曾提出希望常发集团能研发国际一流的新型拖拉机。

蒋亦元于 2005 年再访俄罗斯时，曾经参观了基洛夫人拖拉机制造厂并询问其不停车换挡技术。回国后，他在搜集该厂的历史资料后获悉，在控制液力驱动摩擦片压力方面，他们曾经做过许多工作，在变速的液压操纵方面试验过两种方式：第一种方式是全部采用杆机构，但结构过于复杂和烦琐；第二种方式是采用多通道阻塞阀，虽然较前者简单些，但与美国用脉冲宽度调制器相比，在动力的结合和分离时，动作不够平稳。

经过慎重思考后，蒋亦元建议先从学习、开发现代拖拉机传动系方面的关键部件——动力换挡变速箱技术开始，研发不停车（动力不切断）换挡拖拉机。原因在于，半动力或全动力换挡变速箱已经成为现代大型拖拉机的主流，且有向中型机发展的趋势。甚至无级变速传动系已在 120 马力、电控机械自动换挡变速箱已在 100 马力上应用，动力换向已经成为标准装置。

为此，蒋亦元做了大量的准备工作，专门针对动力换挡变速箱技术为常发集团做了一次学术报告。

蒋亦元在常发集团做报告

蒋亦元首先介绍了大功率拖拉机变速箱的发展历程，他将切断动力换挡分为3个类型，即移动齿轮式、啮合套换挡、同步器换挡，并将变速箱换挡类型按先进性进行了排序。同时指出，动力换挡（即不切断动力的换挡）的优点是免除了频繁的离合器和变速杆的操作，可以减轻劳动强度，提高效率。而当前，国产拖拉机均为切断动力换挡中的3种之一，可见我国与国际先进技术的差距之大。由此，蒋亦元主张推荐以某种型号的全动力换挡变速箱作为学习的机型，此机的特点是其主离合器是湿式的，设在箱体内且置于速度挡离合器与区域挡离合器之间，这与传统的外置干式离合器显著不同。蒋亦元通过图片详细介绍了这种变速箱的功能特点和传动原理，分析了其优点。

除此之外，蒋亦元还针对相关技术难点，如脉冲宽度调制（PWM）、激光焊接、声振粗糙度（NVH）技术以及先进加工技术与与会人员进行了交流和分享。

报告最后，蒋亦元建议开发动力换挡变速箱应与国外有经验的研究机构合作，边干边学，如此能快些入门、进而赶上。有关液压、电路、传感器设计、电子控制软件、控制器局域网络（CAN）总线等技术难关必须跨越。并且，一定要下狠心攻关，真正掌握这些技术后，不仅是拖拉机，许多其他农机的现代化发展也就好解决了。

常发集团在听取了蒋亦元的报告后，在反馈信中给予了高度的评价：

针对我国拖拉机行业产品研发存在的突出问题，蒋院士及其团队深入基层，专题调查，缜密分析，向公司技术部做了“大功率拖拉机的发展与研发建议”报告，详细介绍了拖拉机产业技术发展方向、动力换挡拖拉机研发思路、动力换挡变速箱的演变、标杆企业的发展情况、动力换挡技术的原理、关键技术零部件的制造工艺、难点问题的解决措施，以及产品研发的步骤等宝贵的研发建议。对我公司下一代拖拉机的研发具有很强的前瞻性、战略性和指导性，有利于解决技术研发的突出问题，推动新一轮拖拉机的发展。公司加强了市场调研，经论证认为，您的观点建议很好地指明了下一代产品的发展方向，并着手制订详细的动力换挡拖拉机研发计划。

……

赵匀教授发明的宽窄行插秧机，利用结构创新，在不改变原秧盘的情况下，实现宽窄行插秧作业，做到了农机与农艺的完美结合，保证了水稻田的通风、光照，可有效预防稻瘟病，减少倒伏，提高产量，减少农药施药量等问题，具有独创性，应用前景广阔。

我们代表常发对您、赵匀教授和您的团队数年来的支持与合作表示衷心的感谢！

常发集团

三、耄耋之年

在常人眼里，耄耋之年似乎就该种种花，喂喂鸟，儿孙绕膝地颐养天年。但蒋亦元却难得去享受这样的悠闲生活，他心里时刻牵挂的是飞速发展的农业工程新科技。80 岁的蒋亦元常对人笑称自己只有 40 岁。他不仅有一颗年轻的心，更有一股许多年轻人望尘莫及的干劲。在此起彼伏的赞誉声中，在功成名就的鲜花簇拥下，蒋亦元并没有故步自封，而是选择在巨大风险之中继续前行，只要是对国家、对农业、对百姓有利的事，他就全心全意地干。

蒋亦元（左三）参加院士专家龙江考察活动时在大庆市的留影

蒋亦元从来没有休闲和节假日的概念，对他来说，教学、科研、学习，就像空气一样时刻不离身，工作日程总是排得满满的，时而应邀做学术报告，时而作为专家参加有关重大科研项目评审，上午刚刚听完学生的论文答辩，下午就已经踏上前往外地参加学术会议的旅程……

在众多的事务当中，占据他最多时间和精力的仍然是“割前脱粒水稻收获机械”的科研工作。他清醒地认识到，农机领域的创新没有止境，国际竞争依然激烈。保持中国在“割前脱粒”这一领域的领先优势势在必行且任重道远。

蒋亦元在给学生讲授样机改进构思

是什么力量在支持着这位老人不知疲倦地工作呢？从蒋亦元常说的这段话中，可以找到答案：

水稻“割前脱粒”是一个世界难题，虽然我在攻克它的进程中取得了一些突破性的成果，但是到目前却仍然没有成为性能稳定、可以大批量投产的产品。因此，我没有停下来的理由！即使日后我见不到那“宠儿”在广袤的田野里驰骋，我还是要争取把“割前脱粒”的技术再向前推进一大步，哪怕只是为后继者做个铺垫或提示也好……我们这一代人，如能充当人梯，让更多的年轻人从我们的肩膀上踏上某一世界高峰，那也算是我们为中国科学技术进入世界先进行列贡献出一点力量。

一路走来，蒋亦元感受到奋斗的美丽、壮观和充实，内心更充满深深的感激。他说：

我所取得的成就，第一要感谢党的教育和培养，第二要感谢陪我一起战斗的团队，第三要感谢国内外同行的支持与厚爱。同时我特别感谢东北农大这片沃土，她给了我一个施展抱负的舞台，一个能纵横驰骋的疆场，一个能不断创新结出累累硕果的广阔天地……

醉心于钟爱事业的蒋亦元，不知疲倦，更乐在其中。暮年回首时，蒋亦元感叹自己人生有“三乐”：

得天下英才而培育之，其一乐也；赴一目标而攻关出成果，造福于社会，其二乐也；回望一生，仰不憾于天，俯不愧于人，其三乐也！……

参 考 文 献

东北农学院校史编写组 . 1988 . 东北农学院校史 1948—1988. 哈尔滨：黑龙江科学技术出版社 .

李文哲 . 2008 . 院士风采：蒋亦元院士八十华诞庆贺文集 . 哈尔滨：黑龙江教育出版社 .

南京大学高教研究所校史编写组 . 1989 . 金陵大学史料集 . 南京：南京大学出版社 . 1989.

农业部农业机械试验鉴定总站，中国农业机械化科学研究院，中国农业大学，等 . 2010. 中国农业机械化大事记（1949—2009）. 北京：中国农业出版社 .

石岩 . 2008 . 颗粒归仓的梦想：蒋亦元传 . 北京：科学出版社 .

宋毅，夏明，张桃英 . 2017 . 汪懋华传 . 北京：中国农业出版社 .

陶鼎来 . 2002 . 中国农业工程 . 北京：中国农业出版社 .

张宪文 . 2002 . 金陵大学史 . 南京：南京大学出版社 .

中国农学会，华恕 . 1993 . 邹秉文纪念集 . 北京：农业出版社 .

附　　录

附录一　我的导师蒋亦元院士[①]

赵　匀

1976年10月粉碎“四人帮”，宣告了“文化大革命”结束。1977年恢复高考，1978年恢复培养研究生制度，我成为“文化大革命”后第一届研究生，师从蒋亦元门下。从听说、崇拜到相识蒋老师，整整经历了15年。由于入门早、岁数大，我有幸被蒋老师的众多弟子称为“大师兄”，与蒋老师结下了几十年的师生情谊。

我是1961年考入东北农学院农机系的。父母当时在哈尔滨军事工程学院工作。由于历史原因，当年哈尔滨军事工程学院子女中的高中毕业生基本是两条出路：如果身体检查合格，干部子女基本都保送哈尔滨军事工程学院，而教授和老知识分子的子女全部考入东北农学院。当年能考上东北农学院，也算幸运儿。我们报考东北农学院，除了历史提供给我们选择的大学有限外，重要的原因是受到苏联几部描写集体农庄农民生活的电影的影响。其中印象最深的当数《幸福的生活》。这部影片描写了集体农庄农民的幸福生活，电影中的三首歌曲《红莓花儿开》、《从前是这样》和《丰收之歌》脍炙人口，电影中的男主角所从事的是令人羡慕的职业——拖拉机手。当年中国有句有名的口号：“苏联的今天就是我们的明天”。上大学后，我看了两本书，一本是安娜·路易斯·斯特朗的《斯大林时

① 该文为赵匀先生在蒋亦元2008年80寿辰时所作。

代》，另一本是特加·古纳瓦达纳的《赫鲁晓夫主义》，彻底地摧毁了我对苏联的迷信和对集体农庄的向往。书中讲到，就是在电影中所描写的库班地区所在的欧洲的粮仓乌克兰，在 20 世纪 30 年代发生了两次悲惨的大饥荒。同时也使我原来就不够坚定的专业思想发生了动摇，再加上当时我们中大部分的同学来自农村，几乎没有多少人愿意毕业后从事农机专业，当时在学生中流传着一句黑色幽默："在操纵杆上拴个大饼子，连狗也会开拖拉机。"

20 世纪 60 年代，当时的东北农学院农机系藏龙卧虎，人才济济，老先生（所谓老先生，也就 40 多岁）中有余友泰、吴克騆、程万里，中年有佟多福，年轻老师中有蒋亦元、史伯鸿、朱思九等一大批优秀人才，其中蒋亦元老师是青年教师中公认的佼佼者。那时，蒋老师刚刚作为访问学者从苏联回到学校，是第一位提上副教授的青年教师。现在几乎人人到了一定时间都可以提副教授，甚至教授。"文化大革命"前，能提上副教授的青年教师在全国农机系统中蒋老师是第一位。

那个时代，学生崇拜科学家成风，蒋老师是我们学生中议论最多的老师之一。正巧蒋老师做一个学术报告，报告名字我忘记了，是在农机楼 2 楼西北侧一个大教室里做的。报告中谈到了苏联的俄罗斯农业机械科学的奠基人和泰斗戈里亚契金院士以及他建立的农机理论体系；也介绍了他自己的导师荣誉院士列多希聂夫教授以及他所从事的理论研究工作；介绍了农机研究的一些新进展，以及需要解决的问题，其中包括为了配合中耕除草，利用机械的方式或者机电一体化实现"十"字播种的一些新方法。这次报告使我了解到农机是一门系统性、理论性很强的学科，在理论研究方面大有用武之地。从此，我对农机专业开始有了兴趣，注意打好基础，而且专注于学习如何把基础知识用在专业基础上，以及如何把专业基础知识用在专业上。这次报告对我一生产生了重大影响，后来，在我当校长期间，特别提倡办讲座，我也亲自给学生做讲座，尤其是对新生。

从1978年开始作为蒋老师的硕士生到1981年毕业留校，直至1993年离开东北农学院到杭州工作，又是一个15年。这15年几乎天天与老师见面，对老师的做人、做事、做学问有了更加深层次的了解，受益匪浅。总结起来，有以下几点。

一、功底深厚，眼光敏锐

无论蒋老师的学生或者是与蒋老师一起工作的人，都对蒋老师的学术眼光和知识有非常深刻的印象。各种学术会上或者研究生论文答辩会上，他自然而然成为会议中心人物，但他从不轻易发表意见，而是耐心、认真地听别人的发言，有时在本子上记点什么。但当他提出问题时，报告人知道，真正的考验到了。如果他对报告提出看法，大家心里都明白，这就是结论性意见。最令人佩服的是，在他没有涉足的学术领域，他也总是能一语中的，提出非常中肯的意见。20世纪70年代末国家从美国约翰·迪尔公司进口了一批大型农业机械，全部放在友谊农场5分场2队，黑龙江省农垦总局派我校校友何崇安工程师率技术人员去美接受培训，受训人员发现大型“JD-1450”半悬挂犁是偏向已耕地的斜线牵引，这与苏联和我国的正前方牵引完全不同，耕幅是否会不断变窄？它只有一根斜梁架，而我国的是很复杂且笨重的钢结构，它能否保持横向的水平？再者，此斜梁为何后半段是向下弯曲的，那么怎么能保持各个犁体的耕深一致？那时农业部农垦司汇集全国农垦系统数百位工程师接受对从未见过的西方新设备的培训，由蒋老师负责讲授最复杂的联收机和犁等。何工程师对蒋老师说：关于这种半悬挂犁，美国的设计人员也没有讲清楚。蒋老师立即赴现场考察与测绘，很快从基础理论到应用以深入浅出的方式解释了这一创新性成果，并形成教材。受训学员对讲解非常满意。蒋老师能做到这一点，根本原因在于他扎实的基础和长年养成的创造性思维方式。

与蒋老师相处时间长了，就知道蒋老师的功底是与其日积月累的努力分不开的。他经常翻阅国内外杂志，由于基础好，外语（英、俄）水平高，所以阅读效率很高。他有记学术笔记的习惯，每次解决科技难题的方法和过程，或者在书本或杂志上发现了有用的信息，都工工整整地记录在学术笔记本上，他记有数百张文献卡片就是为了用时查找。他不仅学术功底深厚，而且知识面广。有什么学术问题，无论是理论上还是实践上的，在他那里总能得到明确的答复，并且告诉你在哪本书上或者哪本杂志上可以查到系统答案。如果是实际应用问题，他就像一位长期工作在农场第一线的技术员，回答得既全面又准确，而且站得更高，解释得更加深入。说到这里，我要特别指出，我们这一代人比起老一辈学者在掌握系统农机应用知识方面的差距很大，而比我们年轻的一代很多人又比我们差，但是这些知识对于独立从事科学研究是非常重要的。这些知识的获得可不是一年两年能做到的，需要长期的积累。

二、奋斗一生，宠辱不惊

1950 年从金大毕业到哈尔滨参加东北农学院农机系的创建工作，1957 年到苏联进修，1959 年回国，后很快被提为副教授，“文化大革命”之前，可以说是一帆风顺。“文化大革命”开始，一切都颠倒过来了，蒋老师也由“红色”专家变成了“白专”典型。到香兰农场后，放羊、种地、赶车什么都干，就是不能再做自己钟爱的科学研究工作。尽管如此，他并没有放弃，内心正在为自己策划一个大的研究项目——“割前脱粒”水稻收获机的准备工作，打算一旦有机会就带着这个项目回到科研第一线。他当时可能也没有想到，自己的后半生几乎全部奉献给了这项伟大的科研事业。后来，形势稍微好转，蒋老师又开始他的科学研究工作。

可是，当时政治形势变幻莫测，在那个特殊年代，做科学研究，不但需要对科学研究工作的热爱，更加需要勇气。因为一旦形势变化，就可能会被重新打成“白专”典型，如果做出成绩，甚至可能会被扣上“资产阶级反动学术权威”的帽子。现在的年轻人不会理解“干得越好越麻烦，成绩越大越倒霉”，可是，当时的现实确实就是这样。

多行不义必自毙，“四人帮”终于倒台了。从那以后，蒋老师可以理直气壮地从事他所热爱的专业了，科学研究也从后台走到前台。随着形势的变化，也逐渐得到了学校和各级政府部门的支持。

农机研究是一项难度很大的工作，农机作业所面对的农业物料，随着时间、气候、区域不同而不同，往往今天成功的机器，明天气候发生变化就会完全失效。而且农机研究的季节性很强，农机不经过试验谁也不知道能否成功，但是试验也就是那么几天，误了收获季节就只有等到来年了。

经过 20 多年的研究，尝尽了无数次失败的痛苦，他终于取得了成功，并且获得了国家技术发明奖二等奖。这是农业工程方面的第一个技术发明奖二等奖，是中华人民共和国成立以来农机方面获得的最高奖励，他继而在 1997 年当选为中国工程院院士。蒋老师评上院士那年已经 69 岁了，身体也不是太好，特别是当他罹患可怕的癌症做了手术后，大家都希望他能够放松自己，会逐渐“退出江湖”。但是令人想不到的是，无论是获奖之后还是评上院士后，年老体衰随时都有癌症转移之虞的他依然没有停止科学研究的脚步，而是一如既往地做自己的研究工作。慢慢地，我们这些做弟子的悟出了一个道理：获奖、当院士并不是蒋老师的最终目标，对于一位献身科技事业的学者来说，如果完全脱离科研第一线，是不可想象的。

三、爱好广泛，人文第一

蒋老师爱好广泛，在各种场合下，他都是一位活跃人物。他喜欢体育运动，年轻时曾经获得职工教工青年组 200 米跨栏比赛第二名。作为南方人，到哈尔滨这个冰雪世界后，他很快学会了滑冰，会做很多复杂的冰上动作，能够熟练地在冰上画出“8”字，这些都是我亲眼所见。到中年后，他的体育锻炼方式改为慢跑和游泳。记得我在读研期间，在依兰收获机厂研制“割前脱粒”试验台，工厂依江而立，每天我们都在蒋老师的带领下去松花江中游一个多小时。那时国家刚回归正常状态，那是一个美好的充满希望的年代，科技工作者看到了科技发展的曙光，希望能够在未来的发展中一展身手。大家心照不宣：游泳就是为了锻炼身体，为了在未来生活中更好地面对紧张的工作。

除了体育活动，蒋老师也喜欢文娱活动，尤其喜欢唱歌，并且唱得很好。农业工程圈子里每有娱乐活动，蒋老师的独唱都是每次活动的保留节目。由于精通英语和俄语，他的节目又不局限于中文歌曲，同一首歌，他会先用英语或者俄语，然后再用中文演唱，他曾多次在国际会议中引吭高歌。2004 年国际农业工程大会期间，在有数十位外宾出席的宴会上，他应外宾之邀演唱了世界著名的抒情歌曲，引起轰动，一些外宾与他拥抱，祝贺他演出成功。有的学者戏称蒋老师择业有误，应去当歌手。这些活动均有助于他与国际友人的学术交流。

最值得称颂的是他的中文功底，他不但热爱中国古典文学，而且写得一手好诗词，他的诗词都是对科学研究、教书育人和日常生活的有感而发。无论是成功的喜悦还是失败的痛苦，他都会用诗词表达内心感受，激励自己。他对《孙子兵法》更有深入的研究和独到的见解，把《孙子兵法》中有关战争的规律和方法用于指导科技创新活动。在硕士课程“农业机械专题”的第一讲中，蒋老师就是讲的农机科学研究的方法论。他把“正”和“奇”这两种常规与非常规手段在战争中的运用与科学研究中的传统方法和创新方法进行了对比，他认为战争中，传统战术是不可少的，但是有时候非常规手段是出奇制胜的关键。由此他提出科学研究的难点之所以成为难点，就是用常规的方法解决不了，而必须用非常规的方法。“奇”在科研上就是创新，也是科学研究中解决关键问题的手段。蒋老师通过列举许多旧型向新型农机转换（包括其他机械）的对比，画龙点睛般地指出发明者思维的“奇”之所在。他总要求我们培养自己具有“能看到别人还没能看到”的能力。这是他在教学中“独树一帜”之所在。

四、治学严谨，桃李天下

蒋老师做学问严谨，这是众所周知的，他不仅对学生严格，对自己更严。据我所知，导师中对学生论文能做到逐字逐句修改的并不多见，蒋老师是其中一位，特别是其中的理论公式，他都会亲自推导验证。多年后我也做了导师，才知道能做到这一点有多么不容易。修改一篇文章比写一篇文章要难。但是不亲自推导，就很难发现学生论文中思路的错误。正因为知道蒋老师做事认真，学生都不敢怠慢：理论推导要严谨，试验次数要足够多，否则就过不了关。正因为如此，他培养了一批在国内外有一定影响的学者，在中国农业工程界形成一支不可忽视的力量。

记得 20 世纪 80 年代，我曾经投稿到《农业机械学报》，文章是有关脱粒滚筒运转稳定性问题的探讨，文章通过审查，同意录用。谨慎起见，编辑部请蒋老师做最后定稿。蒋老师看后把我叫去，他指出：我所批判的是戈里亚契金院士在苏联几乎奉为“金科玉律”的脱粒滚筒的基本公式，他首先肯定了我的探索精神，而后告诫我，批判前人的理论，尤其是名人的理论研究必须慎重，首先要把它吃透，自己是否正确理解了它，用语不能绝对化，要留有余地。这一席话教会了我这个初出茅庐的学者学会懂得尊重别人和尊重别人的劳动成果。

这些年来，我们这些学生逐渐开始在学术、产业和行政领域做出了一些成绩。蒋老师特别关心和鼓励学生们的进步，说起学生的成绩如数家珍，他常说：“我感到最骄傲的就是有一批出色的学生，现在最让我高兴的事就是学生们能够在自己的岗位上做出突出成绩。”在蒋老师家里和办公室里挂着与学生们的合影大照片，并冠以“母以子贵，师以生荣”的标题，以此自慰。他把体现学生工作成绩的文章、杂志放在最显眼的地方，令我们非常感动。他的一片热忱强烈地激励着我们。我常对师弟们说，蒋老师最看重学生的发展，我们这些做学生的要给蒋老师争气啊！

附录二　良师蒋亦元

孙秀芝[①]

2018 年 12 月遥在美国堪萨斯州立大学任教的我获悉当选为美国国家发明家科学院院士之际，想起一路走来帮助过我的人，包括我的学生们，心中充满了无限的感恩。蒋亦元院士是伴随我学术生涯最长的良师。作为“文化大革命”后的第一批大学生（七七级），我如饥似渴地就读于东北农业学院机械设计专业，当时蒋老师专注创新研制水稻割前脱粒机械，应邀给新生做“如何树立科学观”的报告。该报告非常引人入胜，从设计到实践、从创新到应用，更加激发了我想成为一名科学家的欲望。

1982 年毕业留校，有幸与蒋老师同教研室，而且读在职研究生，蒋老师是我的研究生指导委员会委员之一。蒋老师言传身教，思维敏锐，提出问题总是一针见血，我受益颇深。之后蒋老师鼓励我去美国深造，1992 年我博士毕业之前回国探亲拜访了蒋老师。蒋老师鼓励我博士后继续在美国深造，等国内科研环境好些时再回来。没想到这一拖竟然是“走”得太远了。然而，蒋老师却一直关注我的学术发展，不断提出方向性的建议。有件事我记得很清楚，2011 年我送给蒋老师一篇有关我们生物水凝胶创新技术的文章，之后 2015 年拜访蒋老师的时候，他拿出一张报纸给我，上面画着很多

① 孙秀芝，美国堪萨斯州立大学终身杰出教授，美国维克大学兼职教授，美国国家发明家科学院院士。

圈圈、线线，都是有关干细胞与健康理疗的，他对我说，你们最近研究的生物新材料对干细胞理疗应该是非常有用的。我当时很惊讶，因为我们科研团队正在进行一系列的细胞体外立体培养，包括干细胞，而蒋老师 87 岁高龄竟然在非他科研领域仍有如此清晰的洞察力。蒋老师这种学而不止的精神让我深深感动。

一、研究创新

蒋老师从切身经历总结出很多科研方法和创新思维方式，值得很多研究人员尤其是研究生参考与学习。蒋老师用二十四字鞭策自己和鼓励学生们坚持不懈地追求科研目标，“勤于思践，敢于胜利，贵在奇正，重于专律，锲而不舍，韧于成败”已成为很多人的箴言，当然也包括我。修蒋老师的“相似理论”课给我留下很深刻的印象。蒋老师通过对墨菲博士的球体沉降距离理论公式的验证和修改，进而推出相似理论并成功地应用于割前脱粒及其他相关机械研究与创新的领域中。蒋老师认为球体沉降距离变化引起球体沉降速度变化，进而引起对球体周围流体产生不同的流变效应，又反馈影响球体沉降距离。当球体沉降距离超出公式表达的范围时，原始公式不能准确计算出球体沉降距离，必须对公式原始参数重新修正。这个概念深深地印在我的脑子里。在新材料研究中，我经常用蒋老师相似理论的概念，将材料合成反应从烧杯里的几克放大到几百克或几千克甚至几吨，每个放大阶段都需要对合成反应系统参数进行优化。尽管材料合成系统表达公式与球体沉降距离公式不一样，但是相似理论的概念是一样的。蒋老师推出的相似理论概念对科研创新转化为生产力具有相当重要的价值和意义。

二、实事求是

蒋老师是一位非常低调且学风严谨的学者。与蒋老师工作过的人都知道他对研究目标的追逐总是兢兢业业、一丝不苟的。对教育的纯净，蒋老师感到担忧，从曾经给我讲的几个小故事可见一斑，一个是真实公正的科研课题评语，一个是直率诚恳的学术交流、一个是严谨无虚的院士评审过程。蒋老师在2015年中国农业工程学会年会报告中以趣味的风格讲了这几个小故事并获得热烈的掌声。事实上，这些“趣”事背后阐述的是如何把教育这块“净土”再纯化的几个优秀的例子。蒋老师报告后的热烈掌声反映了“还我净土”的心声！这关乎中国崛起与可持续发展的势在必行。

三、院士情怀

蒋老师有很多业余爱好，喜欢古诗词，喜欢唱歌，尤其一直坚持体育运动。与蒋老师聊天从未让人感到乏味过。记得几年前，蒋老师82岁高龄时在全校师生面前独唱了一首《西游记》主题曲《敢问路在何方》，且说了他为什么唱这首歌。他说科研创新与西天取经差不多。科研的“脚”下是没有“路”的，需要闯出一条“路”，这条“路”就是创新的成果。我曾经是一个文艺爱好者，出国后由于专心科学研究与教学，不知不觉把唱歌的爱好丢了。在蒋老师的鼓励下，55岁的我又开始练习唱歌了，还发展了画画的爱好。蒋老师90岁生日时我送了一幅骏马图铅笔画给他，将蒋老师对教育事业的执着和对科研追逐的精神比喻为一匹骏马驰骋在大草原不为过，蒋老师克服了许多身体疾病的打击，从不向疾病低头。50多岁患风湿关节炎拄双拐走路，70多岁患胃癌，80多岁患肺炎，90岁患肺癌。在治疗肺癌住院期间，还常常阅读科技、政治、经济、历史书刊，听音乐、看古诗词。前不久蒋老师送给我一首由曹轩宾演唱的古诗词《别君叹》。90多岁高龄的蒋老师对古诗词仍倒背如流，还有独特的诗文见解。这引起我对古诗词的兴趣，我学唱了《别君叹》送给当时正与肺癌抗争的蒋老师听，蒋老师认真地进行了点评。

四、良师榜样

遇到蒋老师这样一位难得的良师是我今生之幸。蒋老师是我们杰出的榜样：割前脱粒世界领先，治学严谨刻苦钻研，相似理论创新思维，良师益友廿四箴言。

附录三　林查理在南京大屠杀期间的英雄救援

因心怀对恩师的深挚感情，蒋亦元一直通过电子邮件与林查理教授的女儿伊迪丝·里格斯（Edith Riggs，与蒋亦元同龄）保持着书信往来，一同回忆旧岁、叙谈过往。

在 2018 年 2 月 22 日的一次回信中，伊迪丝提供给蒋亦元一份林查理教授于 1938 年 1 月 15 日所写的家书复印件。在这封家书中，林查理揭露了日本侵略者在南京大屠杀期间的种种暴行，以及林查理在这期间所做的种种救援行为。她并提及因英雄行为，父亲于 1948 年 2 月被当时的国民政府授予“景星勋章”；并在被揭露南京大屠杀罪恶的畅销书中有所描述，一本是张纯如（Iris Chang）所著的《南京大屠杀》（*The Rape of Nanking*），另一本是约翰·拉贝（John Rabe）的《“南京的好人”：约翰·拉贝日记》（*The Good Man of Nanking*：*The Diaries of John Rabe*）。

经伊迪丝允许，蒋亦元将这封信翻译为中文，并发表于《南京史志》2018 第 1 期上。这封信的面世，为南京大屠杀提供了珍贵的史料和证据。由于原件是用老式打字机和旧的色带打印，字迹模糊，难免有误，望读者指正。

……明天有一艘英国军舰将离开南京，所以今晚每个人都在忙着写信。从 12 月第一个星期起，我们至今与外界完全隔绝。所以我可以写上个月发生的几个事件。若写出其全部或我所不知的事件，以便使你获得这段时日内我们所经历的恐怖、凶残的罪恶行径的最起码的印象，那么100页也罄竹难书。

你大概知道去年的11月份，我们就由外国侨民组织的（译者注）国际委员会，给南京城的这部分（图略）提供了一个安全区。投奔来的都是留在城里的几乎全部市民。他们带着铺盖卷和食物。

身为主管难民住房的委员，我耗时一周，打开了区内各式各样的房屋和建筑，搬运家具，安顿他们住宿。在私人住房里安排40～100人，在大的建筑里以同样密度安排人数。他们躺在地板上度日。那时我指挥、安排十万人的住宿。我好像具有很大权威，似乎是这些房屋与财产的主人。当战斗开始了，就有更多的老百姓蜂拥而至。

在日军进城前，中国军队在全城仅在城外烧毁了几处地方。总的说来全城几乎没有毁坏。中国军队是守纪律的，几乎没有发生抢劫现象。

到了（上个月）13日，日本军队进城了。该死的日本鬼子像脱缰的野兽屠杀抓到的俘虏。把5～6人捆系在一起用枪杀或刺杀之。逮捕了他们认为是中国士兵的人，实际很多是平民。成千成千地杀害、抢劫、奸淫妇女。甚至偷窃几枚一角钱的硬币，抢夺一无所有的、最穷困难民的一小块食物。你所读过的关于西班牙海盗摧毁城市的描述是远不能与南京市民所遭受的苦难相提并论的。

每晚数千中国妇女被强奸。很多受害者获释后也不敢声张。在父母被鬼子抢劫、杀害和强奸时，孩子哭了，鬼子就当即将其刺死。

如此等等，不胜枚举。他们砸开大门，东西抢得狼藉满地，为的是搜寻有价值的或更小的，以便带回去。那些大片被毁的房屋看上去像被海啸肆虐过的，荒芜一片，惨不忍睹。

令人感到奇怪的是，他们在某种程度上不敢袭击我们。除了粗暴的推撞、几次侮辱性的、掴耳光和用枪威胁外，我们所有外国人并未受到伤害。关于这点我们早知道，故可利用我们的身份去保护我们所做的一切。

至今，这头十天、我主要是保护大学的财产、较大的房屋和大的建筑。这是我像警察一样一直主管的事。驱赶抢劫者、解救被抓来的妇女。我唯一的武器就是美国殖民者的这张吓唬人的“虎皮”。这还真十有八九是成功的。我们集体中的成员或多或少都做着类似的工作。而大部分时间里，这等工作是由Batos，Spurling和我自己完成的。Bob Wilson以行动表明一天工作长达20小时，其他人也一样。

Skythe与Mills坚持着记录鬼子的兽行工作，借此不断向日本当局提出抗议。最终结果是：日本宪兵下令鬼子撤出安全区。从上周看，虽然只发生几起，并未全部停止，此举是有效果的，但非常缓慢。

咱们家曾经遭受上百次的团伙抢劫，但损失不大，因那些东西非其所好。

当大规模强奸妇女的兽行开始，她们就被装进袋子运到远处。我们就将妇女、儿童留在金陵区（Ginling），曾经一度高达近20 000人。后又让她们移居到金陵大学本部，至今仍有上万人。若计入带孩子的男人和儿童在内，高达30 000人。关于粮食，她们所携带的维持不了多久已告罄。她们许多人在挨饿。我们为了给他们搞到粮食，也经历了一段困难时期。这就是过去两周我所做的。当鬼子看管得稍松弛些时，我就开着卡车到处搜寻燃煤，以便使流动厨房能够一直运行。很长一段时间我只能保持一辆车运行。因为卡车或汽车在街上行走，若车内没有外国人是不安全的。后来日方派一名警察跟随，于是我就可以驾驶两辆车了。从那时起我每天工作10小时，即使如此，我的粮食供应仅比日耗量稍有盈余。当情况有所改善，我有了特派的保镖，就可驾驶5辆卡车，供应量可稍高于日耗量。Bone先生驾车运送的大米，被日本人全部没收，并令今后禁止运送大米给难民。这时傀儡政府建立了相应的委员会。我们希望通过该机构为难民获得更多的大米。我们外国人是有人性的人，对征服者绝无感恩之意。

随着情况的好转，难民迁出这安全区，他们将有些东西出卖掉。在一些地方（汉口路、上海路、宁海路）的路边改造成为小型夫子庙，成为市场。安全区以外的其他地区几乎完全毁坏，成为废墟。最重要的是人民所需的东西已被抢劫一空。商店的货物被卡车运走。暴徒们开始系统地焚烧房屋。大部分商店成为灰烬。除了士兵所专之地，在安全区以外的城区成了一个死城，堆满了垃圾、残破的门窗、烧毁的断壁残垣。

这个故事永远不要外传。日寇最残暴的阶段已经过去。我们又面临缺乏薪材，要经历一个挨冻的冬天，为依旧拥挤在安全区内的成千上万的难民少受苦难而苦恼着。每个人，包括我们自己和日本鬼子都想让他们回到惨遭破坏的老家去。但近期还没有希望实现，只要他们回到老家，日本鬼子就会继续强奸、残杀和抢劫等。

所以我们极尽一切办法为他们搞到食物和生活必需品，他们或卖给有钱能买得起和能自己做饭的人。但最多也就能获得一份少得可怜的、配给的食物。卷心菜1角/磅，马肉5角/磅，牛肉是稀有食物，猪肉绝迹。盐咸的卷心菜和豆腐等凡是他们能搞到的都可作为下饭的菜。明天我希望能搞到几吨食盐和燃煤。

我争取大多数日子里能睡上9个小时，那是当整天待在家里时的情况，因而家里也就没有取暖的薪材了。我和大伙儿共进早餐和晚餐（在 Buck 博士的住家里），午间就与金陵大学的同事们共进午餐（在 IL lick 的房子里）。天黑后没啥可做的，就 4 个人打桥牌，计有 Fitch，Ocalan，Wilson 和我自己。其他人通常就读点书。无人照料我的衣服，日本鬼子把我的最好的衣服都掠走了，我现在是衣衫褴褛。日本鬼子抢走了我的剃须刀，我想又会长络腮胡子了，我决定不要被鬼子误认为是共产党员，所以借用 Synthase 的把胡子刮净。其他方面，我还算正常，就是寂寞难熬……

Riggs

蒋亦元在翻译完这封珍贵的史料后，内心久久不能平静。他说：林查理教授在 1947～1950 的四年间，用英语教授我们首届农业工程本科毕业生六七门课程。1951 年回国，不久后逝世。无论在课上或课余闲谈时，他从未提起过救援难民、保护金陵大学校产的事，哪怕是只言片语。事隔近 80 年后，才由他的女儿向我公布了此事。

林查理教授是位虔诚的基督徒，为人低调，从不显示自己，与人无争。他是位不苟言笑、严肃认真又慈祥可亲的、强调实践的学者，白手起家，埋头于实干，不善于人际交流、交涉。出于人道主义精神，甘愿冒着生死攸关的风险，救助中国妇女少受凌辱，为 10 万人的住宿和粮食供应日夜驾车奔运。他是中国人民真正的好朋友，应该受到中国人民的尊敬和称道。

附录四　蒋亦元大事年表

1928 年　1 岁

11 月 17 日（农历十月初六），生于江苏省常州市新中巷 3-1 号。父亲蒋济民，幼年学商，后在细布店、钱庄做事。母亲吴静婉，未读过书，从事家务。蒋济民和吴静婉共生育 9 个子女，分别取名为元元、亦元、鼎元、科元、常元……但除了排行第二的蒋亦元和排行第三的蒋鼎元以外，全部在幼年夭折。

1934 年　7 岁

8 月，就读江苏省常州市织机坊小学。

1937 年　10 岁

8 月，因日本侵略者入侵华东，蒋亦元随家人从常州市区迁移至武进县，转入该县嘉泽镇小学。

1938 年　11 岁

2 月，转入常州武进县厚余镇小学。

8 月，转入常州市觅渡桥小学。

1939 年　12 岁

8 月，转入常州市织机坊小学。

1940 年　13 岁

8 月，升入常州市正衡中学（初中部）。

1941 年　14 岁

7 月，初一下学期因贪玩，有两门课程考试不及格，被学校留级。因感到难为情，与父母商量后，决定转入常州市群英中学继续读初二。

1943 年　16 岁

9 月，由于不断努力，学习成绩日渐提高，达到常州市正衡中学的准入要求，再次考回该校（高中部）就读。

1944 年 17 岁

4 月，与同班同学赵煜澄、薛迪庚等组成晓风文艺研究社，以研究文艺、练习写作为目的，阅读并创作了一些文学作品，以单行本出刊。

1946 年　19 岁

7 月，从常州市正衡中学高中毕业，考取南京金陵大学理学院电机工程学系。

1947 年　20 岁

9 月，有意转入金陵大学农学院的农业工程学系。学校规定转院必须先放弃原学籍，再次参加入学考试。因对农业机械有浓厚兴趣的驱动，甘愿冒落榜失学的风险，参加考试，并成功转入农业工程学系。

1948 年　21 岁

春，经许宗正、张宝诚两位同学介绍，加入中国新民主主义青年团。

连续两届担任农业工程学系系会主席，积极组织成员开展活动。

1949 年　22 岁

3 月，作为学生助教为金陵大学农业工程学系一年级新生讲授“农业工程概论”课程。

4 月，由蒋亦元、史伯鸿、沈美容、赵人鹤、吴春江组成的金陵农机“五人小组”赴金陵大学武庄农场代耕。

1950 年　23 岁

7 月，从金陵大学毕业，获学士学位。

9月，在沈阳农学院农机系参加工作，任助教。当时家乡已经开始实行土地改革，家中由父亲在私营碾米厂和其他企业的股金利息收入维持生活。

10月，随沈阳农学院与哈尔滨农学院合并为东北农学院而来到哈尔滨，任农机系助教，参与“工程制图”“农业机械学”两门课程的教学工作。

1952年　25岁

学校遵照国家“向苏联老大哥学习”的政策，相继从苏联聘请全国首批农业机械化3位专家来校任教，蒋亦元任首位苏联农业机械专家克利沃谢耶夫的助教，协助其培养研究生达两年半之久。

1954年　27岁

5月22日，作为苏联专家助教绘制完成半螺旋型犁体曲面图。

8月，协助苏联专家组织设计了研究生班农业机械理论课程的一整套大作业，并绘制完成备课系列图C-4自走式谷物联合收获机割台升降机构液压系统的校核图解计算等，由克列沃谢耶夫教授审阅定稿。

9月，晋级讲师，开始独立讲授“农业机械学”“农业机械设计”两门课程。

1955年　28岁

年底，撰文《试做农业机械毕业设计的初步体会》发表于《高等教育通讯》第18期。

1956年　29岁

春，经黄景新、李全同志介绍加入中国共产党。

1957年　30岁

3月，撰写了《圆环式排种装置性能研究》一文刊登在《东北农学院学报》第1期，文章参考了沽氏研究，采用创新方法设计了圆环式排种装置，并提出了试验的相关条件及实施方法，详解了试验结果及验证过程。

5 月，如期转正为中国共产党党员。

9 月，赴苏联列宁格勒农学院开始为期两年的进修学习，师从列多希聂夫荣誉院士。

1958 年　31 岁

2 月，到莫斯科全苏农业机械制造研究所与全苏农业机械化科学研究所考察、学习约半年。

9 月，到罗斯托夫联合收获机厂、北高加索农业机械试验鉴定站考察。

1959 年　32 岁

3 月，执笔列宁格勒农学院农机系中国留学生集体著作《深耕施肥联合机设计方案的探讨性试验》一文，并发表于《农业机械化研究通讯》，文章结合田间试验和数据资料，提出解决深耕机械化的可行方案。

7 月，在导师指导下，完成了进修论文《弓丝齿式滚筒的理论分析》。

9 月，结束访学，回到东北农学院。

1960 年　33 岁

1 月，响应东北农学院党委的战斗号召，带领学生与学校教学农场的工人、技术干部研究设计制造出当时“世界上最先进”的散放饲养方式的养牛生产线，包含饲料车间与机械化挤奶车间，试用数月。后因“三年困难时期”而终止。

4 月，撰写《乳牛饲养机械化的初步研究》一文，在《东北农学院学报》第 Z1 期发表。文章从试验农场乳牛的饲养技术和机械化的现状、饲养方式和乳牛饲养机械化方案的探讨、饲料车间的机械化、挤奶车间的机械化、研究的结果和今后的方向 5 个方面叙述了机械化饲料车间和挤奶车间的设计、试制安装和试验工作，经试用证明性能良好，提高了生产率，为在我国北方试验散放饲养新技术提供了物质基础。

6月，与温锦涛、王志夫共同撰写《农用离心风扇特性测定和设计方法的探讨》一文，在《东北农学院学报》上发表，以试验印证风扇特性的测定方法及其基本理论为主要任务，验证了风扇的基本理论，并对理论修改提出了根据。

1961年　34岁

6月，绘制完成克拉斯分离清粮机构惯性力分析图。

秋，带领青年教师温锦涛及部分学生到佳木斯联合收获机厂进行毕业设计期间，开展平台式逐稿器的相关研究。

10月，编写高等农业院校试用教材《农业机械学：理论与设计》（下册），由中国农业出版社出版发行。

1962年　35岁

1月，参加哈尔滨市委党校干部的短期轮训班。

3月，绘制完成种子拌药机设计总图。

5月，被评为哈尔滨市一九六一年度劳动模范。

晋升为副教授，是全国农机系统中第一位被提拔为副教授的青年教师。

1963年　36岁

1月14日，被评为东北农学院先进工作者。

2月，被评为哈尔滨市一九六二年度劳动模范。

3月，编写授课教材《农业机械性能实验与理论作业提纲——谷物收获及清选机械部分（农机设计专业用）》，内容包括拨禾轮的计算、农业材料物理机械特性及农机零部件转动惯性的测定、切割器的计算、键式逐稿器的惯性力分析等内容。

7月，东北农学院为友谊农场五分场二队设计修建日产120吨谷物干燥塔，蒋亦元负责烘前、烘后的谷物清选机械化，研究小麦断穗脱粒机获得成功。

11月，出席哈尔滨市第五届人民代表大会第四次会议，并做主题发言，后以“关于农业机械研究工作中科学实验的几个问题”为题，收录于人民代表大会相关文件，印发代表。

1964 年　37 岁

2 月，撰写论文《平台式逐秸筛的理论分析》，刊登于《农业机械学报》第 1 期，文中得出的结论为浙江农业大学许乃璋教授的实验室结果所验证，并被全国统编教材所采用。

4 月，翻译了波兰农机专家切斯劳·卡纳福伊斯基（Czeslaw Kanafojski）教授的文章《脱粒装置及其作用原理》，发表于 1964 年第 4 期的《农业机械译丛》。

5 月，被评为哈尔滨市第十届劳动模范。

6 月，为解决困扰海伦亚麻种子仓库多年的实际生产难题，完成黑龙江省农业厅下达课题“亚麻种子清选机械研究”任务。

7 月，被黑龙江省推选为中华全国青年联合会代表，到北京参会，受到毛主席的接见。后又作为代表参加全国高等院校科研成果展览会，会议由郭沫若主持。

9 月，面向本科生开设农机专业课“农业机械测试学”。

10 月，在哈尔滨科学小报上，发表文章《我省农业机械技术的成就和展望》，指出黑龙江省农业机械化发展的两个阶段，介绍了省内较为重大的农机成果，如改进了原有的机具、创造的悬挂式耕作七铧犁和连贯犁等，指出黑龙江省农机发展的光明前景。

11 月，发表《谷物康拜因逐稭器长度的统计分析》一文，在对国内外 90 种品牌型号的联合收割机的主要参数进行统计分析的基础之上，找出了键式、平台式两种逐秸器长度计算的经验公式，并验证了苏联专家瓦西林科院士的逐秸器理论结论，受到其本人的认可与好评。

1965 年　38 岁

4 月，发表论文《亚麻种子清选机械的研究》，刊登于《农业机械学报》（1965 年第 4 期）。

5 月，被评为哈尔滨市第十一届劳动模范。

1966 年　39 岁

2 月，被选为黑龙江省自然辨证法学会理事会理事。

3 月，被评为哈尔滨市第十二届劳动模范。

于“文化大革命”中，接受“白专道路”的批判。

1968 年　41 岁

9 月，在东北农学院接受半隔离审查。

10 月，随东北农学院下迁到黑龙江省汤原县香兰农场，并参加劳动改造。

1969 年　42 岁

2 月，于汤原县香兰农场进行赶牛车劳动。

4 月，于汤原县香兰农场进行种水田劳动。

1970 年　43 岁

2 月，任教于东北农学院农机系教育革命试点班。

7 月，作为东北农学院在“文化大革命”中最早出来搞科研的教师之一，完成新的课题——“一机多用的聚四氟乙烯覆层水田筑埂机”的研制和生产，为香兰农场筑埂 14.4 万米。

1971 年　44 岁

12 月，在常州、上海手术治疗休养。

1972 年　45 岁

8 月，回到汤原县香兰农场继续搞科研。

1973 年　46 岁

4 月，在辽宁省汤岗子疗养院治病，期间担任东北农学院农机系副主任，但未开展任何工作。

5 月，列席黑龙江省劳动模范表彰大会。

8 月，在哈尔滨治病。

10 月，在上海黄陵南路 710 弄 56 号养病治病。

1974 年　47 岁

5 月，回到东北农学院农机系任教。

1975 年　48 岁

3 月 1 日，绘制完成第一代样机 TPC-1.2 割前脱粒联合收割机设计总图。

4 月，聚四氟乙烯覆层水田筑埂机通过了黑龙江省农业机械试验鉴定站的鉴定，荣获一机部主要科技成果奖。受黑龙江省农垦总局的重托，开始“水稻割前脱粒收获机”的研究。

10 月，因骨折入住哈尔滨市西大桥骨伤科医院治疗。

12 月，回到学校继续开展科研教学。

1976 年　49 岁

秋，在香兰农场完成第一代样机“TPC-1.2”设计制造工作，经田间试验取得初步成功。

1977 年　50 岁

12 月，率许家美、刘恒兴等同志应邀出席在浙江省湖州市召开的全国收获机械学术会议，并宣读了科研论文，为而后全国众多科研院所研制水稻割前脱粒收获机开了先河。

1978 年　51 岁

1 月，“平台式逐稿器的理论研究”“谷物康拜因逐稿器长度的统计分析”“水田筑埂机和聚四氟乙烯覆层的应用”三项研究成果获黑龙江省科学大会奖，并被授予“黑龙江省先进科技工作者”称号。

4 月，担任全国农垦系统工程师国外农机新技术培训班教师，讲授“JD-1450”型半悬挂八铧犁等农机的创新技术，并撰写系列培训教材。

1979 年　52 岁

1 月，晋升为教授。任中国共产党黑龙江省第四次代表大会代表。

6 月，撰写论文《平台式逐稿器的理论研究》，刊登于《农业机械学报》第 2 期。

7 月，完成水稻割前脱粒收获机（第一代样机）的研究，转入黑龙江省农垦总局的依兰收获机厂进行加工。

9 月，主持完成的“亚麻种子清选机械化”科研成果获黑龙江省文教办奖励。

1980 年　53 岁

5 月，荣获“黑龙江省特等劳动模范”称号。

1981 年　54 岁

3 月，执笔写作论文《割前脱粒水稻联收机主要工作部件的探索研究》，刊发于《农业机械学报》1981 年第 1 期上。

4 月，任《中国农业机械学报》副主编。

6～9 月，担任副主编，编写全国高等农业院校试用教材《农业机械学》，于中国农业出版社出版发行。

1982 年　55 岁

1 月，作为访问学者赴美国密歇根州立大学从事科研和考察工作。在该校工作不久后，受学校农业工程系领导邀请，做了题为“A Rice Combine for Threshing Prior to Cutting”的学术报告。

12 月，赴底特律参加美国农业工程师学会 75 周年学术年会，并宣读科研论文。应美国约翰·迪尔公司之邀对其进行为期三周的考察活动，期间做了《关于中国农业机械化发展情况》和《割前脱粒联收机进展》两个学术报告。

1983 年　56 岁

1 月，结束访学归国，开始第二代能收获倒伏水稻的割前脱粒收获机样机的研制工作。

7 月，任中国共产党黑龙江省第五次代表大会代表。

9 月，国际著名农机专家那道尔·亨特教授在来信中评价蒋亦元割前摘脱联合收获机械：具有令人赞叹的技术特点——收获时能够保持稻草完整。割前摘脱又同时切割秸秆并搂集成条铺是个设计独特的机器，确信它是一项为稻农造福的重大发展。

1985 年　58 岁

被评为博士生导师（全国第二批）。

4 月，任机械工业部高等学校农机教学指导委员会委员。

5 月 1 日，绘制完成第二代样机“带式割前脱粒、加扶禾、切割搂集、清选装置、配双发动机的水稻联合收获机”设计总图。

9 月，农业工程学科建设与研究生教育研讨会在北京香山别墅召开，蒋亦元在会议上通过有理有据地分析和阐述，和其他有关专家一起，成功地在“农业工程学科是一门不可替代的学科”的论证中起了重要作用。

10 月，参加农牧渔业部农业工程学科研究生教育研讨会，发表论文《关于引导掌握正确的方法论和培养创造能力的问题》。

1986 年　59 岁

10 月，完成第二代样机研制工作，但在田间试验中发现这是一轮局部成功、整体失败的样机，从重挫中总结经验教训。

12 月，绘制完成第三代样机“4GQT-1800”自走式水稻割前脱粒机设计总图。

1987 年　60 岁

4 月，开始采用气流吸运的割前脱粒装置的室内与田间研究试验工作，并取得决定性的进展，为第三代样机“4GQT-1800”打下了基础。

9 月，任农业部高等学校教学指导委员会委员学科组副组长。

1988 年　61 岁

3 月，任中国农业机械学会副理事长、中国农业工程学会副理事长。

6 月，与助手董成茂共同发表论文《籽粒分离机理和提高立置轴流分离、复脱、清选三合一装置分离性能的试验研究》，刊登于《农机化研究》1988 年第 2 期。

1989 年　62 岁

4 月，通过对“4GQT-1800”样机的完善，提高了样机的整体性能，研制出与上述机器配套的、能割晒已脱粒的稻草并放成条铺和将粮袋运出田间的履带多功能自走底盘，将收获谷粒的主机与收获稻草的辅机共同构成“割前脱粒水稻收获机器系统”。

4 月，任《农业工程学报》副主编。

5 月，开始“气流吸运割前摘脱水稻联合收获机”，即第四代摘脱装置的探索。

9 月，与学生董成茂完成论文《立置轴流滚筒的理论研究（上）——力学 - 数学模型和计算机数值模拟模型》，后刊登于《农业机械学报》1989 年第 3 期。

10月，专利“割前脱粒方法及气吸滚筒式割前脱粒收获机”（CN 88106505.6）获批。

11 月，担任副主编与审稿，完成全国高等农业院校教材《农业机械学 · 下册》（第二版），于中国农业出版社出版发行。

12 月 1 日，完成第三代样机“4GQT-1800”自走式水稻割前脱粒机局部改进图。

12 月，与学生董成茂完成论文《立置轴流滚筒的理论研究（下）——计算机模拟实验和高速摄影观察验证》，刊登于《农业机械学报》1989 年第 4 期。

12 月 12～15 日，赴北京参加国际农业工程学术会议，任农业机械装备学科组主席，提交论文 *A New Rice Harvesting Technology and the Stripper-Featured Machine System* 并做大会发言。

1990 年　63 岁

5 月，经过近千亩地的收获试验，第三代样机，即“割前脱粒水稻收获机器系统”通过科研鉴定，被誉为“国内首创，国际一流”，赢得国内外同行专家的好评与关注，《光明日报》《人民日报》相继对此进行了报道。

10 月，开始第四代样机的主要工作部件：立筒筛与摘脱后秸秆的切割、搂集部件的探索研究。

11 月，参加东北农业大学与苏联布拉戈维申斯克农学院（现远东国立农业大学）合作举办的“农业科学进展”学术会议。在会上以俄语做《水稻割前脱粒收获机械研究新进展》与《中国黑龙江省大豆生产机械化的新进展》两个学术报告。

12 月，参加中国农业机械学会收获加工机械分会学术讨论会，提交论文《水稻机械化收获新工艺及其割前脱粒收获机器系统》并做主题发言。

12 月 5 日，专利“割前脱粒方法及割前脱粒收获机”（CN 88106505）获批。

1991 年　64 岁

10 月 16～20 日，赴北京参加国际农业工程学术会议，任农业机械装备学科组主席，提交论文两篇，分别为 *Research on Finger's Curve of Crop Lifter for TPC Harvester* 和 *A Rice Harvesting System for TPC Harvester*，并做大会发言。

1992 年　65 岁

6 月，任国务院学位委员会第三届学科评议组成员。

9 月，主编《中国农业百科全书》（农业机械化卷－作物收获机械化分支），由中国农业出版社出版发行。

10 月 12～14 日，赴北京参加国际农业工程学术会议，与以色列知名科学家约夫·萨里格（Yoav Sarig）教授、英国农机专家基尔古尔（Kilgour）教授同任农业机械装备学科组主席，提交论文 *Study on the Performance of Stripping Rotor with Air Suction* 并做大会发言。

12 月，绘制完成第四代样机“4ZTL-1800”水稻割前摘脱联合收获机的局部设计图。

1993 年　66 岁

1 月 21 日～2 月 4 日，受泰国卡塞特法塔那收获机械公司和亚洲理工学院联合邀请，赴泰考察割前脱粒收获机在泰国推广的可行性，并走访了泰国农业部，在三个部门均做了题为“割前脱粒水稻收获工艺与机器系统”的报告。

3 月，与助手涂澄海、许家美，依兰收获机厂工程师许国林、马育才、温殿洲等共同发表论文《水稻割前脱粒收获机器系统》，刊登于《农业机械学报》1993 年第 1 期。

1994 年　67 岁

5 月，编写全国高等农业院校教材《农业机械学・上册》（第二版），于中国农业出版社出版发行。

10 月 14～17 日，赴北京参加国际农业工程学术会议，与世界知名收获机械专家、德国霍恩海姆大学海因茨・迪特尔・库茨巴赫（Heinz Dieter Kutzbach）教授共同担当主题报告主席，提交论文 *Rice Combine Harvesters in China-Its Evaluation and Suited Areas* 并做大会发言。

1995 年　68 岁

5 月，获黑龙江省科技进步奖一等奖。

8 月，“气流吸运割前摘脱水稻联合收获机”即第四代的整机性能过关，得到黑龙江省农垦总局领导及专家的好评，刘文举局长批准小批试制。

12 月，“割前脱粒水稻收获机器系统”荣获国家技术发明奖二等奖，这是新中国成立以来农机领域的最高奖项。

1996 年　69 岁

9 月，通过多年的研究探索指出在相似理论与模型试验中墨菲的 π 关系式合成理论中的重大缺点——“组分方程必须具有相同型式”的错误论断，首次提出并经试验和理论上证明可以具有不同型式。在《农业工程学报》上发表了《以球体的沉降实验检验 π 关系式预测的可行性》《相似准则方程的正确建立及其与回归正交旋转设计的比较》《以 π 试验设计的实验验证适用于不同阻力区段的球体沉降公式》3 篇论文。

10 月，出席母校常州市第一中学 1946 届校友毕业 50 年返校活动，并作为代表讲话。

1997 年　70 岁

1 月，农业机械设计制造专家、中国工程院院士、吉林工业大学陈秉聪教授评价蒋亦元对墨菲理论的修正："蒋教授提出了大胆修正，实是难能可贵。这一修正无疑使相似准则及 π 试验的推广具有重要意义……而且方程的形式不一定非二次多项式是正确的，更便于推广。"

1 月，中国农业大学汪裕安教授对蒋亦元有关发展相似准则方程论文作出评价："(这项成果)是对 Murphy 氏组合方程计算上的重大修正，是对相似模型实验研究的重要发展……为推动科研，特别是各种规律不明，难度较大的科学研究做出了新贡献……同时也为相似模型实验拓宽了应用范围，是理论水平和学术价值均高的学术成果。"

3 月，发表论文《摘脱后切割茎秆搂成条铺的稻(麦)联合收获机》、《板齿摘脱滚筒的核心功能——吸附作用的理论研究》，刊登于《农业工程学报》1997 年第 1 期。

11 月，当选中国工程院院士。

1998 年　71 岁

秋，经过 3 年努力，彻底解决了第三代样机霜前收获潮湿水稻分离损失大的难题。

9 月，东北农业大学正式将蒋亦元的院士精神概括为 24 字：勤于思践，敢于胜利，贵在奇正，重于专律，锲而不舍，韧于成败。

1999 年　72 岁

2 月，专利："一种谷物脱出物处理装置"(ZL 93106320.5)获批。

2 月 26 日，妻子罗佩珍副教授猝然逝世于工作岗位上。

6 月，指导博士生蒋恩臣所撰写的博士学位论文《气吸式割前摘脱装置机理研究》荣获首届全国百篇优秀博士论文奖，其本人被授予全国首届优秀博士论文指导教师。

9 月，经 900 余亩的收获试验气流吸运割前摘脱水稻联合收获机通过科研成果鉴定，评为"六个部件属国际首创，研究成果具有国际水平”。

12 月 11～12 日，赴北京参加国际农业工程学术会议“旱田保护性、带状耕作专题”讨论会，任学术委员会主席。

2000 年　73 岁

1 月，文章《21 世纪农业机械发展方向之愚见》发表于《农业机械学报》第 1 期 。

2 月，收到袁隆平院士的来信，信中感谢蒋亦元对其工作的支持，并表达将考虑购买一台摆秧机的计划。

6 月，“气流吸运割前摘脱水稻联合收获机”专利技术转让佳木斯佳联收获机公司进行产品开发。

7 月,“摘脱后切割茎秆搂集成条铺的收获方法及其联收机”（ZL 96101636.1）获批。

2001 年　74 岁

4 月，赴北京参加中国水稻机械化生产国际研讨会，提交大会论文《水稻联收机性能分析与选型》。

9 月，确诊胃癌，接受肿瘤切除手术治疗，胃部切除近 2/3。

12 月，获得由黑龙江省欧美同学会授予的报国奖奖牌。

2002 年　75 岁

10 月 26 日，获振兴东农科技奖。

2003 年　76 岁

2 月 17 日，参加在美国肯塔基州路易斯维尔市召开的国际谷物收获与加工机械学术会议，提交两篇会议论文，分别是 *A New Rice Combine Stripper Harvester for Simultaneous Grain and Straw Harvesting* 和 *Crop Flow on Stripper Harvester Rotor—Analysis of the Adsorption Effect with Triangular Teeth*，并做大会主题报告。

2 月 22 日，应邀在加利福尼亚大学戴维斯分校做了“割前脱粒收获工艺及其联收机”报告，介绍其最新的科研成果。报告后，同行勃莱恩 · 琴根斯教授力邀其到加利福尼亚大学戴维斯分校共同推广他的这一世界领先及创造性科研成果。

6 月，美国加利福尼亚大学戴维斯分校教授勃莱恩•琴根斯致信蒋亦元：“我彻底地欣赏您在讨论会上介绍的割前脱粒并同时切割搂集成条铺的联合收获机。”“就如在咱们讨论中所述，我们从事这方面的研究已经有几年了。对你们所做的工作很有兴趣。”“为此我们邀请您来戴维斯工作。”

2004 年　77 岁

2 月，任华南农业大学兼职教授。

5 月 20 日，出席第六届全国高等院校农业工程及相关学科建设与教学改革学术研讨会，并做了题为“体会与挑战——科学研究是研究生培养的灵魂”的报告。

9～10 月，出席在北京召开的历史上规模最大的世界农业工程大会，在农业机械学科组会上用英文做了《气流吸运的割前脱粒同时立即切割和搂集茎秆成条铺的联合收获机》的报告。出席“发展中国家现代农业装备的创新及其促进”学术会议，与以色列知名科学家约夫·萨里格（Yoav Sarig）教授共同任学科组主席并做学术报告。会议间歇，作为中外知名专家代表，得到回良玉副总理亲自接见。出席国际农业工程大会“保护性耕作和小规模可持续农业”学术会议，受邀担任学术会议学术委员会名誉主席并做学术发言。为支持中国农业工程学科建设，分别向中国农业机械学会、中国农业工程学会捐赠了一份未曾公开的、在我国农业工程领域有着重要历史价值的珍贵资料。

12 月 4 日，在由东北农业大学主办的全国农业学科工作研讨会上，做了题为“科学研究是人才培养的灵魂”的报告，对东北农业大学的工程科研模式进行了介绍，强调科学研究在人才培养中的重要地位和意义。

2005 年　78 岁

5 月，赴俄罗斯圣彼得堡普希金市，参加由俄罗斯农业科学院、俄罗斯西北农业机械化电气化研究所、独联体农机研究所联合举办的生态学与农业工程国际学术会议，并分别用英语和俄语做了《在脱粒的同时能收获茎秆搂集成条铺的水稻割前脱粒收获机的创新历程》和《中国东北地区保护性耕作机械化的进展——对东北地区防止土壤侵蚀的有效途径》两个学术报告。

9 月，日本农业机械学会会长、京都大学教授梅田干雄来访，蒋亦元为其详细介绍“4ZTL”的研发情况。

2006 年　79 岁

8 月，应吉林省生物研究所牧草研究中心之邀，与佳木斯佳联收获机公司合作，成功设计制造出填补我国牧草籽收获之空白的牧草籽割前脱粒收获机，并通过了科研鉴定，结论为：“属国内首创，羊草籽收获技术达到国际领先水平”，同时还在全国相关会议上被称为“国内首选机型”。

10 月，任常州市觅渡桥小学“未来之星”少年科学院名誉顾问。

11 月，任中国农业机械学会第八届理事会名誉理事长。

11 月 13 日，于《中国农机化》发表整版文章《农机科技创新中的农机与农艺相结合问题——兼议农业研究需要多学科的通力合作》，结合多年的教学经验和科研实践，对农机与农艺相结合的问题提出见解。

11 月 28 日，参加常州市第一中学院士铜像揭幕暨少年科技院揭牌仪式，为自己的铜像揭幕并发表庆贺少年科技院成立讲话。

2007 年　80 岁

1 月，任黑龙江八一农垦大学客座教授，任期 3 年。

6 月，专利“摘脱后切割茎秆在中央集成条铺的收割方法及纵向搂集机构”（ZL 200410043952.8）获批。

8 月，受聘中国农业工程学会，任全国性专业技术期刊《农业工程技术》编委会主任。

9 月，诗文作品入选中国工程院院士诗文书画摄影作品展。

10月3日，专利“配装喷液系统的圆捆捡拾打捆机”（ZL200620021576.7）获批。

12月，任广东省高等学校南方农业机械与装备关键技术重点实验室学术委员会副主任。

2008年　81岁

4月，任哈尔滨市第六届专家咨询顾问委员会特邀委员。

5月25日，应邀参加在河北农业大学召开的全国农业工程学科会议，并做了题为“农业工程学科建设与人才培养”的报告，从科技人才培养方面的警示、我国农业工程教育的现状等视角出发，概述了学科建设与人才培养问题。

8月，“气流吸运割前摘脱水稻联合收获机”在产品开发期间发现3个容易发生堵塞的部位并探索获得了新的技术措施。

9月，《颗粒归仓的梦想：蒋亦元传》于科学出版社出版，并入选“科学与人生”科学家传记系列。

9月，任中国农业机械学会收获加工机械分会第六届委员会名誉主任委员。

9月5日，参加大学国际战略第二次研讨会并做报告。

9月6日，在东北农业大学为其举行的八十华诞庆祝活动上做了报告《八十感怀》，回顾了自己一生的科研经历和感受，并寄语后辈农机人。

10月，出席鸟取国际交流研讨会，做报告《培养人才的创造性能力是现代大学的主要任务之一——通过割前脱粒水稻联合收获机的创造性研究培养研究生的实例》，得到来自日本、埃及、墨西哥等国参会专家的高度评价。

12月，经中国农业工程学会七届七次常务理事会通过，任中国农业工程学会名誉理事长。

2009年　82岁

1月10日，参加黑龙江省农业工程学术会议，并做了题为“大马力拖拉机与配套农机研发的思考”的报告，介绍了黑龙江省现代农机作业区建设情况，并提出大马力拖拉机与配套农机研发建议。

8月，因对农业的工程学科和学会发展做出的杰出贡献，被中国农业工程学会授予“中国农业工程学会杰出贡献奖”。

9月，出席中国工程院陈秉聪院士逝世一周年纪念活动暨农业机械工程学术交流会，结合报告《对有关G.Murphy“π组分方程的组合定理”再认识》，畅谈了对自己对陈秉聪、曾德超院士前辈的严谨、求实学风的感言。

9月7日，与山东巨明机械有限公司签订合作协议，建立山东省作物收获机械巨明院士工作站。

9月25日，参加黑龙江省欧美同学会、黑龙江省留学人员联谊会庆祝中华人民共和国成立60周年留学人员图片展。

11月5日，参加歌颂祖国——院士与书画家作品联展。

12月，任农业部农业环境工程与智能化设备重点开放实验室学术委员会主任委员。

2010年　83岁

1月，任《农业工程学报》第七届编辑委员会顾问委员。

2月，任《黑龙江农业科学》第五届编委会顾问。

3月，受聘中国农业机械化科学研究院，担任土壤植物机器系统技术国家重点实验室第二届学术委员会委员。

3月，参加黑龙江省加快农机产业发展专题调研座谈会，省长栗战书亲自听取蒋亦元的意见和建议，并嘱托其就如何研究制定振兴黑龙江省农机产业的发展规划形成书面报告。

4月，参加首届中俄农机产品展销洽谈会，并在2010首届中俄（佳木斯）农机新技术交流与发展高峰论坛上做报告。

4月，任佳木斯大学农业机械化工程学科特聘教授。

5月，任《黑龙江农业科学》第五届编委会顾问。

5月27日，在全省新型农机装备制造产业发展大会上，栗战书省长在重要讲话中多处引用了蒋亦元的建议。

6月5日，代表土壤植物机器系统技术国家重点实验室学术委员会做题为“农机与农艺结合，协力追求最终效益的最优化，发展现代农业机械装备”的学术报告。

7月，受聘于黑龙江人民政府，任第六届黑龙江省科技经济顾问委员会特聘委员。

10月，任黑龙江省北大荒农机制造园荣誉顾问。

11月29日～12月1日，参加由中国工程院主办，中国科学院东北地理与农业生态研究所承办的“东北商品粮基地可持续增粮战略”学术研讨会，并做了题为“现代的、大规模化的农业机械化对粮食增产的支撑作用”的报告。

2011年 84岁

1月5日，出席知名教育家、东北农学院原院长刘达诞辰百年庆祝大会并讲话。

1月15日，参加黑龙江省农业工程学会学术年会，做了题为“现代大规模农业机械化对粮食增产的支撑作用与自动导航技术”的报告，介绍了现代大规模农业机械化对粮食增产的支撑作用与自动导航技术发展状况。

1月25日，参加黑龙江省委农村工作会议，被中共黑龙江省委、黑龙江省人民政府授予“黑龙江省农业科技功勋奖”。

3月15日，参加庆祝王金陵95岁大寿庆典，赠送王金陵先生一件盆景作为贺礼，附言：白发师生松阴下，惯看秋月春风，一壶清茶逸兴浓，古今多少事，都付笑谈中。

3月30日，参加2011中俄（佳木斯）农机产品展销洽谈会，并在会议论坛上做报告。

4月13日，出席江苏常发集团院士工作站揭幕仪式并讲话。

5月18日，参加黑龙江省农业科学院第二届博士论坛并做报告。

5月23日，参加江苏常发集团与东北农业大学农机装备合作洽谈会。

6月1日，专利“圆捆捡拾打捆机打捆机构”(ZL 200910073375.X)获批。

6月，获“十一五”国家科技支撑计划重大项目“多功能农业装备与设施研制”特殊贡献奖。

7月，获中共黑龙江省委高校工作委员会、中共黑龙江省教育厅党组联合授予的“黑龙江省优秀共产党员”称号。

8月6日，出席中国农机现代设计方法培训班，做了题为“农业研究的多学科通力协作”的主题报告，强调了农业研究应多学科通力协作，并介绍了我国农机研究已进入自主创新阶段的可喜现状。

9月8日，参加爱科（大庆）农业机械有限公司开幕庆典暨新车交接仪式。

10月22日，赴重庆参加中国农业工程学会2011年学术年会，做了题为“大功率拖拉机的发展与研发建议”的学术报告，主要介绍了动力换挡变速箱的主题内容。

12月3日，应邀出席于江苏镇江召开的2011年度中国收获机械技术及装备国际高层论坛，做了题为“中国农业收获机械现状与发展方向”的主题报告。

12月9日，应邀赴浙江大学讲学，围绕“创新思维的培养”做了两场主题报告，介绍了自己割前脱粒水稻收获机器的研制过程，并强调创新应和理论实践、诗词音乐等方面紧密相连。

2012年　85岁

3月，参与的项目“功能性饲料及粗饲料高效利用关键技术研究”获黑龙江省畜牧科技奖励一等奖。

4月，任哈尔滨市第七届专家咨询顾问委员会特邀委员。

5月17日，带队参加在江苏武进召开的院士人才高峰论坛，并做报告，内容为现代农业装备发展与需求中的几个问题。

5月25日，出席黑龙江省科协学术年会暨黑龙江省农业科技发展与创新研讨会，做了题为“农机与农艺结合，兼谈农业研究的多学科通力协作、保护性耕作”的主题报告，强调农业研究的多学科通力协作、保护性耕作问题。

5月30日，专利“谷物脱出物管道输送系统防止堵塞机构”（ZL 201010032440.7）获批。

7月24～27日，参加院士专家龙江行暨现代农业发展论坛并发言，表达了自己对黑龙江省农业向现代化发展的建议，即大力推进有机化保护性耕作。

10月21日，为庆祝南京农业大学建校110周年暨南京农业大学工学院浦口办学60周年，出席相关庆典活动，做了题为“中国农业工程教育开拓者、原金陵大学美国林查理教授”的主题发言，讲述了自己的导师、中国农业工程教育开拓者、金陵大学教授林查理的相关情况。

10月27日，主持农业部设施农业装备与信息化重点实验室启动暨2012学术委员会会议，任农业部设施农业装备与信息化重点实验室学术委员会主任。

10月28日，应邀出席在杭州举办的2012年中国农业机械学会国际学术年会，并用英文做了报告《拖拉机变速箱的差距与推进重点》，介绍了我国在拖拉机技术方面的巨大差距及应有的对策。

12月，参与的项目“功能性饲料及粗饲料高效利用关键技术研究”荣获黑龙江省人民政府颁发的一等奖。

2013年　86岁

1月16日，专利“谷物脱出物箱式分离系统防止堵塞机构”（ZL 201010032441.1）获批。

1月18日，黑龙江省教育厅和东北农业大学在校图书馆二楼多功能厅举行戴谟安同志追思会，蒋亦元真切地讲述了自己与戴谟安先生近60年来的深情厚谊。

1月22日，参加黑龙江省粮食产能提升协同创新中心建设情况汇报会，做了题为“黑龙江省粮食产能提升协同创新中心平台建设情况”的报告，对黑龙江省农业装备与物联网平台工作情况进行了介绍。

2 与 5 日，黑龙江省副省长孙东生走访慰问蒋亦元院士。

3 月 1 日，教育部副部长杜占元视察指导东北农业大学新学期开学工作，蒋亦元汇报了本学科建设情况以及近年来在科研工作方面所取得的成绩，详细讲解了宽窄行水稻移栽机、割前摘脱稻麦联合收获机的研制和推广应用情况，并向杜占元重点介绍了学科多年来培养的优秀人才。

3 月，任国家公益性行业科研专项经费项目“大豆高产高校机械化生产技术及配套机具研究与示范”顾问专家组专家。

5 月，任国家农作物收获机械设备质量监督检验中心顾问。

7 月，任黑龙江省农业机械学会第十届理事会名誉理事长。

8 月 9 日，应邀参加在哈尔滨召开的作物分子育种技术全国研究生暑期学校活动，做主题报告《创新思维的培养》。

8 月 13 日，出席海峡两岸农业环境与食品安全合作论坛，应邀做了题为“先脱粒收稻谷后收割稻草并调制成青贮饲料的技术与装备”的报告，介绍了水稻割前脱粒技术与装备的新进展。

10 月，于 1993 年第 1 期发表的《水稻割前脱粒收获机器系统》一文被评为“中国农业机械 50 年百篇优秀论文”。

11 月，获中国农业机械学会颁发的中国农机械发展终身荣誉奖。

2014 年　87 岁

1 月，任黑龙江省欧美同学会、黑龙江省留学人员联谊会东北农业大学分会第二届理事会名誉会长，聘期 5 年。

2015 年　88 岁

1 月 30 日，参加黑龙江省科协院士候选人工作会议。

8 月，参加中国农业工程学会 2015 学术年会，并做了大会报告《科研轶事杂谈》；汪懋华、罗锡文、陈学庚、康绍忠四位院士参观蒋亦元院士办公室，并提笔“德艺双馨，农机巨擘”颂之。

9 月 7 日～9 日，参加黑土资源可持续利用与保护高层论坛，做了题为“东北黑土地保护性耕作机械化的建议（玉米茎秆还田技术）”的报告。

2016 年　89 岁

8 月 22 日，参加《农业工程学报》创刊 30 周年座谈会、中国农业工程学会九届五次理事会暨全国农业工程学会理事长秘书长工作会议。

2017 年　90 岁

8 月，获中国农业工程学会终身成就奖，9 月 15 日，中国工程院院士罗锡文代表中国农业工程学会专程到其家中为其颁奖。

9 月，获东北农业大学 2016～2017 年度“优秀教师突出贡献奖”。

2018 年

9 月 14 日，举办蒋亦元院士从教 68 周年座谈会暨农业工程高端论坛，蒋亦元在报告中感慨道：年届九旬，风烛残年；群贤毕至，老少咸集；片断感悟，诸弟共切。

11 月，荣获中国农机工业协会颁发的“改革开放四十年中国农机工业功勋奖章”。

2019 年

4 月，荣获中国农业机械学会、中国农业机械工业协会、中国农业工程学会、中国农业机械化协会和中国农业机械流通协会联合颁发授予的“中国农业机械化发展 60 周年杰出人物”荣誉称号。

12 月，荣获改革开放 40 年中国农业工程杰出贡献奖。

2020 年

2 月 24 日，因肺癌医治无效逝世，享年 92 岁。

附录五　蒋亦元主要著述目录

（一）主要论文

蒋亦元，孙玉珩，裴克．1955. 试做农业机械专业毕业设计的初步体会．高等教育通讯，18：903-905.

蒋亦元，孙玉珩．1957. 圆环式排种装置性能研究．东北农学院学报，（1）：1-4.

蒋亦元执笔，列宁格勒农学院农机系，中国留学生集体著作．1959. 深耕施肥联合机设计方案的探讨性试验．农业机械化研究通讯，（3）：35-38.

蒋亦元，温锦涛，王志夫．1960. 农用离心风扇特性测定和设计方法的探讨．东北农学院学报，（2）：99-108，115-118.

蒋亦元，温锦涛．1961. “克拉斯”（Claas）谷物联合收获机的改进设计与平台式逐秸筛的理论分析．东北农学院学报，（2，3）：73-91.

蒋亦元．1962. 逐稭器基本参数间规律的探讨．东北农学院学报，（2）：77-84.

蒋亦元．1962. 农用离心风扇若干理论的验证与探讨．黑龙江省农业机械学会审印．

蒋亦元．1963. 关于农业机械研究工作中科学实验的几个问题．

人代会文件.

蒋亦元. 1964. 我省农业机械技术的成就和展望. 哈尔滨科学小报，1964-10-09：2.

蒋亦元. 1964. 平台式逐稭筛的理论分析. 农业机械学报，(1)：19-27.

蒋亦元，温锦涛. 1964. “DK-60”扭矩仪的标定与改进分析. 东北农学院学报，(3)：75-80.

蒋亦元. 1964. 谷物康拜因逐稭器长度的统计分析. 农业机械学报，(4)：287-295.

Czeslaw Kanafojski. 1964. 脱粒装置及其作用原理. 蒋亦元译. 农业机械译丛，(4)：40-50.

蒋亦元，温锦涛. 1965.DK-60 型扭矩仪的简易标定装置. 农业机械学报，(1)：94-95.

蒋亦元，杨树德，白世贵，等. 1965. 亚麻种子清选机械的研究. 东北农学院学报，(4)：13-24.

蒋亦元，杨树德，白世贵，等. 1965. 亚麻种子清选机械的研究. 农业机械学报，(5)：506-511.

蒋亦元，温锦涛.1966. 小麦断穗分离、脱离机械的研究. 东北农学院学报，(1)：1-14.

蒋亦元，温锦涛. 1966. 小麦断穗脱粒机的研究. 农业机械学报，(3)：265-269.

蒋亦元，温锦涛. 1978. 小麦断穗分离、脱粒机械的研究. 东北农学院学报，(1)：15-28.

蒋亦元，温锦涛. 1979. 小麦断穗分离脱粒机械的研究. 农业机械学报，(2)：113.

蒋亦元. 1976. 水田筑埂机的研究和聚四氟乙烯覆层的应用. 粮油加工与食品机械，(12)：1-14.

蒋亦元. 1975. 单、双滚筒联合收割机的试验总结. 粮油加工与食品机械，（A2）：25-29.

蒋亦元，温锦涛，武俊生．1977. 水田筑埂机的研究和聚四氟乙烯覆层的应用．东北农学院学报，（1）：48-63.

蒋亦元，吴润章．1978.TG-1.2 水稻割前脱粒收获机的试验研究．粮油加工与食品机械，（8）：28-32.

蒋亦元．1978. 关于平台式逐稭器的理论与实验研究（谈分离机构的工作原理）．东北农学院学报，（1）：42-53.

蒋亦元，许家美，温锦涛．1978. 割前脱粒水稻联合收割机的研究（主要工作部件的探索）．东北农学院学报，（1）：68-87.

蒋亦元．1979. 平台式逐秸器的理论研究．农业机械学报，（2）：75-84.

蒋亦元．1980. 浅论谷物联收机的脱粒装置生产率和运转稳定性．东北农学院学报，（1）：17-24.

蒋亦元，吴润章，温锦涛，等．1980. 割前脱粒水稻联收机的探索研究．中国农业机械学会 1980 年年会论文单行本：1-21.

蒋亦元，温锦涛，许家美，等．1981. 割前脱粒水稻联收机主要工作部件的探索研究．农业机械学报，（1）：31-44.

蒋亦元．1981. 带式脱粒器的研究（初报）．东北农学院学报，（3）：1-6，86-87.

Jiang Y Y，Burkhardt T H.1981. A rice combine for threshing prior to cutting.1982 winter meeting-American Society of Agricultural Engineers: 1-19.

申德超，蒋亦元，程万里 1982. 割前脱粒带式脱粒器的实验研究．东北农学院学报，（4）：93-113.

蒋亦元．1985. 关于引导掌握正确的方法论和培养创造能力的问题．农牧渔业部农业工程学科研究生教育研讨会论文．

申德超，蒋亦元．1986. 带式脱粒器的试验研究——割前脱粒部件探讨．农业机械学报，（3）：24-32.

蒋亦元 . 1987. 掌握正确的方法论是进行创造的前提 . 学位与研究生教育，（2）：62-65.

董成茂，蒋亦元 . 1988. 籽粒分离机理和提高立置轴流分离、复脱、清选三合一装置分离性能的试验研究 . 农机化研究，（2）：6-16.

叶仲文，蒋亦元 . 1988. 农机化专业的培养目标应外延 . 高等农业教育，（6）：58-59.

蒋亦元，涂澄海，罗佩珍，等 . 1988. 弓齿滚筒式割前脱粒装置的试验研究 . 东北农学院学报，（3）：320-328.

董成茂，蒋亦元 . 1989. 立置轴流滚筒的理论研究（上）——力学 - 数学模型和计算机数值模拟模型 . 农业机械学报，（3）：29-37.

董成茂，蒋亦元 . 1989. 立置轴流滚筒的理论研究（下）——计算机模拟实验和高速摄影观察验证 . 农业机械学报，（4）：28-37.

Jiang Y Y，Du C H，Xu J M. 1991. A new rice harvesting technology and its stripper-featured machine system. Agricultural Mechanization in Asia, Africa and Latin America, 22（3）：9-14.

夏景成，蒋亦元 . 1990. 物料沿圆筒筛外表面运动的理论研究 . 农业机械学报，（4）：53-58.

蒋亦元，崔士勇 . 1991. 割前脱粒水稻联收机扶禾器拨指曲线的研究 . 1991 年国际农业机械学术讨论会论文集：27-31.

蒋亦元，涂澄海，许家美 . 1991. 水稻割前脱粒收获机器系统及其收获工艺 . 1991 年国际农业机械学术讨论会论文集：32-39.

Jiang Y Y，Cui S Y. 1991.Research on finger's curve of crop lifter for the threshing prior to cutting（TPC）combine. Proceedings of International Agricultural Mechanization Conference: 84-88.

Jiang Y Y，Du C H，Xu J M. 1991.A rice harvesting machine system for threshing prior to cutting. Proceedings of International Agricultural Mechanization Conference: 89-96.

蒋亦元，涂澄海，许家美，等 . 1991. 水稻割前脱粒收获机器系

统 . 农业机械，(12)：8-9.

Jiang Y Y，Du C H，Xu J M. 1992.Study on the performance of stripping rotor with air suction. Agricultural Engineering and Rural Development—Proceedings of International Conference on Agricultural Engineering: 176-179.

蒋亦元，涂澄海，许佳美，等 . 1993. 水稻割前脱粒收获机器系统 . 农业机械学报，(1)：55-60.

蒋亦元 . 1993. 某些国家的市场经济与农业机械化 . 农机化研究，(2)：1-5.

曹锐，蒋亦元，戴有忠，等 . 1993. D- 最优试验设计在 ЕНИСЕИ-1200 P 收获水稻性能试验中的应用研究 . 农机化研究，(3)：1-13.

蒋恩臣，蒋亦元 . 1995. 叶片宽度对锥体叶轮离心风机性能影响的试验研究 . 农机化研究，(2)：5-8.

蒋恩臣，蒋亦元 . 1995. 转速对锥体叶轮离心风机的性能和噪声影响的试验研究 . 佳木斯工学院学报，(2)：99-104.

蒋恩臣，蒋亦元 . 1996. 农业物料输送风机的试验研究 . 农机化研究，(1)：12-15.

蒋亦元，涂澄海，刘道顺，等 . 以球体的沉降实验检验 π 关系式预测的可行性 . 农业工程学报，(3)：5-10.

蒋亦元 . 1996. 相似准则方程的正确建立及其与回归正交旋转设计的比较 . 农业工程学报，(3)：11-15.

蒋亦元 . 1996. 以 π 试验设计的实验验证适用于不同阻力区段的球体沉降公式 . 农业工程学报，(3)：16-19.

蒋亦元，许家美，涂澄海，等 . 1997. 摘脱后切割茎秆搂成条铺的稻 (麦) 联合收获机 . 农业工程学报，(1)：57-62.

蒋亦元 . 1997. 板齿摘脱滚筒的核心功能——吸附作用的理论研究 . 农业工程学报，(1)：63-68.

蒋亦元 . 1997. 面向 21 世纪的美国农业工程教育 . 农业工程学报，

（2）：18-23.

Jiang Y Y. 1999. Farm mechanization in China. Proceedings of 99 International Conference on Agricultural Engineering: 44-49.

应义斌，景寒松，马俊福，等 . 1999. 黄花梨果形的机器视觉识别方法研究 . 农业工程学报，（1）：192-196.

应义斌，景寒松，马俊福，等 . 1999. 机器视觉技术在黄花梨尺寸和果面缺陷检测中的应用 . 农业工程学报，（1）：197-200.

应义斌，傅宾忠，蒋亦元，等 . 1999. 机器视觉技术在农业生产自动化中的应用 . 农业工程学报，（3）：199-203.

蒋亦元 . 2000.21 世纪农业机械发展方向之愚见 . 农业机械学报，（1）：204.

蒋恩臣，蒋亦元 . 2000. 板齿摘脱滚筒流场特性研究 . 农业工程学报，（1）：59-62.

蒋恩臣，蒋亦元，刘道顺 . 2000. 高速摄影拍摄频率与判读的误差分析 . 东北农业大学学报，（4）：381-384.

Jiang Y Y. 2000.Rice combine harvesters in China—Its evaluation and suited areas International Conference on The Mechanization of Chinese Paddy Production: 14-19.

蒋亦元 . 2000. 水稻联合收获机性能分析与选型 . 中国农机化，（3）：5-7.

蒋恩臣，蒋亦元 . 2000. 气吸式割前摘脱装置的研究 . 农业机械学报，（3）：46-48.

应义斌，章文英，蒋亦元，等 . 2000. 机器视觉技术在农产品收获和加工自动化中的应用 . 农业机械学报，（3）：112-115.

应义斌，饶秀勤，赵匀，等 . 2000. 机器视觉技术在农产品品质自动识别中的应用研究进展 . 农业工程学报，（3）：4-8.

蒋恩臣，蒋亦元 . 2000. 籽粒在摘脱装置内运动轨迹的理论分析 . 农业工程学报，（3）：9-11.

蒋亦元，许家美，张惠友，等. 2001. 摘脱后切割搂集茎秆成条铺的稻（麦）联收机. 农业工程学报，（1）：64-68.

蒋亦元. 2001.21 世纪农机发展方向展望. 农村实用工程技术，（2）：19.

王俊，陆秋君，陈善锋，等. 2002. 绿云梨的动态特性试验研究. 农业机械学报，（6）：68-71，79.

王俊，王剑平，蒋亦元，等. 2002. 梨肉松弛特性各向差异研究. 农业工程学报，（4）：123-126.

蒋亦元. 2003. 回顾与展望. 农业机械学报，（6）：187-188.

Jiang Y，Zhang H，Xu J，et al. 2003.A new rice combine stripper harvester for simultaneous grain and straw harvesting. Electronic-only Proceedings of the International Conference on Crop Harvesting and Processing: 6-12.

Jiang Y Y. 2003.Crop flow on stripper harvester rotor—Analysis of the adsorption effect with triangular teeth. Electronic-only Proceedings of The International Conference on Crop Harvesting and Processing: 1-5.

郑先哲，蒋亦元. 2005. 苜蓿干燥特性试验研究. 农业工程学报，（1）：159-162.

蒋亦元. 2006. 农机科技创新中的农机与农艺相结合问题——兼议农业研究需要多学科的通力合作. 中国农机化，（6）：3-5.

王德福，蒋亦元. 2006. 双轴卧式全混合日粮混合机的试验研究. 农业工程学报，（4）：85-88.

蒋亦元. 2007. 多学科通力合作——从根本上解决农机与农艺结合的问题. 农业技术与装备，（1）：4-6.

郑先哲，蒋亦元，潘忠礼. 2007. 苜蓿不同部位干燥和质量特性研究. 农业工程学报，（2）：97-101.

蒋亦元. 2007. 农机科技创新中的农机与农艺相结合问题. 农业机械学报，（3）：179-181，163.

王立军，蒋恩臣，蒋亦元 . 2007. 气吸式割前摘脱联合收割机惯性分离室压力损失的影响因素 . 农业工程学报，（4）：84-87.

张兆国，蒋亦元，张敏，等 . 2007. 基于量纲分析的油菜籽挤压膨化试验参数的研究 . 农业工程学报，（7）：247-252.

王金武，蒋亦元，刘磊，等 . 2007. 割前摘脱收获机禾秆收割动力学试验 . 农业工程学报，（9）：118-121.

王德福，蒋亦元，张永根，等 . 2009. 鲜稻秆青贮收获工艺试验研究 . 东北农业大学学报，（11）：113-115.

王德福，蒋亦元，王吉权 . 2010. 钢辊式圆捆打捆机结构改进与试验 . 农业机械学院，（12）：84-88.

王立军，蒋亦元，王业成 . 2010. 割前脱联合收获机吸运风机降耗 . 农业工程学报，（7）：87-90.

蒋亦元 . 2011. 现代大规模农业机械化将使东北农村粮食生产产生巨变的认识 . 东北农业大学学报，（2）：1-5.

韩豹，蒋亦元，吴文福 . 2011. 倒伏超级稻割前摘脱台试验 . 农业工程学报，（6）：90-94.

冯江，蒋亦元 . 2013. 水稻联合收获机单边驱动原地转向机构的机理与性能试验 . 农业工程学报，（4）：30-35.

孙伟，那明君，冯江，等 . 2018. 割前摘脱收获机立式离心分离复脱清选装置优化 . 农业机械学报，（7）：73-81.

孙伟，冯江，蒋亦元 . 2020. 非圆齿轮系大蒜直立移栽机构优化设计与试验 . 农业机械学报，（8）：73-82.

（二）主要论著

蒋亦元，孙玉珩，蒋建鹏 .1958. 农业机械学实验提纲 . 北京：高等教育出版社 .

蒋亦元主笔，东北农学院编 . 1961. 农业机械学：理论与设计（上册、下册）. 北京：农业出版社 .

蒋亦元副主编 . 1981. 农业机械学 · 上册 . 北京：农业出版社 .

蒋亦元副主编 . 1981. 农业机械学 · 下册 . 北京：农业出版社 .

蒋亦元副主编 . 1989. 农业机械学 · 下册（第二版）. 北京：农业出版社 .

蒋亦元主编，吴守一，赵学笃副主编 . 1992. 中国农业百科全书（农业机械化卷 – 作物收获机械化分支）. 北京：农业出版社 .

蒋亦元参编 . 1994. 农业机械学 · 上册（第二版）. 北京：中国农业出版社 .

蒋亦元，汪懋华 . 2008. 中国农业机械化发展战备研究——区域农业机械化卷（下）——东北地区、农垦系统农业机械化发展战略研究 . 北京：中国农业出版社 .

后 记 一

今年夏初，在我久病之后，再次投入这本书稿之中，已然经过了几重跨越。首先是时间上的，我从 2013 年初开始采写，历经百余次辗转各地的采访，至 2017 年秋完成首稿并交由中国工程院初审，再到今日今时迎来它付梓，岁月已跨过 8 个春秋。更要慨叹的跨越是心灵深处的，在与蒋亦元院士相伴的十几载光阴中，从初识他的向往与激动，到走近他的震撼与投入，再到熟稔后的感染与沉浸，直至如今无尽的思念与留恋，真的是经历了心灵的跨越。我不知道，这本书的终稿是否能够成为院士曾寄望的样子，但我深深确定，自己收获了一个真真切切用心领略过的不凡世界。

这是我第三次撰写有关蒋亦元院士的传记。第一次是 2008 年，在院士八十寿诞之际，我采写出版了《颗粒归仓的梦想：蒋亦元传》。创作期间，我正值孕期，胎儿生长的历程伴随着传记写作始终。那时，身边人都特别羡慕我的宝贝可以天天听着院士爷爷讲述非凡的成长奋斗之路作为“胎教”，而院士也因为这段特别的缘分，欣然为宝宝取了一个小名“荣荣”，这个“荣”字正源于院士自己的乳名“阿荣”。他说，在中国的传统观念里，孙辈本不宜同祖辈的名字重字，可我认为这样很好，恰是取同名，才更有意义。这不仅有我的祝愿，更有一种期望，期望我们国家的科学创新能够不断注入新的生命，薪传久远。第二次是 2012 年，受科学出版社委托，我参与《20 世纪中国知名科学家学术成就概览》系列丛书的编写，完成了农学卷中蒋亦元院士等专家传记的写作。以上这两次，蒋院士都曾在相应书籍的扉页上给我留下充满真情实意的文字作为留念。可是，这一次，待这部传记问世之时，我们虽然在大地，蒋院士却已在云端。诚然，任何人的生命都是有限的，但我深信，生命中有些东西是无限而隽永的。

记得2018年春节前最后一次去院士家采访，我照例带着笔记本电脑、录音笔及传记校本的纸质稿，计划着继续与他修订文本，可待我准备就绪，正打算进入主题时，院士却轻拍我肩，缓缓地说："小石头，又辛苦了一整年，今天我们先把书稿放一放吧，我想跟你聊聊天，说说这些天我的一些感受。"

虽颇有一些意外，但看到院士兴致正好，我就笑着点头回应。因为院士生于1928年，从某种意义上讲，过了那个春节，院士就九十岁了。他虽并不在意甚至从不让家人和弟子为自己庆祝生日，但那一日，他娓娓而谈，在我看来，就是给他自己的九秩人生画了一个"素描"：

这些日子，咱们修订"耄耋人生"这一部分（"耄耋人生"系本书中第十四章中的一节），让我思考了很多，我恐怕是很难走到一百岁了，但掐头去尾，尤其是从大学毕业来东北，到现在已将近七十年，这七十年，几乎是我的一生了，感悟却是很深的。

第一个感悟：我认为自己最正确的选择就是大学毕业就选择来到东北，来到农学院。我的家，我的成果，我的学生等都是在这里拥有的，可以说没有东农，也就没有我的今天。

第二个感悟：我搞了一辈子科研，破解了一些难题，取得了一些成果，却终究未能看到这台机器（指水稻割前脱粒收获机械）实现产业化，前两年这种遗憾总是让我不安，现在我感觉也没有那么遗憾了，毕竟我这几十年的探索，能为后来人提供借鉴——让他们知道"此路不通"，这应该也算是一种价值吧！

第三个感悟：无论做人、做事、做学问，都要严于律己，在任何情况下，都要实事求是，坚持做一个正直的人、不违背道德的人。

第四个感悟：我没有什么天赋，更没有什么出众的才华和能力，甚至走过很多弯路。大家都知道我小学时就曾留过级，念了大学又转了专业，但是之所以还能取得一些成绩，真的离不开勤奋和坚持。搞二代样机惨败的那些年，周围很多人善意地劝我放弃，去搞一些“短平快”的项目，我坚决没有搞，而是更加勤奋地扑在“割前脱粒”上面。事实证明，我的选择是正确的，直到今天，我也无怨无悔！反倒是这些年，当了院士，获得了国家奖励后，各种随之而来的荣誉和光环让我很不安，心中常常惶然……

也许冥冥之中自有天意，安排了那一日的交心，就在那次长聊过后，院士的身体每况愈下，随后住进医院就再没能回家，直到他永远地离开了我们。而我，突患疾病，先后五次住院，其间虽也在身体稍好时去医院看望过院士，但传记的后续收尾工作却无法亲为了。这，正是我此生始终难以向院士交代的痛楚和遗憾。

幸有孙伟老师的全情投入。2018 年 4 月 29 日，我收到了蒋院士亲自发来的信息：

小石头，学校跟我谈了你的病况，你一定要坚强，别再不要命地往前冲，现在传记工作已有安排，孙伟会继续帮我完成，请放心，不要记挂。人的生命力是无穷的，一定要有信心，战胜病魔！

亦元

今年春末，我接到了来自孙伟老师的电话，得知他已代我完成了书稿后续的校对、修订和补充工作，这其中的辛苦付出可想而知。这份感谢与感动我会久久铭记于心。

同时怀着感恩的心，感谢中国工程院先后负责此项工作的吴晓东、郑召霞等同志在我采写和出版过程中所给予我的关切与热忱，以及对我的体谅和关心。

我还要由衷地向科学出版社以及本书的责任编辑张莉同志表示深深的感谢，她为此付出了巨大而又无可替代的辛劳。

感谢东北农业大学及校党委宣传部、工程学院、档案馆的领导和同事们，他们为本书的采写提供了全力的支持与帮助。

感谢南京大学档案馆与校史博物馆、常州市第一中学、常州市觅渡桥小学的相关同志热诚提供给我的重要且珍贵的资料。

感谢通过多种形式为本书提供素材的蒋亦元院士的亲朋挚友、同学同行、学生助手，他们的真情回忆为本书增加了历史的真实性和可读性。

能够穿越历史的隧道，把脚踏进蒋亦元院士曾驻足过的每一处土地，从遍访他就读过的小学、中学、大学再到他工作了七十余年的东北农业大学，从他搞实验的车间到他搞测试的稻田，从他的院士办公室到他先后居住过的旧房新宅，从同他出席会议到伴他参加演出，从陪他锻炼身体到和他就医用餐……从最初被蒋院士称呼为“石岩同志”，到最后被唤作“知己小石头”，我真的真的三生有幸。并最终懂得院士能够被我们深深怀念的原因只有一个——他的爱，他钟爱自己的祖国，怜爱劳苦的农民，他挚爱农业工程教育事业，他痴爱农业机械这个专业，他眷爱相伴一生的“水稻割前脱粒收获机械系统”研究，他珍爱生命中拥有的爱人、孩子以及遇到的

本书作者石岩与蒋亦元院士合影

每一位学生……爱，使他的生命纯净、丰盈且生生不息，他留下的物质和精神财富，灿若星辰。我们有理由相信，无论何时，只要仰望星空，人们就一定会看到天穹之上的闪耀与指引，像蒋亦元院士从未曾离去一般，用他不逝、不尽的温热激励、陪伴着我们，直到永远！

石　岩

2021 年 6 月 6 日凌晨

后记二

《蒋亦元传》终于可以付梓了，回忆起来，这本传记的出版颇费了一番周折。

如蒋院士在自序中所言，传记本是交给石岩主笔撰写的，她经验丰富，文学素养也高，我只是帮助处理一些辅助工作。在初稿完成后，蒋院士对传记全文进行了近乎逐字逐句的审查。蒋院士为人一向求实求真，他以实事求是的态度对传记进行了删改。随后，经他删改过的传记初稿以带有他本人批注的形式被寄给中国工程院葛能全先生审阅，葛能全先生阅后亲笔复信写道：“读到这些文字，而且它出自一位九秩高龄、为我国农业机械化和农业工程学科建设与发展做出重大贡献的资深院士蒋老亲笔，我不禁一时激情涌起，眼泪模糊了视线……”得到葛老的认同后，蒋院士倍感欣慰。作为经历过风雨洗礼的老一辈共产党员，在使命感的驱使下，蒋院士决定按照他的想法对这本传记进行进一步修改，除删除一些过誉之词、调整一些结构外，他还希望补充完善数十年来从事教学科研事业的经历和感悟。另外，这本传记不能写成报告文学，如果写得过于华丽，是对他的“伤害”，客观叙写事实，才是对他的最大尊重。而此时石岩的身体一直不好，无法再继续承担后续的工作任务。蒋院士谢绝了学校另行安排专人进行撰写的提议，将剩下的任务交给了我。在中国工程院、学校和学院领导的支持与信任下，我怀着忐忑的心情把大部分精力都放在了这件事情上面。

我 2009 年留校工作时的身份就是蒋院士的秘书，一直在他身边工作，对他的想法一般都能很快理解和消化。在我接手这项任务初期，蒋院士的身体状态还很好，我们每次都能以较高的效率工作。后来，蒋院士的身体经常因未知原因发烧，逢此便需入院治疗，在医院和家之间来回折腾多次。多位医学专家对他进行会诊后，认为蒋院士可能罹患肺癌，由于年事已高，建议他长期住院疗养，随时监测病情变化。蒋院士住院疗养后，我按照先后次序每整理完一部分书稿后，便会带着相关材料到医院读给他听，以保证最大限度地减少蒋院士的工作量。每次蒋院士见到我的到来就显得精神矍铄，而当我们工作临近完成时，他又变得特别疲倦，这令我每每感到十分心疼和敬佩，只得不断督促自己加快进度。好在书稿中石岩已经撰写完成的部分，改动基本不大，主要是做一些删减和补充。碰到有疏漏的地方，蒋院士当面就可以纠正过来，我记录好后再行整理。蒋院士凡事追求完美，而且思维极其敏捷和发散，他经常会在我们沟通的过程中找到一些过去的记忆碎片，传记的内容也不断充实，结构也在不断改动。

随着撰写工作的不断推进，我发现这项工作变得越来越具有挑战性。蒋院士在以前做报告时曾经说过，一项科研成果的取得，大家往往只看到了最后成功的部分，对于前面失败的部分却无从考究。蒋院士历来有意搜集前人由失败到成功的经验，当作教学案例，以培养学生的创新思维。本着类似的目的，蒋院士也把自己在人生经历中从失败到成功的整个历程毫无保留地贡献出来，以飨读者。这种写法在市面上并不多见，面临的最大难点是，如何将科研历程真正融入书中，让内行人看得深刻，外行人看得明白。为了尽可能用通俗易懂的方式处理专业内容，而又不与主体脱节，我着实下了一番功夫。目的就是让本书达到蒋院士的心理预期，以便尽快面世，也不负众多农业工程人的期待。

蒋院士一直有锻炼身体的习惯，即便是在住院期间，仍然坚持每日锻炼。但由于身体多次反复发烧，药物副作用也很大，他的身体状况也是每况愈下。到2019年临近年末时，书稿尚遗留有一些待商榷之处，还有很多照片也只是列了个标题，留待后期整理填充。2020年春节前夕，蒋院士因病情不断恶化，被送进重症监护室。整个春节期间，我的心一直悬着，希望能够发生奇迹。蒋院士在重症监护室坚持了一个月后，2020年2月24日，噩耗传来。蒋院士过世的消息传开后，农业工程从业者们无不痛苦缅怀，多位党和国家领导人及黑龙江省领导同志致函电表示沉痛哀悼。恰逢新型冠状病毒肺炎疫情肆虐，遵从蒋院士遗愿和防疫要求，所有丧事一切从简。我作为在蒋院士身边工作多年的秘书和学生，也未能送上老人最后一程，内心感到无比的悲痛。先生走了，传记的事情就此搁浅，我的心情一直在怀念和遗憾中度过。这么多年来，蒋院士一直把我当作他自己的亲人一样看待，我们之间的感情深切。那些与蒋院士相处的往日情景不断在我的脑海中浮现，我甚至梦到蒋院士又被抢救了过来。然而，蒋院士的电话或微信声永远也不会再响起了，永远也不会再跟我说"孙伟，你来一趟"了。每当想起这些，我都会忍不住落泪。

一日，中国工程院郑召霞女士联系到我，向我询问蒋院士传记的完成情况。此前郑女士就对传记非常关心并尽力提供帮助，我们很长一段时间都保持着联络。郑女士在电话中跟我确认，希望我把传记所剩工作完成，这是一笔宝贵的精神财富，应该让它绽放光芒。于是，我便收拾心情，重启了传记的后续工作。在经过几个月紧锣密鼓的完善和校对后，终于可以交稿。

完稿之际，内心五味杂陈。我对蒋院士的个性深有了解，这本书稿如果交给他老人家过目的话，他一定会觉得还可以再做修改，可是学生再也听不到先生的教诲了。蒋院士对待学生极为严格，这不仅体现在他对学生学术水平的要求上，更体现在他对学生思想道德修养的要求上，这从他培养研究生的过程和毕业要求可以清晰见得。蒋院士更是严格要求自己，他治学严谨，问心无愧，淡泊名利，两袖清风。对他而言，科学文化知识就是他最大的财富，他始终以谦卑的心态面对各种新技术，每天的生活都被工作和学习充斥着。他的视野极为开阔，学术水平的渊博程度在业内是公认的，也正因如此，他被领域内四位院士一致称颂为“农机巨擘”。蒋院士的研究往往是前卫的，本书中记载的许多科研成果即便在现在看来也并不过时。他家中林林总总各类语言的图书堆满了书架，科研笔记也有上百本。在几次搬家的过程中，他的藏书和科研笔记始终不舍得扔。后来，借“老科学家学术成长资料采集工程”收集资料之机，他将几乎全部手稿、笔记、图纸和图书都捐给了国家。蒋院士过世后，他的女儿蒋翼又将遗漏的剩余资料全部捐给了学校档案馆。蒋院士见证了中国农业工程从初创、发展到如今相对成熟的整个过程，在这期间发生的每一件标志性事件他几乎都是参与者和见证者。蒋院士对国家和学校心怀感恩之情，国内外多家单位以高薪邀请他去工作，都被他婉拒，在东北一干就是一辈子，把自己的成果真正写在了这片黑土地上。他用自己的一生诠释了“勤于思践，勇于胜利；虚实兼筹，贵在奇正；慎于抉择，韧于成败”的院士精神，是教学与科研相结合、理论与实践相结合、科学与艺术相结合、言传与身教相结合的光辉典范，为我国乃至世界农业工程事业的发展和人才培养做出了不朽的贡献。

本书的基本结构是在与蒋院士多次修改推敲后所确定的，尽可能以朴实无华的文笔将蒋院士一生中之各方面经历融合在一起呈现给大家。如同大家所见，这本书很“实在”，按照蒋院士的期望，如果读者读过本书后能够通过他一生的经验和教训得到一些收获，他便知足了。全书基本按照时间的先后顺序进行撰写，仅有少量章节为了防止破坏完整性，将相关的内容汇集在了一起。另外，书中尽可能避免了重复叙述，不同章节提到同一事件时，侧重点均有所不同。

本书作者孙伟与蒋亦元院士合影

由于时间仓促，作者水平有限，书中可能存在疏漏或不当之处，还请读者谅解并不吝指正。

本书撰写期间，中国工程院、东北农业大学和黑龙江省院士工作办公室都竭尽全力提供了关心帮助。中国农业机械化科学研究院、中国农业机械学会、中国农业工程学会和兄弟院所等部门相关领导同志对蒋院士的身体健康情况极为关切，有的还专程到医院探望。在进行资料收集的过程中，得到了各界人士，尤其是蒋院士的女儿蒋翼和儿子蒋达的热心帮助，蒋院士的诸多弟子纷纷对本书的出版献计献策。石岩为本传记做了许多前期工作，形成了传记的初稿。科学出版社编辑张莉对本书进行了细致入微的审读，使初稿中存在的不少问题得以修正，在查阅史料的过程中又找到了多张珍贵的照片……在此，由衷感谢所有对本书撰写提供过帮助的人。

谨以此书纪念蒋院士诞辰 93 周年。蒋先生风范长存！

孙　伟

2021 年 2 月

作者简介

石岩，女，汉族，中共党员，硕士研究生，1981年5月出生于黑龙江哈尔滨。2003年毕业于浙江传媒学院，同年就职于东北农业大学至今。现任东北农业大学党委宣传部副部长，是哈尔滨市作家协会会员，哈尔滨市书法家协会会员。长期致力于宣传和研究蒋亦元院士的事迹与精神。2013～2015年受中国科协委托，负责蒋亦元院士学术成长资料的采集工作，先后百余次采访院士本人，留存下大量音视频资料，同时细致收集、分类、整理、建目并数字化了院士的手稿、工作日记、图纸、专著、论文、专利、信件等珍贵资料数千份。出版有图书《颗粒归仓的梦想：蒋亦元传》《金豆为伴：王金陵传》，报告文学《言传身教秉铎声 火尽薪传不了情——纪念刘达先生诞辰百年》、通讯《大学精神——东北农业大学“五老”获黑龙江省农业科技功勋奖启示录》等在《光明日报》整版刊载。

孙伟，男，山东潍坊人，中共党员，农业机械化工程专业工学博士。从2009年开始一直担任蒋亦元院士秘书，坚守初心和使命，投身国家“三农”事业。现为东北农业大学工程学院助理研究员，主要从事农牧业装备研究与推广工作。